中学数学 复习课课型研究及优秀实践案例

王学先◎著

图书在版编目(CIP)数据

中学数学复习课课型研究及优秀实践案例 / 王学先著. —北京：北京师范大学出版社，2024.11

ISBN 978-7-303-28612-6

Ⅰ. ①中… Ⅱ. ①王… Ⅲ. ①中学数学课—教学研究 Ⅳ. ①G633.602

中国国家版本馆 CIP 数据核字(2023)第 002621 号

图书意见反馈：gaozhifk@bnupg.com 010-58805079
营销中心电话：010-58802181 58805532

出版发行：北京师范大学出版社 www.bnupg.com
北京市西城区新街口外大街 12-3 号
邮政编码：100088
印　　刷：保定市中画美凯印刷有限公司
经　　销：全国新华书店
开　　本：730 mm×980 mm 1/16
印　　张：24.5
字　　数：431 千字
版　　次：2024 年 11 月第 1 版
印　　次：2024 年 11 月第 1 次印刷
定　　价：80.00 元

策划编辑：刘凤娟　　责任编辑：刘凤娟
美术编辑：焦　丽　　装帧设计：焦　丽
责任校对：陈　民　　责任印制：陈　涛　赵　龙

序 言

核心素养导向的新一轮课程改革，在课程内容结构化、育人方式、教学方式、学习方式、教学评价、学业评价等方面，提出了全方位的新要求。在基础教育课程教学深化改革的进程中，我们面临着许多重点、难点问题，诸如核心素养导向的教学设计、学科实践、跨学科主题学习、作业设计、考试命题、综合素质评价等。为了解决这些难题，不仅教育教学理论工作者在做出持续的努力，而且广大一线教师也在结合自己的课堂教学开展行动研究。王学先老师和他的团队就是以发展学生核心素养为己任，积极开展落实立德树人根本任务实践研究的一个代表。真正的改革在课堂上，对王学先们做出的努力必须给予大大的赞！

这是我在短短的3个月内第二次为王老师团队的教科研成果集写序言，上一本成果集的研究课题是“数学文化与初中数学教学的融合”，这一本成果集的研究课题是“中学数学复习课课型”。这些成果都是王老师在主持“王学先名师工作室”的过程中，带领工作室成员一项项干出来的。

当前，由于应试教育驱使，中学阶段存在不执行国家规定的教学计划的现象，新课采取“一个定义、三项注意、几个例题、大量练习”的方式进行教学，大量时间用于重复刷题(这就包含复习巩固的性质)，提前结束课程后，用一年多的时间进行中、高考应考复习。这说明，我国中学数学课堂用于复习的时间是很长的，因此复习课应该是一个需要研究的重要课题。然而，实际情况是，人们很少对“复习课到底该怎么上”展开深入研究。

王老师团队敏锐地意识到，随着基础教育课程教学改革不断深入，中学数学复习课的课型性质、课型目标、课型内容、课型实施、课型设计的基本理念、基本思路等都要发生变化。以往那种“罗列知识点（美其名曰‘思维导图’）—例题—重复练习”或“考试—讲评—再考试—再讲评……”的复习课教学模式再也不能延续了。为什么呢？正如王老师指出的，这样的复习课存在许多问题，例如，功能定位不清，以知识的重复再现为主，复习效率低下；眼里没有学生，没给学生提供梳理知识体系的机会；机械地使用教辅，被教辅牵着鼻子走，把复习课上成了“题型＋练习”的机械训练课；教学内容选择不恰当，没有针对重点、难点问题展开复习，导致学生会的得不到深化，不会的仍然不会。

针对复习课中存在的问题，基于工作室成员的教学实践经验，王老师带着大家对初中数学复习课展开了深入研究，他们总结出了九种复习课课型，包括审题课、专题线索课、一题一课、找茬课、试卷讲评课、小题实战训练课、衍生课、达标练评讲测课、数学运算素养提升课。他们不仅在课堂中进行实践检验，而且在区域内开展教研活动，引导昆明市的中学数学教师研究复习课的教学规律，规范复习教学行为，提升复习备考效率和教育教学质量。为了提高教学研究的理论水平，王老师还申请了云南省教育厅“十四五”规划课题——“在数学核心素养视野下的初三数学复习课课型研究”，本书就是王学先名师工作室在深入开展复习课教科研和课题研究中形成的成果。

粗略地阅读王老师发来的书稿，给我的突出感觉是在复习课的课型上进行了大胆创新，并给出了九种课型的设计方案及相应的教学设计案例。九种课型考虑了不同阶段的复习需要，课型设计方案从核心思想、理念、基本原则、问题设计、设计要义以及评价体系方面给出理论与实践相结合的解释。精心编写的各种课型的案例，为复习课教学提供了示范参考。所以，本书给出的复习课课型具有易操作、可模仿、能迁移的特点，不仅可以在中学数学复习课中进行借鉴与推广，而且可以在不同学科的复习课教学中推广。

就像我为王老师的《数学文化与初中数学教学的融合》所作序言中说的，本书虽然“草根”，但是能给读者以启示，因为它是作者团队在自己的数学教育教学实践中一点点做出来的。对于广大一线教师而言，这样的成果是“跳一跳够得着”的。愿广大一线教师能像王学先名师工作室的老师们一样，潜下心来搞教科研，全心全意地为学生终身发展谋利益，在研究复习课的教学规律，提高复习课的教学质量和效率上加强研究，为落实“双减”目标做出贡献。

是为序。

2023年国庆节于北京吾庐

目 录

第一章 概 述

第二章 中学数学复习课课型设计方案

课型一 审题课设计方案 霍明霞 …………… 10
课型二 专题线索课设计方案 耿 娅 ………… 16
课型三 一题一课设计方案 李加禄 ………… 20
课型四 找茬课设计方案 杨周荣麟 ………… 23
课型五 试卷讲评课设计方案 李翱行 ………… 27
课型六 小题实战训练课设计方案 黄刚云 …… 32
课型七 衍生课设计方案 吴禹杰 …………… 35
课型八 达标练评讲测课设计方案 杨兴建 …… 39
课型九 数学运算素养提升课(一)设计方案 杨 磊 ………………………………………… 43
课型十 数学运算素养提升课(二)设计方案 吴禹杰 ………………………………………… 48

第三章 审题课案例展示

审题课 霍明霞 ………………………………… 51

第四章 专题线索课案例展示

案例一 "分式及分式方程"复习课 耿 娅 …… 60
案例二 "函数零点"复习课 张静元 ………… 67
案例三 "分类与分步思想"初高衔接课 张静元 ………………………………………… 76

案例四 “函数图象”专题探究课 吴禹杰，王学先 …… 85
案例五 “求平面直角坐标系中三角形的面积”复习课 魏炎炎 …… 98
案例六 “因式分解”复习课 施炳华 …… 106
案例七 “整式与因式分解”复习课 黄于腾 …… 112
案例八 “用待定系数法求解二次函数解析式”复习课 李贺媛 …… 122
案例九 “二次函数综合运用”复习课 李进明 …… 129
案例十 “旋转问题”复习课 陈代丽 …… 138
案例十一 “反比例函数 k 的几何意义”复习课 栾 菊 …… 146

第五章 一题一课案例展示

案例一 “折叠问题”复习课 李加禄 …… 157
案例二 “切线的性质与判定”复习课 陈益民 …… 166
案例三 “平行四边形”复习课 张丽霞 …… 172
案例四 “二次函数”复习课 魏树娜 …… 179
案例五 “二次函数(销售利润问题)”复习课 曾 勇 …… 189
案例六 “二次函数”实际应用复习课 高林鹏 …… 197
案例七 “求抛物线上动态三角形面积”复习课 周建兴 …… 206
案例八 “二次函数线段最值问题”复习课 何 璇 …… 216
案例九 “反比例函数中 k 的几何意义”复习课 蔡丽香 …… 224

第六章 找茬课案例展示

找茬课 杨周荣麟 …… 232

第七章 试卷讲评课案例展示

案例一 2022 年九年级上学期数学期末试卷讲评课 李翱行 …… 243
案例二 2022 年云南省昆明市西山区中考数学二模试卷讲评课 皮起文 …… 252
案例三 2022 年九年级上学期数学期中考试卷讲评课 赵 婉 …… 263

第八章 小题实战训练课案例展示

案例一 小题实战训练课(一) 黄刚云 …… 271
案例二 小题实战训练课(二) 刘朝伟 …… 282

第九章 衍生课案例展示

案例一 “三角形单元”复习课 吴禹杰 …………………………… 293
案例二 “四边形问题”复习课 张静元 …………………………… 303
案例三 “抓住核心三角形解决球的截面问题”复习课 陈 晨 …… 313
案例四 “向量数量积”复习课 陈 晨 …………………………… 321
案例五 “函数专题”复习课 邓印升 …………………………… 330
案例六 “平行四边形”复习课 赵艳仙 …………………………… 342

第十章 达标练评讲测课案例展示

“相似三角形的性质”复习课 杨兴建 …………………………… 349

第十一章 数学运算素养提升课案例展示

案例一 运算素养提升课(一) 杨 磊 …………………………… 363
案例二 运算素养提升课(二) 吴禹杰 …………………………… 371

第一章 概 述

一、背景说明

(一)复习课的教学现状

1. 简单重复

根据调研，当前复习课的教学模式主要有两类：一类是老师讲知识＋学生做练习题；另一类是考试＋讲评。其中，知识复习课仍以教师的主观讲授为主，习题课仍以学生的机械训练为主，讲评课仍以逐题讲解或对答案为主。复习课上知识讲解似曾相识，知识学习后问题依旧，主要存在以下问题：一是功能定位不清，简单重复再现已有知识，教学方法单一，针对性不强，把复习课上成习题课、训练课、新授课，或是复习课堂上讲题的情况比较多，导致复习课课堂效率低下；二是不顾学生感受，让学生构建知识体系的机会少，对学生接受情况关注不够，导致大多数学生提不起学习兴趣，普遍觉得复习课没有营养，既“吃不好”，也“吃不饱”。

2. 机械使用教辅

机械使用教辅是普遍存在的问题，基本上是按照教辅的知识体系走，上课模式为复习知识→讲解例题→训练习题，把复习课上成了习题课。教师把主要精力用在查阅参考书和整理收集习题上，忽视了对学生的关注。试题讲解很辛苦，学生却被重复枯燥的机械训练弄得疲惫不堪，事倍功半。久而久之，学生对数学就失去了兴趣。

3. 教学内容选择不恰当

过于重视陈述性知识，忽视程序性知识；过于重视题目的讲解，忽视学生的情感体验；过于重视“教”，忽视“学”；过于重视检测，忽视讲评；过于重视类型，忽视条理思路；过于重视“大容量、快节奏、高密度”，忽视科学性和艺术性；过于重视参考资料，忽视回归课本；过于重视做题数量，忽视做题效果；过于重视单个知识点的训练，忽视知识网络化。

(二)复习课课型的研究

昆明市王学先名师工作室(以下简称“工作室”)在复习课课型的研发中，探索和研究既有意思又有实效性的复习课，围绕“以生为本”“以学立教”“教学共振”和“教学相长”开展教学实践研究。

以生为本：坚持学生立场，促进学生学习，面向全体学生，促进学生发展。

以学立教：以学定教，以学评教，以学研教，以学立教。

教学共振：设计“学”与“教”双向互动活动过程，实现“教”与“学”过程协同共振。

教学相长：学然后知不足，教然后知未达；教学相生，教学相长；以学研教，以学立教。

(三)复习课的评价

1. 对学生学习状态的评价

(1)参与状态评价。

没有学生积极参与的课堂教学是谈不上学生潜能开发与个性发展的。参与状态评价主要从以下两方面进行：一看学生是否全员参与学；二看学生是否参与教，把教与学的角色集于一身。这种参与的形式不仅是回答教师的问题或提出问题，还使学生与学生，教师与学生之间形成有效的合作与交流。

(2)交往状态评价。

交往状态评价主要从以下两方面进行：一看课堂上是否有多边、丰富、多样的信息联系与信息反馈；二看课堂上的人际交往是否有良好的合作氛围。

(3)思维状态评价。

思维状态评价主要从以下两方面进行：一看学生是否敢于提出问题、发表见解；二看问题与见解是否有挑战性与独创性。学生的主动创造是课堂教学中最令人激动的一道风景，而创造这样的风景绝非教师的一日之功。

(4)情绪状态评价。

情绪状态评价主要从以下两方面进行：一看学生是否有适度的紧张感和愉悦感；二看学生能否自我控制与调节学习情感。课堂上，有时会突然爆出笑声又戛然而止，有时会从激烈地争论转入专注地聆听，这就是一种自发并能自控的良好情绪状态。

(5)生成状态评价。

生成状态评价主要从以下两方面进行：一看学生是否都各尽所能，并学有所得，感到踏实和满足；二看学生是否对后继的学习更有信心，感到轻松。教师的成功莫过于用自己的人格魅力来让学生喜欢自己，用自己的精湛教学来让学生喜欢所教的学科。

任何课堂教学的效果都必须通过调控学生的学习状态才得以实现。良好的学习状态本身就具有让学生体验情感、态度、价值观与发展能力的作用。

2. 对知识学习形态的评价

(1)基本性的评价。

这是从知识结构本身的逻辑去观察的，看是否揭示了以某一内容为基础的规律性，是否为学生自主探索新知提供了必要的生长点。

(2)基础性的评价。

这是从学生的认知与经验的背景去观察的，看学生所接受的知识是否与已有的观念、经验乃至整个精神世界相互作用，从而使学习变得有意义。

(3)过程性的评价。

这是从“学习是自主建构过程”的观点出发去观察的：一是看教师基于教学素材的问题组织是否有思维的激发性，是否有探索价值；二是看学生是否有充分的观察、操作与独立思考的活动或机会，进而通过学生群体的讨论与交流获得理解与体验。

(4)策略性的评价。

这是从广义的知识观(包括元认知的范畴)出发去观察的，看学生是否获得怎样学习、怎样记忆、怎样思维的经历与感悟，从而增强自我意识与自我监控的能力。

(5)实践性的评价。

这是从“学习的目的全在于应用”的观点出发去观察的，看学生所接受的知识是否具有应用价值，从而能够增强学生的实践能力与可持续的学习能力。

3. 对教师教学行为的评价

(1)教师把知识发生过程通过模拟情境的形式表现出来，使外显性的操作行为与思维活动的内化进程同步发生和发展。

(2)在每一个教学环节中，教师从学生中推出一人担任主讲，其余学生组成评议组，主讲说完后，由评议组补充、完善或评价、矫正等。

(3)教师控制教学节奏，适时对有争议的问题或引起认知冲突的部分做相应的释疑。

(4)在学生完成知识点的复习后，师生共同完成精选例题的讲解，教师采用启发讨论教学法，尽可能地让学生自己完成问题的解答。

(5)教师适度引导，适时进行点评、归纳、小结(最好由学生自己完成)。

4. 复习课评价的目的和作用

复习课以“学生发展为本”为教学指导思想，突出学生的主体作用，充分挖掘和激发学生学习的潜能。

(1)让学生走上讲台，既为学生提供展示才华的舞台，满足其表现欲，使其获得成就感，又让学生亲历知识掌握的构建过程。

(2)教师完成课前的准备作业和讲解内容，能促进学生进行全面的复习，系统地整理知识。这一复习环节，学生要真正达到自觉地学习，提高学习效率。

(3)教师设计高效的复习课课堂教学流程，培养学生的表达能力、组织能力、逻辑思维能力、应变能力、心理承受能力等，促进学生个性的良性发展。

(4)让学生得到互相帮助的机会，基础薄弱的学生能直接得到学有余力的同学的帮助和指导，发挥同伴效应，更容易让学生掌握和理解所学的知识，不仅调动了兴趣，而且提高了学习能力。伙伴的互帮互学，为学生营造了一个轻松、愉快的学习氛围。

(四)复习课的实践与探索

首先，以“昆明市教育科学研究院组织开展全市中学数学教研复习课展示情况”为例进行讲解。

在昆明市教育科学研究院组织的教研活动中，工作室的八位学员展示了八种复习课。该活动“以研促教”，促进教师不断更新观念，积极投身教育教学改革实践。该活动引导教师有针对性地开展教学科研，探究复习课课型，规范课堂教学行为，提高教学技能，创建优质高效课堂，从而提高中学数学复习备考效率和教育教学质量。

(1)准备阶段：八位学员首先根据教学实际制订复习课的研究方向，在王学先老师的指导下设计出了八种复习课课型，并在工作室教研活动中通过教学实践进行交流与探讨，最终形成展示课的教学设计和课型设计方案。

(2)展示阶段：八位学员在昆明市教研活动中开展复习课课堂教学，并在课后对教学设计的方案进行介绍，从设计的核心思想、设计的理念、设计的基本原则、问题设计、设计要义、设计的评价体系六个方面系统地介绍了各个复习课课型实操要点及理论。

(3)成果总结阶段：王学先老师分别对八节课进行现场总结，根据每节课的课堂提出复习课教学设计的关键点，并用七言诗对八种课型的特色进行总结。

审题课

横看成岭侧成峰，
审题不清意不同。
明辨题意有回报，
思路打通归正道。

专题线索课

大珠小珠落玉盘，
一条主线串起来。
线索发展扣心弦，
单元素养落心田。

一题一课

只愿君心似我心，
一题打通旧和新。
知识方法融合深，
一课落实素养成。

找茬课

屋漏偏逢连夜雨，
强行找茬不讲理。
慧心识破题外意，
慎思笃行铸品质。

试卷讲评课

一题一问总关情，
精心设计促自省。
数据增分又创新，
落实测评提信心。

小题实战训练课

千金难买心头好，
小题训练有技巧。

自纠自查促提高，
助力应考提实效。

衍生课

扶摇直上九万里，
生生不息愤悱启。
醒醐灌顶成于思，
吹尽狂沙始得金。

达标练评讲测课

玉殿分荣两桂花，
测评好似风和沙。
统计诊断及时把，
精准施教气自华。

(4)反思提升阶段：八位学员根据王学先老师的总结，再次对教学设计及课型设计方案进行整合，形成较为成熟的教学设计及课型设计方案文稿。八节课的课堂教学视频、教学设计及课型设计方案在昆明师训网上进行展示。

其次，根据《义务教育数学课程标准(2022 年版)》的要求，运算能力是数学学科核心素养的重要表现之一，在数学学习中有着十分重要的作用，并对后续学习起到主要的支撑作用。学生的计算错误主要是“算理不明，算法不清，算律不熟”，所以，我们应该从算理开始抓起。算理是算法的依据，算法是一种程序，算律使运算更简便、更快。算法与算理并重，这是运算能力的一对翅膀，两者相辅相成，算理是算法的依据，算法是对算理的提炼概括。算律或其他运算策略，能帮助学生运算得快而准确。工作室进一步研究数学运算素养提升课，并将数学运算素养提升课分为单一知识模块的运算和模块间的综合运算两种类型。该课型的教学素材仍然取自学生日常的学习，目的是提升学生的数学运算能力。

王学先老师用七言诗对这种课型的特色进行了总结：

数学运算素养提升课

明晰算理算法清，
运算有法要细心。
对快策略算律灵，
有道有术快乐行。

二、复习课实践成果的编写结构

(一)中学数学九种复习课课型设计的概述和设计方案(本书第一章和第二章)

1. 九种复习课课型设计方案概述

(1)审题课：从学生解题错误出发，抓住问题本质，指导学生利用科学的审题方法(一审、二抓、三挖、四转、五直观、六注视未知)。

(2)专题线索课：从解决一个问题入手，归纳梳理、形成知识网格；概括提高、综合拓展、灵活运用，提高学生的数学思维品质和解决问题的能力。

(3)一题一课：教师通过对一道题或一个材料的深入研究，挖掘其内在的学习线索与数学本质，科学、合理、有序地组织学生开展数学探索活动，“借题发挥”，以期实现多维目标，达到“做一题，得一法，会一类，通一片”的教学目标。

(4)找茬课：找到“茬点”，有意识地养成严谨的解题习惯，防止自己落入题目所设置的各种陷阱，如易错点、易混点或失分点。

(5)试卷讲评课：发挥学生的主体作用，教师准确启发指导，同一知识，触类旁通，寻找共性，举一反三。

(6)小题实战训练课：通过小题实战，充分激发学生自主学习、自主思考、自主总结的学习主动性，将学生置于复习课的主体地位。学生通过仿真训练、互批、互评、自主总结，切身体验应试的技巧和方法，真正做到“知己知彼，百战不殆”。

(7)衍生课：以单元教学＋生本课堂为理念，强调以学生为主的课堂，同时，注重培养学生对知识的整合，真正做到以“衍生”来重构知识，做到温故而知“新”。

(8)达标练评讲测课：分为练、评、讲、测四个模块，模块间环环相扣，逐级递进。课前训练和课上评价相互融合，在训练中，学生可以发现问题，明确自己的优势和不足；在评价中，学生可以提出问题，表达自己的观点，展示自己；合作学习和达标检测相互促进，通过互助讲评的形式进行合作学习，学生可以分析问题和解决问题，畅所欲言；在达标检测中，学生经历知识的运用过程，体验学习的成就感。

(9)数学运算素养提升课：算理和算法解决了计算“对”的问题，算法和算律解决了计算“快”的问题，算法是对算理的熟能生巧，算律是对算法的熟能生窍。

2. 九种复习课课型设计概述

九种复习课课型设计新颖，理念先进，在教学设计方案中提出复习课课型的设计要点和教学实操说明，符合学生学习数学知识的认知规律。一是从教师层面讲，提高了教师对知识的理解力和对课堂教学的把控力；二是从学生层面讲，调动了学生学习的积极性和对数学学习的探究欲，与传统复习课相比较，大幅度提高了学生的课堂参与度；三是从学科方面讲，形成总结，能对每一种课型进行熟练的操作，改变了传统的复习课授课方式，大大提高了教学效率；四是从应用价值方面讲，九种复习课课型易操作、易推广、易复制，同学科不同学段均可借鉴，不同学科也可进行推广，并提出了下列课型使用时间轴（图 1-1）。

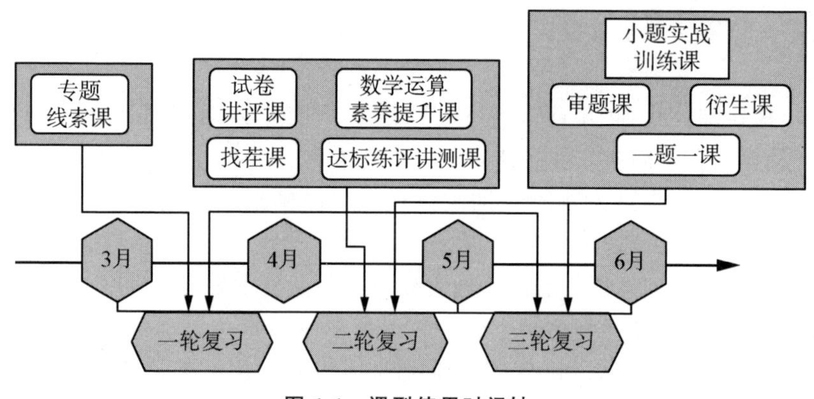

图 1-1　课型使用时间轴

(二)中学数学九种复习课课型的案例展示(本书第三章到第十一章)

数学教育的本质是启发学生思考，学习的终极形式是自学。在数学学科核心素养视野中研究“鲜而味美”的中学数学复习课课型，可提高中学数学复习课课堂教学的有效性，具有现实而长远的意义。

1. 有利于中学数学学习能力的稳步提高

中学数学的学习是一个知识内化过程，是学习主体自己把“部分”变成“整体”的过程，是学生第一次大规模遇到由“分析”转入“综合”的过程，在这个过程中会遇到很多问题，比如如何更好地解决代数综合问题、几何综合问题等。

学生正是到了“愤”的时候，这如同数学学习之路到了一个“岔道口”，这时，需要有知识储备雄厚和教学经验丰富的数学教师及时发挥复习备考的“指引”作用，帮助学生顺利走到正确的路上，让学生在“温故”的同时“知新”，拥有自学能力的同时提升必不可少的综合能力，最终走好继续学习数学的道路。

2. 有利于学生后续数学学习的持续发展

目前中学阶段毕业年级数学在强化“承上”总结功能的同时，弱化了更重要的“启下”引导功能，而这正是毕业年级数学有别于其他年级数学最独特也是最重要的功能。利用“鲜而味美”的复习课课型，有目的地、有计划地进行科学训练，有助于学生获得知识，并发展智力。

数学教学肩负发展非智力因素的重要责任，非智力因素主要包括“情绪”“信心”和“习惯”。但是在目前的毕业年级复习过程中过多关注学生的学业水平考试应试训练，较少关注该阶段学生的思维训练，更少关注学生在学习中的情绪。教师明白在中学数学起始学段要帮助学生树立信心和培养习惯，但是到了毕业年级，这两点却被大多数教师忽视或漠视。因此，在数学学科核心素养视野中研究“鲜而味美”的复习课课型，能为学生后续数学学习的个性化发展打好基础，有助于学生未来数学学习潜能的发挥。

3. 有利于毕业年级数学和其他学科间的合理平衡

许多学生到了毕业年级，往往因为学习难度的加大而感觉时间不够用，整天疲于应付，甚至乱了阵脚，出现成绩下滑的现象。这种情况的出现固然有上面提到的客观原因，但是和学生本身自学能力的缺乏不无关系。对学习中碰到的新情况、新问题，因为缺乏创新，学生无法以一种处变不惊的心态从容面对；因为缺乏探索，学生也无力及时找到适合自己的新的学习方法和策略。利用“鲜而味美”的复习课课型指导学生提高复习效率，有利于毕业年级数学和其他学科的合理平衡。

本书将对毕业年级数学复习课进行重新审视，在数学学科核心素养视野中对毕业年级复习课课型进行研究，试图寻找出有利于学生数学学习能力长期发展的毕业年级数学复习教学的有效方法。

第二章　中学数学复习课课型设计方案

课型一　审题课设计方案

（王学先名师工作室　霍明霞）

一、审题课设计的核心思想

审题就是从题目本身去寻找“怎样解这道题”的钥匙，也称为弄清问题或理解题意。审题主要是弄清题目已经告诉了什么，又需要去做什么，从题目本身获取“怎样解这道题”的逻辑起点、推理目标以及起点与目标之间的更多信息。审题的关键是一看、二抓、三挖、四转、五直观、六注视未知。基于这一模式，以典型题组为例，列举一系列结构相同、形式相近、解法迥异的题组，或是结构迥异、本质相同的题组，在剖析题意的基础上，字字斟酌，句句推敲，找出问题的差异与联系，从而选择合理的解题方法。审题课的根本意图就是回到“题意未审清或审不清”的解题起点上。

二、审题课设计的理念

从学生解题的起点出发，抓住审题的本质，指导学生利用科学的审题方法(一看、二抓、三挖、四转、五直观、六注视未知)。

三、审题课设计的基本原则

(一)以题带点，建构知识体系

以题带点，需要教师精心选题，所选的例题应具有典型性，能得到通性通法，或对复习的知识点尽可能覆盖。复习不是让学生简单地对已学的数学概念、公式、运算法则、公理等进行逐一复述和再现，而是要精心设置一些试题串，以题带点地进行复习，通过解决问题的过程达到对所学知识进行再回顾、再认识的目的。相对于直接呈现知识点给学生而言，这样的操作更利于学生对知识点的理解，能让学生在不断深入的思考中展示自己，能唤醒学生积极参与学习的热情，同时能帮助他们建立真正属于自己的知识结构体系。

(二)以错示警，提高反思能力

以错示警，即让学生通过自己发现错误、剖析错误和纠正错误，达到对数学概念、公式、运算法则、公理等的进一步理解和运用。杜威说过，“学习就是要学会思维”“思维的最好方式就称为反思性思维，它是对某个问题进行反复的、认真的、不断的深思”。在中学数学复习课教学中，教师可以收集学生解题时常犯的错误，把学生的错误资源巧妙地组合起来，以“病历档案”的形式出现，吸引学生的注意。学生要围绕“有错吗”“哪里错”“为什么错”和“该怎么纠正”等问题展开学习。随着问题的挑战性逐渐增强，学生的思维被层层拨开，能培养学生思维的深刻性，能在纠错的过程中不断提高学生的反思能力，能加深学生对问题本质的理解，从而达到巩固基础、查漏补缺的目的。

(三)以境串型，揭示问题本质

以境串型，是把相同类型的问题串联在一起呈现给学生，让学生初步感受，找寻共同点并揭示问题本质的一种方法。《义务教育数学课程标准(2022年版)》在课程目标的问题解决中提出，要尝试从不同角度寻求解决问题的方法，并有效地解决问题；在教学建议中指出，教学中应当有意识、有计划地设计教学活动，引导学生体会数学之间的联系，感受数学的整体性。中学数学复习课教学并不等价于习题课，并不是就题论题，而要通过试题的解答，提高学生分析问题和解决问题的能力，提炼出方法与相应的原型和模式。

例如，在复习“完全平方公式的应用”时，可由以下试题引入。

(2018·云南)已知 $x+\frac{1}{x}=6$，则 $x^2+\frac{1}{x^2}=$(　　)。

A. 38　　B. 36　　C. 34　　D. 32

【设计意图】这是典型范例的第1题，需要梳理清楚完全平方公式的特点，找到本题解决问题的本质是利用完全平方公式建立两数之和、两数之积、两数的平方之和的关系。接着引入一道云南省2017年初中学业水平考试(简称中考)中的几何试题，看上去问题越来越复杂，可再怎么复杂，都存在共性。教师教学时应引导学生思考试题的特点，抓住问题的本质——利用完全平方公式建立两数之和、两数之积、两数的平方之和的关系。

(2017·云南)如图 2-1，$\triangle ABC$ 是以 BC 为底的等腰三角形，AD 是边 BC 上的高，点 E，F 分别是 AB，AC 的中点。

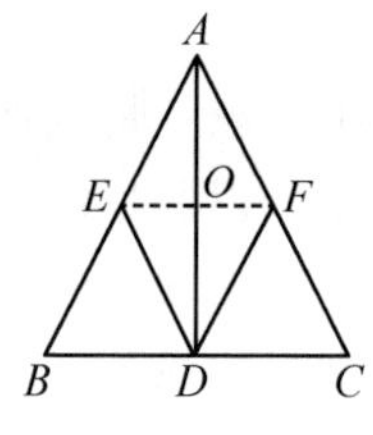

图 2-1

(1)求证：四边形 $AEDF$ 是菱形；

(2)如果四边形 $AEDF$ 的周长为 12，两条对角线的和等于 7，求四边形 $AEDF$ 的面积 S。

分析　设 $EF=x$，$AD=y$，则 $x+y=7$，进而得到 $x^2+2xy+y^2=49$，再根据 $\mathrm{Rt}\triangle AOE$ 中，$AO^2+EO^2=AE^2$，得到 $x^2+y^2=36$，据此可得 $xy=\dfrac{13}{2}$，进而得到菱形 $AEDF$ 的面积 S。

这样操作，能让此题更大地发挥典型范例的效果，真正起到举一反三的作用，并将数与形相结合。这组练习有助于学生应用知识能力的培养，有利于创新能力的培养，能让学生明白解题时要学会从复杂问题中分离出基本问题，抓住问题的本质。

【设计意图】审题课的根本意图就是回到“题意未审清或审不清”的解题起点上。通过两道结构迥异、本质相同的题目，介绍审题中要挖掘什么。

对本题组两道题目进行初步理解。

第 1 题中初步理解条件有以下 2 个。

条件 1：两数之和已知。

条件 2：两数之积已知。

第 1 题的结论是求这两数的平方的和。

理解题目的条件和结论，可以看到完全平方公式。

第 2 题中初步理解条件有以下 2 个。

条件 1：两数之和已知。

条件 2：两数的平方的和已知。

第 2 题的结论是求这两数之积的两倍。

理解题目的条件和结论，可以看到完全平方公式。

最终回答审题中要挖掘什么。

(1)题目的条件是什么，一共有几个，其数学含义如何；

(2)题目的结论是什么，一共有几个，其数学含义如何；

(3)题目的条件与结论有哪些数学联系，是一种什么样的结构。

(四)以变导学，深化数学思想

以变导学，即通过变式，引导学生揭示出数学知识背后的思想方法。数学思想方法是数学的精髓和灵魂，是将数学知识转化为数学能力的桥梁。数学复习课不仅要使知识系统化，还要对所学的知识有新的认识，对解题的思想方法进行归纳与提炼，使思想方法系统化，这样才有助于提高学生的数学学习效率，达到事半功倍的效果。

四、审题课问题设计

按两个问题串展开教学(图 2-2)。

“大上坡”：以“大问题串”为教学线索展开教学；

“小下降”：用“小问题串”引导学生学习。

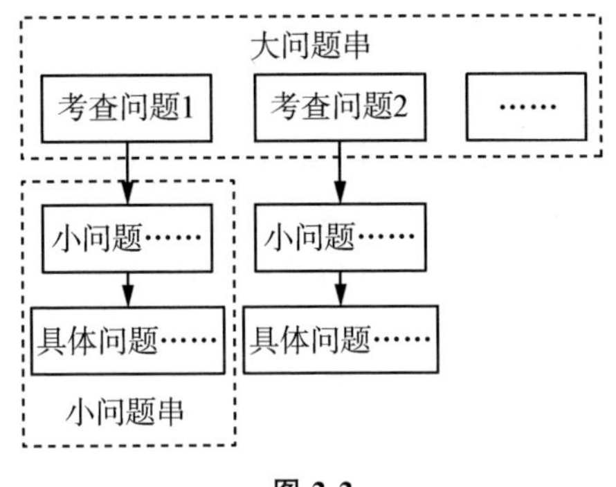

图 2-2

五、审题课设计要义

(一)一看

一看指看是与不是，正确与错误，都不是与不都是，至少与至多，平方根与算术平方根……

目的是通过题组的审题，达到抛砖引玉的作用，启发学生在解题中抓住审题的关键点，在平时解题中准确看清字、词、句，做到不混淆，并注意积累总结辨析。

(二)二抓

二抓指抓关键，抓本质。

审题的实质是从题目中获取从何处下手、向何方前进的信息与启示。学生在解题的起点明确了方向，产生自主探究解决问题的欲望，体会通过自己努力，获取成功的体验，提高学生学习热情和学习的自信心。教师通过结构相同、形式相近、解法迥异的题组，在剖析题意的基础上，字字斟酌，句句推敲，找出问题的差异与联系，抓住关键词，抓住解决问题的本质，梳理出相关问题的一级公式及二级公式，从而选择合理简捷的解题方法。

(三)三挖

(1)题目的条件是什么，一共有几个，其数学含义如何。

(2)题目的结论是什么，一共有几个，其数学含义如何。

(3)题目的条件与结论有哪些数学联系，是一种什么样的结构。

(4)挖掘条件中隐藏的性质定理。

(四)四转

转换为常见模型、简单问题。

将某些数学问题化难为易，另辟蹊径，通过转化途径探索出解决问题的新思路。在教学中教师应结合恰当的教学内容逐步渗透给学生转化的思想，使学生能用转化的思想去学习新知识，分析并解决问题。

(五)五直观

直观包含图形直观及代数直观。

在审题时通过数形结合、列表分析等方式将条件直观化，减少对文字条件的记忆，使问题的条件与结论的联系一目了然。

(六)六注视未知

注视未知，就是以未知条件为目标去分析思考，以获取有关信息，指导解题。只要抓住了目标——未知条件，思维就变得具体，推理也就有了目的性和针对性。

六、审题课设计的评价体系

(一)对学生学习状态的评价

在本节审题课中，学生积极参与课堂教学是至关重要的。学生全员参与反思解题错误的原因，经历反思后总结自己审题犯错的经验并与其他同学分享，形成学生敢于发现问题、提出问题、解决问题的课堂氛围。发现解题有错误，但比发现错误更为重要的是找到解题上不成功的重要原因是什么，这是本节审题课的根本目的，找到解题出错的根源才能真正解决问题。学生从犯错到找到审题的一般方法与原则，学有所得后的满足感会使他们对后续学习更有信心，在备考复习中形成良好的状态。

(二)对知识学习形态的评价

复习不是让学生简单地对已学的数学概念、公式、运算法则、公理等进行逐一复述和再现，而是要为学生自主探索有效复习方法提供必要的生长点。在学生已有的认知与经验上，提出审题的关键：一看、二抓、三挖、四转、五直观、六注视未知。教师引导学生在对审题方法的不断深入思考中展示自己，唤醒学生积极参与学习的热情，建立真正属于自己的知识结构体系。同时通过经历总结审题关键点的过程，增强自我学习的意识与自我监控的能力。本节课还利用典型例子引导学生思考试题的特点，抓住问题的本质，在实践中感受审题六个关键点的应用价值，增强实践能力与可持续性学习的能力。

(三)对教师教学行为的评价

审题课的根本意图就是回到“题意未审清或审不清”的解题起点上。教师在复习课中不仅要使知识系统化，更要引导学生对所学的知识有新的认识，因此，教师精选题组，师生共同谈论，利用问题串的提问方式，促使大部分学生主动对解题的思想方法进行归纳与提炼，使思想方法系统化，这样才有助于提高学生的数学学习效率，达到事半功倍的效果。

课型二　专题线索课设计方案

（王学先名师工作室　耿　娅）

一、专题线索课设计的核心思想

九年级的复习中，部分专题的知识点多，学生综合应用多个知识点解决问题的能力弱，特别是一些简单的知识点，在复习过程中常被忽略，而这些知识点在做题时，考虑不到易导致做错或漏解。

二、专题线索课设计的理念

数学课堂教学应激发学生的兴趣，调动学生的积极性，现有复习课大多上成了习题课，讲题的情况较多，课堂复习效率低下，学生构建知识体系的机会少，大多数学生提不起兴趣，我们的专题线索复习课可以把零散的知识形成系统，在整体建构问题的引领之下，一点点地搭起来，避免学生的重复劳动，让学生对每个问题既感熟悉又觉新鲜，提高学生的学习兴趣。

三、专题线索课设计的基本原则

（一）以题带点，建构知识体系

精心选题，选择的例题有典型性或尽可能覆盖复习知识点，对知识点多、公式多、运算法则多的复习课不要逐一复述和再现，而是精心设计一些试题串，以题带点地复习，通过解决问题的过程，对所学知识进行再回顾，再认识。相对于直接呈现知识点给学生而言，这样更利于学生对知识点的理解，能让学生在不断深入思考中展示自己，能唤醒学生积极参与学习的热情，同时帮助学生建立自己的知识体系。

（二）整体构建，问题引领

在问题的引领下，学生不断地构建知识之间的联系，将大脑中的知识加以梳理，构建网络，将“点”连成“片”内化为自己的东西。在备课时，教师把要复习的知识从头到尾整理好，学生只是被动地接受提问，很少照顾到学生会怎么说，会怎么做，没有沿着学生的思路去分析问题，解决问题，阻碍了学生的思维发展。教师要通过问题的设置与学生沟通，引导学生在分析比较的基础上把内在联系的知识点串联在一起，实现“学一点，懂一片；学一片，会一面”的目标。

(三)设置互逆性问题，培养学生逆向思维能力

正向思维学生很习惯，并且在学生头脑中扎根，而逆向思维，不经过特殊训练很难成形，在复习课中有意识地设计一些互逆问题，从反面去开阔学生的思路，会使学生养成良好的解题习惯，提高学生分析问题、解决问题的能力。

四、专题线索课问题设计

(一)从数学知识和方法的逻辑结构出发设计数学问题

数学复习课的数学概念、性质、公式很多，分开教学，会加重学生的学习负担。设计一个好的数学问题，将知识或方法整合在一起，将达到事半功倍的复习效果。

(二)从学生的困惑和错误分析出发设计数学问题

学生在总复习时问题出在哪？平时作业和测试的典型错误有哪些？以学定教，设计时要充分考虑到学生会出现的各种情况，确保每个环节都能顺着学生的思维进行，充分展露学生的问题，再去解决问题，这样可以让学生加深对知识的理解，达到复习的目的。

(三)从学生的学习出发设计数学问题

复习的目的是让学生进一步理解掌握必要的数学知识，积累经验，领会思想方法，特别是复习计算部分，如果设计一些重复的计算题，学生会不感兴趣，没有学习主动性。设计时要顺着学生的思路进行，设计的题目前后要有联系，让所有知识的呈现顺理成章。

五、专题线索课设计要义

(一)典例问题线索

以具体问题为例引入学习的知识，让每个学生都能动手操作，并有所收

获，同时在解答过程中回顾基本的运算法则，让每个学生都能在解答过程中找到自己的问题，激发学习的兴趣，为课堂做铺垫。加强学生对公式、运算等基本技能的训练。

(二)分解知识

从典例中选取两个式子进行分析，分解出相关的概念和性质，把要解决的问题涉及的知识点一点一点分解、细化。每个问题都由上一个问题产生，避免学生简单的重复劳动，影响思维质量，加深学生对基本概念及性质的认识，找出问题的通性、通法。

(三)知识回顾

设计互逆问题，开阔学生思路，让知识的过渡顺理成章。本节课主要考查学生对基础知识、基本技能、基本思想方法的掌握。学生通过独立解题，复习解题的一般步骤，反思解题中经常出现的问题及错误，从正反两个方面加深对知识的理解。

(四)形成知识体系

教师通过单元教学的整体观念，强化知识之间的联系，让学生对复习部分的知识形成知识体系，从而落实核心素养的发展。

(五)能力提升

挖掘出分式方程中含有参数的分式方程的解决方法，是本节课的一个难点。学生能在解决教师提出的问题的过程中找到突破点，并回顾含有参数的分式方程的解法。方程解的情况分析，需在解决实际问题中加以区分。

(六)达标检测

教师通过当堂检测看学生是否能独立完成及完成的正确率，来检验本节课的复习效果。

六、专题线索课设计的评价体系

(一)对学生学习状态的评价

学生做一些简单且熟悉的典例，在做题的过程中发现问题，重点关注，找到错题的真正原因，把忽略的知识重新拾起来，把零散的知识系统化、结构化，避免再出错。

(二)对知识学习形态的评价

教师在课堂中用学生熟悉的题引入，引导学生通过解决问题来复习零散的知识，并根据学生做题的情况进行提问，分析学生做错的原因来强化复习过程中被忽略的知识。用问题把相关知识点串联起来，帮助学生形成知识体系，将“点”连成“片”，从而内化为自己的知识网，实现学一“点”懂一“片”，学一“片”会一“面”的目标。

(三)对教师教学行为的评价

教师在设计时要充分考虑学生会出现的各种情况，要遵循学生的思路进行，设计的题目要有前后联系，确保每个环节都能贴合学生的思维进行，充分展露学生的问题，再引导学生去解决问题，从而加深学生对知识的理解，让所有知识的呈现顺理成章，实现复习的目标。

课型三　一题一课设计方案

（王学先名师工作室　李加禄）

一、一题一课设计的核心思想

一题一课，就是利用一个基本问题(或基本图形)，可以是课本中的例题或习题，以及这个问题变式生成的问题串进行一节课的完整教学，以达到形成知识体系，内化数学方法的目的。一题一课就是教师通过对一道题或一个材料进行深入研究，挖掘其内在的学习线索与数学本质，科学、合理、有序地组织学生展开数学探索活动，“借题发挥”，以期实现多维目标。一题一课是中学数学针对模块进行重点突破和提升的一种有效课型。

二、一题一课设计的理念

(1)一题一课的教育价值是建立系统和简约的知识体系，提炼数学的思想和方法，积累数学活动经验，并把得到的数学知识、思想方法和活动经验加以迁移应用，在此过程中提升学生的数学素养水平，教学设计依据“源于课本，高于课本”的原则，做到循序渐进，有的放矢。

(2)一题一课教学对于学生巩固知识，建立认知结构，生成个人知识和提高问题解决能力都有着重要价值。通过一题多解、一题多变、一图多用、多题归一，提高学生解决问题的综合能力，达到“以一木可见森林”，培养学生学习数学的兴趣，从而提高课堂效率。

三、一题一课设计的基本原则

借助问题串创设问题情境，通过教材中例题、习题的变式与推广，引导学生去探索数学问题的规律性和本质，可以达到“做一题，得一法，会一类，通一片”的教学目标，从而实现通性通法、通法通解的目的，进而培养学生灵活多变的解题思维，提高课堂的效率，落实课堂育人的理念，打造轻负高效的思维课堂。

四、一题一课问题设计

按两个问题串展开教学(图 2-3)。

“大上坡”：以“大问题串”为教学线索展开教学；

“小下降”：用“小问题串”引导学生学习。

(自学→互学→展学)

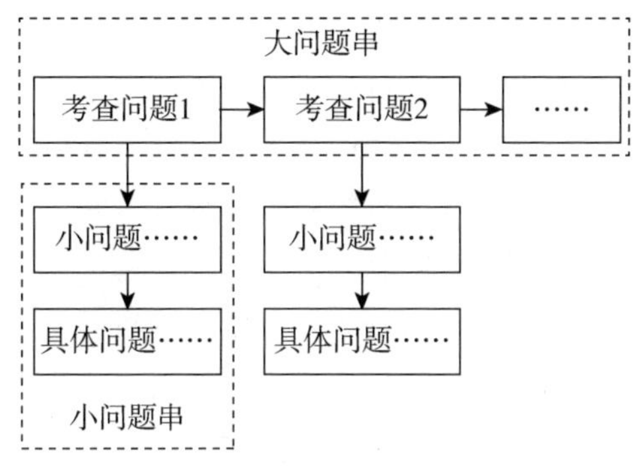

图 2-3

五、一题一课设计要义

(一)联的策略，串题成线型

在基础性复习课上，揣摩教材中典型例题及习题间的内在联系，将这些内在联系串成一条主线，借助一个典型问题或图形把相关知识贯穿在一起，以达到对知识点的有效整合。

(二)变的策略，变题成片型

复习课的另一策略是选择典型题，对其进行条件变换(添加、减少或变更)、逆向思考、图形变化、类比、拓展等多角度变式，使一道题变为一类题。师生共同对问题进行挖掘、引申、加工改造，达到举一反三、触类旁通的目的。

(三)添的策略，一题生多型

选择一道基本题作为复习起点，通过对基本题的条件添枝加叶，由浅入深，引导学生对相关知识进行循序渐进式的研究。学生在经历基础题、提升题与挑战题的过程中复习了相关知识，体会简单的“源问题”也能编织一片精彩的知识网络。

(四)展的策略，一题多解型

选择一个典型的问题，引导学生尽可能地给出不同的解题方法，通过多种方法的展示，进一步复习、联结相关知识。根据复习内容的需求，教师有时还可引导学生对不同的解法进行整理归类，在对比中找到一种或几种“最优”解法，优化学生的思维。

(五)换的策略，多解归一型

将一类问题的背景改变，但题目的本质不变，在复习时要善于引导学生总结求解该类问题的方法与规律。在变中找不变，以不变应万变，最终帮助学生“积跬步以至千里”，真正实现解法自然，内化提升素养。

(六)挖的策略，开发结论型

从一个问题出发，隐去原来的结论，开发成结论开放型问题，引导学生运用类比、联想等发散思维，对问题的结论进行多角度、全方位的探究，以达到以点串线的效果。

六、一题一课设计的评价体系

(一)对学生学习状态的评价

学生通过自主学习，合作探究，小组讨论展开学习，以低起点的问题为先导，系统地建构联系，促成知识点、知识结构及数学思想方法的深度融合。学生可以养成自主学习的习惯，形成良好的思维品质。

(二)对知识学习形态的评价

本节课通过“借题发挥”，进行一题多解，一题多变，多题归一，引导学生去探索数学问题的规律性和通法性。借助一题多解和一题多变，将问题不断深入，增加问题的宽度和深度，培养学生思维的深刻性。从“变式训练”的视角，建立“不变应万变”的解题策略，从而达到事半功倍的效果。

(三)对教师教学行为的评价

教师对学生的阅读、问答、讨论、评判等学习活动，给予精心指导，其目的是掀起学习高潮，激发学生的求知欲，调动学生的积极性和主动性，促进课堂教学目标的实现。

课型四　找茬课设计方案

（王学先名师工作室　杨周荣麟）

一、找茬课设计的核心思想

找茬课，顾名思义，核心便是“找茬”，即培养学生从求解题目的条件、解题过程与解答结果这三个顺次步骤中，构建寻找“茬点”的意识并能通过知识本质或内在逻辑找出“茬点”。众所周知，学生在复习课中，大抵都是“会”的，可往往总是出现解答的题目拿不到分或满分的情况，即与自己的估分认知出现信息不对称的情况，这便是没有关注解题三步骤中的“茬点”导致的。复习课的目的之一便是教会学生查缺补漏的意识与能力，不比谁“会”得多，而是更加关注谁“错”得少。教师经常向学生强调解题时要细心，而让学生实现细心解题的突破方法，便是找茬课中找出并能解决的“茬点”。因此，“茬点”便是在解题时，学生对于各类知识点、各类题型中存在的易错点、易混点或失分点等，故找茬课在复习课系列中较能吸引学生；同时，又可将基础知识与基本考查类型对应题目形象生动地呈现，是具有针对性、系统性的纠错习题训练复习课型。

二、找茬课设计的理念

从学生的认知与需求出发，培养学生解题时关注解题三步骤中的“茬点”的意识；通过科学的分析与实践，帮助学生强化查缺补漏的能力，使之在解题时，力求实现会做就能拿满分的目标。

三、找茬课设计的基本原则

求解一个数学题目，在大方向上顺次可分为三个步骤，分别是求解题目的条件分析(已知条件、涉及知识点本质、关键词等)、解题过程(思考、计算、论证等)、解答结果(取舍、书写等)，每一个步骤学生只有做到细致周到的思考与落实，才能实现会做就能拿到满分的最优情况。自然，“茬点”会在这三个步骤中出现，构建主动关注“茬点”的意识并解决问题，便可让学生实现细心解题、查缺补漏，从而提升解题正确率与得分率。

(一)在条件中找茬，落实关键词

在条件中找茬，即通过辨析一组题目条件的不同，实现条件分析，即关键词的落实。

例如，在复习“含参数的方程的根”时，可由下列例题进行寻找“茬点”的训练。

1. 已知关于 x 的一元二次方程 $mx^2+x+1=0$ 有实数根，则 m 的取值范围是________。

2. 已知关于 x 的方程 $mx^2+x+1=0$ 有实数根，则 m 的取值范围是________。

【设计意图】这一组题目中，两道题目唯一有区别的地方出现在条件中，第 1 题强调了方程只能是一元二次方程，而第 2 题只说明了“方程”而没有强调是哪一种方程，故需要利用分类讨论的思想解决题目。这便是条件分析时出现的关键词，只需有意识地找到这个关键词即“茬点”，便可在解题时明确解题方向与细节。

(二)在过程中找茬，投射知识点

在过程中找茬，即在解题过程中，学生需要根据知识点的本质进行内容的计算与判断，从而确保过程的正确率。

例如，在复习“三角形”时，可由下列例题进行寻找“茬点”的训练。

1. 若等腰三角形两边长为 3、5，则这个等腰三角形的周长是________。

2. 若等腰三角形两边长为 2、5，则这个等腰三角形的周长是________。

【设计意图】这一组题目均给出等腰三角形的两条边长，需要求解其周长，在题目条件与结果呈现上一致。解题过程中，需要考虑三角形三边关系这个知识点，故两题会出现不同的解答类型。第 1 题最终是双解，而第 2 题只能是单解，因为 2、2、5 无法满足三角形三边关系，无法构成三角形，依据过程中知识点本质的投射便知要舍去。

(三)在结果中找茬，辨析逻辑线

在结果中找茬，即当题目条件、过程均相同时，通过辨析逻辑线，考虑解题结果的适配度与书写严谨性，实现最终结果的正确率。

例如，在复习“几何综合”时，可由下列例题进行寻找“茬点”的训练。

1. 如图 2-4，正方形 $ABCD$ 中，$DE=AF$，则线段 AE 与 BF 的数量关系是________。

2. 如图 2-4，正方形 $ABCD$ 中，$DE=AF$，则线段 AE 与 BF 的关系是________。

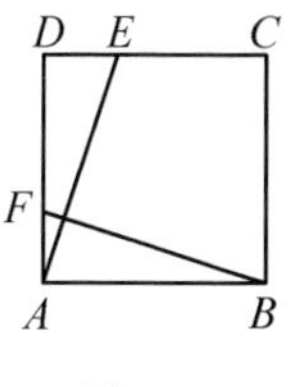

图 2-4

【设计意图】这一组题目中，条件与求解过程均相同，都需要先求出两个三角形全等，再通过两个三角形全等的性质得到题目答案。这一组题目的区别出现在结果中：第 1 题需要写出的只有数量关系；而第 2 题需要写出的是两条线段之间的关系，既包含数量关系又包含位置关系，这就需要通过逻辑的辨析，实现最终结果的正确性。

四、找茬课问题设计

面向所有初中数学知识点，按解题步骤中存在"茬点"的情况进行分类教学(图 2-5)。

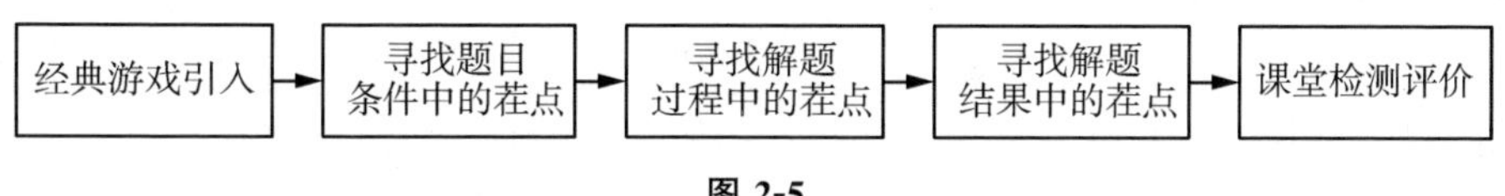

图 2-5

五、找茬课设计要义

找茬课课型设计目的是通过课程训练，学生能有意识地建构在做题时防止自己落入题目所设置的易错点、易混点或失分点中的一种解题思维，提高做题踩分点的获得率。为提高学生复习课兴致，让复习课"新"起来，"活"起来，借助"找茬"这一关键词，从经典游戏"大家来找茬"开篇。依托教学目标，配置生动有趣的活动，呈现以学生为主体，教师为主导的习题复习课。并在教学环节结束后，当堂进行针对性的评价检测，提升学生学习效率。

课堂由经典游戏"大家来找茬"开篇，意在用生动形象、真实鲜活且学生本身就玩过的游戏，引导学生在训练题目中类比"找茬"的方式、方法。根据数学题目自身结构与解数学题的一般过程所具备的特点，将每一道数学题解题的过程分为三个部分，即条件、过程、结果。同样地，也将"找茬"分为条件找茬、过程找茬与结果找茬三部分进行系统训练。每一部分的训练，均采用与经典游戏相同的配置，即题目一组一组出，每一组两两对比，意在引导学生发现"茬点"，通过直观的比较，体会"茬点"，动手做题，体验分享，自我构建解题经验，提升解题能力与正确率。当堂评价检测，帮助学生认识自我掌握情况，为学生提升自身解题能力与提高正确率提供帮助。找荐课也让学生刻板印象中的沉闷复习课“活”起来、“亮”起来、“动”起来。

六、找茬课设计的评价体系

(一)对学生学习状态的评价

两组课堂限时训练，层层递进，训练内容涉及条件、过程与结果的“茬点”配置。学生通过测评成绩与反思、经验总结等方式实现课堂学习结果自评；通过课后分层作业实现训练后的找茬能力掌握情况的自评。课堂两组训练后，小组通过交流、讲解、互相答疑等方式进行测试题目的学习落实；通过小组间的互帮互学对组员进行相互指导与评价。

(二)对知识学习形态的评价

在教师引导下，学生从游戏入手，类比游戏方法，对照每组训练例题寻找“茬点”。在探索、总结与反思条件找茬的解题经验后，学生能自主完成过程与结果找茬的探索，并能与同伴分享或上台展示，收获数学学习的成就感。

(三)对教师教学行为的评价

首先，教师在授课时通过自己的教学语言、组织方式，引导学生积极探索，勇敢分享，类比学习，带领学生共同构建“动”起来的课堂。其次，教师通过当堂测评与课后分层作业测评结果，掌握学生当堂课程中找茬意识的构建程度。最后，教师通过课后一段时间的引导观察，不断强化学生的“找茬”意识，提升解决“茬点”等问题的能力，掌握总结复习阶段查缺补漏的实用方法。

课型五　试卷讲评课设计方案

（王学先名师工作室　李翱行）

一、试卷讲评课设计的核心思想

借助大数据云平台，实现诊断后的及时调整与评价。试卷讲评课具有时效性、针对性、典型性、示范性和创新性，呈现“发挥学生的主体作用，教师准确启发学生”为主导的课堂。教师对试卷中出错的知识，分门别类，寻找共性；对不同出错题型问题进行针对性解决；对学生答题方法进行指导。最终实现“教学相长、激发学生潜力、挖掘学生能力”的目的，发展学生的数学学科核心素养。

二、试卷讲评课设计的理念

试卷讲评课本就是基于诊断后的数据反馈实现“提质补弱”的目的。漫无目的、从头至尾都在告知正确答案的试卷讲评课是低效的，甚至是无效的。试卷讲评课需要有的放矢，在解决学生共性问题的同时，采取不同形式解决学生的个性问题，以实现人人可通过一次诊断得以查缺补漏的目的。教会学生掌握答题方法，启发学生对错题进行分析和思考，积极鼓励学生参与课堂活动，激发学生的兴趣，调动学生的积极性。

三、试卷讲评课设计的基本原则

（一）时效性

试卷讲评课需把握好诊断后的讲评时间，做到及时高效。测试结束后，大部分学生都急于知道自己的成绩，情绪比较激动，而且对于试题及自己解题思路的印象也比较深刻，此时讲评能够收到事半功倍的效果。每次诊断后，教师一定要抓紧时间阅卷，迅速统计数据，做好试卷分析，摸准学生的心理，及时讲评，越快越好。

(二)针对性

试卷讲评课的准备工作，在阅卷时就应开始。需要将学生答卷情况做好记录，记清哪些试题答得规范，哪些试题失分多，哪些是因知识性错误而失分，哪些是因技巧性错误而失分，哪些是普遍现象，哪些是个别现象，等等。通过统计和分析，写好试卷讲评课教学设计，讲评时才能做到有备无患，切中要害。

例如，在试卷讲评课中，收集学生在解答几何证明、计算题时因答题不规范而失分的典型错题，对照评分细则，剖析解答过程中需注意的答题规范。

(三)典型性

试题讲评课不对所有题目进行面面俱到的讲评，而是重点关注共性问题的试题。

学生答题差错，一般分为三类，针对每一类，可有不同的讲评方法。

第一类，没有或很少有差错的试题，通常不讲评或点到为止；

第二类，部分学生有差错的试题，视具体情况适当讲评；

第三类，绝大多数学生有差错的试题，这类试题往往属于迷惑性、综合性较强的考题，应重点讲评。

(四)示范性

试卷讲评课不仅在于给学生提供正确答案，还需重视对解题思路、方法、步骤和技巧的讲解。教师的示范性表现在为学生找到“捷径”和“标准”。试题类型不同，答题方法也各有差异，唯有教会学生答题方法，才有助于学生综合运用。

倘若仅仅校正答案，虽然学生知道了此题应该答什么，但并不知道为什么要这样答，对出错的原因和以后应该怎样避免也不清楚。

因此，讲评中应加强对学生答题方法的指导，一般从三个方面说明：

第一，指导学生学会读题、审题、理解题意，正确把握答题方向；

第二，指导学生厘清答题步骤，注意答题的条理性和规范性；

第三，指导学生掌握答题技巧，并能在试题难度较大的情况下，机动灵活地予以解答。

(五)创新性

2012 年 3 月 13 日，教育部发布了《教育信息化十年发展规划(2011—2020 年)》(简称《规划》)，开篇直接引用了《国家中长期教育改革和发展规划纲要(2010—2020 年)》中首次提出的重要命题——“信息技术对教育发展具有革命性影响，必须予以高度重视”，并作为统领《规划》制定与实施的总纲。

借助大数据云平台，将阅好的诊断试题进行分门别类的统计、整理、描述和分析。并根据云端的反馈数据进行重组整合，将信息技术与教育教学深度融合，使试卷讲评课能高效、准确、有序地进行。

四、试卷讲评课问题设计

(一)从试题中所涉及的知识点出发设计数学问题

每一次诊断中，诊断的试题会围绕一个或多个知识点进行设计，需要引导学生透过现象看本质，往往会有一部分试题，就是在考查核心素养，但实质需要学生抽丝剥茧，看到最本质的内涵。设计一个好的问题，是帮助学生抽丝剥茧的利器，能够引发学生对问题的思考，进而分析问题、解决问题。

(二)从学生的错题、错因出发设计数学问题

试卷讲评课是诊断结束之后的再巩固和解答分析，学生的错题便是最佳的分析素材，重新审视错题，挖掘思考错因，在此基础上设计数学问题，能充分展露学生的问题，再去更好地解决问题，这样能加深对知识进行理解，实现复习的目标。

(三)从学生的错题进行变式衍生出发设计数学问题

在试卷讲评课中，独讲、独评意味着教师的个人表演，不能系统地串联相关知识或近似知识的题目，会使得学生在听试卷讲评课时会越听越没“劲”。在批阅试卷时就应关注学生能否正确运用教材上的基本概念和基本规律答题；在讲评试卷时，应把每个试题都归纳入知识体系中，紧扣教材分析讲解。要让学生根据教材的知识和原理，对号入座，同时，找出自己诊断的错误，并当堂纠正。同一个问题对应一道题，讲细讲透，会一道题，就会一类题，这样能实现课堂的高效性。

五、试卷讲评课设计要义

(一)数据整理，考情分析

基于检测后生成的答题数据及考情情况，实施教学。课堂上既需要关注大

部分学生的学习情况，也需要重视学生的个性需求。根据学情特点，将出错试题按照出错率高低进行分类，并根据题型差异，分类指导，实施教学。

（二）分类试题，策略教学

(1)针对出错率较高的解答题和选择题、填空试题，可采取不同方式引导学生参与课堂教学。关注出错率较高的解答题的答题规范。指导学生依据评分细则，进行授课讲解，互批互评，让学生与学生对话，最终落实规范的答题；关注出错率较高的选择题、填空题的答题技巧。指导学生找到错因，同时鼓励后进生表达自己的解题思路，最终提炼解题技巧。

(2)针对出错率较低的试题，可组织各小组交流，互帮互助，取长补短，借助小组内或小组间同学的力量，进行学生与学生的当堂帮扶，交流学习，进而查漏补缺。

（三）衍生强化，随堂诊断

在课堂教学中，针对错误率较高的选择题、填空题进行衍生或改编，复习知识点的同时，巩固解题方法。课堂检测限时完成，及时了解学生的课堂反馈情况。

（四）自我反思，归纳整理

课后组织学生自我反思检测中的错误原因，将课堂知识进行归纳整理，有的放矢，针对遗忘遗漏知识重点突破和加强。

六、试卷讲评课设计的评价体系

（一）对学生学习状态的评价

试卷讲评课打破了传统以教师讲授试卷，学生订正试卷为主的模式，是让学生变被动为主动的自纠课堂。以阶段检测过后的试题为依托，学生找到自己在学习过后尚未掌握的知识或是学习过程中未注意到的不足。老师为指引者，学生为课堂参与者，采用生帮生及团体帮个体的方式提升每个学生的自省、自纠能力和表达、互助能力。

（二）对知识学习形态的评价

前测是对学生阶段性的综合评价，数据查漏是对学生知识掌握欠缺的量化呈现，借数据整理分析，教师找到每个学生的症结所在。试卷讲评课堂是借数据“照镜子”，老师有针对性地引导学生再现问题知识，不仅要知错因，更要举一反三，知其原理，拓展衍生，会一题，更会一类，让学生抓住知识的根，以不变应万变。课后以小组形式弥补课堂之外的个性化错题，并加以归纳总结，让知识更成体系，让素养的发展真正落地。

(三)对教师教学行为的评价

教师在前测阶段是试题研究者，应掌握每个试题考查的知识点和试题背后所呈现的思想方法，分析试题难易程度，批改试卷，收集各题数据，剖析得分率低的典型题；课堂上，教师需要指导学生自纠自查高频错题，并提供解题方法，指导学生找到错因；课后教师要监督学生落实改错及整理，让学生因一场检测而知不足之处，进而努力弥补，达到掌握与应用知识的目的。

课型六　小题实战训练课设计方案

（王学先名师工作室　黄刚云）

一、小题实战训练课设计的核心思想

小题实战训练课实质上是一堂练习课，练习的范围为中考数学中的选择题和填空题。在中考数学中，选择题和填空题具有既容易得分，也容易失分的双面性。同时，由于选择题和填空题处于整张试卷的前半部分，对于选择题和填空题的处理，学生不但需要提高得分率，还需要兼顾做题速度，任舍其一，都会直接影响学生做整张试卷的效果。为了提高学生处理选择题和填空题的得分率及速度，适当的练习必不可少。“小题实战训练课”的意图就是通过合作学习，把课堂还给学生，激发学生的内驱力，使习题课不枯燥，通过合作学习，让数学课堂焕发出新的魅力。

二、小题实战训练课设计的理念

本节课突出“学”，淡化“教”，着力于互批、互评、互助、分享等环节的设置，让学生充分合作、交流，培养学生合作学习的能力，力图打造一节“生本课堂”。课后作业围绕总结提炼和设计自查自纠方案来进行，目的是让这节课的影响延伸至课后，引导学生主动探寻适合自己的数学学习方法。

三、小题实战训练课设计的基本原则

（一）精选题目，立足实战

既然是实战训练课，教师备课的主要精力显然要放在习题的精选上，在习题类型、习题难度、对知识点的考查等方面，都必须追求仿真的效果。仿真训练，让学生熟悉中考选择题、填空题的试题结构和考查方向，真正达到模拟和提高的效果。

（二）限时训练，强调时间规划

各省市的中考数学试题无论如何调整，选择题和填空题的位置总是居于整张试卷的前半部分。“好的开始，是成功的一半”。学生对选择题和填空题的处理直接影响学生做整张试卷的心理状态。学生除了追求选择题和填空题的正确率外，还需要提高解题的速度，为后面处理可能出现的综合性难题赢得时间。通过限时训练，强调时间分配，引导学生学会在时间上对整张试卷做一个整体规划是很有必要的。

(三)基础与技巧并重，着眼实际

选择题和填空题承担着考查初中数学大部分知识点的功能，一般其难度不会太大，因此，教师在中考复习中要注重学生对基础知识的理解和掌握。同时为了提高做题速度，根据客观题的特性，教学中应该引导学生去总结提炼一些处理选择题和填空题的方法和技巧。只有基础与技巧并重，学生才能有效地处理中考中的选择题和填空题。

(四)重视错题，学会错因分析

中考复习时间短、任务重。学生从错题入手，分析自己的知识短板、方法短板、思维短板，可以达到事半功倍的效果。收集、整理、归纳错题，然后有的放矢地进行查缺补漏，是一种行之有效的复习策略。

(五)着力课堂互动，深耕合作学习

通过设置互批、互评、合作解决问题等环节增加课堂互动，引导学生合作学习，着力打造“生本课堂”。

(六)学会反思，力争知识内化

中考复习的质量，取决于学生在复习中能否养成反思的能力。有深度、有维度的反思，是高质量中考复习的标志，通过反思将知识内化。养成反思性学习的习惯，不仅可以提高学生的应试能力，更能提高学生的学习能力。

四、小题实战训练课问题设计

本节课没有提前设计问题，教学中的问题主要从学生处理习题和小组合作交流中随机产生，需要教师在课堂上灵活处理。教师通过对问题的处理，引导学生学习，并形成新的教学情境。

五、小题实战训练课设计要义

(一)目标设置

(1)提高选择题、填空题的做题速度和得分率，通过总结和反思，探寻符合自己的应试方法。

(2)在训练中发现问题，在同学中寻求帮助，在互助中体验快乐，在快乐中学会学习。

(3)学生通过收集错题，主动进行课后自查自纠，让错题集成为复习中的宝贵资源。

(二)目标分析

课堂上，师生能够深度参与课堂教学；课堂之外，同学之间能形成互相激励、互相帮助的学习氛围。教师通过在教学中设置交流、总结、反思、自查自纠等环节，让学习“内化”，帮助学生养成自主学习的习惯。

六、小题实战训练课设计的评价体系

(一)对学生学习状态的评价

本节课设置了限时仿真训练、学生互批互评、小组合作交流、自主总结反思等环节，充分调动了学生的课堂参与度。特别是在互批互评环节，学生在不同问题上扮演不同的角色，不懂不会的问题主动求助同学，自己掌握的知识则大胆表达，倾力帮助同学，各尽所能、各显其能，使整堂课既有限时带来的紧张感，又有因为被理解、被接纳而产生的愉悦感。

(二)对知识学习状态的评价

本节课的教学表面上是中考数学填空题、选择题的仿真训练，实际上是通过互批互评、合作交流、课后作业等环节，引导学生主动进行反思和总结，从而激发学生探索新知识、新经验的兴趣，促使学生完成知识的自主构建。

(三)对教师教学行为的评价

本节课凸显“学”、淡化“教”，每一个环节都采用启发讨论教学法，许多知识都由学生讲、学生评、学生总结来完成，只有在存在较大争议的地方，教师才适当介入。整堂课充分激活了学生的表现欲和成就感，有利于学生的个性发展。

课型七　衍生课设计方案

（王学先名师工作室　吴禹杰）

一、衍生课设计的核心思想

衍生课设计的核心思想如图 2-6 所示。

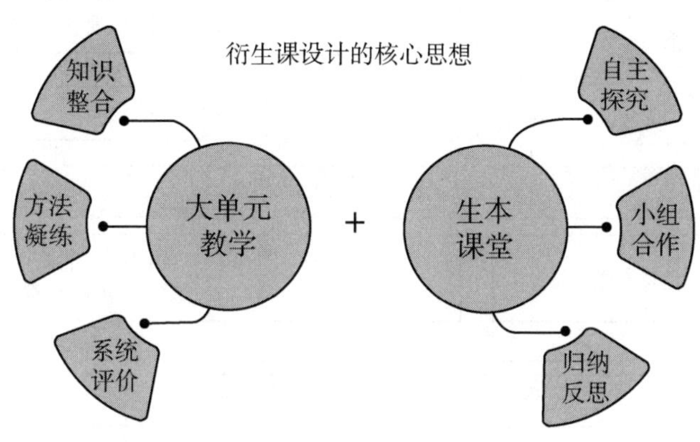

图 2-6

二、衍生课设计的理念

衍生课在大单元教学模式下，遵循学生的认知规律，在学生的最近发展区内设计点状知识，以问题串的形式激发学生进行横向比较、纵向联系，引导学生经历单元知识的形成和运用过程，以“衍生”的视角重构知识链，不断地通过物以类聚，触类旁通的思维方式形成整体的单元认知结构，使学生在基础知识、基本技能、基本思想方法和基本活动经验上有所发展。本课型强调以学生为主体，自主学习，小组合作，并对学习成果进行交流与展示，让学生体验到学习的快乐与成果展示后的成就感，积累数学思维的经验，提升数学学科核心素养。让学生真正做到温故而知“新”。

三、衍生课设计的基本原则

衍生课设计的基本原则如图 2-7 所示。

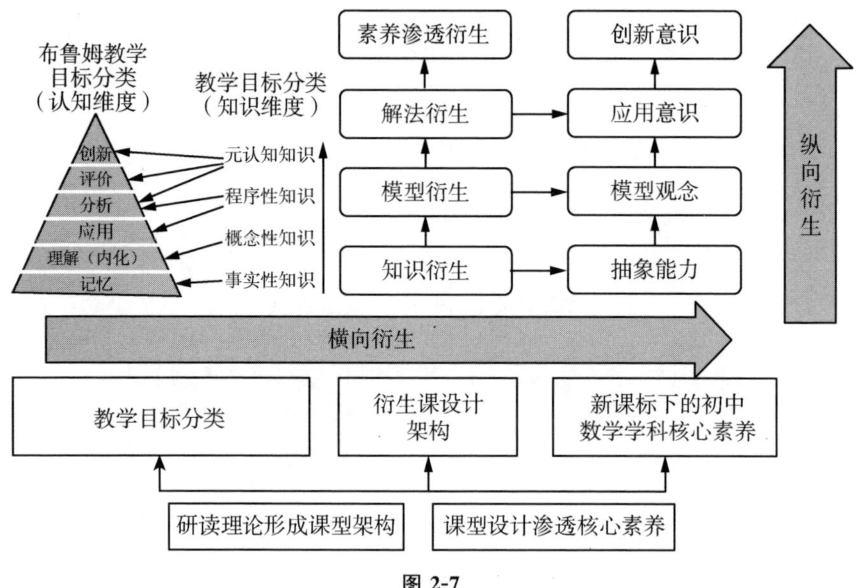

图 2-7

四、衍生课问题设计

思考 1：已知在$\triangle ABC$和$\triangle DBE$中(图 2-8)，$\angle ACB=\angle DBC=90°$，$AB\perp DE$，$AB=DE$。

求证：$\triangle ABC\cong\triangle DBE$　　**会证**

思考 2：请你说说有几组相似三角形？

思考 3：经过这样的变换(图 2-9)，$\triangle ABC$与$\triangle DBE$还相似吗？　　**会看**

【学以致用】如图 2-10，在矩形 $ABCD$ 中，$AB=3$，$AD=5$，点 E 在 DC 上，将矩形 $ABCD$ 沿 AE 折叠，点 D 恰好落在 BC 边上的点 F 处，那么 $\sin\angle EFC$ 的值为____。**会用**

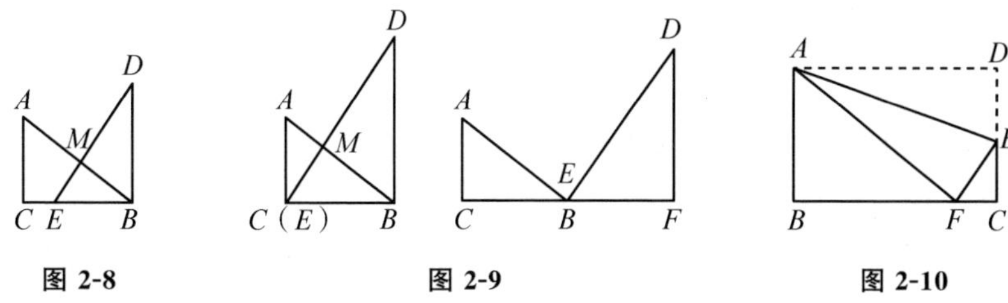

图 2-8　　图 2-9　　图 2-10

图形的变化的衍生：平移→缩放→翻折(图 2-11)。

模型的变化的衍生：A 型→X 型→K 型。

题型的变化的衍生：三角形全等→三角形相似→直角三角形相似→矩形背景下的直角三角形相似→正方形背景下的三角形相似(作辅助线，图 2-12)。

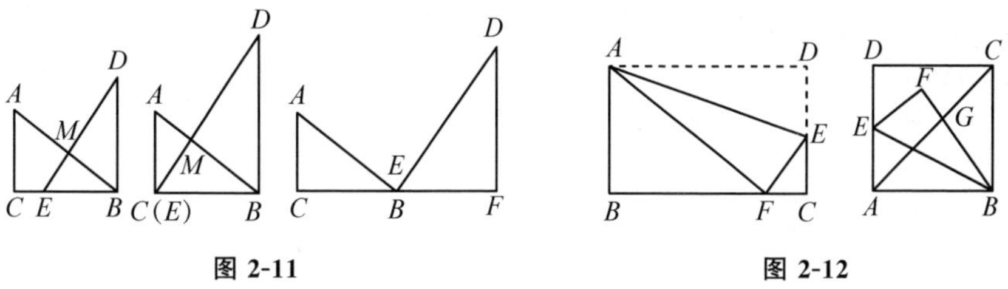

图 2-11　　图 2-12

五、衍生课设计要义

(1)建构知识网络，清晰数学逻辑链。

(2)刻意留白，充分让学生自由展示，凸显个性化。

(3)设问层层递进，引导学生自主地完成知识衍生。

(4)作品展示让学生们去感受“数学”美。

通过对图形的变换，学生体会几何图形的变化过程，从中体会全等和相似的本质特征，达到模型的衍生，然后运用所学模型，真正做到举一反三。

六、衍生课设计的评价体系

(一)对学生学习状态的评价

衍生课在参与状态上注重通过分享知识梳理的思维导图，强调不同解法的展示与分享，引导学生敢于创造个性化的思维导图。小组之间开展交流与合作，更好地将学生的“学”与学生的“教”有效结合，让更多人的有效地参与到课堂中来。

（二）对知识学习形态的评价

衍生课注重对知识整体架构的梳理，在自主建构知识链的过程中，注重同学之间的展示与分享。通过小组成员之间的团结协作，分享不同的解题方法和做题思路，进而获得思维的碰撞，从而增强学生的学习能力和可持续发展能力。

（三）对教师教学行为的评价

教师引导学生制作思维导图，引发学生深度思考，将所学知识内化，构建良好的整体架构；在解法的衍生方面，教师鼓励学生在课堂上分享自己的解题方法，真正做到引导学生会思考、会表达、会运用，增强学生主动参与数学学习活动的信心。

课型八　达标练评讲测课设计方案

（王学先名师工作室　杨兴建）

一、达标练评讲测课设计的核心思想

达标练评讲测是中学数学复习课型之一，可分为练、评、讲、测四个模块，模块间环环相扣，逐级递进。课前训练和课上评价相互融合，在训练中，学生可以发现问题，明确自己的优势和不足；在评价中，学生可以提出问题，发表自己的观点，展示自己。合作学习和达标检测相互促进，通过互助讲评的形式进行合作学习，学生可以分析问题和解决问题，畅所欲言；在达标检测中，学生经历知识的运用过程，体验学习的成就感。

二、达标练评讲测课设计的理念

“达标练评讲测”的教学方式，适用于正式的考试、单元检测、作业、练习等，适用范围广，易复制、易操作、易推广。在教学过程中，教师确定主题、设定目标、制订教学设计、挑选试题、编写答案并赋分、课堂检测，并指导学生互评后得出统计数据，互帮互助、合作学习。基于学情，从预设准备的题目中选择学生掌握不好的试题进一步强化练习，监测达标情况，掌握反馈情况后进一步调整后续的教学。

“达标练评讲测”的教学方式体现了学生的主体地位，发挥了教师的主导作用，两者相辅相成，相得益彰。在教学中，通过生教生生生互助、师教生师生共进的合作学习模式，形成了师生、生生之间全方位、多层次、多角度的交流方式。小组中每个人都有机会发表自己的观点与看法，也乐于倾听他人的意见，让学生感受到学习是一件愉快的事情，从而满足了学生的心理需要，促进学生各方面的和谐发展，达到让学生“爱学”“会学”“乐学”的目标，进而有效地提高教学质量。

三、达标练评讲测课设计的基本原则

(一)实效性原则

达标练评讲测课的教学方式中设置的每一个环节、活动，都需解决学生的一些实际问题，都需切实地让学生在掌握基础知识、基本技能、基本思想方法、基本活动经验四个方面收到实际的效果。

(二)激励性原则

达标练评讲测课的教学方式营造了小组合作的氛围，搭建了学生展示自我的舞台，创造了自主学习的空间，整个过程需要学生的积极主动和强劲的内在动力，这些动力的源泉在于，教师激励学生的每一次尝试，夸奖学生的每一寸进步，赏识学生的每一点成绩。

(三)主体性原则

学生是学习与成长的主人，学生是教学活动的主体，教师要引导学生明确学习目标，调动学生学习的积极性，让学生感知教材、学习教材、深入地理解教材，把教材上的知识运用于实践。

(四)前瞻性原则

教师在教学设计的过程中，需根据学情对本堂课做充分的预设和生成。在课上，教师需根据学生的实际学习情况，把课前准备的教学材料进行适当调整，把宝贵的时间用在必要的地方，较好地解决学生学习上的问题。

(五)针对性原则

在达标练评讲测课的教学方式中，教师需要考量学生的综合情况进行配对或安排小组成员，不仅要做到小组基本情况一致，还需把志同道合的学生分配在一组，形成学习的默契；在课前训练的选题上需根据学生对本部分知识的掌握情况进行选取，目的是更好地反映出学生的问题；课上借助信息技术数据反馈，根据学情及时调整教学方式，取舍课前准备的素材，以提高教学的针对性和效率。

四、达标练评讲测课问题设计

达标练评讲测课主要分为练、评、讲、测四个环节，第一个环节是练，练是在课前完成的，教师结合课程内容和学生学习情况选择试题，试题需要尽可能覆盖当堂课所学知识点，题量和难易度要符合学情，要求学生在规定的时间内保质保量的完成。第二个环节是评，评是在课上完成的，对子交换试卷，教师展示参考答案，对子互批互改和签名赋分，紧接着组长检查阅卷情况，教师抽查阅卷情况，组长统计成绩，教师进行点评。第三个环节是讲，教师点评结束后，学生根据自己的问题与对子相互交流，对子不能解决的问题小组一同解决，小组不能解决的问题全班一起解决，全班不能解决的问题教师引导解决。第四个环节是测，利用 5 分钟的时间做达标检测，检测学生对知识的掌握情况。因此，达标练评讲测课的问题设计，需要结合学生的学情和教学内容进行设计，问题设计需要符合学生思考的规律，试题的难易程度需要满足学生的需求。因学生存在个体差异，要进行分层教学，做到因材施教。教师在备课时，要做好每一教学环节的教学预设和生成，尽可能让课堂教学在自然和高效中完成。

五、达标练评讲测课设计要义

达标练评讲测课设计要义如图 2-13 所示。

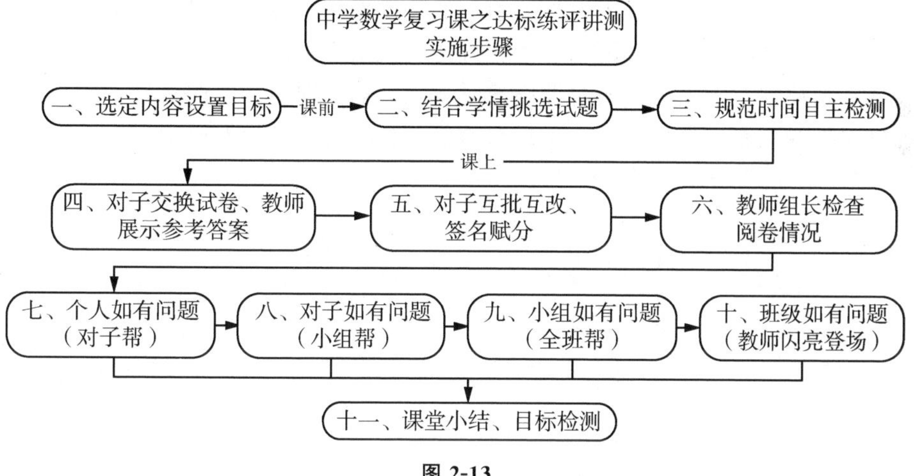

图 2-13

六、达标练评讲测课设计的评价体系

1. 对学生学习状态的评价

达标练评讲测课评价的起点是学生，学生在达标练评讲测课的四个学习环节中结合教师的教学设计进行自我评价。达标练评讲测课评价的延伸是小组，课前教师对小组成员的搭配进行综合考量，分组的原则为小组间学习情况基本一致，志同道合有默契的学生分为一组。课上小组充分合作，探索、交流自己不能解决的问题；课后小组继续对当堂课遗留问题以及其他知识进行全面深入的学习，保持小组间良性竞争的同时，营造积极向上的学习氛围。

2. 对知识学习形态的评价

课前，学生对当堂课需要学习的知识进行预习，把掌握不好的知识进行整理；课上，学生根据老师的引导有针对性地解决存在的问题，教师通过课堂达标检测结果反馈出学生本节课的学习情况，给后续教育教学的开展提供依据；课后教师把当堂课学习的知识进行提炼和总结，学生的知识得到了全面系统的学习，成绩得到了提升，同时培养了良好的学习习惯。

3. 对教师教学行为的评价

教师在教育教学过程中发挥着引导的关键作用。课前，根据学生对本部分知识的掌握情况选取训练题，以便更好地反映出学生的问题；课上，借助信息技术数据反馈，根据学情及时调整教学方式，取舍课前准备的素材，提高教学的针对性和效率；课后，对学生进行监督，让学生更好地掌握知识。

课型九　数学运算素养提升课(一)设计方案

(王学先名师工作室　杨　磊)

一、数学运算素养提升课设计的核心思想

运算能力主要是指根据法则和运算律进行正确运算的能力。有效提高运算能力，不能盲目地进行题海训练，而是要从其本质出发，即围绕运算对象的产生(概念)—运算的意义(要解决的问题)—运算方法(算理、算法之间的关系)—方法的归纳(运算的规律)—问题的解决来进行。运算的意义是算理、算法之源，算理为算法提供依据和指导，算法是运算操作的程序化，逻辑推理的规范化，算律是算理、算法的归纳与升华。

二、数学运算素养提升课设计的理念

(一)明确概念，大本大宗

概念的产生分为三个步骤：比较、反思、抽象。我们可以理解为，从直观到概念，是一个不断抽象的过程，而从概念到直观是一个不断具体的过程。我们先要正确理解概念的产生过程，也就是通过与现有知识的比较、反思后抽象出新概念，再用概念的特点、性质、法则和规律指导正确的运算。所以概念才是运算正确的“本”和“宗”。如果概念不清，理解不深，那么后续的运算法则和运算律就很难得以正确应用，所以对运算对象的理解深度决定了知识运用能力。

(二)一题多解，灵活运算

数学思维中的运算能力，体现在学生复习时，能够在正确理解概念，运用法则、公式、运算律等进行基本运算的基础上，根据题目的条件从不同的角度、层次迅速地确定问题思考的方向，找到运算的突破口。运算素养的提高，有助于增强学生运算的灵活性，使学生复习效率得到有效提高。

(三)寻理入法，以理驭法

算理、算法是运算能力的一体两翼，算理是解决“为什么要这样算”的问

题，算法主要解决“怎样计算”的问题。算理为算法提供了正确的思维方式，保证了运算的合理性和正确性。算法为运算提供了快捷的操作方法，提高了运算的速度。算理是算法的理论依据，算法是算理的提炼和概括，它们相辅相成，在教学中缺一不可。

(四)循律而动，以简驭繁

厘清运算对象的概念和运算法则、运算律以后，要善于总结、反思，寻找解决这类运算题的规律，在解决运算量较大的题型时，既能简化运算，提高运算的速度，同时也能提高运算的正确率。

三、数学运算素养提升课设计的基本原则

(一)正确性原则

运算的基本要求和最终目标就是运算的正确性。不管采用什么运算方法，什么运算途径，保证运算的正确性是运算的第一原则。

(二)阶段性和重复性原则

运算存在熟练度的问题，所以熟练掌握运算，有效提升运算能力有其阶段性和重复性，要经过一定时间和一定量的反复训练才能提升运算的能力。运算应该是“先慢后快”“先错后对”“先生后熟”这么一个过程。

(三)运算的层次性原则

教学对象的差异性导致授课过程中不仅要求多元化，还要区别对待，比如运算的难度、运算量。对于运算基础薄弱的学生，应该重基础，重基本概念，强化算理的作用，利用阶段性和重复性原则的要求强化基本运算。对于运算能力强、速度快、正确率高的学生，要进一步提升运算思维的灵活性，适当提高运算难度和增加运算量。

(四)运算的综合性原则

运算综合性对所有学生而言都是运算的一大挑战，对运算的量、运算的难度、覆盖的算理，都提出了较高的要求。要提升运算素养，关键在于突破运算综合性这个难关。

四、数学运算素养提升课问题设计

运算的分类及要求如图 2-14。

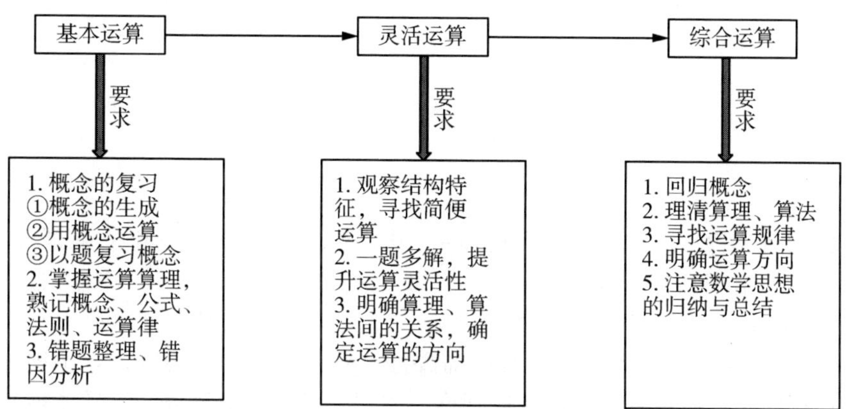

算理	算法	算律	运算结果	错因分析
概念、性质、定律	运算的基本程序和方法	在算法中总结出来的规律	正确（或者错误）	错误结果的原因

图 2-14

例 1　若$\sqrt{2}\approx1.414$，则$\sqrt{200}\approx$________。

【设计意图】二次根式中存在无理数，有时可以进行合理估算，使运算和判断更准确合理。估算也是运算中的一项重要技能，也是运算能力的主要特征之一。在此题运算中根据二次根式的开方原理，确定被开方数小数点移动的方向，在结果中小数点移动方向要与其保持一致。再根据开方原理得出所求结果。

例 2　比较大小：$2\sqrt{3}$________ 4。

学生 1：$\sqrt{3}\approx1.732$，$1.732\times2=3.464$，$3.464<4$，所以 $2\sqrt{3}<4$。

学生 2：因为 $4=\sqrt{16}$，$2\sqrt{3}=\sqrt{12}$，所以$\sqrt{12}<\sqrt{16}$，所以 $2\sqrt{3}<4$。

【设计意图】让学生运用不同方法进行运算，对比发现学生 2 的方法具有严谨、简捷、快速，运算量少的特点。在运算时既可以先考虑左边，又可以先变形右边，灵活多变是这道运算题的特点。通过这道题，得出：比较两个数的大小时，既可以先变形左边，也可以先变形右边，或者左右两边同时变形。比较方法也是灵活多样化的。

例 3　计算：$\left(\sqrt{12}-\sqrt{\frac{4}{3}}\right)\times\sqrt{3}=$________。

（学生 1）解　原式$=\left(2\sqrt{3}-\frac{2\sqrt{3}}{3}\right)\times\sqrt{3}$

$=\frac{4}{3}\sqrt{3}\times\sqrt{3}$

$=\frac{4}{3}\times 3$

$=4$。

（学生 2）解　原式$=\sqrt{12}\times\sqrt{3}-\sqrt{\frac{4}{3}}\times\sqrt{3}$

$=\sqrt{12\times 3}-\sqrt{\frac{4}{3}\times 3}$

$=\sqrt{36}-\sqrt{4}$

$=6-2$

$=4$。

【设计意图】两个学生解题方法的对比，引起全体学生思想的强烈碰撞。学生 1 算理出现后很多学生也会说："我也是这样想，这样做的啊。"当学生 2 算理出现后，引起了学生的强烈反响，确实学生 2 的解法更简单。在学生 2 解释完以后要让学生明白：运算时需要注意观察式子的结构特征，不能生搬硬套运算顺序、运算定律等。要能观察、猜想、尝试、估算等，这样才能获得更加快捷正确地计算结果。

例 4　先化简再求值：$\left(\frac{m-n}{m^2-2mn+n^2}-\frac{mn+n^2}{m^2-n^2}\right)\times\frac{mn}{n-1}$，其中 $m=\frac{1}{\sqrt{3}-1}$，$n=\frac{1}{\sqrt{3}+2}$。

试题解析：

$$\left(\frac{m-n}{m^2-2mn+n^2}-\frac{mn+n^2}{m^2-n^2}\right)\times\frac{mn}{n-1}=\left[\frac{m-n}{(m-n)^2}-\frac{n(m+n)}{(m-n)(m+n)}\right]\times\frac{mn}{n-1}$$

$$=\left(\frac{1}{m-n}-\frac{n}{m-n}\right)\times\frac{mn}{n-1}=\frac{1-n}{m-n}\times\frac{mn}{n-1}=\frac{mn}{n-m}。$$

当 $m=\frac{1}{\sqrt{3}-1}$，$n=\frac{1}{\sqrt{3}+2}$ 时，原式$=\frac{mn}{n-m}=\frac{1}{\frac{1}{m}-\frac{1}{n}}=\frac{1}{(\sqrt{3}-1)-(\sqrt{3}+2)}=-\frac{1}{3}$。

【设计意图】这道题目是分式化简求值的综合题，运算量比较大，在化简式子时，我们抓住运算的对象是分式，清晰分式加减乘除法的运算法则，同时，在求值过程里又有二次根式的运算，所以它属于分式的运算和根式的运算。带值运算时，我们又发现了新的运算问题：如何化简？一方面可以对 m，n 化简，但是超出教材范围，学生不会计算；另一方面在充分考虑所给值的特点后，可巧妙地对式$\frac{mn}{n-m}$进行变形（确定运算的方向），根据整体思想，把这道题由“繁”到“简”地进行运算，可以极大地简化运算。

五、数学运算素养提升课设计要义

数学运算素养提升课设计要义如图 2-15 所示。

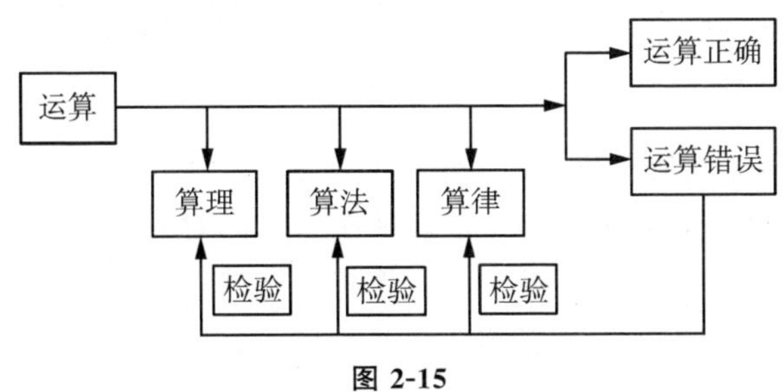

图 2-15

六、数学运算素养提升课设计的评价体系

(一)对学生学习状态的评价

学生在参与运算的过程中，能够自主寻找运算方法，尝试运算，发现问题，并与同学进行讨论，确定运算的正误。对于运算的错误结果，通过自查错因、互查错因、自己改错等环节，实现了数学运算能力的提升，发展了运算素养。学生能够在互动中提高参与度和积极性，在动手运算、查找错误、互助纠错中维持学习的兴趣和探究的状态。

(二)对知识学习形态的评价

学生主要依靠直观、经验、模仿等完成运算，教师引导学生透过运算的表象，寻找运算的本质：算理、算法、算律之间的关系，寻找错误的原因，总结运算的规律，从而改变学生对于运算的认知结构，提高运算的正确性，增强对运算的信心。

(三)对教师教学行为的评价

教师构建提升运算能力的结构框架，引导学生根据算理、算法、算律之间的关系，以错因分析为突破口，总结学生的运算问题。做到由经验型向系统型过渡，有针对地提高学生的运算能力，让学生的运算有理可依、有法可做，从而提高运算的正确率，提升学生的运算能力。

课型十　数学运算素养提升课(二)设计方案

(王学先名师工作室　吴禹杰)

一、数学运算素养提升课设计的核心思想

《义务教育数学课程标准(2022年版)》中提到:“运算能力主要是指根据法则和运算律进行正确运算的能力。能够明晰运算的对象和意义,理解算法与算理之间的关系;能够理解运算的问题,选择合理简洁的运算策略解决问题;能够通过运算促进数学推理能力的发展”。其中,在中学数学学习中,数学运算包括对数字的计算、估值和近似计算,以及对式子的组合变形与分解变形,对几何图形和几何量的计算求解等。本课型主要围绕数学运算中的算理、算法两个方面引导学生明晰数学算理,发现一些算理中的理解误区,并逐一解决;对一些典型题型探究不同角度和思路的运算方法,并对解法进行归纳与反思,提高运算速度,最终达到提升学生的数学运算能力的效果。

二、数学运算素养提升课设计的理念

(1)数学运算素养提升课的教育价值是发现影响学生运算能力的不利因素。在日常的数学教学中,注意培养学生良好的运算习惯,注重强化学生对算理、算法的理解,采取多种措施提高学生的运算速度,尽量将数学运算贯穿于教学的全过程,以提升学生的运算能力。

(2)数学运算素养提升课教学对于学生运算习惯和认知结构的形成,以及阅读能力、逻辑推理等多方面的提高都有着重要价值。通过变式教学、限时训练等策略提高数学运算能力。

三、数学运算素养提升课设计的基本原则

(一)选题针对性原则

在平时教学中,应注意选取学生易错题,并针对其错因进行归类整理。

(二)目标一致性原则

认真研读《义务教育数学课程标准(2022 年版)》，明确教学目标，有效地结合教学目标和学情，设计符合学生学情的教学环节，做好科学的评价。

(三)难度渐进性原则

复习内容的设计应该从简单到复杂，逐步引导学生理解算理和掌握算律，层层递进，为学生建立起扎实的基础。

四、数学运算素养提升课问题设计

数学运算素养提升课问题设计如图 2-16 所示。

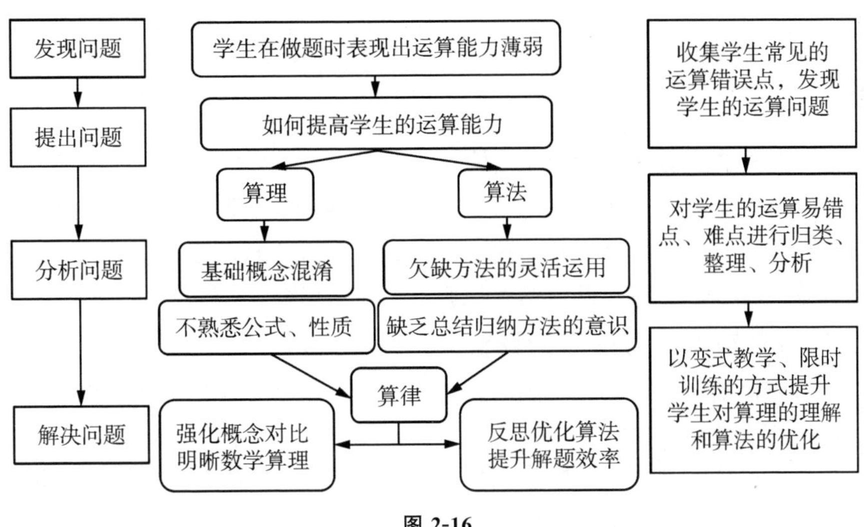

图 2-16

五、数学运算素养提升课设计要义

(一)整体视角发现共性，以线成面

在单元教学复习中，发现学生的共性知识，以共性问题为研究主线，将问题知识形成知识链，最终达到举一反三的目的。提升整个单元面的数学运算能力。

(二)把握运算对象表征，对比教学

加强对运算对象的基本概念的辨析，发现不同概念之间的区别与联系，避

免学生在运算过程中出现概念的混淆。

(三)明确运算法则特点，变式教学

教师通过引导学生熟悉运算法则的特点，让学生学会灵活运用运算法则，再以变式教学的方式，让学生感受不同变式中的核心算理。

(四)关注运算方法多样，一题多解

通过多角度思考问题，让学生寻求解题的不同路径，培养学生的创造性学习能力和探究能力。

(五)总结反思形成算律，多解归一

在不断地反思中总结归纳出不同算法的运用情境，达到熟悉算律，提升解题速度的目的。

六、数学运算素养提升课设计的评价体系

(一)对学生学习状态的评价

学生参与发现日常中的运算问题，展示运算错误，发现错因，分析错因，提出解题策略，体验运算策略，提升对运算素养的理解，较好地掌握基本运算中的算理、算法、算律，并对基本运算进行归纳总结。

(二)对知识学习形态的评价

随着年龄的增长，学生学到的算理、算法、算律的相关知识逐渐增加，内容的产生与发展开始由浅入深，螺旋上升。本课型注重算理的理解、算法的掌握、算律的熟练，教师引导学生深刻领悟运算技巧，形成良好的运算素养。

(三)对教师教学行为的评价

教师重点培养学生良好的解题习惯(如，运算顺序、运算律、运算法则、解题格式等)，注重及时总结算律，充分发挥评价的激励作用，优化算法，提升解题效率。

第三章　审题课案例展示

审题课

（王学先名师工作室　霍明霞）

一、教学内容和内容解析

（一）内容

以典型题组为例，提出审题的关键是一看、二抓、三挖、四转、五直观、六注视未知。

（二）内容解析

审题就是从题目本身去寻找“怎样解这道题”的钥匙，也叫作弄清问题或理解题意。审题主要是弄清题目已经告诉了什么，还需要去做什么，从题目本身获取“怎样解这道题”的逻辑起点、推理目标以及起点与目标之间的更多信息。审题的关键是一看、二抓、三挖、四转、五直观、六注视未知。基于这一模式，以典型题组为例，列举一系列结构相同、形式相近、解法迥异的题组，或是结构迥异、本质相同的题组，在剖析题意的基础上，字字斟酌，句句推敲，找出问题的差异与联系，从而选择合理的解题方法。本节审题课的根本意图就是回到“题意未审清或审不清”的解题起点上。

基于以上解析，本节课的**教学重点**是：引导学生依据六个审题关键环节，正确地理解题意，知道如何去寻找思路，形成初步思路的反思。同时，学生对学习内容通过问题串的形式开展讨论，充分发表自己的意见和看法。通过讨论，交流思想，探究结论，从而掌握知识和技能。

二、教学目标设置

（一）目标

(1)会利用一看、二抓、三挖、四转、五直观、六注视未知的模式审题。

(2)能通过题组的对比分析，提炼出审题的方法。

(二)目标解析

达成目标(1)的标志：学生掌握审题的一般方法，并能正确理解题意。

达成目标(2)的标志：学生经历探究典型习题的过程，顺利找到解题的思路。

三、学生学情分析

九年级学生在本阶段已完成初中全部内容的学习，由于复习课教学方法单一，针对性不强，复习课上成了习题课或处理课或新授课的情况比较多，学生构建知识体系的机会少，主动思考不够，大多数学生提不起学习兴趣，普遍觉得复习课没有营养，既“吃不好”也“吃不饱”，导致复习课课堂效率低下。

学生在解题上的不成功常常可以追溯到“题意未审清或审不清”的解题起点上。课堂上常见的情况是：出示题目之后立即讨论解法，获得解法之后迅速进入下一道题。其实，学生在“如何理解题意，怎样寻找思路”上是“想知道很多而又有很多不知道”，至于“对初步思路的反思”，则十有八九都被“解题教学的现实”给砍掉了。

基于以上分析，本节课的**教学难点**是：审题中看什么？抓住什么？挖什么？如何转化？如何直观？注视未知可以发现什么？

四、教学策略分析

根据本节课的教学重点设计教学活动。学生数学学科核心素养的培育，分析问题和解决问题能力的提升，不可依赖简单重复的题型训练，而应让学生参与数学活动，积累活动经验。

五、教学支持条件分析

教法：问题讨论教学法、练习教学法、启发式教学法。

学法：自主探究、类比学习、自主构建。

教学媒体：多媒体课件、电子白板等。

教学环境：本节课在常规教室中进行，教师引导，激励学生主动思考。整节课学生适度紧张，快乐且充满成就感。

六、教学设计基本流程

教学设计基本流程如图 3-1 所示。

一看 → 二抓 → 三挖 → 四转 → 五直观 → 六注视未知

图 3-1

七、教学设计过程

（一）典例展示，创设情境

若点 $A(x_1, 2)$，$B(x_2, -1)$，$C(x_3, -4)$都在反比例函数 $y=-\frac{4}{x}$ 的图象上，则 x_1，x_2，x_3 的大小关系为________。(用“<”连接)

问题 1：本题解题上的不成功最重要的原因是什么？

【设计意图】1. 按两个问题串展开教学(图 3-2)。

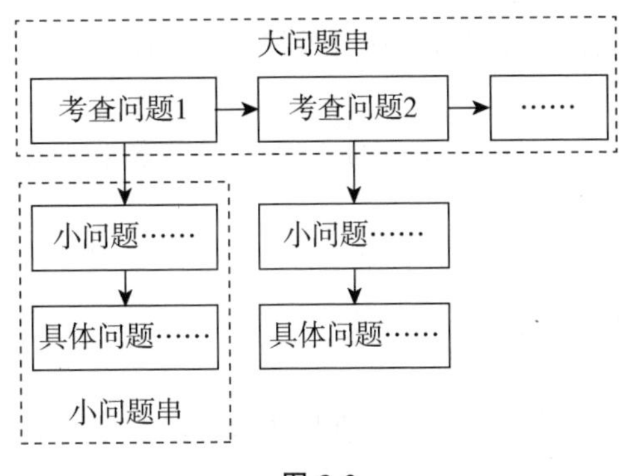

图 3-2

“大上坡”：以“大问题串”为教学线索展开教学；

“小下降”：用“小问题串”引导学生学习。

2. 展示学生完成情况，对初步思路进行反思，回到解题的起点。审题就是从题目本身去寻找“怎样解题”的钥匙。

(二)合作探究，体验过程

1. 一看

看：是与不是；正确与错误；都不是与不都是；至少与至多；平方根与算术平方根……

本节课的目的是通过题组的审题，达到抛砖引玉的作用，启发学生在解题中抓住审题的关键点，准确看清字、词、句，做到不混淆，并注意积累总结辨析。

题组 1：

(1)下列图形既是轴对称图形，又是中心对称图形的是(　　)。

(2)下列图案中，是中心对称图形但不是轴对称图形的是(　　)。

问题 2：审题要看什么?

总结：看清条件，看清关键词。

【设计意图】解题经验表明，审题的关键是要抓好“审题审什么”和“审题怎么审”。

明确了条件是什么，抓住审题的六个关键步骤：一看、二抓、三挖、四转、五直观、六注视未知。

2. 二抓

抓：抓关键，抓本质。

题组 2：

(1)如图 3-3，正方形 $ABCD$ 的边长为 4，以点 A 为圆心，AD 为半径，画圆弧 DE 得到扇形 DAE(阴影部分，点 E 在对角线 AC 上)。若扇形 DAE 正好是一个圆锥的侧面展开图，则该圆锥的底面圆的半径是(　　)。

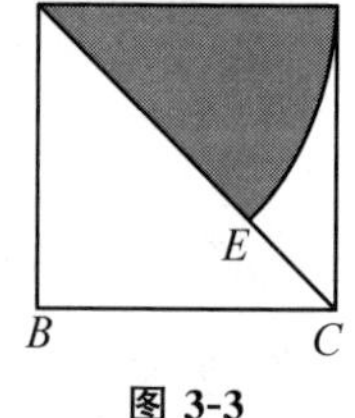

图 3-3

A. $\sqrt{2}$　　B. 1

C. $\frac{\sqrt{2}}{2}$　　D. $\frac{1}{2}$

(2)一个圆锥的底面半径是 4 cm，其侧面展开图的圆心角是 120°，则圆锥的母线长是(　　)。

A. 8 cm　　B. 12 cm　　C. 16 cm　　D. 24 cm

问题 3：审题要抓什么？

总结：如图 3-4，抓问题本质，形成知识网络。

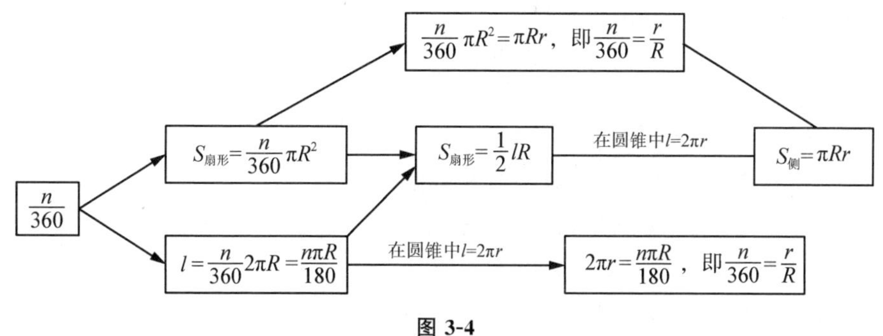

图 3-4

【设计意图】审题的实质是从题目中获取从何处下手、向何方前进的信息与启示。学生在解题的起点明确了方向，产生了自主探究解决问题的欲望，体会了通过自己努力，获取成功的体验，提高了学习热情和学习的自信心。

教师通过结构相同、形式相近、解法迥异的题组，在剖析题意的基础上，字字斟酌，句句推敲，找出问题的差异与联系，抓住关键词，抓住问题的本质，梳理出相关问题所包含的概念、公式和定理，从而选择合理简捷的解题方法。

3. 三挖

(1)题目的条件是什么，一共有几个，其数学含义如何。

(2)题目的结论是什么，一共有几个，其数学含义如何。

(3)题目的条件与结论有哪些数学联系，是一种什么样的结构。

(4)挖掘条件中隐藏的性质定理。

题组 3：

(1)已知 $x+\frac{1}{x}=6$，则 $x^2+\frac{1}{x^2}=$(　　)。

A. 38　　B. 36

C. 34　　D. 32

(2)如图 3-5，$\triangle ABC$ 是以 BC 为底的等腰三角形，AD 是边 BC 上的高，点 E，F 分别是 AB，AC 的中点。

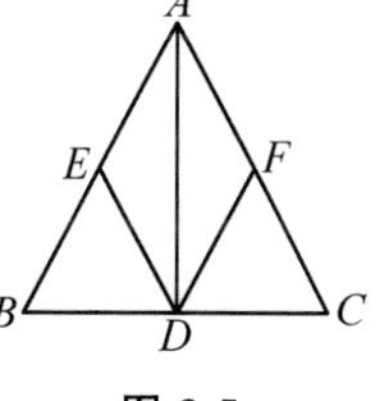

图 3-5

①求证：四边形 $AEDF$ 是菱形；

②如果四边形 $AEDF$ 的周长为 12，两条对角线的和等于 7，求四边形 $AEDF$ 的面积 S。

问题 4：审题要挖什么？

【设计意图】

初步理解题组 3 的两道题目。

第(1)题中初步理解条件有以下 2 个。

条件 1：两数之和已知。

条件 2：两数之积已知。

第(1)题的结论是求这两数的平方的和。

理解题目的条件和结论，可以看到完全平方公式。

第(2)题中初步理解条件有以下 2 个。

条件 1：两数之和已知。

条件 2：两数的平方的和已知。

第(2)题的结论是求这两数之积的两倍。

理解题目的条件和结论，可以看到完全平方公式。

至于如何求出四边形 $AEDF$ 的面积 S，则是“思路探求”和“书写解答”的任务了。

4. 四转

转：转换为常见模型、简单问题。

题组 4：

在平行四边形 $ABCD$ 中，$\angle A=30^\circ$，$AD=4\sqrt{3}$，$BD=4$，则平行四边形 $ABCD$ 的面积等于________。

问题 5：审题要转什么？

如图 3-6，将平行四边形的面积问题，转化为三角形的面积问题。

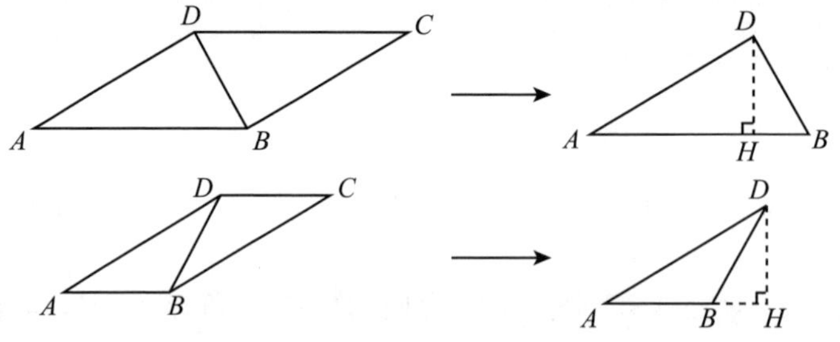

图 3-6

总结：首先将文字语言转化为图形语言，将复杂的四边形问题转化为简单的三角形问题。

【设计意图】将某些数学问题化难为易，另辟蹊径，通过转化途径探索出解决问题的新思路。在教学中，教师应结合恰当的教学内容逐步渗透给学生转化的思想，使学生能用转化的思想去学习新知识，分析并解决问题。

5. 五直观

直观：包含图形直观及代数直观。

题组 5：

(1)如图 3-7，在 Rt△ABC 中，$\angle B=90°$，$AB=4$，$BC=3$，AC 的垂直平分线交 AB 于点 M，交 AC 于点 N，则 BM 的长为________。

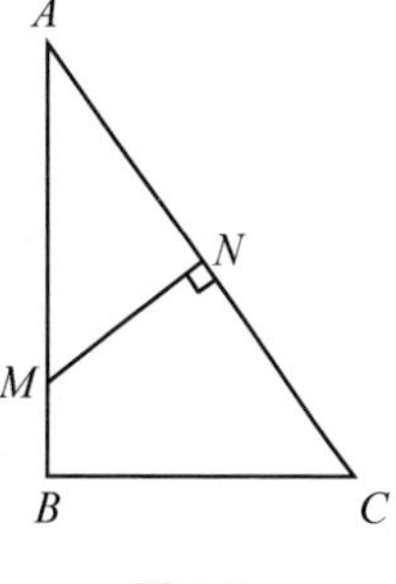

图 3-7

(2)若关于 x 的不等式组 $\begin{cases}2(x-1)>2,\\a-x<0\end{cases}$ 的解集是 $x>a$，则 a 的取值范围是(　　)。

A. $a<2$　　B. $a\leqslant 2$

C. $a>2$　　D. $a\geqslant 2$

问题 6：审题中直观什么？

总结：用数直观表达图形关系，用图形分析数的关系。

【设计意图】在审题时通过数形结合、列表分析的方式将条件直观化，减少对文字条件的记忆，使问题的条件与结论的联系一目了然。

6. 六注视未知

注视未知，就是以未知条件为目标去分析思考，以获取有关信息，指导解题。

若 $xy=y-x\neq 0$，则分式 $\frac{1}{y}-\frac{1}{x}=$________。

问题 7：审题中为什么要注视未知？

总结：鼓励学生在解题中不断积累总结，从问题出发，分析解决问题的方法。

【设计意图】只要抓住了目标——未知条件，思路就变得具体，推理也就有了目的性和针对性。

(三)课堂测评

如图 3-8，已知▱$ABCD$，$CE\perp AD$ 于点 E，$BC=11$，$DE=3$，

$\angle BAC=3\angle DCE$，则 $AB=$________。

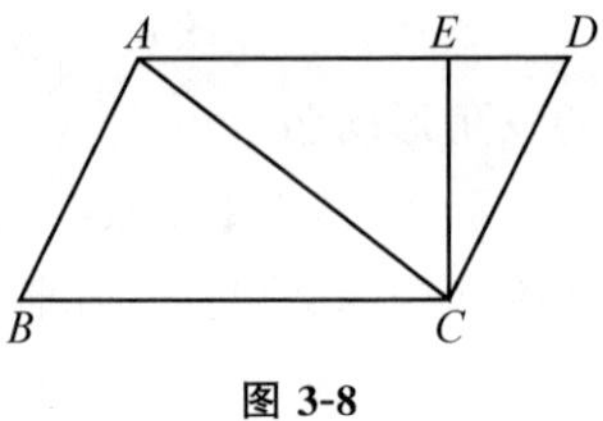

图 3-8

【设计意图】及时反馈学生学习情况，注重过程评价及结果评价。

之前的过程是分解动作，但形成习惯之后，在操作中将不间断地自动化完成。

(四)课堂小结

在战略上，放松心态，跳出框框想一想，四面八方想一想，由此及彼想一想，虚实结合想一想，颠来倒去想一想，换个角度想一想；在战术上，重视一看、二抓、三挖、四转、五直观、六注视未知。

八、作业布置设计

(一)基础训练

1. 如图 3-9，AB 是$\odot O$ 的一条弦，关于此图形的对称性，说法正确的是(　　)。

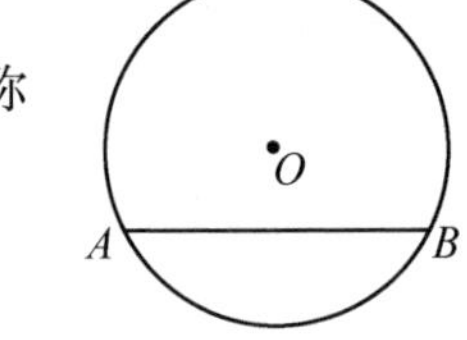

图 3-9

A. 是轴对称图形，不是中心对称图形

B. 不是轴对称图形，是中心对称图形

C. 是轴对称图形，也是中心对称图形

D. 不是轴对称图形，也不是中心对称图形

2. 如图 3-10，已知 $\mathrm{Rt}\triangle ABC$ 的 $\angle A=90°$，$AB=AC=4$，以点 B 为圆心，BA 为半径，作弧 AE 交 BC 于点 E。若扇形 ABE 恰好是一个圆锥的侧面展开图，则该圆锥的底面圆的半径是(　　)。

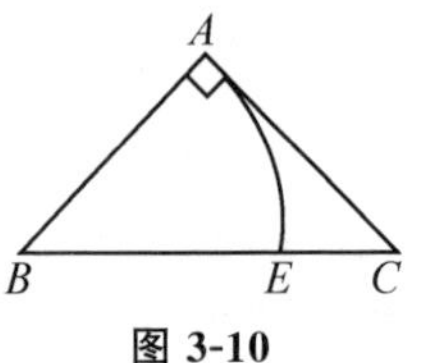

图 3-10

A. $\dfrac{1}{2}$　　B. 1　　C. $\dfrac{\sqrt{2}}{2}$　　D. $\sqrt{2}$

3. 在平行四边形 $ABCD$ 中，$\angle A=60°$，$AD=4$，$BD=4\sqrt{3}$，则平行四边形 $ABCD$ 的面积等于________。

4. 若关于 x 的不等式组 $\begin{cases}-2x-1>3, \\ a-x\geqslant 0\end{cases}$ 的解集是 $x\leqslant a$，则 a 的取值范围是(　　)。

A. $a\leqslant 2$　　B. $a>-2$　　C. $a<-2$　　D. $a\leqslant -2$

5. 如图 3-11，在 $Rt\triangle ABC$ 中，$\angle C=90°$，$AC=6\text{ cm}$，$AB=10\text{ cm}$，分别以点 A，B 为圆心，大于 AB 的长为半径画弧，两弧交点分别为点 P，Q，过 P，Q 两点作直线交 BC 于点 D，则 CD 的长是________cm。

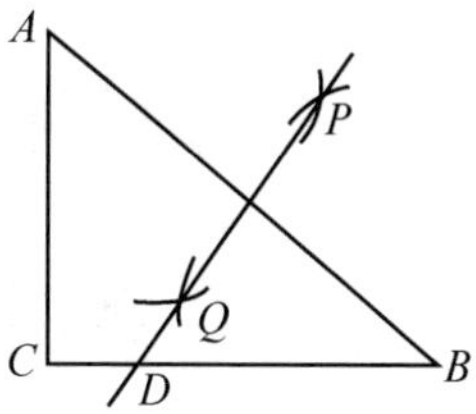

图 3-11

(二)巩固提高

6. 如图 3-12，已知在 $\triangle ABC$ 中，$\angle ACB=90°$，$AC=3$，$BC=4$，AD 为 $\angle CAB$ 的角平分线，过点 C 作 $CE\perp AD$ 于点 E，交 AB 于点 F，则线段 EF 的长为(　　)。

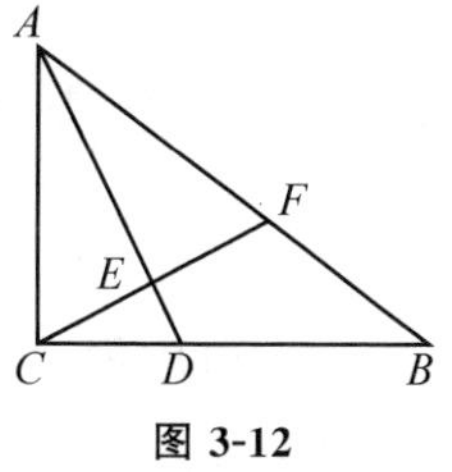

图 3-12

A. $\sqrt{5}-1$　　B. $\dfrac{2}{5}$

C. $\dfrac{2\sqrt{3}}{3}$　　D. $\dfrac{3\sqrt{5}}{5}$

【设计意图】选择课堂例题的相似题，以达到学生能够利用审题的六个步骤进行解题的目的。

九、目标检测设计

1. 已知 $\dfrac{1}{x}-\dfrac{1}{y}=5$，求分式 $\dfrac{xy}{y-x}$ 的值。

2. 已知 $x+\dfrac{1}{x}=3$，求分式 $x^2+\dfrac{1}{x^2}$ 的值。

3. 请结合第 1 题，第 2 题的求值经验，尝试解决：若 $a>0$，$b>0$ 时，求代数式 $\dfrac{b}{a}+\dfrac{a}{b}$ 的最小值。

【设计意图】深刻体会一看、二抓、三挖、四转、五直观、六注视未知的审题步骤。3 道题构成 1 个题组，在做题过程中观察问题的差异与联系，选择合理的解题方法。

第四章 专题线索课案例展示

案例一 “分式及分式方程”复习课

（王学先名师工作室 耿 娅）

一、教学内容和内容解析

（一）内容

“分式及分式方程”是人教版《义务教育教科书·数学 八年级 上册》第十五章的内容。本节课是九年级针对中考的复习课。

（二）内容解析

在《义务教育数学课程标准（2022年版）》中要求了解分式及最简分式的概念；能利用分式的基本性质进行约分和通分；能对简单的分式进行加、减、乘、除运算。

传统的复习课都是先复习知识点，再进行题目的训练，这部分的知识点相对容易，学生觉得自己都会，不够重视。本节课先以一个化简题引入，通过化简题来复习分式的运算法则及因式分解的有关知识，再从问题中抽出部分式子，根据分式的定义、有意义的条件及分式值不同的情况对字母的取值进行讨论，最后利用逆向思维知道字母取值，求出式子的值，反之知道式子的值能求出字母的值，引出分式方程及其解法。再扩展到含参数的分式方程，并类比解决。本节课的设计每个问题都层层递进，可以让学生觉得每道题既熟悉又新颖。

基于以上解析，本节课的**教学重点**是：从解决实际问题出发，总结、归纳解决这一类问题的方法，拓展学生的解题思路，丰富学生的解题方法。

二、教学目标设置

（一）目标

(1)能利用分式的基本性质进行分式的约分和通分，会对分式进行化简，理解分式的概念，掌握分式的基本性质。

(2)总结分式运算的法则，熟练运用运算法则进行分式及分式方程的计算并内化为自己的知识。

(二)目标解析

达成目标(1)的标志：学生掌握分式有意义、值为零及值为正(为负)的情况下字母的取值，并会应用分式的基本性质进行化简。

达成目标(2)的标志：学生经历求解的过程，通过逆向思维会解分式方程，并能类比解决含参数的分式方程。

三、学生学情分析

(1)九年级学生对方程和不等式有了系统的了解，明确计算、化简和解方程的方法和步骤，且具有一定的类比、分析和归纳能力。

(2)九年级学生思维的严谨性相对薄弱，还有部分同学对一些细小的知识容易忽略，做题时常出错。特别是对含有参数的方程，学生无从下手。

(3)本节课系统复习了分式及分式方程，对理解含有参数的分式方程及方程无解的教学难点有帮助。

基于以上分析，本节课的**教学难点**是：含有参数的分式方程的解法。通过含参数方程的生成过程，类比不含参数的分式方程解法来降低学生的解题难度。

四、教学策略分析

本节课采用了引导式的教学方法，以问题串的形式，把教师为主导，学生为主体，练习为主线的思路贯穿整个课堂，并结合多媒体辅助教学。本节课需要解决的重点：从解决一个实际问题出发，通过对方法进行总结、归纳后解决一类问题，拓展学生的解题思路，丰富学生的解题方法。

(1)在教学中，给学生提前配发学案进行预习，通过简单易操作的化简题，攻克学生的畏难心理，激励学生主动思考，回到解题的起点，共同复习分式计算的法则及注意事项。

(2)我们已经掌握分式的运算和分式的相关性质，在做题中应该注意些什么？我们会忽略掉的条件要从题中仔细体会。

(3)先复习不含参数分式方程的解法，再了解如何把不含参数的分式方程转化为含参数的分式方程来降低难度。

(4)本节课通过单元整体观念，强化知识之间的联系，查缺补漏，归纳提升，达到深度学习的目的，落实数学学科核心素养。

五、教学支持条件分析

教法：线索导入式教学法、问题启发式教学法、总结归纳式教学法。

学法：本节课以知识线索为主线，从解决实际问题出发，总结、归纳零散的知识点，避免重复的计算。

教学媒体：学案、多媒体课件等。

教学环境：在多媒体设备的支持下，实现师生互动、生生互动。

六、教学设计基本流程

教学设计基本流程如图 4-1 所示。

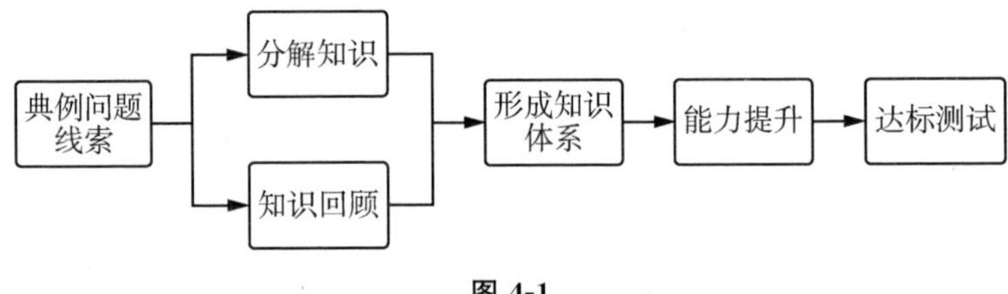

图 4-1

七、教学设计过程

(一)引入

问题 1：解决问题。

化简下列各式：

(1)$\frac{a^2}{a-2}-a-2$；　　(2)$\frac{1}{(a-1)^2}\div\frac{2a+2}{2a^2-2}+\frac{2}{2a+2}$。

分析　(1)同分母分式加减法法则：同分母的分式相加减，分母不变，分子相加减。用字母表示为：$\frac{a}{c}\pm\frac{b}{c}=\frac{(a\pm b)}{c}$。

(2)异分母分式加减法法则：异分母的分式相加减，先通分，化为同分母的分式相加减，然后再按同分母分式的加减法法则进行计算。用字母表示为：$\frac{a}{b}\pm\frac{c}{d}=\frac{(ad\pm cb)}{bd}$。

(3)分式的乘法法则：两个分式相乘，分子相乘，分母相乘，把分子相乘的积作为积的分子，把分母相乘的积作为积的分母。用字母表示为：$\frac{a}{b}\cdot\frac{c}{d}=\frac{ac}{bd}$。

(4)分式的除法法则：两个分式相除，被除式不变，把除式的分子和分母颠倒位置后再与被除式相乘。用字母表示为：$\frac{a}{b}\div\frac{c}{d}=\frac{a}{b}\cdot\frac{d}{c}=\frac{ad}{bc}$。

【设计意图】通过对分式进行化简，以具体问题引入，让每个学生都能动手操作，并有所收获，同时在解答过程中回顾分式的运算法则，让每个学生都能在解答过程中找到自己的问题，激发学习的兴趣，为课堂做铺垫。

(二)合作探究

问题 2：问题 1 中的式子由哪些代数式组成，请你写下来，并判断哪些是分式？哪些是整式？

式子由 a，2，$\frac{a^2}{a-2}$，$\frac{1}{(a-1)^2}$，$\frac{2a+2}{2a^2-2}$，$\frac{2}{2a+2}$组成。

分式有：$\frac{a^2}{a-2}$，$\frac{1}{(a-1)^2}$，$\frac{2a+2}{2a^2-2}$，$\frac{2}{2a+2}$。

整式有：a，2。

两个整式能组成分式吗？请你写出来。

小结：判断一个式子是否是分式，要看式子是否是$\frac{A}{B}$的形式，关键要满足“分式的分母中必须含有字母”。

【设计意图】找出组成式子的每个代数式，回顾分式的定义，理解满足分式的基本条件。

问题 3：选取问题 2 中的两个分式$\frac{2a+2}{2a^2-2}$，$\frac{2}{2a+2}$(学生随机选取)，根据题意回答问题。

(1)分式有意义时，字母 a 的取值范围；分式无意义时，字母 a 的取值范围；

(2)分式的值为 0 时，求 a 的值；

(3)分式值为正数或负数时，求 a 的值；

(4)分式是最简分式吗？若不是，请化为最简分式；

(5)问题 1 中，当 $a=3$ 时，式子(1)的值是多少？找一个你喜欢的值，求式子(2)的值。

小结　(1)分式有意义的条件：分母不为 0；

(2)分式无意义的条件：分母为 0；

(3)分式值为 0 的条件：分子为 0，分母不为 0；

(4)分式值为正数或负数的条件：分子分母同号时，分式值为正；分子分母异号时，分式值为负。

(5)一个分式的分子和分母没有公因式时，这个分式称为最简分式。

【设计意图】从问题 2 中选取两个式子进行分析，每个问题都由上一个问题产生，避免学生简单的重复劳动，影响思维质量，加深学生对分式的基本概念及性质的认识，找出问题的通性、通法。

问题 4：已知 a 的值可求出式子的值，那么倒过来已知式子的值能否求出 a 的值？令问题 1 中的式子的值等于 1，能求出字母 a 的值吗？如，$\frac{a^2}{a-2}-a-2=1$。

完成下面的题目：

$\frac{x}{x-2}-\frac{1}{x^2-4}$的值为 1 时，求 x 的值。

即解方程$\frac{x}{x-2}-\frac{1}{x^2-4}=1$。

小结　(1)去分母，方程两边同乘各分母的最简公分母化为整式方程。

(2)解整式方程。

(3)检验，把方程的解代入最简公分母，若不为零，则是原分式方程的解；若为零，则原分式方程无解。

【设计意图】已知字母的值可求式子的值，反之亦能求字母的值，设计互逆问题，开阔学生思路，从分式过渡到分式方程。本问题还考查学生对基础知识、基本技能、基本方法的掌握。学生通过独立解方程，复习解方程的一般步骤，反思解题中经常出现的问题及错误，从正反两个方面加深对知识的理解。

（三）拓展提高

问题 5：把问题 4 中分式方程的一个常数换成字母 m，即$\frac{x}{x-2}-\frac{m}{x^2-4}=1$，变为含有参数的分式方程问题。

（1）若方程的解为正数，求 m 的取值范围。

（2）若方程无解，求 m 的值。

【设计意图】挖掘出分式方程中含有参数的分式方程的解决方法，是本节课的一个难点。问题 5 的提出，让学生解决这类问题有了依据，在解的过程中和学生一起回顾含有参数的分式方程的解法。方程解的情况分析，需在解决实际问题中加以区分。

（四）自由畅谈，展示成果

谈谈自己本节课的收获。

教学过程中的几点感悟。

（1）问题 1 是想以一个常规化简题引入，同时为后面的问题做铺垫，帮助学生把零散的知识串联起来，选题时对学生的估计过高，有部分学生不会解，浪费了课堂时间。

（2）问题 4 中设计互逆思想，让学生通过代值求式子的值来理解解方程，给学生造成解方程变成通分计算的错觉，增加了计算量。

（3）本节课让学生基本掌握了分式的有关知识，并获得了学习代数的常用方法，感受到学习的实际应用价值。

八、作业布置设计

1. 下列式子中是分式的是（　　）。

A. $\frac{1}{\pi}$　　B. $\frac{x}{3}$　　C. $\frac{1}{x-1}$　　D. $\frac{2}{5}$

2. 解分式方程$\frac{1-x}{x-2}=\frac{1}{2-x}-2$时，去分母变形正确的是（　　）。

A. $-1+x=-1-2(x-2)$　　B. $1-x=1-2(x-2)$

C. $-1+x=1+2(2-x)$　　D. $1-x=-1-2(x-2)$

3. 若式子$\frac{1}{x-2}$有意义，则 x 的取值范围是________。

4. 若分式$\frac{x-1}{x}$的值为 0，则 x 的值是________。

5. 先化简，再求值：$\frac{1}{x+2}-\frac{x+3}{x^2-4}\div\frac{x^2+5x+6}{(x-2)^2}$，其中 $x=\sqrt{3}-2$。

【设计意图】5 道题分别考查了分式的定义、运算、性质及化简求值，能较好地检验本节课所学的内容。

九、目标检测设计

先化简$\left(x+3-\frac{7}{x-3}\right)\div\frac{2x^2-8x}{x-3}$，再从 $0\leqslant x\leqslant 4$ 中选一个整数代入求值。

【设计意图】当堂检测，看学生是否能独立完成以及完成的正确率，检验本节课复习的效果。

案例二　“函数零点”复习课

（昆明市教育科学研究院　张静元）

一、教学内容和内容解析

(一)内容

本节课是高二课程结束后函数性质的一节复习课，第一环节提出函数零点定义，等价转化研究零点，并且通过几个系列问题，揭示研究零点的常用方法。

第二环节利用导数研究函数零点，将一个函数分解为两个函数，研究两个函数图象的交点问题。

第三环节重在给出零点(个数、范围)，研究参数的取值范围，解决函数综合问题。

(二)内容解析

函数零点是函数的一个热点问题，也是函数最重要的性质之一，研究零点可将函数的单调性、极值与最值紧密联系起来。同时利用函数图象的直观性，综合研究函数，让学生初步掌握研究零点的基本方法，分解函数的要点，学会利用零点解决函数的综合问题。在内容设计上凸显思维活动的层层递进，知识内容由浅入深，方法的灵活多变。

基于以上分析，本节课的**教学重点**是：研究函数零点的常用方法，分解函数求零点。

二、教学目标设置

(一)目标

(1)会用函数导数、图象、性质研究函数的零点。

(2)掌握分解函数研究零点的方法。

(3)能根据零点的特征解决综合问题。

(二)目标解析

达成目标(1)的标志：可通过引例，根据零点定义、零点的转化、零点存在定理，研究两个函数图象的交点，点的个数、范围等。

达成目标(2)的标志：在目标(1)的基础上，会归纳总结研究函数零点的基本方法，分解函数的要点。

达成目标(3)的标志：会用零点的特征，去研究函数的单调性、极值与最值，解决函数综合问题。

三、学生学情分析

学生对零点的定义相对比较熟悉，但大多数学生仅限于定义，知道函数零点是函数图象与 x 轴交点的横坐标，是方程 $f(x)=0$ 的解，但如何将方程变形，得到两个函数，学生没有形成知识体系。本节课要让学生学会研究零点的几种方法，学会将一个函数分解为两个函数研究零点，初步掌握利用零点条件解决函数综合问题，所以本节课设计了三个环节，分别达成三个目标。

基于以上分析，本节课的**教学难点**是：利用零点特征，解决函数综合问题。

四、教学策略分析

教师在第一环节提出问题，让学生巩固零点定义、零点存在定理、求零点或判断零点范围的基本方法，在问题情境中落实目标(1)。

有一些函数不能直接求零点，可通过分解函数，转化为研究两个函数图象的交点问题，熟悉分解函数的要点，并夯实基本方法，落实目标(2)。

通过初步应用、综合应用，在数学情境中落实目标(3)。

五、教学支持条件分析

教法：探究式教学法。

学法：引入问题，让学生初步探究问题1(见下文)。难点问题用合作交流与展示的方式，培养学生动脑、动口的能力，让学生积累学习经验，培养学生的数学素养。

教学媒体：几何画板、课堂任务单、多媒体课件。

教学环境：在多媒体设备的支持下，实现师生互动、生生互动。

六、教学设计基本流程

教学设计基本流程如图 4-2 所示。

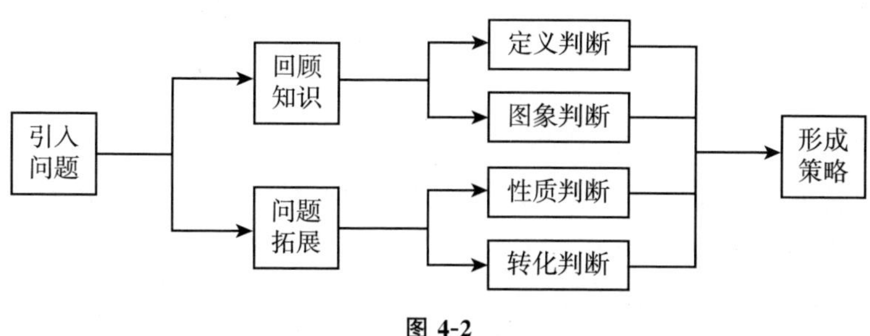

图 4-2

七、教学设计过程

环节一。

问题 1：(1)求函数 $f(x)=(x-c)(d-x)$的零点。

【设计意图】复习函数零点的定义，求零点的基本方法。

分析　在学生回答零点为 c，d 后，递进提问：什么是函数的零点？

答：零点是函数图象与 x 轴交点的横坐标，是方程 $f(x)=0$ 的解。

【评价】巩固零点定义，让学生回忆零点的等价转化。

追问：(2)直线 $y=1$ 与函数 $g(x)=(x-c)(d-x)+1$ 图象交点的横坐标是什么？

【设计意图】利用零点定义、函数图象平移、零点的等价转化解决零点问题。

分析　思路 1。

函数值特征：因为 $g(c)=1$，$g(d)=1$，所以函数 $g(x)$图象与直线 $y=1$ 交点的横坐标为 c，d。

思路 2。

图象特征：图 4-3 是函数 $f(x)$的图象；图 4-4 是函数 $g(x)$的图象，将函

数 $g(x)$的图象向下平移 1 个单位得到函数 $f(x)$的图象，如图 4-5，所以函数 $g(x)$的图象与直线 $y=1$ 交点的横坐标为 c，d。

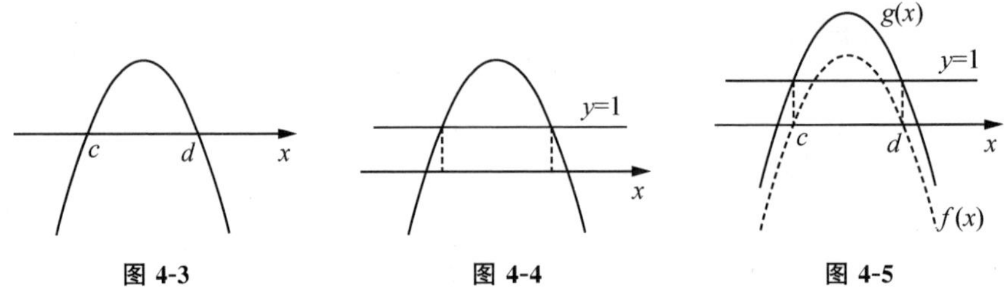

图 4-3　　图 4-4　　图 4-5

思路 3。

零点特征：求函数 $g(x)=(x-c)(d-x)+1$ 与函数 $y=1$ 图象的交点的横坐标，等价于求方程$(x-c)(d-x)+1=1$ 的解，等价于函数 $f(x)=(x-c)(d-x)$的零点，故为 c，d。

【评价】从 3 个不同角度去思考两个曲线的交点问题，可以从函数值的特征去研究，也可以从两个函数图象的特征去研究，还可以从零点的等价转化去研究。

函数 $F(x)=f(x)-g(x)$的零点等价于方程 $f(x)=g(x)$的解，等价于函数 $f(x)$与函数 $g(x)$图象交点的横坐标。此问题突出强调函数图象和零点的等价转化。

再问：(3)已知 a，b 是函数 $g(x)=(x-c)(d-x)+1$ 的两个零点，若 $a<b$，$c<d$，则实数 a，b，c，d 的大小关系为________。

【设计意图】前面 2 个问题，让学生在问题中归纳解决零点问题的几种常用方法，灵活应用函数性质和图象特征、零点的等价转化来解决问题，并优化方法解决问题。

分析　由函数性质和零点特征可知，函数 $g(x)=(x-c)(d-x)+1$ 的图象与 x 轴交点的横坐标为 a，b，函数 $g(x)$与函数 $y=1$ 图象的交点横坐标为 c，d，根据抛物线的特征，以及条件 $a<b$，$c<d$，可得 $a<c<d<b$，如图 4-6 所示。

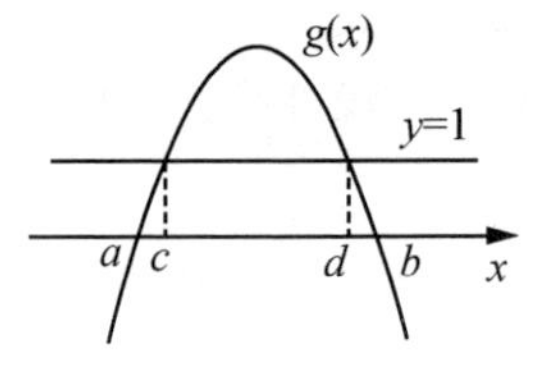

图 4-6

【评价】本问题可以优化解题方法，利用图象解决有关零点问题，形象直观。

【小结】通过第一环节的 3 个问题，研究零点的常用方法为：

(1)零点定义；

(2)利用函数图象特征、函数值特点求解零点问题；

(3)根据零点的等价转化研究零点问题。

环节二

问题 2：(1)函数 $f(x)=x+\sin x$ 的零点个数为________。

【设计意图】本题着重强调用函数图象解决零点问题，但直接画函数 $f(x)$的图象相对较难，突出强调将一个函数分解为两个函数，利用两个函数交点来研究函数的零点。

分析　函数 $f(x)=x+\sin x$ 的零点，等价于方程 $\sin x=-x$ 的解，等价于函数 $y=\sin x$ 与函数 $y=-x$ 图象的交点横坐标，画出两个函数图象(图 4-7)，可知零点为 0。

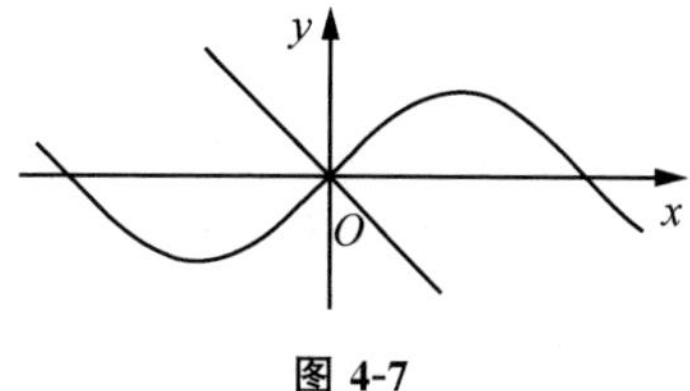

图 4-7

【评价】解决零点问题，一种重要的方法是将函数分解为两个函数，转化为研究两个函数图象交点问题。

追问：(2)函数 $f(x)=x-\sin x$ 的零点个数为________。

【设计意图】画出两个函数图象，很难直观地判断交点个数，这时必须用函数性质来解决。

分析　函数 $f(x)=x-\sin x$ 的零点，等价于方程 $\sin x=x$ 的解，等价于函数 $y=\sin x$ 与函数 $y=x$ 图象的交点的横坐标，画出两个函数图象(图 4-8)，可知有一个零点为 0，但从图上很难看出是否还有其他零点，如何处理?

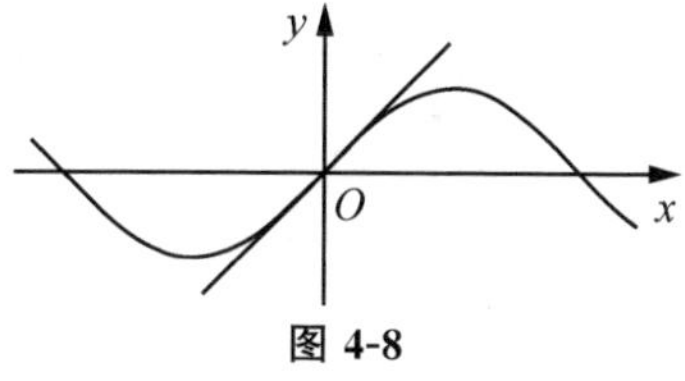

图 4-8

引入导数研究函数的单调性，因为 $f'(x)=1-\cos x\geqslant 0$，所以 $f(x)$在 $\mathbf{R}$ 上单调递增，而 $f(0)=0-\sin 0=0$，所以函数 $f(x)=x-\sin x$ 有唯一零点。

【评价】分解函数后能画出两个函数的图象，但从图象上不容易看出交点情况，可以借助导数，研究函数的单调性、极值与最值来判断函数的零点。

追问：(3)证明函数 $f(x)=\mathrm{e}^x+\dfrac{1}{x-1}$在$(-\infty, 1)$上有唯一零点。

【设计意图】本题直接研究函数 $f(x)$的性质证明，比较困难，强调如何等价转化为另一个函数研究性质，重点突出如何转化函数问题。

分析　显然画图证明逻辑不严密，尝试求导：$f'(x)=\mathrm{e}^x-\dfrac{1}{(x-1)^2}$，求

导后不容易判断导数的正负情况，可考虑把问题等价转化进行研究，函数 $f(x)=e^x+\frac{1}{x-1}$ 在 $(-\infty,\ 1)$ 上有唯一零点，等价于方程 $e^x=\frac{1}{1-x}$ 有唯一解，即 $(1-x)e^x-1=0$ 有唯一解，等价于函数 $g(x)=(1-x)e^x-1$ 在 $(-\infty,\ 1)$ 上有唯一零点。

因为 $g'(x)=-e^x+(1-x)e^x=-xe^x$，所以当 $x\in(-\infty,\ 0)$ 时，$g'(x)>0$，函数 $g(x)$ 在 $(-\infty,\ 0)$ 上单调递增，在 $(0,\ 1)$ 上单调递减，所以 $x=0$ 为函数 $g(x)$ 的极大值点，又 $g(0)=0$，所以函数 $g(x)$ 有唯一零点，即函数 $f(x)=e^x+\frac{1}{x-1}$ 在 $(-\infty,\ 1)$ 上有唯一零点。

练习：证明函数 $f(x)=(x+1)\ln x-2(x-1)$ 有唯一零点。

【设计意图】在上题变式的基础上，巩固函数等价转化的要点和方法。

分析　由上题的经验知，导函数 $f'(x)=\ln x+\frac{x}{x+1}-2$ 不易判断正负，尝试等价转化：因为定义域为 $(0,\ +\infty)$，所以 $f(x)$ 有唯一零点等价于方程 $\ln x=\frac{2(x-1)}{x+1}$ 有唯一解，等价于函数 $g(x)=\ln x-\frac{2(x-1)}{x+1}$ 有唯一零点。

而 $g'(x)=\frac{1}{x}-\frac{2(x+1)-2(x-1)}{(x+1)^2}=\frac{(x-1)^2}{x(x+1)^2}\geqslant 0$，所以 $g(x)$ 在 $(0,\ +\infty)$ 上单调递增，而 $g(1)=0$，所以函数 $g(x)=\ln x-\frac{2(x-1)}{x+1}$ 有唯一零点，即函数 $f(x)=(x+1)\ln x-2(x-1)$ 有唯一零点。

【评价】等价转化函数时，要注意函数特点，一般情况下：e^x 可以和其他函数结合；$\ln x$ 尽可能单独一项，即“对数单身狗，指数找朋友”。

环节三

问题 3：已知函数 $f(x)=x^2-a\ln x$ 有两个零点，则实数 a 的取值范围为（　　）。

A. $\left(0,\ \frac{1}{2e}\right)$　　B. $\left(\frac{1}{2e},\ +\infty\right)$　　C. $(0,\ 2e)$　　D. $(2e,\ +\infty)$

【设计意图】灵活应用函数图象，等价转化解答零点的综合问题。

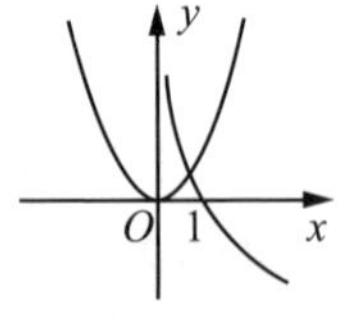

图 4-9

分析　函数 $f(x)=x^2-a\ln x$ 有两个零点等价于函数 $y=x^2$ 与函数 $y=a\ln x$ 的图象有两个公共点。

当 $a<0$ 时，如图 4-9，两个函数图象只有一个公共点，

故不满足条件；

当 $a=1$ 时，如图 4-10，画出函数 $y=x^2$ 与 $y=\ln x$ 的图象，显然两个图象没有公共点，所以当 $a=1$ 时不满足条件，当 $0<a<1$ 时，也不满足，故排除 ABC；

当 a 等于某个大于 1 的常数 m 时，如图 4-11，此时函数 $y=x^2$ 与函数 $y=a\ln x$ 的图象相切，它们有一个公共点，当 $a>m$ 时，它们有两个公共点，满足条件，故答案为 D。

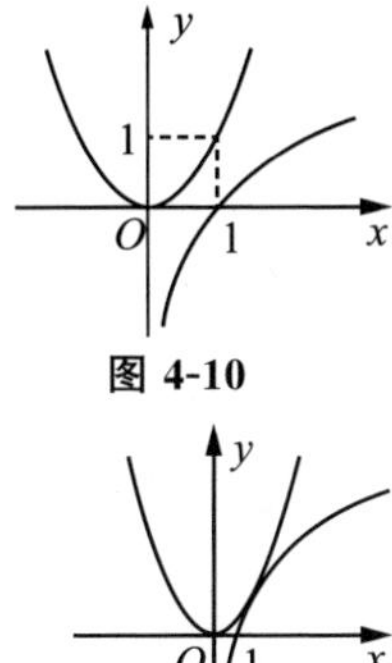

图 4-10

图 4-11

【评价】做选择题时，可以用两个函数图象分析交点情况，排除不可能。

问题 4：讨论函数 $f(x)=x-ae^x$ 的零点个数。

【设计意图】构建函数，转化为不含参数的函数零点问题。

分析　函数 $f(x)=x-ae^x$ 的零点个数等价于函数 $y=a$ 与函数 $y=\dfrac{x}{e^x}$ 的公共点个数问题。先研究函数 $g(x)=\dfrac{x}{e^x}$，求导得 $g'(x)=\dfrac{1-x}{e^x}$，所以 $g(x)$ 在 $(-\infty, 1)$ 上单调递增，在 $(1, +\infty)$ 上单调递减，$x=1$ 时取得最大值，即 $g_{\max}(x)=g(1)=\dfrac{1}{e}$，画出函数 $g(x)$ 的图象(图 4-12)。

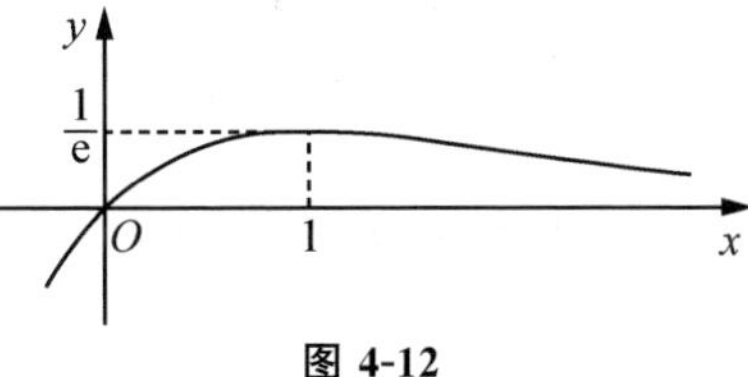

图 4-12

考察函数 $y=a$ 与函数 $y=\dfrac{x}{e^x}$ 的图象，可得：

(1)当 $a\leqslant 0$ 或 $a=\dfrac{1}{e}$ 时，函数 $f(x)=x-ae^x$ 的零点个数为 1；

(2)当 $0<a<\dfrac{1}{e}$ 时，函数 $f(x)=x-ae^x$ 的零点个数为 2；

(3)当 $a>\dfrac{1}{e}$ 时，函数 $f(x)=x-ae^x$ 的零点个数为 0。

【评价】通过等价转化研究函数图象的特征，再画出简图，观察直线 $y=a$ 与 $g(x)$ 图象的公共点，解决函数 $f(x)$ 的零点个数问题。

变式：讨论函数 $f(x)=(x^2-2x+a)e^x-x$ 的零点个数。

分析　等价转化为研究函数 $g(x)=\dfrac{x}{e^x}$ 与函数 $h(x)=x^2-2x+a$ 图象公共点的个数问题，由问题(4)知函数 $g(x)=\dfrac{x}{e^x}$ 的图象，函数 $h(x)=x^2-2x+$

$a=(x-1)^2+a-1$ 关于直线 $x=1$ 对称，开口向上，所以由函数图象可得：

(1)当 $a-1>\frac{1}{e}$，即 $a>\frac{1}{e}+1$ 时，函数 $f(x)=(x^2-2x+a)e^x-x$ 的零点个数为 0；

(2)当 $a-1=\frac{1}{e}$，即 $a=\frac{1}{e}+1$ 时，函数 $f(x)=(x^2-2x+a)e^x-x$ 的零点个数为 1；

(3)当 $a-1<\frac{1}{e}$，即 $a<\frac{1}{e}+1$ 时，函数 $f(x)=(x^2-2x+a)e^x-x$ 的零点个数为 2。

【评价】关注两个函数的特征，由对称性即函数图象的特点，综合考查对函数性质的理解，达成目标(3)。

【总结】函数零点问题，可以用定义及其等价变换来研究图象与 x 轴的交点问题，也可以通过方程的等价转化，化为两个函数图象的公共点问题；判断的关键在于把一个函数分解为两个基本函数，但要关注函数特征，积累学习经验。

八、作业布置设计

1. 判断函数 $f(x)=e^x-\frac{1}{x}$ 的零点个数；

2. 讨论函数 $f(x)=e^x-\frac{a}{x}$ 的零点个数；

3. 证明函数 $f(x)=\frac{x^2}{e^x}$ 有唯一零点；

4. 讨论函数 $f(x)=x^2-ae^x$ 的零点个数。

九、目标检测设计

1. 判断下列函数的零点个数。

(1) $f(x)=e^x+x$；

(2) $f(x)=e^x-ex$；

(3) $f(x)=\frac{e^x}{x}-3$；

(4)$f(x)=\frac{x}{e^x}-\frac{1}{3}$。

【设计意图】(1)研究函数的单调性，利用零点存在定理进行判断：$f(-1)f(0)<0$，在区间$(-1,0)$存在唯一零点，检测学生是否达成目标(1)；(2)利用函数的单调性和极值点的正负判断函数的零点个数，巩固目标(1)；(3)(4)将函数分解为两个函数，利用函数图象判断零点个数，达成目标(2)。

2. 讨论函数 $f(x)=e^x-ax$ 的零点个数。

【设计意图】研究函数 $f(x)=g(x)-h(x)$ 的零点，可转化为研究方程 $g(x)=h(x)$ 的解，也可以转化为研究函数 $y=g(x)$ 与函数 $y=h(x)$ 图象的公共点问题，进而转化为研究 $y=\frac{h(x)}{g(x)}-a$ 的零点，达成目标(3)。

案例三 “分类与分步思想”初高衔接课

（昆明市教育科学研究院 张静元）

一、教学内容和内容解析

（一）内容

本节课是九年级升入高中的一节衔接课，在高中数学学习中，对于一些复杂烦琐的问题，需用分类与分步的思想去解决，从而提升学习数学的思维品质。分类讨论思想，不仅仅是解决数学问题，也是我们生活中的常用思想。

第一部分：为什么要分类讨论？分类的原则是什么？

从初中的一个解方程问题出发，由于系数的情况不同，方程的解会随之发生变化，不能用同一个式子表达方程的解，顺其自然地提出分类讨论的必要性。

以实际的一个解方程问题为例，提出了可以将相同类型归为一类，做到不重复，考虑问题的所有情况，做到不遗漏，从而总结分类讨论的原则。

第二部分：以经典的《田忌赛马》问题为例，提出如何进行分类，如何用数学语言、数学方法表达赛马的马力和顺序问题，重在研究分类的可能性，在不同条件下对应的分类问题，初步认识高中数学学习概率、条件概率的重要性。

第三部分：以最短路径问题为例，讨论在数学情境中如何有效分类，如何分类更简捷。

第四部分：重点研究给出条件的分类问题，在涂色问题中归纳如何分类，如何构建模型的思想，从而抽象归纳分类与分步的定义及方法，初步提出加法计数原理和乘法计数原理，为高中数学学习指明思路和方法，培养学生形成逻辑推理的数学素养。

（二）内容解析

分类讨论思想始终贯穿整个高中数学学习之中，让初中升入高中的学生认识什么是分类与分步，是很重要也很有必要的。本节课以学生熟悉的问题，提出分类的必要性及分类的原则和方法，抽象定义为加法计数原理和乘法计数原理。

基于以上分析，本节课的**教学重点**是：分类方法和原则，如何在问题中选择分类方法。

二、教学目标设置

(一)目标

(1)理解分类讨论的必要性和分类原则。

(2)会从不同角度对问题进行分类，初步掌握分类的基本方法，初步让学生形成分类讨论的意识。

(3)抽象问题模型，归纳分类方法，尝试有条件的分类，并在实际问题中应用分类思想解决综合问题。

(二)目标解析

达成目标(1)的标志：学生能利用分类讨论的思想正确解方程，明确分类讨论的必要性。

达成目标(2)的标志：学生能从不同的角度、不同的条件进行分类，初步掌握分类的基本方法。

达成目标(3)的标志：学生能在数学情境和生活情境中，抽象出数学问题，归纳数学模型，总结计数原理，会在实际问题中应用分类思想解决综合问题。

三、学生学情分析

学生刚升入高中，如何适应高中数学的学习，在准备知识部分，对学生进行学习方法的培训很有必要。分类思想始终贯穿整个高中阶段，培养学生形成分类讨论的意识至关重要。

基于以上分析，本节课的**教学难点**是：培养学生解决问题的分类讨论意识，应用分类思想解决一些简单问题。

四、教学策略分析

教师通过探究问题 1，让学生知道在一类含有参数的问题中，当参数变化时，问题的结论也在变化。只有通过分类讨论，才能进行解答，从而提出分类讨论的必要性，并在探索分类讨论中，发现分类不能重复，也不能出现遗漏现象，理解分类的原则，达成目标(1)。

教师通过探究问题2，提出《田忌赛马》问题。学生能把具体问题用数学语言表达，并用字母、集合思想表示各种事件，以数字的大小顺序让分类做到不重不漏，初步形成分类讨论的意识，落实目标(2)。

教师通过探究问题3、问题4，在实际问题中寻找分类方法，满足给定条件的分类。学生掌握分类与分步的区别和联系，抽象归纳模型，并利用模型，解决综合应用问题，在实际情境中落实目标(3)。

五、教学支持条件分析

教法：问题式教学法。

学法：引入问题，对问题进行讨论，用学生合作交流与展示的方式，培养学生动脑、动口的能力，层层递进，逐步归纳，以问题驱动进行教学。

教学媒体：几何画板、课堂任务单、多媒体课件等。

教学环境：在多媒体设备的支持下，实现师生互动，生生互动。

六、教学设计基本流程

教学设计基本流程如图4-13所示。

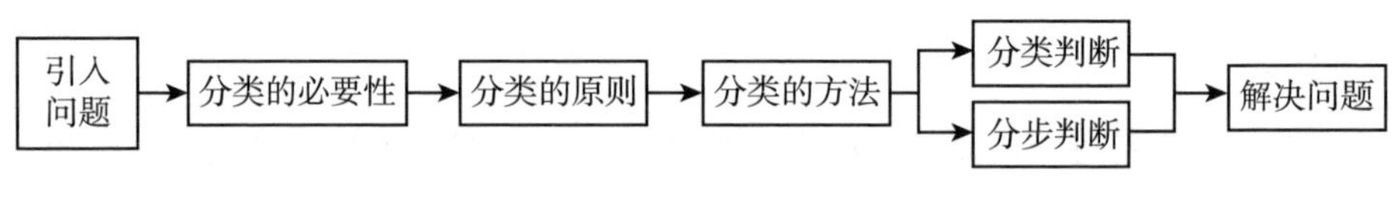

图4-13

七、教学设计过程

(一)分类的必要性

问题1：已知a，b为实数，解关于x的方程$ax-b=0$。

【设计意图】初中升入高中，学生缺乏分类讨论的意识，大多数学生认为这个方程为“一元一次方程”，解方程时很容易犯错，不会对参数“a”进行讨论，即使有部分学生会分$a\neq 0$，也会遗漏$a=0$的情形，更不知道为什么要这样分类。教师通过展示学生的错题，很自然地提出分类讨论的必要性，为什么要这样分类，探讨分类的原则，初步达成目标(1)。

教学实施过程。

(1)展示学生的错误解法：$ax-b=0\Rightarrow ax=b\Rightarrow x=\frac{b}{a}$；

(2)让学生讨论，此种解法对吗？发现需要 $a\neq0$，如何归纳？

当 $a=1$，2，-1，3.14，…，对应的解为 $x=\frac{b}{1}$，$\frac{b}{2}$，$\frac{b}{-1}$，$\frac{b}{3.14}$，…，共同特征：$a\neq0$，$x=\frac{b}{a}$，所以当 $a\neq0$ 时，可以归为一类，即 $x=\frac{b}{a}$；

(3)探究当 $a=0$ 时的情形：其方程为 $0\times x=b$，x 取任意实数方程左边都为 0，方程右边是 b，所以要对 b 进行分类讨论，即在 $a=0$ 时，讨论 b 的情况。

板书过程。

解　(1)当 $a\neq0$ 时，方程 $ax-b=0$ 的解集为$\left\{x \mid x=\frac{b}{a}\right\}$；

(2)当 $a=0$ 时，若 $b=0$，则方程 $ax-b=0$ 的解集为 $\mathbf{R}$，若 $b\neq0$，则方程 $ax-b=0$ 的解集为$\varnothing$。

【评价】初中学生已经习惯未知数的系数不为零的情况，而在方程中学生也会对系数 a 进行讨论，但对 $a=0$ 时，无从下手，所以本题让学生学会什么情况要分类讨论，怎样进行分类，达成目标(1)。

(二)分类原则

在解决一些问题时，如果不进行分类，就无法进行解答，如上面的解方程问题，所以分类讨论在解答一些带有变量(参数)的问题时，要对变量(参数)进行分类讨论。如何分类？像上面的问题，能分成 $a=1$，$a\neq1$ 吗？显然有部分重叠了；只考虑 $a\neq0$，又遗漏了 $a=0$ 的情况，所以分类的原则如下。

(1)不重：把特征相同的归为一类，保证这一类不能重复；

(2)不漏：考虑问题的所有情况，不能遗漏。

(三)分类方法

问题 2：《田忌赛马》问题　对齐王和田忌的马力对比分析，设齐王的上等马为 Q_1，中等马为 Q_2，下等马为 Q_3，田忌的马从上等到下等依次为 T_1，T_2，T_3，其马力用数轴表示为(图 4-14)。

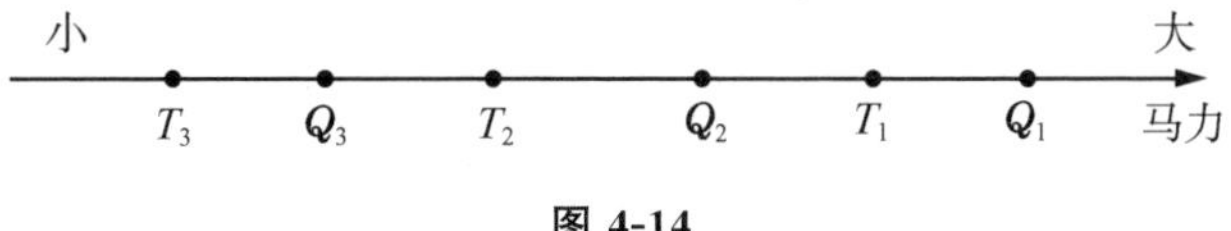

图 4-14

(1)如果三局比赛前都不知道对方出马情况，那么田忌获胜的概率有多大？

【设计意图】在实际情境中找到分类的方法，用数学语言表达，教师引导学生一起探究，保证做到不重、不漏。

田忌出马分析，分类讨论如下。

第一类：齐王出马顺序为 Q_1，Q_2，Q_3。

第一局：齐王出上等马，田忌出上等马，用(Q_1，T_1)表示，齐王胜；

同理，第二局：(Q_2，T_2)，齐王胜；第三局，(Q_3，T_3)齐王胜，所以

若(Q_1，T_1)，(Q_2，T_2)，(Q_3，T_3)，则齐王 3∶0 获胜；

若(Q_1，T_1)，(Q_2，T_3)，(Q_3，T_2)，则齐王 2∶1 获胜；

若(Q_1，T_2)，(Q_2，T_1)，(Q_3，T_3)，则齐王 2∶1 获胜；

若(Q_1，T_2)，(Q_2，T_3)，(Q_3，T_1)，则齐王 2∶1 获胜；

若(Q_1，T_3)，(Q_2，T_1)，(Q_3，T_2)，则田忌 2∶1 获胜；

若(Q_1，T_3)，(Q_2，T_2)，(Q_3，T_1)，则齐王 2∶1 获胜。

第二类：齐王出马顺序为 Q_1，Q_3，Q_2，田忌共有 6 种情况对应出马，只有一种情况获胜。

齐王出马的顺序有 6 种情况，每一种顺序，田忌只有 1 种情况获胜，所以无论怎样的出马顺序，比赛的情况共有 36 种，田忌获胜有 6 种情况，所以田忌获胜的概率为 $\frac{1}{6}$。

【评价】分类讨论应做到不重、不漏，所以字母的排列要按一定顺序规律，体会分类原则。

(2)田忌为了提高获胜机会，派人打探到齐王第一局必出上等马，田忌获胜的概率有多大？

【设计意图】当给出一定条件时，让学生自主探究不同条件下如何做分类讨论。

田忌出马分析，由于齐王第一局必出上等马，田忌用下等马对应，第一局齐王肯定获胜，所以只要分析余下的两局比赛情况。

分类讨论如下：

若(Q_2，T_1)，(Q_3，T_2)，则田忌获胜；

若(Q_2，T_2)，(Q_3，T_1)，则齐王获胜；

若(Q_3，T_1)，(Q_2，T_2)，则齐王获胜；

若(Q_3，T_2)，(Q_2，T_1)，则田忌获胜。

在第一局确定的情况下，第二局、第三局只有 4 种情况，田忌获胜有两种

情况，故田忌获胜的概率为$\frac{1}{2}$。

【评价】第一问是不给条件的分类，第二问是给出条件的分类，让学生对比，体会给出条件的分类要比不给条件的分类少，让学生自主探究，体会成功的快乐。

(四)给出条件的分类

问题 3：用红、黑、蓝 3 种不同颜色给图 4-15 中的 3 个正方形涂色，每个正方形只能涂一种颜色，那么相邻正方形颜色不同的涂法有多少种？

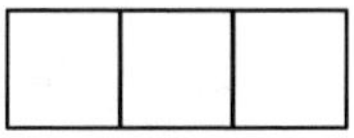

图 4-15

【设计意图】在给出“相邻正方形颜色不同”的条件下，如何选择不同的分类，初步尝试分步解决问题。

【探索过程】

(1)分类思想。

条件为“相邻正方形颜色不同”。

第一类：只用两种颜色。

所以选用的颜色可能是：红、黑；红、蓝；黑、蓝；3 种搭配情况，则涂色的可能如图 4-16 所示。

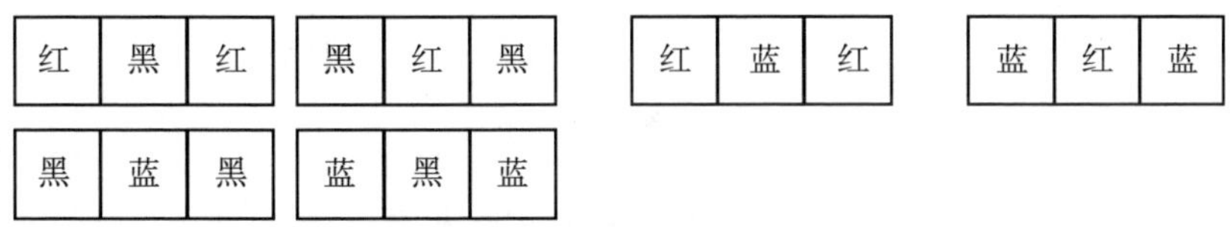

图 4-16

只用两种颜色涂色有 6 种情况。

第二类：用 3 种颜色涂色(图 4-17)。

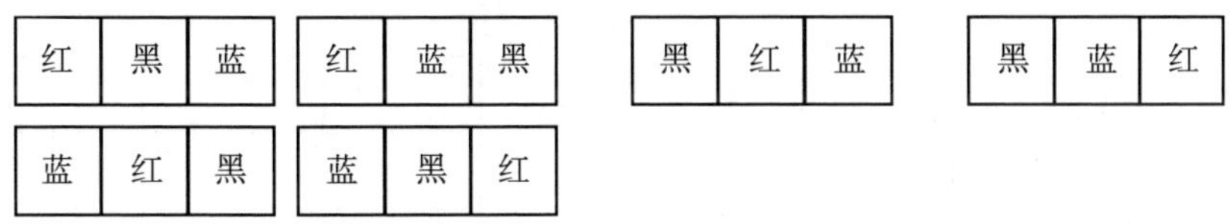

图 4-17

用 3 种颜色涂色有 6 种情况，所以相邻正方形颜色不同的涂色方法共有 12 种。

(2)分步思想。

首先考虑涂左边的正方形，可以选择红、黑、蓝，有 3 种涂色方法，其次考虑涂中间的正方形，由于“相邻正方形颜色不同”，所以只能有 2 种颜色备选，最后考虑涂右边的正方形，也只能有 2 种颜色备选。完成 3 个正方形涂色，在“相邻正方形颜色不同”的条件下，分 3 步进行。

第一步：先涂左边的正方形，有 3 种方法；

第二步：再涂中间的正方形，有 2 种方法；

第三步：最后涂右边的正方形，有 2 种方法。

完成涂色共有多少种方法呢？让学生讨论，教师提出如下模型。

第一种模型：完成一件事有 n 类不同的办法，每一类有 m_1，m_2，m_3，…，m_n 种不同方法，那么完成这件事共有$(m_1+m_2+m_3+\cdots+m_n)$种不同的方法(图 4-18 左)。

第二种模型：完成一件事要分 n 步，每一步分别有 m_1，m_2，m_3，…，m_n 种不同方法，那么完成这件事共有$(m_1 \cdot m_2 \cdot m_3 \cdot \cdots \cdot m_n)$种不同的方法(图 4-18 右)。

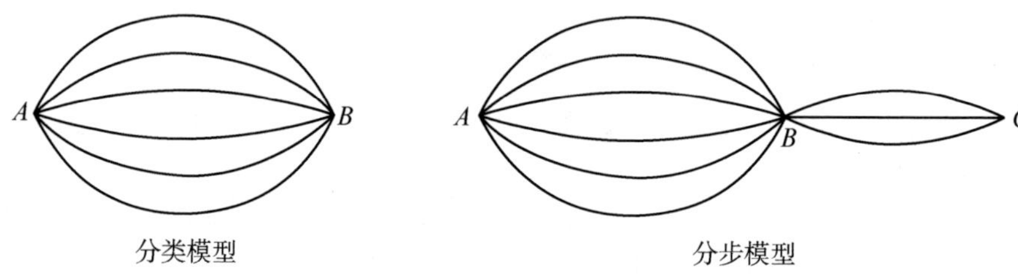

图 4-18

所以在正方形涂色问题中，分成三步，第一步有 3 种不同方法，第二步有 2 种不同方法，第三步有 2 种不同方法，所以相邻正方形颜色不同的涂法有 $3\times2\times2=12$(种)。

(五)分类与分步

问题 4：如图 4-19 所示，小明从街道的 E 处出发，先到 F 处与小红会合，再一起到 G 处的老年公寓参加志愿者活动，则小明到老年公寓可以选择的最短路径条数为(　　)

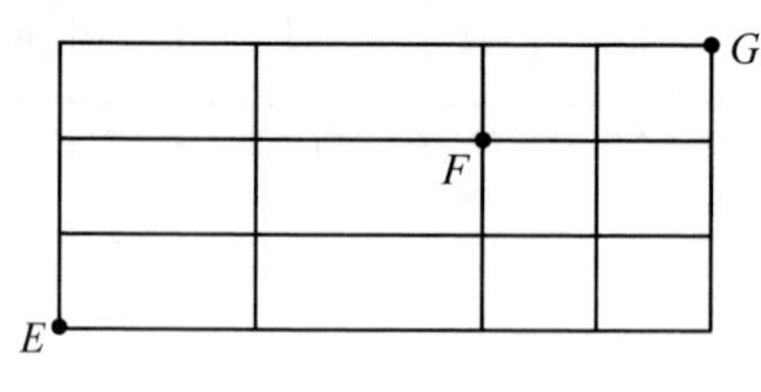

图 4-19

A. 24　　B. 18

C. 12　　D. 9

【设计意图】在问题情境中寻找解题策略和方法，什么时候分类，什么时候分步，如何分，在探究过程中达成目标(3)。

分析 小明选择最短路径，可以将问题简化，其图形如图 4-20 所示。

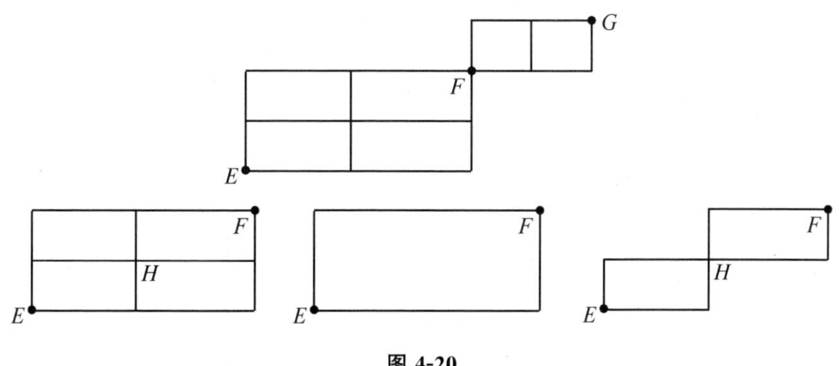

图 4-20

所以小明从 E 处出发，先到 F 处再到 G 处的最短路径可分为两步，第一步：从 E 处到 F 处；第二步：从 F 处到 G 处。

(1)从 E 处到 F 处有多少种不同的走法？

从 E 处到 F 处分为两类，第一类：不经过 H 点，第二类：经过 H 点。第一类共有 2 种走法，第二类共有 $2\times2=4$(种)走法，所以从 E 处到 F 处共有 $2+2\times2=6$(种)走法；

(2)从 F 处到 G 处显然有 3 种不同走法。

所以小明到老年公寓可以选择的最短路径条数为 $6\times3=18$(种)。

【评价】在问题情境中让学生感受什么时候要分类，什么时候要分步，如何计算，如何分类才能做到不重、不漏，为落实目标(3)打好基础。

【小结】在数学问题和生活工作中，我们遇到比较复杂的问题，常常要用分类方法解决，可以化繁为简，简化过程，所以分类思想是一种科学的思维方式。

(1)当遇到问题有多种情况时，一定要分类解决；

(2)分类应做到不重、不漏；

(3)完成一件事要分成几类，可以把每一类的方法用加法计算，完成一件事要分成几步，可以将每一步的方法用乘法计算。

八、作业布置设计

1. 求解关于 x 的不等式 $ax>b$。

2. 用四种不同颜色给图 4-21 中的正四面体的顶点涂色，每个顶点只能涂一种颜色，那么相邻顶点颜色不同的涂法有多少种？

3. 如图 4-22 所示，只能按箭头指定的方向行走。

①甲从 A 处出发，经过 C 处，再到 B 处，有多少种不同的走法？

②乙从 A 处到 B 处，有多少种不同的走法？

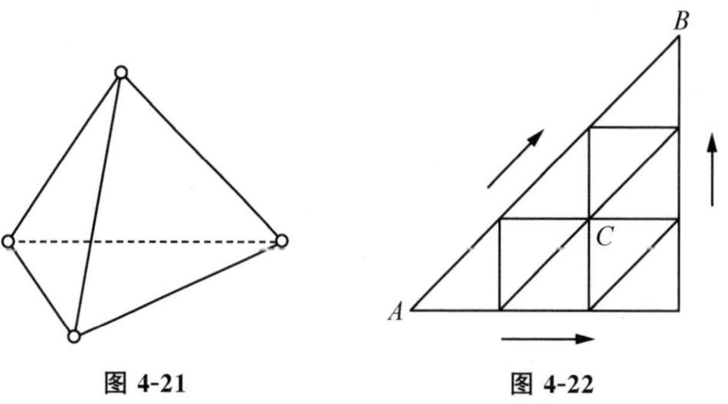

图 4-21　　图 4-22

九、目标检测设计

1. 图 4-23 中有多少个矩形？

【设计意图】检测分类的方法，按形状分类，按顺序分类，按位置分类，按确定矩形的两邻边分类等；评价不同分类的特点，体会分类的原则，归纳分类的优解。

2. 请根据你研究图 4-23 的方法，推广研究图 4-24 中有多少个矩形。

【设计意图】通过图 4-23 的研究，形成解决问题的分类策略和方法。

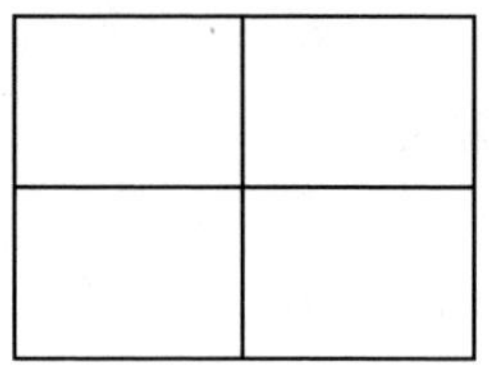

图 4-23

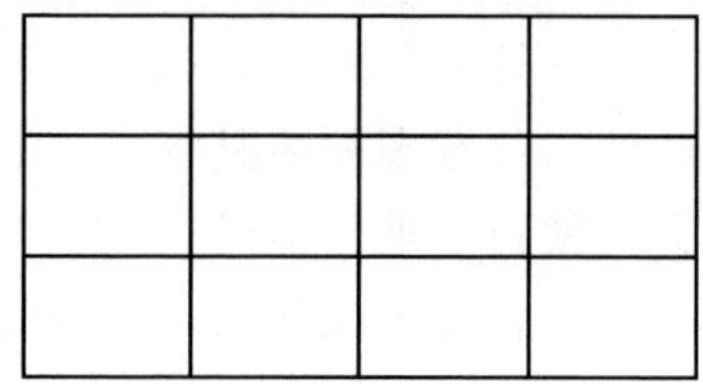

图 4-24

案例四　“函数图象”专题探究课

（王学先名师工作室　吴禹杰，王学先）

一、教学内容和内容解析

（一）内容

构建实际情境，解释图象所表达的函数关系。

（二）内容解析

本节课是初中阶段函数图象的专题探究课。函数图象是在学习了平面直角坐标系的有关概念，常量、变量的意义和函数的概念之后的综合学习。图象法是函数表示的重要方法之一，主要通过坐标系中曲线上的点反映变量之间的对应关系，这种表示方法能将变量之间的对应关系直观地呈现出来。本节课着力挖掘图象中函数变量之间的本质属性，让学生充分想象，给函数图象赋予丰富的实际情境，体会函数图象的意义。

基于以上分析，本节课的**教学重点**是：能结合函数图象构建实际情境，表述图象所表达的函数关系。

二、教学目标设置

（一）目标

(1)能结合图象对简单实际问题中的函数关系进行分析。

(2)会结合函数图象构建实际情境表述图象所表达的函数关系。

(3)积累归纳和类比学习的经验，提升直观想象、数学抽象、逻辑推理和数学建模的素养。

（二）目标解析

达成目标(1)的标志：学生通过观察图象，可以了解横坐标是自变量的取值，纵坐标是对应的函数值，会分析函数图象的变化趋势以及图象中特殊点所表达的含义。

达成目标(2)的标志：学生通过分析图象中的关键信息(横轴表示什么，纵轴表示什么，特殊点有什么意义，图象的变化趋势是什么)，会组织恰当的语言给图象赋予不同的实际问题情境，并能通过实际情境提出相关的函数问题。

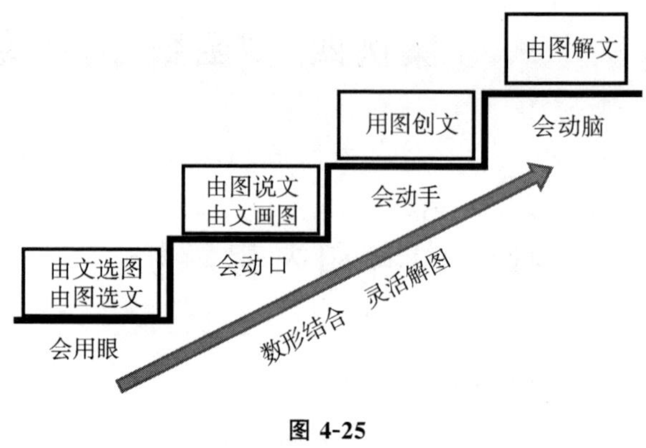

图 4-25

达成目标(3)的标志：学生通过以下流程(图 4-25)，会由图选文、由图说文、由图创文和由图解文，积累数学活动经验，学会找关键点，再结合图象和文字来建构实际情境，不断在图文之间进行切换，形成逻辑思维的闭环，从而达到对函数图象的灵活应用和理解。

三、学生学情分析

在学习变量与函数时，教材从大量的实际问题出发去研究并归纳函数的概念，因此对于函数与现实的关系，学生习惯于从图文并茂的实际问题情境中去抽象函数关系，而对于有图无文，或是有文无图表达一类现实事物的运动变化规律却不够关注。由于函数概念的表述较为抽象，学生很难在现有认知的基础上，从函数定义的文字层面真正理解函数的内涵。本节课设计了图象和图象意义之间三个思维层次的教学活动，意在解决抽象数量关系和直观的函数图象之间的认知差异。引导学生充分展开想象，在构建不同的具体情境表述图象所表达的函数关系的过程中，发展几何直观(会用数学的眼光观察现实世界)，提升学生对数学问题情境的表达能力(会用数学的语言表达现实世界)，加深学生对函数的理解(会用数学的思维思考现实世界)，培养学生学习数学的兴趣。

基于以上分析，本节课的**教学难点**是：通过对图象中关键信息的理解，组织恰当的语言对图象中的函数关系进行表述。

四、教学策略分析

本节课是函数图象与函数关系的探究课，教师要引导学生抓住函数的本质，依托平面直角坐标系建构实际背景，而对于学生表述的难度应层层递进，逐一解决。为了更好地实现学习目标，在教学内容上，教师基于学生身边的情境，引用一些有数学文化背景的题目，提高学生学习数学的热情；引用教材封面上的问题，让学生关注数学教材，并对教材中的例题进行整合，促使学生动手操作，让学生感受多角度思考问题的重要性，建立形与数的联系，发展学生直观想象这方面的核心素养。

在教学过程中，教师根据教学环节设计了问题串，将启发式和互动式的教学方法相融合，从学生熟悉的情境出发，以问题解决为主线，步步有序，环环相扣。特别是在作业中设计了“由图创文”的开放性题目，让学生经历发现问题、提出问题、分析问题、解决问题的过程，从而积累数学基本活动经验，发展学生的数学思维和创新意识。

五、教学支持条件分析

教法：问题引导教学法、探究式教学法。

学法：本节课突出问题引导，重点问题自主探究，难点问题合作交流，培养学生动脑、动口的能力，让学生真正做到“看数学”—“思数学”—“说数学”—“做数学”。

教学媒体：教具、课堂任务单、多媒体课件等。

教学环境：在多媒体设备的支持下，实现师生互动，生生互动。

六、教学设计基本流程

教学设计基本流程如图 4-26 所示。

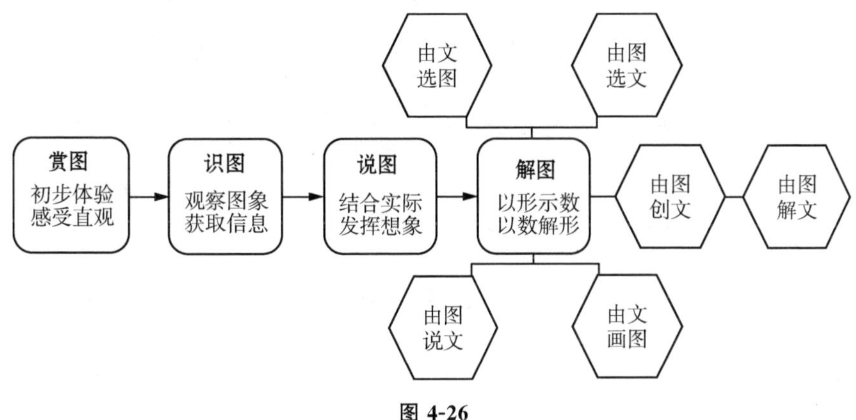

图 4-26

七、教学设计过程

(一)创设情境，发现和提出问题

环节一：赏图，初步体验，感受直观。

根据函数的有关内容，请大家观察教材封面上的函数图象(图 4-27)。

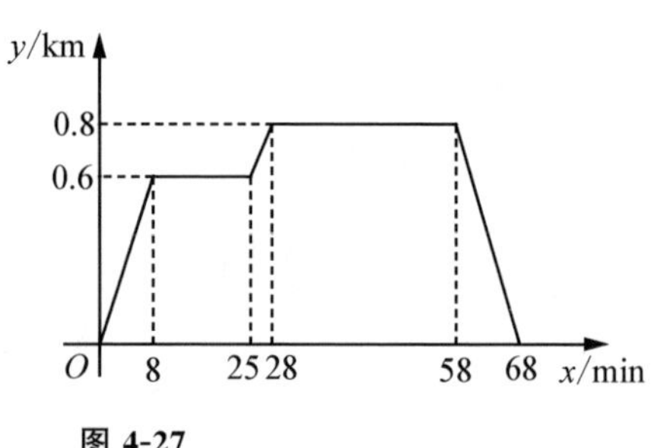

图 4-27

问题：你能解释这个图象所表达的函数关系吗?

【设计意图】用教材封面图的函数图象引入，引导学生关注教材，发现问题，激发学生对函数图象的探究欲。与此同时，在问题的设计上遵循“大上坡，小下降”的设计原则。

(二)类比旧知，分析问题

环节二：识图，观察图象，获取信息(图 4-28～图 4-30)。

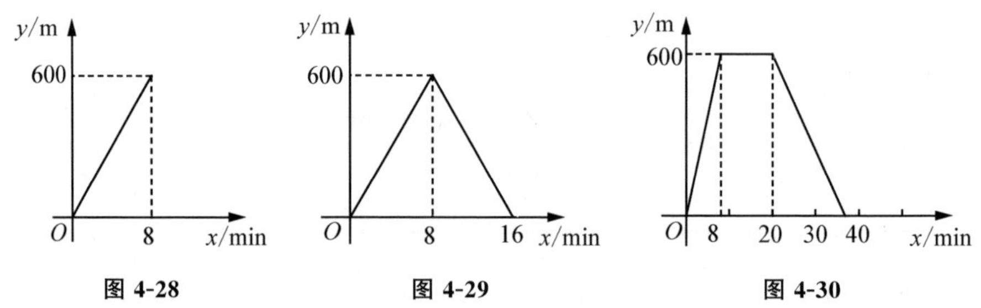

图 4-28　　图 4-29　　图 4-30

【看坐标轴】

问题 1：观察图 4-28，横轴、纵轴所表示的量之间有怎样的关系?

【看取值范围和变化趋势】

问题 2：观察图 4-29，自变量的取值范围是多少? 函数图象有着怎样的变化趋势?

【看关键点】

问题 3：观察图 4-30，图中特殊点(最高点、最低点、关键点)表示了什么样的实际含义？

【设计意图】问题 1 引导学生通过观察图 4-28 发现横轴和纵轴分别表示什么量，并准确表达它们之间的关系；问题 2 引导学生观察图象的变化趋势以及与坐标轴的交点来判断自变量取值范围；问题 3 观察特殊点在图中所表示的意义。通过以上 3 个问题形成的“小问题串”引导学生学习，既复习函数图象的重要知识，也为解决“大上坡”问题搭建了思维适度的下降阶梯，进而体现了“小下降”的思想，形成理解函数图象、解释函数图象、表达函数图象的方法，发展几何直观素养，培养学生数学学习的兴趣。

环节三：说图，结合实际发挥想象(图 4-31)。

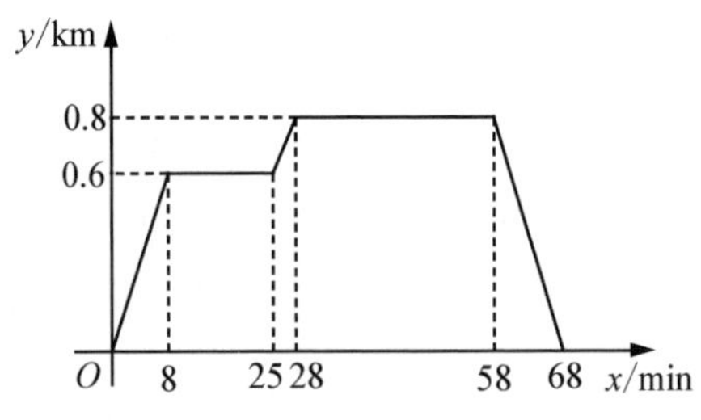

图 4-31

构建不同的具体情境表述图象。

活动 1：(学生小组讨论)以小组的形式进行展示。

根据图象所表达的函数关系，提出问题并解决。

活动 2：教师引导学生分析自变量的取值范围，以小组的形式进行展示。

活动 3：教师引导学生分析特殊点，以小组的形式进行展示。

活动 4：教师引导学生分析横轴和纵轴表示的量之间有怎样的关系，以小组的形式进行展示。

【设计意图】本环节通过 4 个小活动让学生分析图象，教师对学生活动进行指导和点评，引导学生去构建具体情境，进一步体会如何结合函数图象去建构具体情境，进而结合图象所给信息，提出问题并解决。让学生深入解决环节一中的问题，从而初步达到构建实际背景解释所表达函数关系的目的，为数形结合、灵活解图打下基础。

(三)数形结合，解决问题

环节四：解图，以形示数，以数解形。

活动 1：由文选图，由图选文。

【由文选图】小亮家与学校相距 1500 m。一天，他步行去上学，最初以某一速度匀速行进，途中遇到熟人小强，说话耽误了几分钟，与小强告别后他就改为匀速慢跑，终于准时到校。设小亮从家出发后所用的时间为 t(min)，行进的路程为 s(m)。在下图中，哪幅图能表示上述过程？(　　)

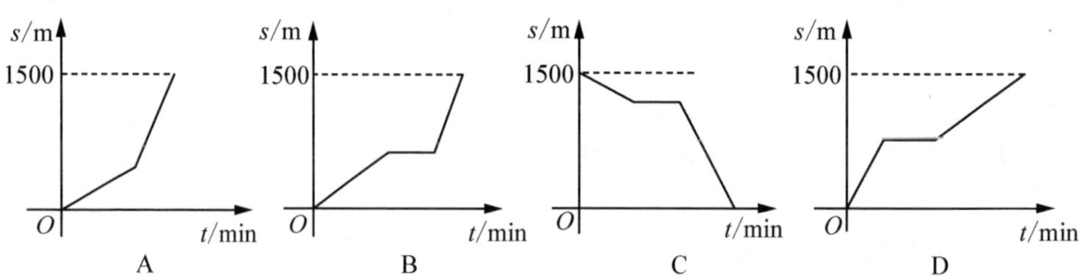

追问：选项 B 与选项 D 所描述的实际背景有何不同？它们的区别在哪里？

【设计意图】在学习了教材封面函数图象之后，以“由文选图”作为切入点。学生结合一次函数知识，得到正确的函数图象，达到“由文选图”(由函数式定图)的目的。

【由图选文】下列 4 幅图可以分别用哪个情境来解释？

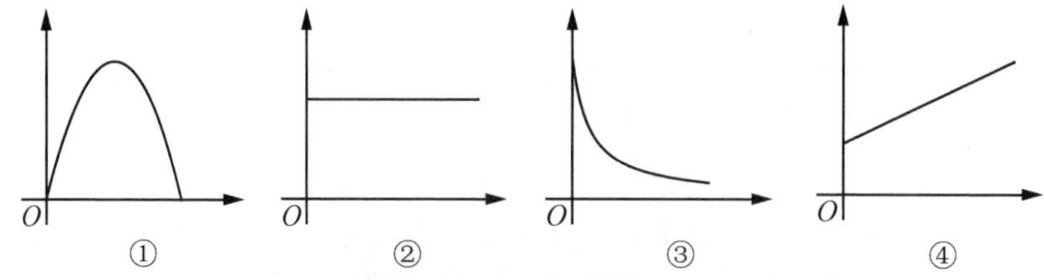

①一杯越晾越凉的水(水温与时间的关系)；

②一面冉冉上升的五星红旗(高度与时间的关系)；

③足球守门员大脚开出去的球(高度与时间的关系)；

④匀速行驶的汽车(速度与时间的关系)。

对应正确的是(　　)。

A. ③④①②　　B. ③①②④　　C. ②④①③　　D. ①②③④

【设计意图】本题是“由图选文”，通过对不同函数图象进行甄别，选出对应的实际背景，其目的在于引导学生学会观察函数图象并用不同的实际情境来解释函数关系，同时为接下来的“由图说文”做好充足的铺垫。通过 4 个选项对应的图象，为后续的函数图象所表达的函数关系做铺垫。在“由文选图”和“由图选文”之间进行切换，让学生进一步理解函数两个变量之间的关系，提升学生直观想象素养。

活动 2：由图说文，由文画图。

【由图说文】用 s_1，s_2 分别表示乌龟和兔子赛跑的路程，t 为赛跑时间，请你结合图 4-32 的 4 个图象分别讲述《龟兔赛跑》的 4 个不同故事情节。

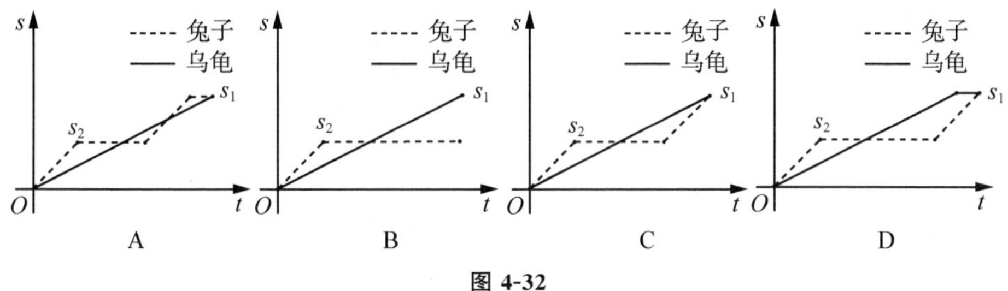

图 4-32

问题：你认为哪个图象可以讲述我们小时候听过的《龟兔赛跑》的故事？

追问：假如我们对《龟兔赛跑》的故事进行改编，上面哪个图象更能反映兔子知错能改并最终获得比赛胜利？你能结合该函数图象描述故事的具体情节吗？

【设计意图】通过“由图说文”环节，学生对构建实际情境有了一定的认知后，教师再引导学生学会“说数学”。本环节借助《龟兔赛跑》的故事来讲述函数图象，激发学生学习数学的兴趣。通过对故事的新编，培养学生的创新意识。借助一个图中两个函数关系的实际问题进行“由图说文”，增强学生对数学实际背景的解释和表达能力。

【由文画图】现有一空蓄水池，如果以固定的流水量向这个蓄水池注水，注水 8 min 后停止，水位高度 0.6 m，17 min 后，再以固定的流水量注水 3 min，此时水位上涨到 0.8 m，30 min 后，接到通知要将蓄水池的水在 10 min 之内全部放空。

问题：请结合上述描述的情境，画出水位高度与时间之间的函数图象(图 4-33)。

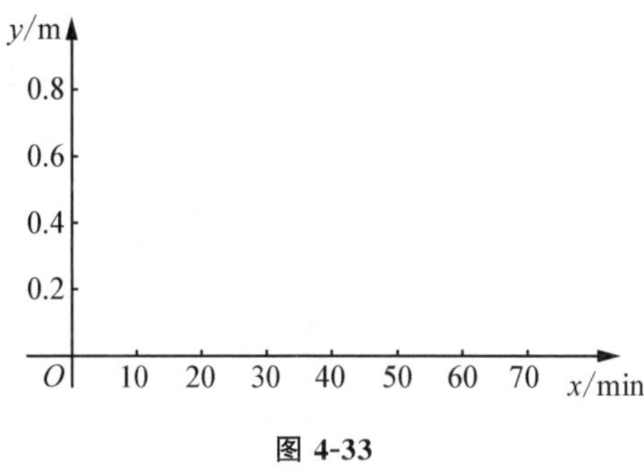

图 4-33

追问：请你将画出的图象与教材封面的函数图象进行对比，发现了什么？

【设计意图】本环节是“由文画图”，是根据实际情境画出相应的函数图象，体现学生图文转换的能力，同时通过比较后，学生发现所画的函数图象与教材封面的图象一致，这会让学生惊奇地发现不同实际情境也可以用同一函数图象表示。在“由图说文”和“由文画图”之间进行切换，让学生更进一步地理解函数两个变量之间的关系，提升数学抽象素养。

活动 3：由图创文。

【由图创文】图 4-34 是小明离家路程 y(m)与小明离家时间 x(min)的关系图，请根据图回答下列问题。

问题：请你根据图象所给信息创设符合图象的实际情境。

追问：根据图象所表达的函数关系，能提出一个问题并解决吗？

提出问题：＿＿＿＿＿＿＿＿＿＿？

解决问题：＿＿＿＿＿＿＿＿＿＿＿＿＿＿＿＿＿＿＿＿＿＿＿＿＿。

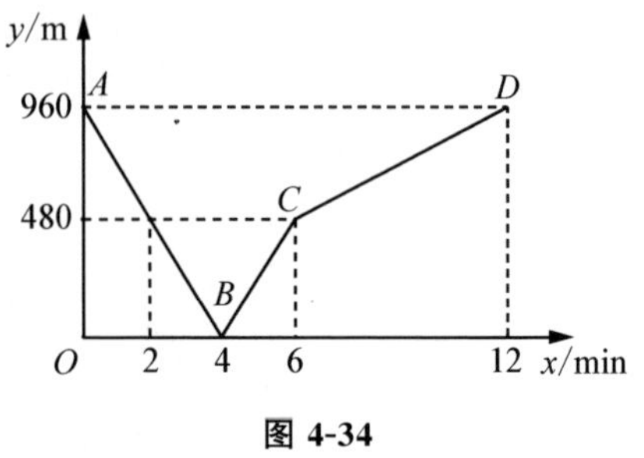

图 4-34

【设计意图】本环节是“由图创文”，用所给函数图象创设一个行程问题，其目的在于让学生会通过图象来创设一个实际背景的行程问题，同时抓住图象的关键，培养学生提出问题、解决问题的能力，本题的设计也是一图多用，为下一环节的由图解文做好相应的铺垫。在由图创文的学习活动中，让学生深层次地理解函数两个变量之间的关系，提升学生数学抽象素养。

活动 4：由图解文。

【由图解文】小芸同学从甲地向乙地行进，小楠同学从乙地向甲地行进，两人同时出发。设小芸同学行进时间为 x(min)，两人之间的距离为 y(m)，图 4-35 中的折线表示 y 与 x 之间的函数关系。根据题中所给信息解答以下问题。

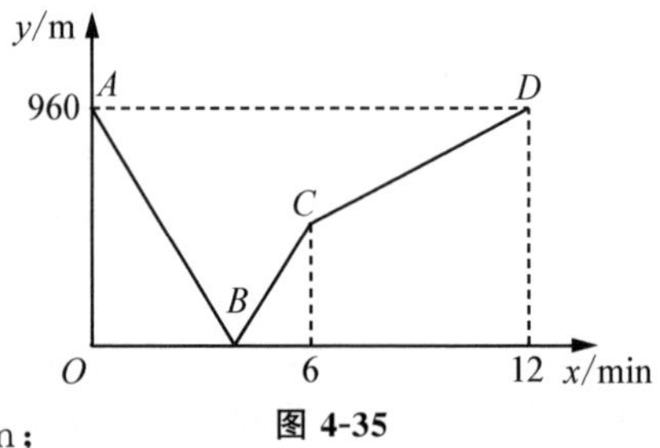

图 4-35

(1)甲、乙两地之间的距离为＿＿＿＿ m；图中点 C 的实际意义为＿＿＿＿＿＿＿＿。

(2)小芸同学的速度为＿＿＿＿ m/min，小楠同学的速度为＿＿＿＿ m/min。

(3)小芸同学与小楠同学出发＿＿＿＿ min 相遇。

(4)小楠同学出发多长时间与小芸同学相距 200 m？

(5)当小芸同学与小楠同学相距不大于 200 m 时，求小芸同学行进时间的范围。

分析　学生在理解行程问题中的相遇、相距、相距一定范围内求时间的具体问题存在困难。为了突破这个难点，在教学活动中通过信息技术手段，利用几何画板设计了本题行程问题的动画，借助几何画板的优势，让函数图象随着小芸和小楠两个同学的运动而“运动”，搭建数据变化与函数图象之间的桥梁，凸显了运动过程中变量与函数的一一对应关系，让学生直观地感受运动过程中函数关系的变化，体会函数的本质(图 4-36)。

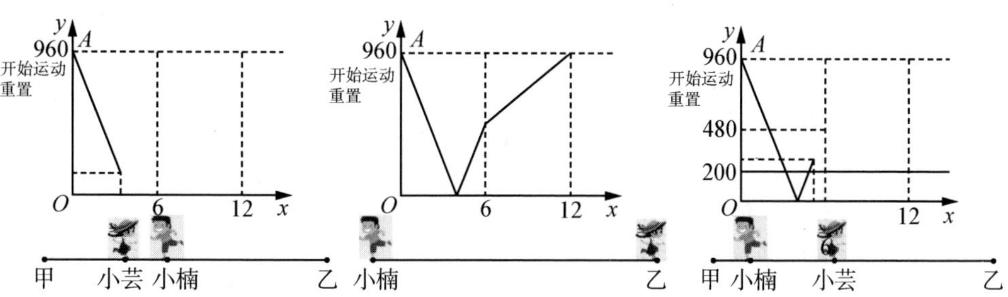

图 4-36

解　第(4)、第(5)题解析(图 4-37)。

(4)解　设小芸的行进时间为 x min，则可以列如下方程。

相遇前：$80x+160x=960-200$，

解得：$x=\frac{19}{6}$；

相遇后：$80x+160x=960+200$，

解得：$x=\frac{29}{6}$。

答：小楠同学出发 $\frac{19}{6}$ min 和 $\frac{29}{6}$ min 时与小芸同学相距 200 m。

→ 方程与函数 →

(4)解　设 AB 的解析式为 $y=kx+b(k\neq 0)$，把点 A，B 代入解析式得：$\begin{cases}b=960,\\4k+b=0,\end{cases}$

解得：$y=-240x+960$；

令 $y=200$ 时，$x=\frac{19}{6}$。

同理可得：BC 的解析式为 $y=240x-960$，

令 $y=200$ 时，$x=\frac{29}{6}$。

↓ 方程与不等式　　图象　　函数与不等式 ↓

(5)解　设小芸的行进时间为 x min，则可以列如下不等式。

相遇前：$80x+160x\leqslant 960-200$，

解得：$x\geqslant\frac{19}{6}$；

相遇后：$80x+160x\leqslant 960+200$，

解得：$x\leqslant\frac{29}{6}$；

行进时间的取值范围：$\frac{19}{6}\leqslant x\leqslant\frac{29}{6}$。

←

(5)AB 的解析式为 $y=-240x+960$；

BC 的解析式为 $y=240x-960$；

由题意可得：$y\leqslant 200$，

$\begin{cases}-240x+960\leqslant 200,\\240x-960\leqslant 200,\end{cases}$

解得：$\frac{19}{6}\leqslant x\leqslant\frac{29}{6}$。

行进时间的取值范围：$\frac{19}{6}\leqslant x\leqslant\frac{29}{6}$。

图 4-37

【设计意图】本环节是“由图解文”，设计了一个行程问题中的相遇问题，激发学生最近发展区，让学生利用已学知识来进一步透彻地去解决函数图象问题，充分体现数形结合的思想。相比较而言，活动 3 和活动 4 的目的是在“由图创文”和“由图解文”上通过一个人运动的函数图象和两个人运动的函数图象所呈现的不同实际情境，让学生深刻体会同一图象不同情境下的函数关系。活动 4 的第(4)、第(5)问通过用不同的解题方法，让学生体会方程、不等式、函数三者的紧密联系。在“由图解文”的学习活动中，学生能更深层次地理解函数两个变量之间的关系，提升数学建模素养。

(四)归纳悟学，反思问题

(1)展示本章节研究结构图(图 4-38)。

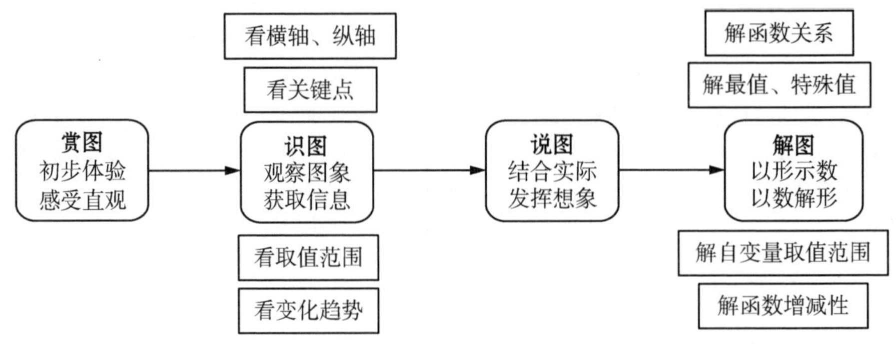

图 4-38

【设计意图】教师通过研究思路图，将本节内容和方法清晰地展现在学生面前，可以加深学生对函数图象的理解，帮助学生对整个学习过程的知识脉络理解得更加清晰，同时培养学生的理性思维，并为后续自主建构思想方法打下基础。

(2)问题：本节课以函数图象为载体对函数关系开展研究，充分体现了数形结合思想在数学学习中的重要性。

追问：“数缺形时少直观，形少数时难入微，数形结合百般好，隔离分家万事休”，大家知道这是我国哪位数学家说的吗？

今天我们以观看我国著名数学家华罗庚的短视频结束课程。

【设计意图】通过对本堂课所学内容进行梳理，总结学生学习函数的重要思想方法——数形结合，并将该思想方法中所体现的数学文化融入数学课堂教学中，培塑学生的爱国意识，增强民族归属感、自豪感，增强文化自信。同时让数学课程思政教育渗透到数学课堂中，贴近学生，贴近生活，落实文化育人的目标。

八、作业布置设计

1. 小明观看了《中国诗词大会》第三季，主题为“人生自有诗意”，受此启发根据邻居家的故事写了一首小诗：“儿子学成今日返，老父早早到车站。儿子到后细端详，父子高兴把家还。”如用 y 轴表示父亲与儿子行进中离家的距离，用 x 轴表示父亲离家的时间。

问题 1：下面图象与上述诗的含义大致相吻合的是(　　)。

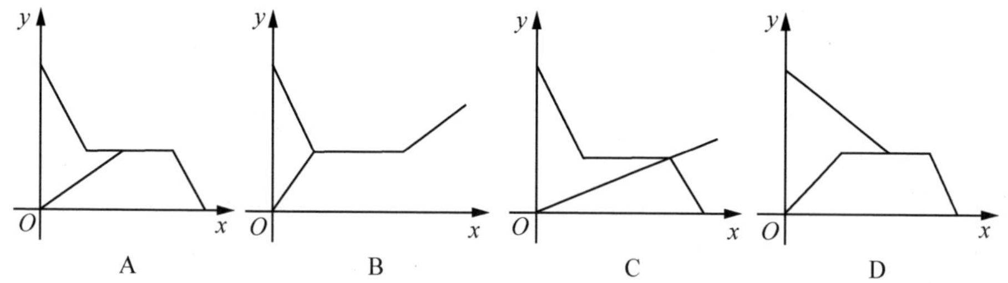

问题 2：从其他 3 个图象中任选一个，写出与图象相应的实际情境。

【设计意图】本题是“由文选图”，设置了两个问题，第一个问题引入了两个变量，同时赋予了数学背景，第二个问题让学生对函数关系有了清楚的认识，积累了认知上的经验之后，举一反三，让学生学会结合函数图象构建不同的实际情境，提升直观想象素养，培养动手动口的能力。

2. 小明和小华是同班同学，也是邻居，某日早晨，小明 7:40 先出发去学校，走了一段后，到文具店购买文具，后来发现上学时间快到了，就跑步到学校；小华离家后直接乘公交汽车到了学校。图 4-39 是他们从家到学校所走的路程 s(m)和所用时间 t(min)的关系图，则下列说法中错误的是(　　)。

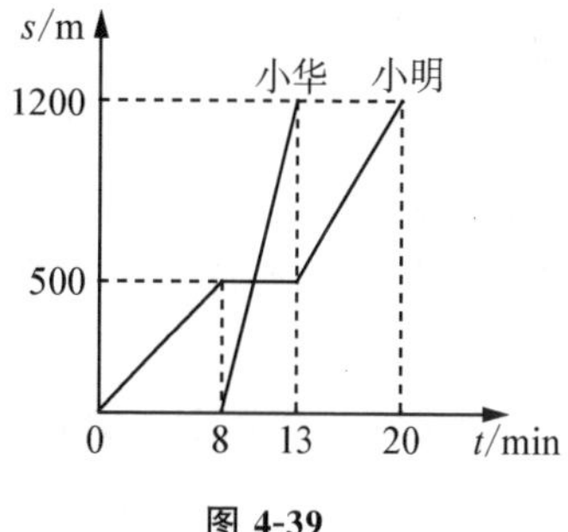

图 4-39

A. 小明吃早餐用时 5 min

B. 小华到学校的平均速度是 240 m/min

C. 小明跑步的平均速度是 100 m/min

D. 小华到学校的时间是 7:55

【设计意图】本题是“由图解文”，让学生在看懂图象的同时，会通过图象中的函数关系来解决函数自变量的取值范围，横轴与纵轴之间表示的变量关系以及特殊点所表示的含义。教师引导学生进行观察分析，揭示数形结合思想的本质：以形示数，以数解形。

3. 图 4-40 是小明和爸爸离家路程 s(km)与小明离家时间 t(h)的关系图，请根据图回答下列问题。

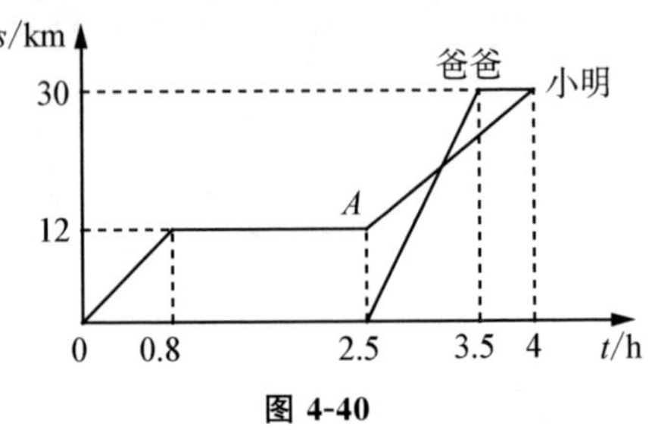

图 4-40

问题 1：请你根据图象所给信息描述实际情境。

问题 2：根据图象所表达的函数关系，提出问题并解决。

问题 1：____________________？

解答过程：____________________。

问题 2：____________________？

解答过程：____________________。

问题 3：____________________？

解答过程：____________________。

【设计意图】本题是“由图创文”，能帮助学生加深对函数图象的理解，让学生经历发现问题、提出问题、分析问题和解决问题的过程，增强学生由函数图象建构实际情境的能力，同时发展学生的直观想象和数学建模素养。

九、目标检测设计

国家对于中学生体育的重视程度越来越高，游泳不仅可以锻炼身体、强化体质，更是一门求生技能。某游泳馆暑假推出了 3 种消费方案，如图 4-41 所示。

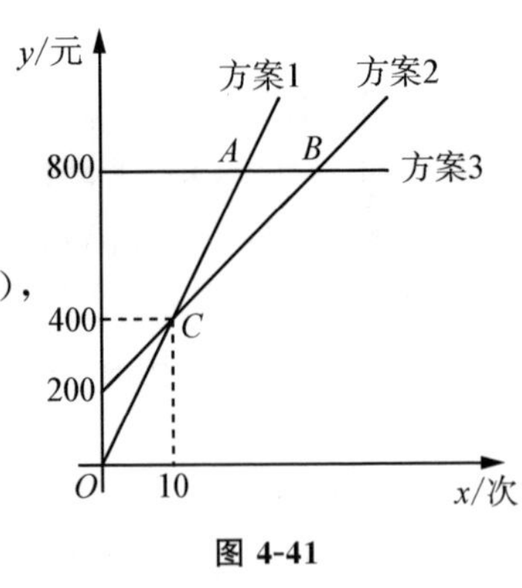

图 4-41

(横轴 x 表示游泳次数，纵轴 y 表示消费金额)，

问题：你可以结合图象分别表述这 3 种方案吗？

追问：若小明现在想选一种方案进行游泳锻炼，针对以上 3 种方案，你能给小明一个合理的建议吗？

【设计意图】本题是“由图解文”，学生结合图象来表述每种不同的方案所代表的实际情境，教师再结合实际情境和图象，引导学生进行方案的选择，指导学生如何根据函数图象对实际问题进行方案设计。本题在同一个坐标系中设计了三个函数图象，它相较于在同一个坐标系中有一个或两个函数图象的问题更为复杂，但这样的设计目的是让学生更深入地思考关于函数图象的综合问题，同时也为后续内容的学习做铺垫。

案例五 “求平面直角坐标系中三角形的面积”复习课

（王学先名师工作室　魏炎炎）

一、教学内容和内容解析

（一）内容

求平面直角坐标系下三角形的面积首先出现在人教版《义务教育教科书·数学　七年级　下册》第七章的一节专题课，后续在一次函数、二次函数和反比例函数中也有出现。

（二）内容解析

本专题内容学习前，学生已掌握了在平面直角坐标系中已知坐标求线段长度，以及点的坐标到坐标轴或平行于坐标轴直线的距离的知识，在此基础上学习本节课内容，对培养学生从特殊到一般的思维能力和推理能力有重要的作用。本专题先学习在平面直角坐标系中求三角形面积，让学生初步掌握已知坐标求面积的方法和技能，再继续探求在一次函数、二次函数和反比例函数中求三角形的面积，体会从特殊到一般和数形结合的数学思想方法。综上所述，本节课无论是知识的传承，还是能力的发展、思维的训练，都属于“空间与图形”领域中“图形的认识”中的重要内容，有着承上启下的重要作用。

基于以上分析，本节课的**教学重点**是：从在平面直角坐标系中求三角形面积，转换到在一次函数、二次函数和反比例函数中求三角形面积。

二、教学目标设置

（一）目标

(1)探索并掌握在平面直角坐标系下求解边平行于坐标轴(或在坐标轴上)的三角形面积的方法。

(2)掌握用平移转化、割补等方法求平面直角坐标系中三边都不平行于坐标轴(或在坐标轴上)的三角形面积的方法。

(二)目标解析

达成目标(1)的标志：学生掌握平面直角坐标系下求三角形面积与竖直方向和水平方向求点坐标距离之间的联系，并能运用求点坐标距离的方法求三角形的边长，从而求出三角形的面积。

达成目标(2)的标志：学生能够寻找在水平方向和竖直方向点坐标的特征，能在水平方向和竖直方向添加辅助线，能从图形的结构出发，经历把平面中的不规则图形转化为规则图形的方式求出平面图形的面积的过程，初步形成“化归与转换”的数学思想。

三、学生学情分析

学生已经学过了在平面直角坐标系中求坐标轴上两点及平行于坐标轴的直线上两点的距离。本节课是已知坐标求面积的习题课，要求学生具备较强的逻辑推理能力，在本节课之前学生已经经历了很多合作学习的过程，具有一定的合作与交流能力，但分析能力、归纳概括能力仍相对薄弱。在学习过程中，学生探究问题和添加辅助线的经验还不够丰富，有一部分学生学习方法不全面，需要教师适时加以点拨和指导，因此本节课的学习还可能存在以下困难：

(1)探究在平面直角坐标系中求三角形面积时，学生会想到从水平方向和竖直方向去割三角形，构造底边是平行于 x 轴或 y 轴的三角形，而比较难想到用补的方法。

(2)求三角形面积时，学生不知道从水平和竖直的方向上去补全图形，构造规则图形。

(3)学生不会根据图形特点来选择用补还是用割的方法求面积，将所求图形变成规则的、底边和高线都是在水平和竖直方向的几个规则图形。

基于以上分析，本节课的**教学难点**是：利用平移转化的方法求三角形的面积。

四、教学策略分析

教学是信息传递和情感交流的双向过程，在这个过程中，学生是课堂的主体，教师则担任教学的组织者、引导者和合作者，要在情感上吸引，更要在教学中提高信息接收率，引导学生在自身知识的基础上，主动进行数学知识构建，将数学和生活融为一体，更好地感受生活的情趣，使学生的知识、能力、心理和谐健康地发展。本节课重视数学基础知识，利用基础习题的解答训练，帮助学生掌握解答数学习题的基本模式，掌握解题的规范和程序，为基础知识的深化应用做准备。本节课通过范例和解题教学体现学生的主体地位，让学生自主学习解决问题的方法，综合应用数学思想方法，全面实施素质教育，因材施教，实现教学目标。

五、教学支持条件分析

教法：①从特殊到一般，从具体到抽象的教学策略。②自主探究、小组合作教学方法。

学法：①学生通过自主思考和互动研讨，把问题的研究从特殊引向一般，经历从单一的平面直角坐标系中求三角形面积，转换到在一次函数、二次函数和反比例函数中求三角形面积的探究过程，解决本课学习重点。②启发学生尽可能从不同方面思考问题、解决问题，注重提高思维水平；学生在学的过程中，突出合作学习、探究发现，实践与体验。

教学媒体：多媒体课件等。

教学环境：在多媒体设备的支持下，实现师生互动，生生互动。

六、教学设计基本流程

结合教材知识内容和教学目标，本节课的教学设计基本流程如图 4-42 所示。

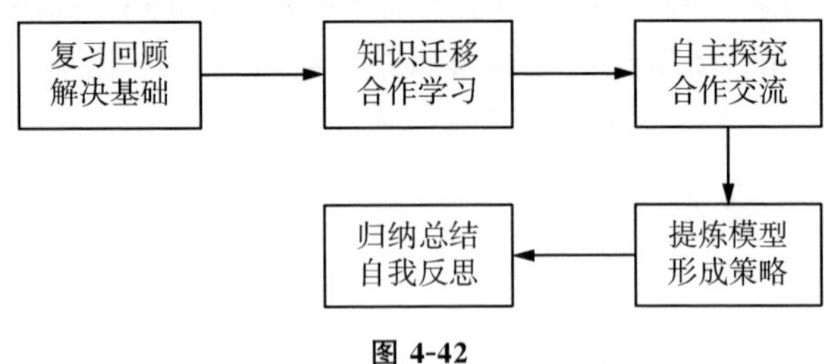

图 4-42

七、教学设计过程

环节一：前置作业。

(1)如图 4-43，BC 长度为________，A 到 BC 的高为________，$S_{\triangle ABC}=$________。

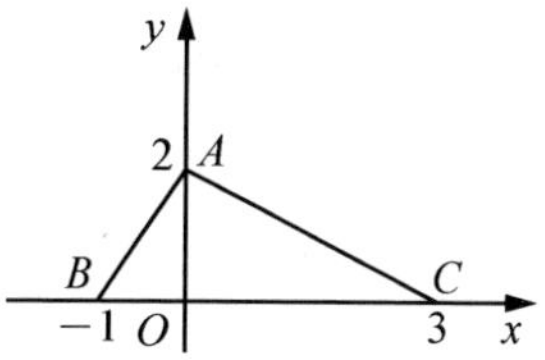

(2)如图 4-44，AB 长度为________，C 到 AB 的高为________，$S_{\triangle ABC}=$________。

(3)如图 4-45，AB 长度为________，C 到 AB 的高为________，$S_{\triangle ABC}=$________。

(4)如图 4-46，AB 长度为________，C 到 AB 的高为________，$S_{\triangle ABC}=$________。

(5)如图 4-47，AB 长度为________，C 到 AB 的高为________，$S_{\triangle ABC}=$________。

图 4-43

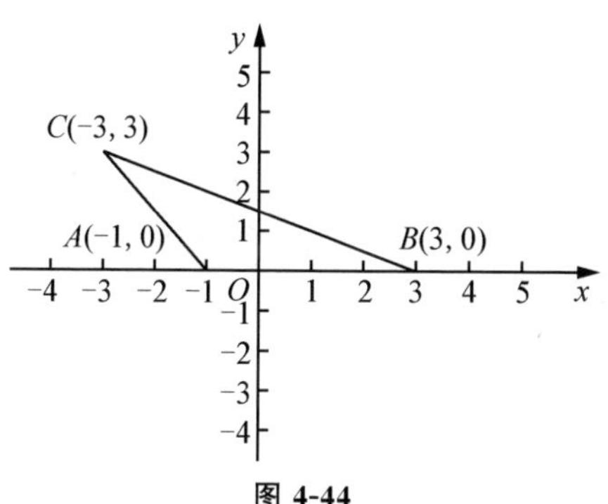

图 4-44

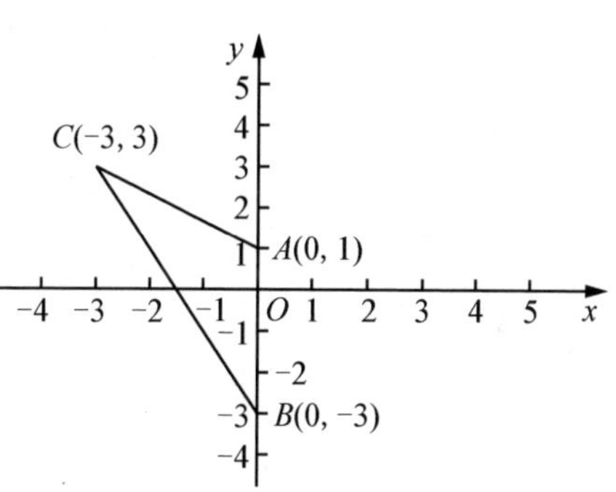

图 4-45

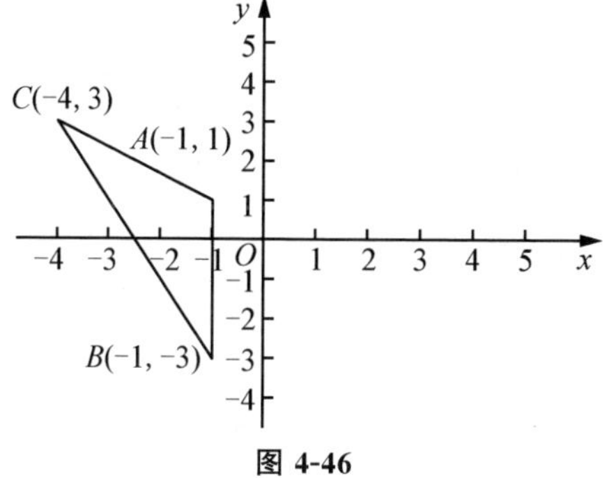

图 4-46

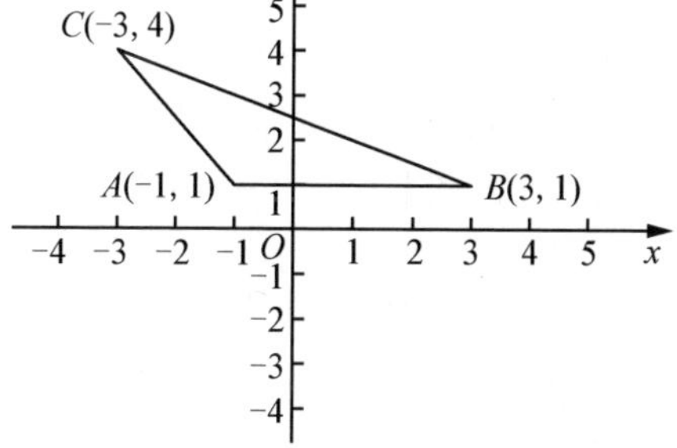

图 4-47

【设计意图】利用前置作业，在课前解决一些基础知识问题，找到一个能力的扩散点，将知识迁移，为解决整节课的重、难点埋下伏笔。

环节二：合作学习。

类型1：构成三角形的一边平行于坐标轴(或在坐标轴上)。

在平面直角坐标系中，如果三角形有一条边平行于坐标轴(或在坐标轴上)，可根据这条边的两个顶点的坐标求出这条边的长，再利用这条边所对的顶点的坐标求出该边上的高，从而求出三角形的面积。直接使用三角形的面积公式 $S=\frac{1}{2}AB\cdot h$，其中边 AB 平行于坐标轴(或在坐标轴上)，h 为 AB 边上的高(图4-48)。

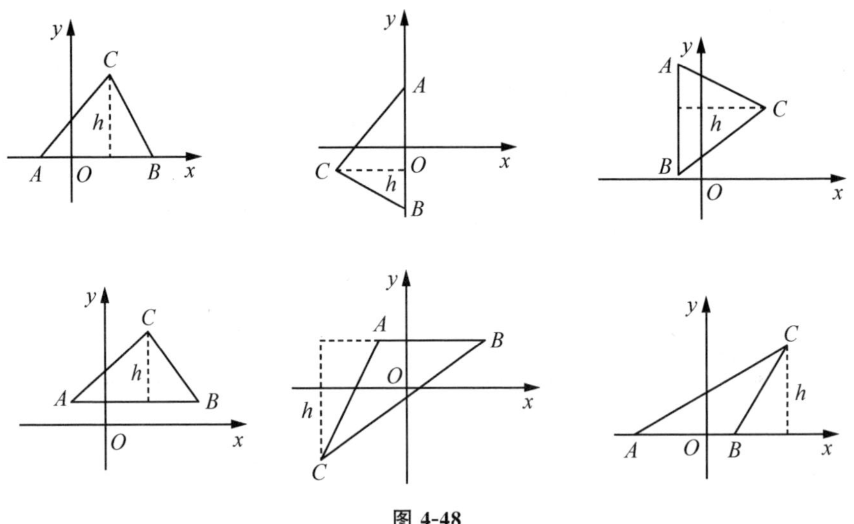

图 4-48

问题1：如图4-49，抛物线 $y=x^2+bx+c$ 经过点 A，B，已知 $A(-1,0)$，$B(3,0)$。

(1)求抛物线的解析式；

(2)若抛物线交 y 轴于点 C，求 $\triangle ABC$ 的面积。

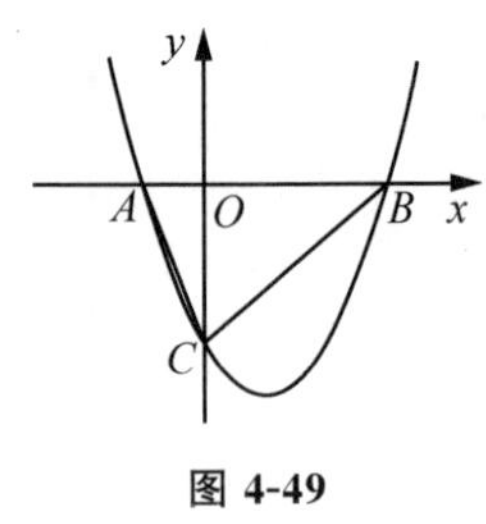

图 4-49

【设计意图】让学生利用二次函数解析式求出相关点坐标，然后观察三角形有一边落在坐标轴上，方便直接使用三角形的面积公式。

类型2：构成三角形的三边都不平行于坐标轴。

在平面直角坐标系中，若三角形的三边都不在坐标轴上或不平行于坐标轴，这种三角形的面积不能直接求出，可以利用“分割”或“补形”，将图形通过添加辅助线转化为有边与坐标轴平行或在坐标轴上的图形进行计算。

方法 1：补成矩形或直角梯形(图 4-50)。

方法 2：分割(作 x 轴的平行线或 y 轴的平行线)(图 4-51)。

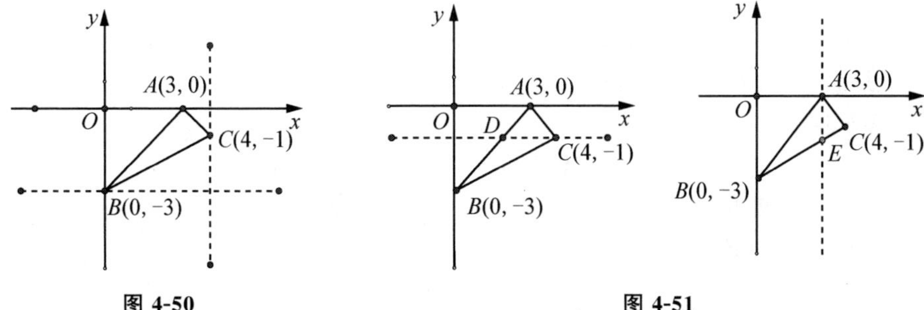

图 4-50　　　　图 4-51

方法 3：先补后分(图 4-52)。

方法 4：平移转化($S_{\triangle ABC}=S_{\triangle ABD}=S_{\triangle ABG}$)(图 4-53)。

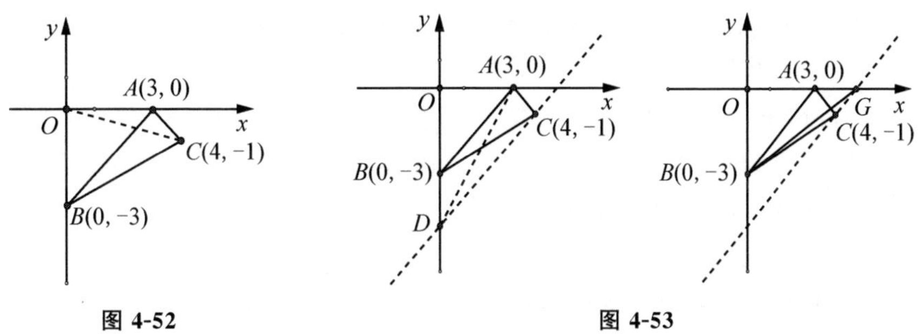

图 4-52　　　　图 4-53

问题 2：如图 4-54，已知点 $A(4, a)$，$B(-10, -4)$是一次函数 $y=kx+b(k\neq 0)$图象与反比例函数 $y=\dfrac{m}{x}(m\neq 0)$图象的交点，且一次函数与 x 轴交于 C 点。

(1)求该反比例函数和一次函数的解析式；

(2)连接 AO，求$\triangle AOB$ 的面积。

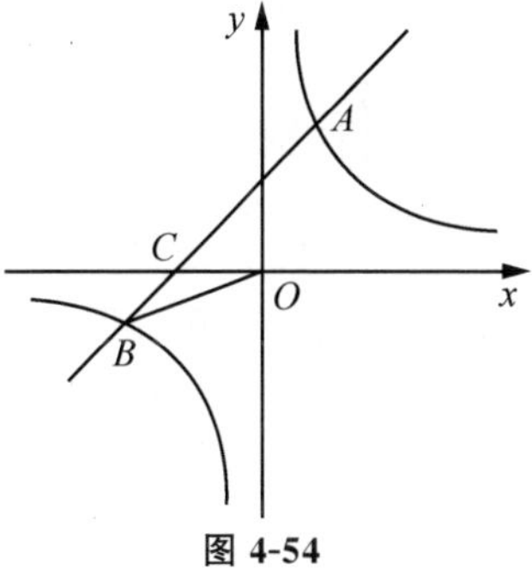

图 4-54

【设计意图】让学生巩固用待定系数法求反比例函数、一次函数解析式的知识，掌握坐标与图形的性质，并利用割补法求 $S_{\triangle AOB}=S_{\triangle BOC}+S_{\triangle AOC}$。

环节三：一题多解。

问题3：若 P 为抛物线 $y=x^2-2x-3$ 上 x 轴上方一点，此抛物线与 x 轴相交于 A，B 两点(点 A 在点 B 的左侧)，与 y 轴相交于点 C，如何求 $\triangle PBC$ 的面积？

思路一：PC 交 x 轴于点 D，$S_{\triangle PBC}=S_{\triangle PBD}+S_{\triangle BCD}$。

思路二：过 P 作 x 轴或 y 轴的平行线，把 $\triangle PBC$ 分割成两个三角形。

思路三：连接 OP，先补再分，$S_{\triangle PBC}=S_{\triangle OBC}+S_{\triangle PBO}-S_{\triangle POC}$。

环节四：方法迁移。

问题4：如图4-55，抛物线 $y=-x^2+2x+3$ 与 x 轴交于 A，B 两点(点 A 在点 B 的左侧)，与 y 轴交于点 C，点 D 是抛物线的顶点。

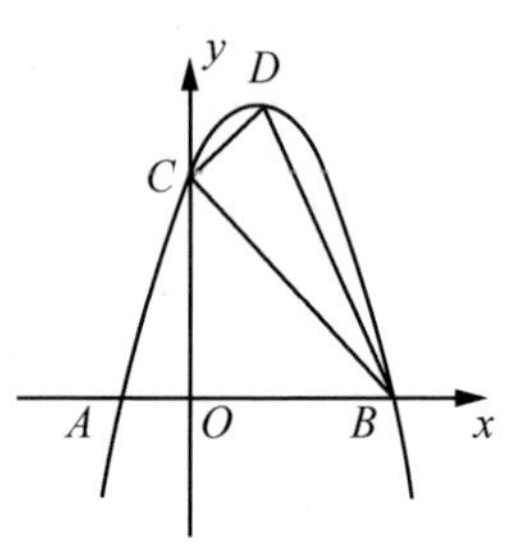

图 4-55

变式1：在线段 BC 上方的抛物线上找一点 P，使得 $S_{\triangle BCP}=S_{\triangle BCD}$，求出点 P 的坐标。

变式2：在抛物线上找一点 P，使得 $S_{\triangle BCP}=1.5S_{\triangle BCD}$，求出点 P 的坐标。

变式3：在线段 BC 上方的抛物线上找一点 P，使得 $\triangle BCP$ 的面积最大，求出面积的最大值及此时 P 点的坐标，若 $\triangle BCP$ 的面积 S 为整数，则这样的 $\triangle BCP$ 共有________个。

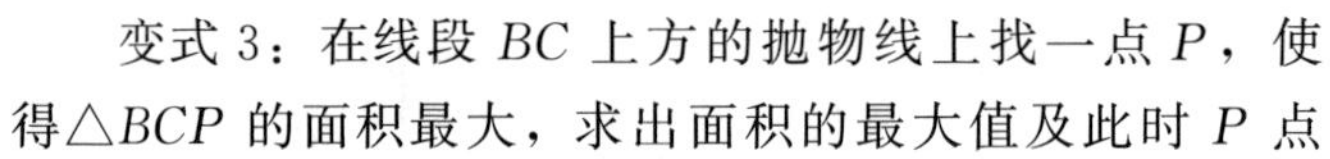

变式4：在线段 BC 上方的抛物线上找一点 P，使得四边形 $ABPC$ 的面积最大，求出面积的最大值及此时点 P 的坐标。

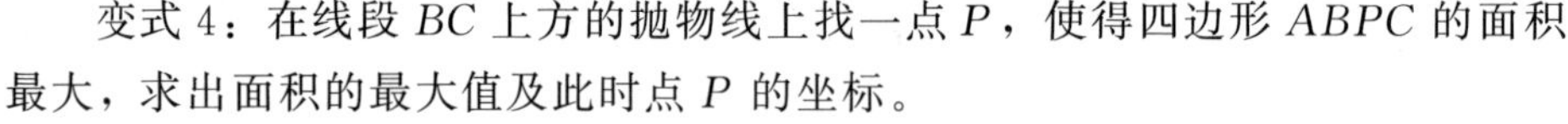

课堂小结：

(1)本节课我们研究了哪些问题？

(2)我们是如何分析、解决这些问题的？

(3)在研究过程中你遇到的问题是什么？是怎么解决的？

八、作业布置设计

1. 如图4-56，已知平面直角坐标系中点 $A(3, -1)$，$B(4, 3)$，$C(1, 2)$。求 $\triangle ABC$ 的面积。

2. 如图4-57，已知直线 $y=\frac{1}{2}x$ 与双曲线 $y=\frac{k}{x}(k>0)$ 交于 A，B 两点，且点 A 的横坐标为4。若双曲线 $y=\frac{k}{x}(k>0)$ 上一点 C 的纵坐标为8，求

$\triangle AOC$ 的面积。

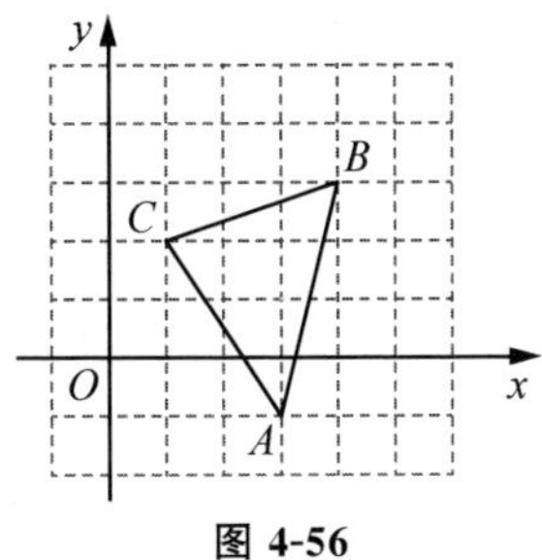

图 4-56

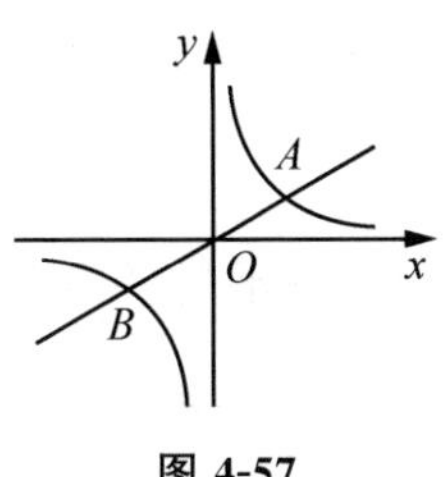

图 4-57

九、目标检测设计

1. 如图 4-58，点 $A(-2, 0)$，$B(4, 0)$，$C(2, 4)$，

(1)求$\triangle ABC$ 的面积；

(2)设 P 为 x 轴上一点，若 $S_{\triangle APC}=\frac{1}{2}S_{\triangle PBC}$，试求点 P 的坐标。

2. 如图 4-59，已知 $A(-4, n)$，$B(2, -4)$是一次函数 $y=kx+b(k\neq 0)$的图象和反比例函数 $y=\frac{m}{x}(m\neq 0)$的图象的两个交点，求$\triangle AOB$ 的面积。

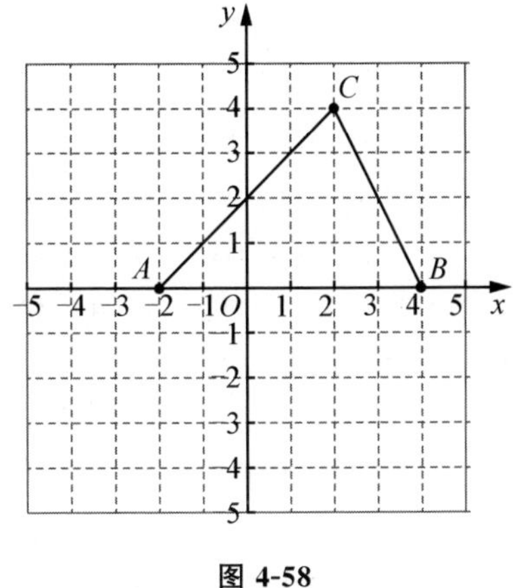

图 4-58

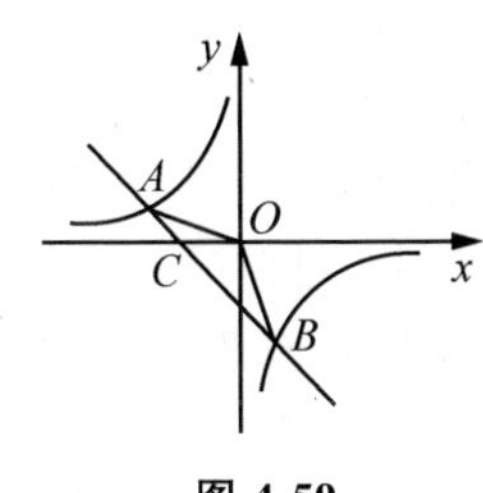

图 4-59

案例六 “因式分解”复习课

（王学先名师工作室_ 施炳华）

一、教学内容和内容解析

(一)内容

人教版《义务教育教科书·数学　八年级　上册》14.3 因式分解包括 14.3.1 提公因式法和 14.3.2 公式法两小节内容，《义务教育数学课程标准(2022 年版)》对因式分解一节提出的教学要求是：能用提公因式法、公式法(直接利用公式不超过两次)进行因式分解(指数是正整数)。

(二)内容解析

(1)理解因式分解的概念，理解因式分解与整式乘法的联系和区别是学习本节内容的理论基础和关键，在教学过程中可通过大量的实例加强学生对这一核心概念的理解。

(2)提公因式法是教材中的第一种因式分解的方法，是最基本的也是最重要的因式分解的方法。提公因式法的关键是确定多项式中各项的公因式，为此，在教学过程中，可让学生多次实践，摸索确定公因式的一般方法，寻找一般规律，并在乘法分配律及整式的乘法知识基础上完成用提公因式法进行因式分解的一般过程的学习。按照《义务教育数学课程标准(2022 年版)》要求，多项式中的字母指数仅限于正整数的情况，教学中应把握好这一要求。

(3)运用公式法进行因式分解是整式的乘法公式的逆用，对于公式法，要求学生理解每个公式的意义，掌握每个公式的特点，并能熟练运用公式将多项式进行因式分解，但是，直接用公式要求不超过两次，用公式中字母表示多项式时，要求不超过两项。

(4)将多项式因式分解时要分解彻底，即分解到每个多项式因式不能再继续分解为止。

(5)初中阶段对多项式的因式分解要求在有理数范围内进行，教学中应合理把握尺度。

基于以上分析，本节课的**教学重点**是：因式分解的方法。

二、教学目标设置

（一）目标

(1)复习定义和方法，帮助学生梳理知识体系。

(2)巩固因式分解的方法。

(3)灵活运用因式分解的方法，提高解题能力和推理能力。

（二）目标解析

达成目标(1)的标志：小组合作完成“复习旧知”，归纳因式分解的常用方法：提公因式法和公式法。

达成目标(2)的标志：学生能按“一提二套三检查”的方法熟练地进行因式分解。

达成目标(3)的标志：学生能够根据具体问题灵活选择合适的方法进行因式分解。

三、学生学情分析

学生已初步掌握了用提公因式法和公式法进行因式分解，题型的演绎展开都基于这两种方法。因此，怎样确定同类项，怎样识别公式中的各项成了能否灵活地进行因式分解的关键。

基于以上分析，本节课的**教学难点**是：灵活运用因式分解的方法。

四、教学策略分析

本节课以练习为主，点评为辅的方法进行教学。教学中充分发挥学生的主观能动性，通过学生自己整理知识和试题练习，引导学生不断完善知识结构，从纠错中领悟因式分解的要求及注意事项，从而培养学生的核心素养。

五、教学支持条件分析

教法：类比教学法、演绎归纳教学法。

学法：自主学习、自主归纳、合作探究。

教学媒体：学案、多媒体课件等。

教学环境：在多媒体设备的支持下，实现师生互动，生生互动。

六、教学设计基本流程

教学设计基本流程如图 4-60 所示。

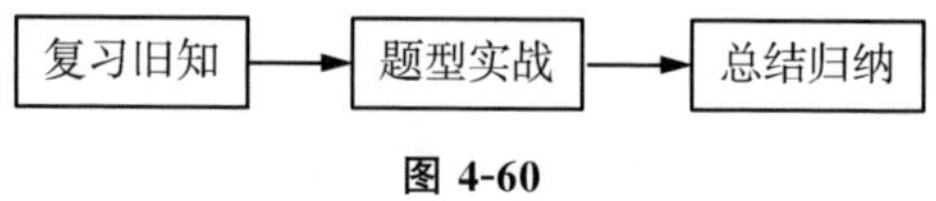

图 4-60

七、教学设计过程

(一)复习旧知

(1)下列变形是因式分解的是(　　)。

A. $x(x+1)=x^2+x$　　B. $x^2+2x+1=(x+1)^2$

C. $x^2+xy-3=x(x+y)^2-3$　　D. $x^2+6x+4=(x+3)^2-5$

分析

①把一个多项式化成几个整式的乘积的形式，叫作多项式的因式分解，也叫将多项式分解因式，所以选 B。

②因式分解的过程和整式乘法的过程正好相反，前者是把一个多项式化为几个整式的乘积，后者是把几个整式的乘积化为一个多项式，选项 A 即是整式乘法。

(2)多项式 $3x^2y^2-12x^2y^4-6x^3y^3$ 的公因式是(　　)。

A. $3xy$　　B. x^2y^2　　C. $3x^2y^2$　　D. $3x^3y^2$

分析　公因式的确定。

①系数：多项式各项整数系数的最大公约数；

②字母：多项式各项相同的字母；

③各字母指数：取次数最低的。

(3)提公因式法可以用来因式分解，除了这种方法外，我们还有哪些方法可以进行因式分解？以上这些方法按照什么思路来用？

师生活动：除提公因式法外，还有平方差公式 $a^2-b^2=(a+b)(a-b)$ 和

完全平方公式 $a^2+2ab+b^2=(a+b)^2$，$a^2-2ab+b^2=(a-b)^2$ 可以用来因式分解。使用时按照先提公因式，再套公式，最后检查是否分解完整的思路进行(“一提，二套，三检查”)。

师生活动：老师带着学生进行复习，梳理知识。

【设计意图】弄清楚因式分解和整式乘法的区别及公因式的找法，为后面的学习清扫障碍。

(二)题型实战

例1　多项式 $2x^3-4x^2+2x$ 因式分解为(　　)。

A. $2x(x-1)^2$　　B. $2x(x+1)^2$　　C. $x(2x-1)^2$　　D. $x(2x+1)^2$

问：因式分解的步骤是什么？

解　$2x^3-4x^2+2x=2x(x^2-2x+1)=2x(x-1)^2$。

故选 A。

总结因式分解的步骤：概括为“一提，二套，三检查”。

(1)先运用提公因式法：$ma+mb+mc=m(a+b+c)$。

(2)再套公式：$a^2-b^2=(a+b)(a-b)$，$a^2\pm 2ab+b^2=(a\pm b)^2$(乘法公式的逆运算)。

(3)最后检查：分解因式是否彻底，要求必须分解到每一个多项式都不能再分解为止。

例2　因式分解 $1-(x+y)^2=$(　　)。

A. $(1+x+y)(1+x-y)$　　B. $(1+x+y)(1-x-y)$

C. $(1+x+y)(1-x+y)$　　D. $(1+x-y)(1-x-y)$

分析　利用平方差公式因式分解即可。

解　$1-(x+y)^2=[1+(x+y)][1-(x+y)]$

$=(1+x+y)(1-x-y)$。

故选 B。

【设计意图】进一步巩固平方差公式。

例3　已知 $a=7-3b$，则代数式 $a^2+6ab+9b^2$ 的值为________。

分析　先根据完全平方公式变形，再代入，即可求出答案。

解　$\because a=7-3b$，

$\therefore a+3b=7$，

$\therefore$　$a^2+6ab+9b^2$

$=(a+3b)^2=7^2=49$。

故答案为 49。

【设计意图】进一步巩固完全平方公式。

例 4　因式分解 $2x^3y+4x^2y^2+2xy^3$。

分析　先提公因式 $2xy$，再用完全平方公式分解。

解　$2x^3y+4x^2y^2+2xy^3$

$=2xy(x^2+2xy+y^2)$

$=2xy(x+y)^2$。

公因式的确定。

①系数：多项式各项整数系数的最大公约数；

②字母：多项式各项相同的字母；

③各字母指数：取次数最低的。

【设计意图】进一步巩固“一提，二套，三检查”的方法。

方法归纳：公因式既可以是一个单项式，也可以是一个多项式。

例 5　因式分解 $-x^2+8x-15$。

分析　先提负号，再用十字相乘法分解。

解　$-x^2+8x-15$

$=-(x^2-8x+15)$

$=-(x-5)(x-3)$。

【设计意图】十字相乘法在解一元二次方程中有应用，故设计此题。

对于形如 $x^2+(p+q)x+pq$ 型的多项式可用此方法进行因式分解，即：$x^2+(p+q)x+pq=(x+p)(x+q)$。

课堂练习

练习 1　把下列各式进行因式分解：

(1) $-a^2+1$；　　(2) $a^2-6ab+9b^2$；

(3) $a^2b+2ab^2+b^3$；　　(4) x^2-2x-8。

练习 2　把下列各式进行因式分解：

(1) $(x^2+1)^2-4x^2$；

(2) $(x+2y)^2-25(x-y)^2$；

(3) $3(x-1)^2-18(x-1)+27$；

(4) $9a^2(x-y)+4b^2(y-x)$；

(5) $(2-x^2)^2+2x(x^2-2)+x^2$；

(6) $(a^2+a)^2-8(a^2+a)+12$。

方法归纳：公式中的 a 和 b 可以表示数、单项式或多项式；同样，公因式既可以是一个单项式，也可以是一个多项式。

(三)小结

1. 方法技巧。

本考点是中考的高频考点，其题型一般为填空题，难度中等。解此类题的关键在于熟练掌握因式分解的两种基本方法，即提公因式法和公式法。

2. 因式分解的一般步骤。

因式分解的一般步骤如图 4-61 所示。

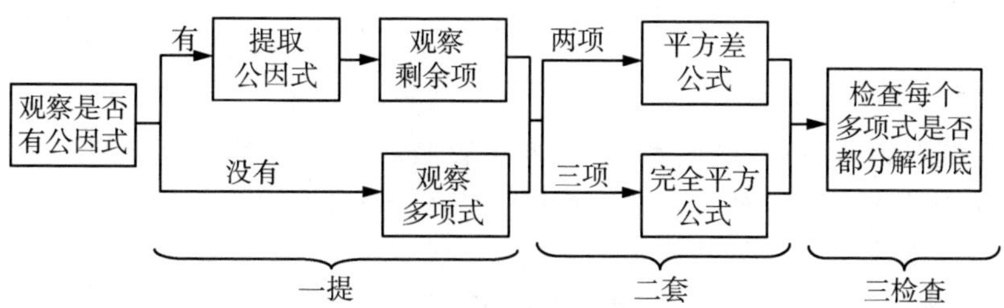

图 4-61

3. 对于形如 $x^2+(p+q)x+pq$ 型的多项式可用“十字相乘法”进行因式分解，即：$x^2+(p+q)x+pq=(x+p)(x+q)$。

八、作业布置设计

1. 把下列各式进行因式分解。

(1)$9a^2-1$；

(2)$2a^2b-8ab^2+8b^3$；

(3)$2y^2-y-10$。

2. 若 $a-b=3$，$ab=1$，求多项式 $a^3b-2a^2b^2+ab$ 的值。

九、目标检测设计

1. 把下列各式进行因式分解。

(1)t^2-6t+9；

(2)$4a^2(x-y)+b^2(y-x)$；

(3)x^2-3x+2。

2. 已知 $x-y=2$，$x^2+y^2=6$。

(1)求代数式 xy 的值；

(2)求代数式 $x^3y-3x^2y^2+xy^3$ 的值。

案例七 “整式与因式分解”复习课

（王学先名师工作室 黄于腾）

一、教学内容和内容解析

（一）内容

“整式与因式分解”是人教版《义务教育教科书·数学 七年级 上册》第二章和《义务教育教科书·数学 八年级 上册》第十四章的内容，属于“数与式”模块。本节课是九年级针对中考的一轮复习课。整式这一部分在历年中考中主要考查整式的概念，用代数式表示实际问题，整式的运算，乘法公式以及因式分解。考查方式以选择题、填空题为主，涉及计算量多，方法技巧灵活，强调转化、类比、数形结合、整体思想的渗透，是进一步复习分式、二次根式相关运算的基础。

（二）内容解析

传统复习课都是先复习知识点，再进行考点题型训练，这部分知识点相对容易，学生觉得自己都会，重视程度不高。本节课以一个实际问题引入，通过问题串，把这部分知识串起来，重视运算法则的探索过程和对算理的理解，让学生体验研究问题、解决问题的过程，进而复习巩固所学知识。复习过程中既讲“法”，又讲“理”，讲联系、讲对比，抓住代数式的结构特点，让学生认清法则运算形式和与之对应的运算方法，抓住实际问题本质，逆向思考，理解公式之间的内在联系，体会数形结合、整体思想等数学思想方法对解决问题的重要意义。

基于以上解析，本节课的**教学重点**是：从解决实际问题开始，总结、归纳解决一类问题的方法。通过实际问题复习与整式相关的概念及整式运算法则的运用，拓展学生的解题思路，丰富学生的解题方法。

二、教学目标设置

（一）目标

(1)掌握与整式有关的概念。

(2)掌握同底数幂的乘法法则，同底数幂的除法法则，积的乘方法则。

(3)掌握单项式、多项式的相关计算。

(4)掌握乘法公式、平方差公式、完全平方公式。

(5)掌握因式分解的常用方法。

(二)目标解析

达成目标(1)的标志：学生理解整式的基本概念，能熟练判断一个多项式的项和次数；能用整式表示具体问题中的数量关系，逐步养成善于利用数学解决实际问题的习惯。

达成目标(2)的标志：学生能根据乘方的意义推导出同底数幂的乘法性质，会用符号语言、文字语言表述这一性质，会用性质进行同底数幂的乘法运算；在公式推导中能体会数式通性在推导结论的过程中的重要作用。

达成目标(3)的标志：学生能熟练运用法则进行计算。

达成目标(4)的标志：学生经历探究的过程，能根据多项式的乘法公式推导出平方差公式、完全平方公式，理解公式的基本结构和特征，会用符号表示公式，能用文字语言表述公式内容，在字母表示具体的数、单项式、多项式时能正确地运用公式进行计算；在公式探究过程中，能够体验到由具体到抽象的过程，更好地发现公式、体会和理解公式；在利用几何图形的面积验证公式的过程中，了解验证公式的具体方法，感知数形结合的思想。

达成目标(5)的标志：学生掌握因式分解的概念，知道因式分解与整式乘法是互逆变形，能熟练运用提公因式法、公式法进行因式分解。

三、学生学情分析

本节课是九年级针对中考的一轮复习课，是对整式基本四则运算知识的整合与重组，使学生形成系统的知识框架。知识虽然基础，但是涉及公式较多，尤其是幂的运算抽象程度高，学生不易理解，学生对知识容易产生混淆。复习中适当引导学生回顾乘法的意义，从数式通性的角度理解字母表示幂的意义，进而从本质上理解算理。至于乘法公式，需要学生对公式中每个字母本质及结构特征进行理解。对于因式分解，在整式乘法还不深入的情况下，就遇到与之为互逆关系的新情境，学生有时会出现因式分解后又反转回去做乘法的错误。在运用提公因式法分解因式的过程中经常遇到的困难是公因式选取不准确，忽视了某些相同字母或式子，导致因式分解不彻底。

基于以上分析，本节课的**教学难点**是：掌握各种运算混合运用，在恒等变形及应用公式过程中，理解公式之间的内在联系，体会数形结合、整体思想等数学思想方法对解决问题具有重要意义。

四、教学策略分析

教师在教学中，重视运算性质以及公式的推导和归纳过程的讲解，发挥学生的主观能动性，抓住重点，突破难点。复习课应当有相应的拓展提升，鼓励学生积极思考，努力探索，发展学生的核心素养。在教学中，除了要关注学生在数学知识和数学能力方面的提高外，还要考虑在传承数学史知识及数学文化修养方面做出努力，以使学生在获得数学知识的同时人文精神也得到陶冶。

五、教学支持条件分析

教法：学导式教学法。

学法：教师通过学生们身边发生的热点问题引入，设置问题串，层层递进，同时带领学生探究。难点问题用合作交流与展示的方式，培养学生动脑、动口的能力，让学生积累学习经验，培养学生的数学素养。

教学媒体：多媒体课件、学案等。

教学环境：在多媒体设备的支持下，实现师生互动，生生互动。

六、教学设计基本流程

教学设计基本流程如图 4-62 所示。

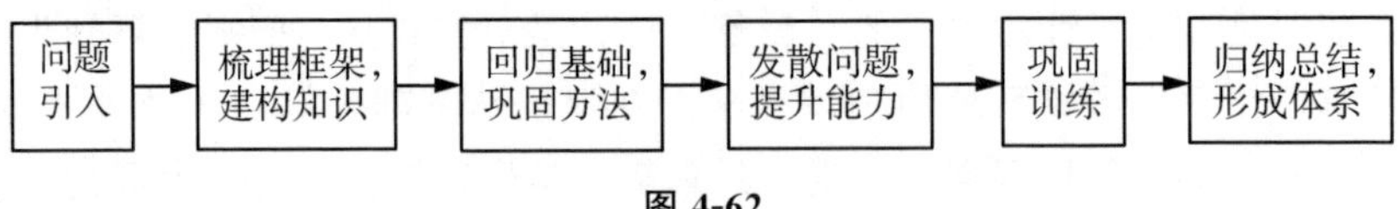

图 4-62

七、教学设计过程

（一）引入

问题 1：2021 年 10 月《生物多样性公约》第十五次缔约方大会在云南昆明

开幕。为了迎接大会的召开，昆明某单位计划在一长方形花坛的前面和左边，分别以花坛的长和宽为边长，种植两块正方形的草坪，并在草坪四周围上围栏(图 4-63)。

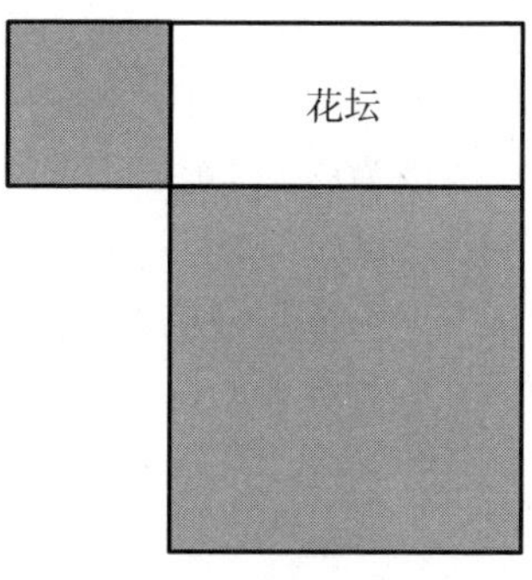

图 4-63

设花坛的长为 x m，宽为 y m。完成下列填空：

(1)花坛的面积表示为________。

(2)两块草坪的周长为________。

(3)两块草坪的面积和为________。

【设计意图】以一个实际问题引入，通过问题串，层层设问回顾旧知，既复习单项式和多项式，又训练学生根据实际问题列代数式的能力，为后续运算复习做铺垫。

(二)考点梳理

知识点一：整式的概念。

问题 2：问题 1 中的代数式分别叫作什么？什么叫作整式？

xy 叫作单项式；$4x+4y$，x^2+y^2 叫作多项式。

xy 的系数和次数分别是什么？$4x+4y$，x^2+y^2 的次数和项数分别是什么？

xy 的系数是 1，次数是 2。

$4x+4y$ 是一次二项式，x^2+y^2 是二次二项式。

小结　(1)由数或字母的积所组成的代数式叫作单项式。

(2)由有限个单项式所组成的代数式叫作多项式。

(3)单项式与多项式统称为整式。

练习：

(1)单项式 $-9\pi ab^2c$ 的系数是________，次数是________。

(2)多项式 $3m^2n-mn^2+mn-1$ 的项数与次数分别是(　　)。

A. 3，4　　B. 4，3　　C. 4，2　　D. 3，3

(3)若 $3x^4y^m$ 与 $-2x^{n+1}y^2$ 可以合并成一项，则 $m^n=$________。

知识点二：整式的运算。

问题 3：已知问题 1 中花坛的面积为 15 m^2，长比宽多 $\sqrt{21}$ m。求草坪的种植总面积是多少？所需围栏的总长度是多少？

解　草坪的种植总面积：

$\begin{cases} xy=15, \\ x-y=\sqrt{21}, \end{cases}$ 求 $x^2+y^2=?$

因为 $(x-y)^2=x^2-2xy+y^2$，

所以 $x^2+y^2=(x-y)^2+2xy=21+2\times15=51$，

即草坪的种植总面积为 51 m^2。

所需围栏的总长度：

$4x+4y=4(x+y)$，即求 $x+y=?$

$(x+y)^2=x^2+2xy+y^2=51+2\times15=81$，

因为 $x+y>0$，

所以 $x+y=9$。

即所需围栏的总长度为 36 m。

【设计意图】学生能根据实际问题抽象出本质，进而复习乘法公式及乘法公式的逆用；学生在恒等变形及应用公式过程中，理解公式之间的内在联系。

练习：

(1)判断正误，对的打"√"，错的打"×"，并改正。

① $a\cdot a^3=a^4$	(　　)；	② $a^2\cdot a^3=a^6$	(　　)；
③ $(a^2)^3=a^5$	(　　)；	④ $(a^2)^4=a^8$	(　　)；
⑤ $(2a)^2=4a$	(　　)；	⑥ $(a^2b)^3=a^6b^3$	(　　)；
⑦ $a^6\div a^2=a^3$	(　　)；	⑧ $a^8\div a^2=a^6$	(　　)；
⑨ $(\pi-3.14)^0=0$	(　　)；	⑩ $(2x-3)^0=1$	(　　)。

(2)计算：$2m^3n^6t\cdot(-0.5mn^2)$。

(3)化简：$2x(x-3y)-(x+4y)(2x-y)$。

(4)先化简，再求值：$[(a+b)^2-(a+b)(a-b)]\div(-2b)$，其中 $a=1$，$b=-2$。

【设计意图】学生通过练习，复习巩固同底数幂的乘法法则，同底数幂的除法法则，积的乘方法则，单项式、多项式的相关计算，以及乘法公式，加深对知识点的掌握与理解。

知识点三：因式分解。

问题 4：若种植 1 m^2 的草坪所需费用为 a 元，求种植大正方形草坪比小正方形草坪多花费多少钱？(图 4-64)

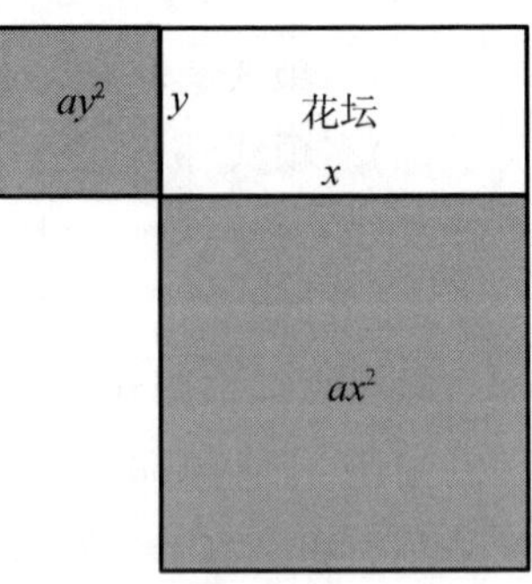

图 4-64

解　求：$ax^2-ay^2=?$

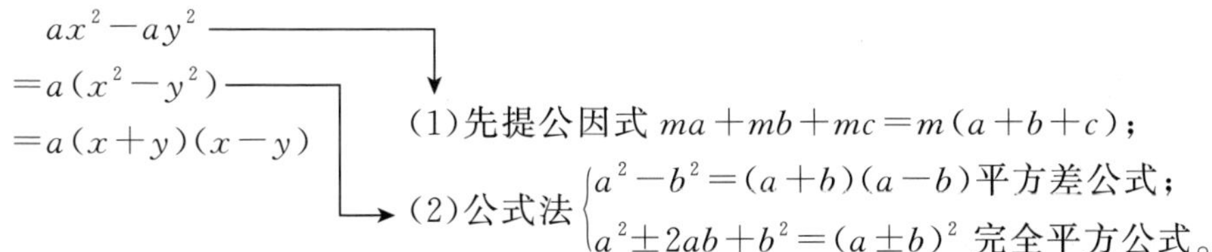

即种植大正方形草坪比小正方形草坪多花费：$a(x+y)(x-y)=9\sqrt{21}a$ 元。

小结：把一个多项式在一个范围分解(如在有理数范围内分解，即所有项均为有理数)化为几个最简整式的积的形式，这种变形叫作因式分解，也叫作分解因式。

因式分解步骤　①提：提公因式；②用：用公式；③查：检查每个因式是否还能继续分解。

提公因式　①系数：取各项系数最大公约数；②字母：取各项相同的字母；③指数：取相同字母的最低指数。

【设计意图】把实际问题抽象成一个因式分解问题，进而复习因式分解的两种方法及步骤，体会用因式分解解决实际问题的过程，加深对知识的理解，提高运用知识的能力。

练习：

(1)分解因式。

①$16x^2-64$；　②$-4a^2+24a-36$；　③$4m(a-b)-6n(b-a)$；

④$16(x+2)(x-2)$；　⑤$-4(a-3)^2$；　⑥$2(a-b)(2m+3n)$。

(2)如图 4-65，长方形 $ABCD$ 的周长是 10 cm，正方形 $ABEF$ 和正方形 $ADGH$ 的面积之和为 17 cm^2，则长方形 $ABCD$ 的面积是________。

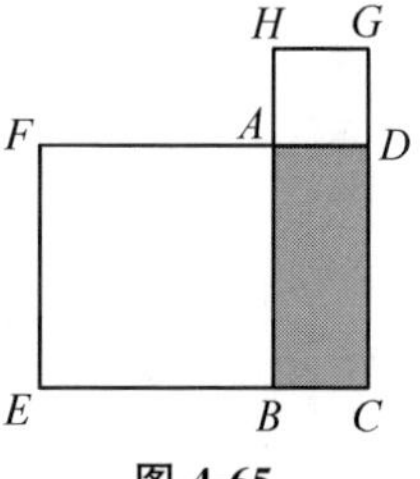

图 4-65

【设计意图】进一步巩固因式分解的方法，学生能进一步体会因式分解给解题带来的便捷，从而感悟数学之美。

(三)巩固练习

(1)如图 4-66，阴影部分的面积是(　　)。

A. $\frac{7}{2}xy$　　B. $\frac{9}{2}xy$

C. $4xy$　　D. $2xy$

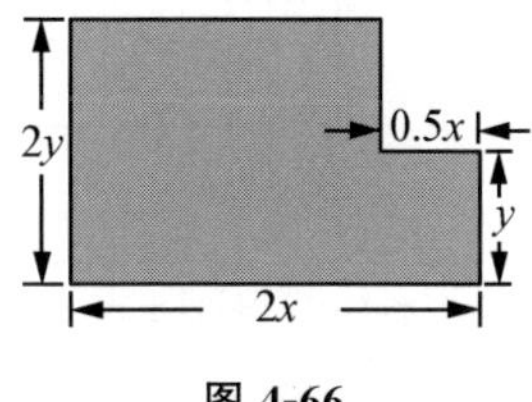

图 4-66

(2)下面是某同学在一次测验中的计算摘录：

①$3a+2b=5ab$；

②$4m^3n-5mn^3=-m^3n$；

③$3x^3\cdot(-2x^2)=-6x^5$；

④$4a^3b\div(-2a^2b)=-2a$；

⑤$(a^3)^2=a^5$；

⑥$(-a)^3\div(-a)=-a^2$。

其中正确的个数有(　　)。

A. 1　　B. 2　　C. 3　　D. 4

(3)下列分解因式正确的是(　　)。

A. $x^3-x=x(x^2-1)$　　B. $m^2+m-6=(m+3)(m-2)$

C. $(a+4)(a-4)=a^2-16$　　D. $x^2+y^2=(x+y)(x-y)$

(4)在括号内填上适当的项：$(a-b+c)(a+b-c)=[a-(\quad)][a+(\quad)]=a^2-(\quad)^2$。

(5)若 $a^2-b^2=15$，且 $a+b=5$，则 $a-b$ 的值是________。

(6)将多项式 x^2+4 加上一个整式，使它成为完全平方式。试写出满足上述条件的 3 个整式：________，________，________。

(7)分解因式。

①$x^3y-6x^2y^2+9xy^3$；　　②$(a^2+4b^2)^2-16a^2b^2$。

【设计意图】设计形式多样、层次分明的习题，一是让学生对新知识起到巩固的作用，二是注重激发学生练习的兴趣，同时解决开始提出的问题，让学生体验数学价值，增进学好数学的信心，从而主动参与学习。

(四)课堂小结(图 4-67)

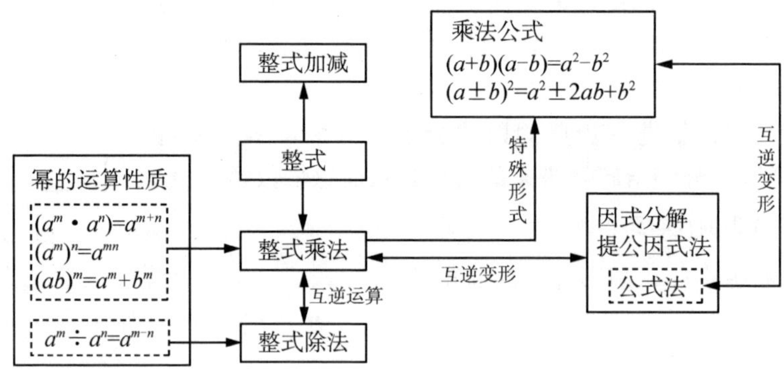

图 4-67

【设计意图】学生回顾学习过程，再一次体验学习经历。课堂小结，可以使所学知识系统化、条理化，不仅能促进学生掌握知识、领悟方法，还能培养学生的语言表达能力，归纳概括能力。

八、作业布置设计

1. 对于下列四个式子：①$\frac{3}{\pi}$；②$\frac{a+b}{2}$；③$\frac{2}{x}$；④$\frac{1}{5}$。其中不是整式的是(　　)。

A. ①　　B. ②　　C. ③　　D. ④

2. 下列运算正确的是(　　)。

A. $a^2 \cdot a^3 = a^6$　　B. $(a^2)^3 = a^6$

C. $a^6 \div a^3 = a^2$　　D. $(-ab^2)^2 = -a^2b^4$

3. 下列因式分解正确的是(　　)。

A. $p^2 - 4 = (p+4)(p-4)$　　B. $a^2 + 2a + 1 = a(a+2) + 1$

C. $-x^2 + 3x = -x(x+3)$　　D. $x^2 - 2x + 1 = (x-1)^2$

4. 把四张形状大小完全相同的小长方形卡片(图 4-68-①)不重叠地放在底面为长方形(长为 a cm，宽为 b cm)的盒子底部(图 4-68-②)，盒子底面未被卡片覆盖的部分用阴影表示。则图 4-68-②中两块阴影部分周长的和是(　　)。

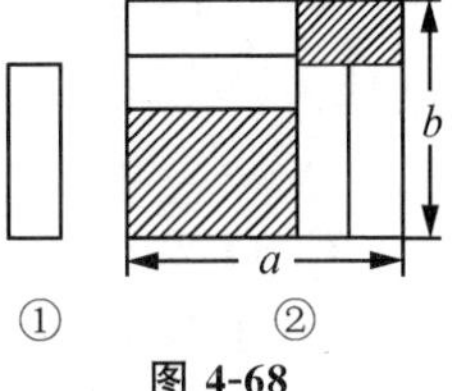

图 4-68

A. $4b$ cm　　B. $4a$ cm

C. $2(a+b)$ cm　　D. $4(a-b)$ cm

5. 已知$(m+4)x^4y^{|m|-1}$是关于 x，y 的七次单项式，求 $m^2+2m-6=$________。

6. 因式分解：$x^2-9x+18=$________。

7. 若 $2a-3b^2=5$，则 $10-2a+3b^2$ 的值为________。

8. (1)分解因式：$4a^2+12ab+9b^2$；

(2)计算：$(3a+1)(3a-1)-(1-a)(3a+2)$。

9. 已知多项式$\left(a+\frac{1}{2}\right)x^3-\left(a-\frac{1}{2}\right)x^2+x-5$是关于 x 的二次三项式。

(1)求 a 的值。

(2)求下列代数式的值。

①$(a-1)(a^2+a+1)$；

②a^3-1。

(3)由第(2)问的结果，大胆猜测，你能得到什么结论？

九、目标检测设计

1. 下列说法中，正确的是(　　)。

A. 若 $ax=ay$，则 $x=y$

B. $-\dfrac{abc}{4}$的系数是-4，次数是 3

C. 多项式 $3x^2y+xy-1$ 是五次三项式

D. 2.40 万精确到百位

2. 下列运算正确的是(　　)。

A. $x^3 \cdot x^4=x^{12}$　　B. $(x^3)^4=x^7$

C. $x^8 \div x^2=x^6$　　D. $(3b^3)^2=6b^6$

3. 如图 4-69，长方形纸片上画有两个完全相同的阴影长方形，剩余的非阴影长方形的周长为(用含 a，b 的代数式表示)(　　)。

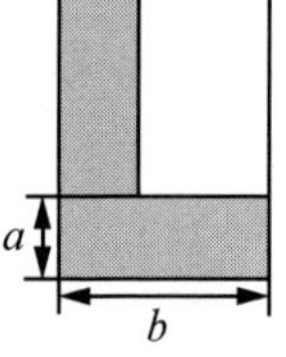

图 4-69

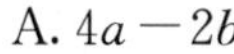

A. $4a-2b$　　B. $4b-2a$

C. $3a-2b$　　D. $4b-4a$

4. 如图 4-70，用 4 个相同的长方形围成一个大正方形，若长方形的长和宽分别为 a，b，则下面 4 个代数式中，能表示大正方形面积的是(　　)。

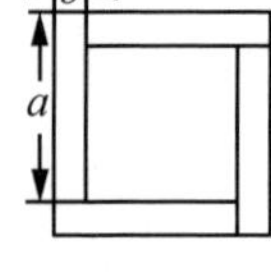

图 4-70

A. a^2　　B. $(a+b)^2$

C. b^2　　D. a^2+b^2

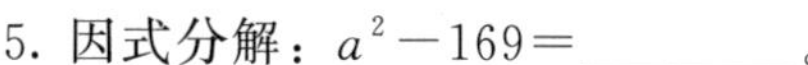

5. 因式分解：$a^2-169=$________。

6. 若$(x-3)(x+2)=x^2+mx+n$，则 $mn=$________。

7. 先化简，再求值：$\dfrac{x^2}{x-2} \cdot \left(x-4+\dfrac{4}{x}\right)$，其中 $x=5$。

8. (1)计算：$(-a)^2 \cdot a^4+(2a^3)^2$；

(2)计算：$(2x-y)^2+2x(2x-y)$；

(3)因式分解：$2a^2-8a+8$；

(4)因式分解：$a^2(x-y)-b^2(x-y)$。

9.【实践探究】

小明在学习"因式分解"时，用如图 4-71 所示编号为①②③④的四种长方体各若干块，进行实践探究。

(1)现取其中两个拼成一个大长方体，如图 4-72，据此写出一个多项式的因式分解：________。

(2)若要用这四种长方体拼成一个棱长为$(x+1)$的正方体，需要图 4-71-②号长方体________个，图 4-71-③号长方体________个，据此写出一个多项式的因式分解：________________。

(3)如图 4-73，在一个边长为 a 的正方体中挖出一个边长为 b 的正方体，据此写出 $a^3-b^3=$________。

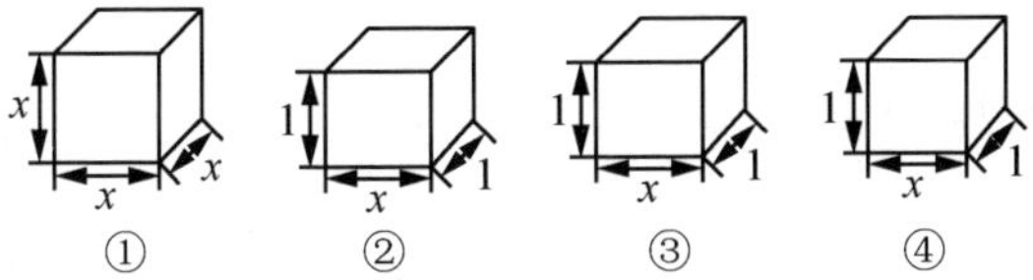

图 4-71 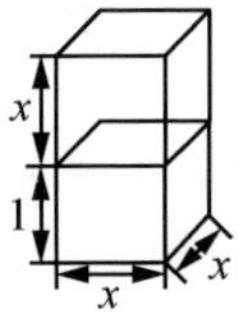　　图 4-72 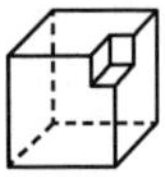　　图 4-73

案例八 “用待定系数法求解二次函数解析式”复习课

(王学先名师工作室　李贺媛)

一、教学内容和内容解析

(一)内容

用待定系数法求解二次函数解析式。

(二)内容解析

利用数形结合研究函数是二次函数复习课的核心。从解析式到图象，从图象到性质的复习过程中，建构二次函数的三种表示方法中“式、表、形”三维度之间的优点与联系的知识框架。在用“式、表、形”三维度分析问题，用待定系数法求解二次函数解析式的过程中体会分类讨论思想方法。

基于以上分析，本节课的**教学重点**是：会用“式、表、形”三维度灵活分析问题，会用待定系数法求解二次函数解析式。

二、教学目标设置

(一)目标

(1)能结合图象对实际问题进行简单的分析，利用待定系数法求解二次函数解析式。

(2)会用类比和归纳分类的思想方法解决实际问题。

(二)目标解析

达成目标(1)的标志：学生能在具体情境下“识形认表”，会用待定系数法求解二次函数解析式，并归纳总结求解的步骤。

达成目标(2)的标志：学生经历探究过程，能用分类讨论的思想方法解决实际问题，并类比思考“分类”的实际意义，提高解题的能力和应变能力。

三、学生学情分析

从抽象到三大函数(一次函数、二次函数、反比例函数)的实际综合应用是中考的高频考点，对于九年级的学生来说，用数形结合研究函数的图象和性质仅仅停留于浅表，两极分化严重，部分学生学习兴趣和学习积极性不高，因此需要强调应用意识，形成一定的知识框架并帮助学生厘清思路。针对问题情境快速找到突破口，针对不同层次的学生逐级达到学习目标，培养“不抛弃、不放弃”的解题意志，提高数学学习积极性。

基于以上分析，本节课的**教学难点**是：在问题情境中总结归纳二次函数解析式求解的一般步骤，突破解决实际问题的“畏难”屏障。

四、教学策略分析

本节课是用待定系数法求解二次函数解析式，在具体问题情境下学生解决问题以后，教师逐步引导学生分析二次函数三种表示方法中“式、表、形”三维度之间的优点与联系，并应用于解决“(二)新授”题。教师在学生求解二次函数解析式的过程中，引导学生总结归纳二次函数解析式求解的一般步骤，突破解决实际问题的“畏难”屏障，激发学生学习的积极性。教师要求分层完成基础题的情况下，巡回批改并引导 A 层同学延伸探究，照顾不同层次的学生需求。

五、教学支持条件分析

教法：问题引导教学法、练习教学法。

学法：发现学习法、探究学习法。

教学媒体：学案、电子白板等。

教学环境：在多媒体设备的支持下，实现师生互动、生生互动。

六、教学设计基本流程

教学设计基本流程如图 4-74 所示。

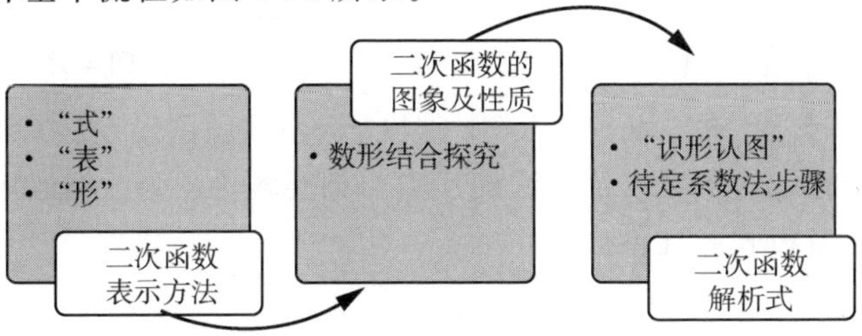

图 4-74

七、教学设计过程

(一)课前练

(1)二次函数 $y=ax^2+bx+c(a\neq 0)$ 的图象如图 4-75 所示，下列结论正确的是(　　)。

A. $a>0$，$b>0$，$c>0$　　B. $a>0$，$b<0$，$c<0$

C. $a<0$，$b>0$，$c<0$　　D. $a<0$，$b<0$，$c<0$

图 4-75

(2)下列关于二次函数 $y=2x^2$ 的说法正确的是(　　)。

A. 它的图象经过点$(-1, -2)$

B. 它的图象的对称轴是直线 $x=2$

C. 当 $x<0$ 时，y 随 x 的增大而增大

D. 当 $-1\leqslant x\leqslant 2$ 时，y 最大值为 8，最小值为 0

(3)抛物线 $y=-x^2+bx+c$ 上部分点的横坐标 x、纵坐标 y 的对应值如表 4-1 所示。

表 4-1

x	…	-2	-1	0	1	2	…
y	…	0	4	6	6	4	…

从表 1 可知，下列说法正确的个数是(　　)。

①抛物线与 x 轴的一个交点为$(-2, 0)$。

②抛物线与 y 轴的交点为$(0, 6)$。

③抛物线的对称轴是：直线 $x=1$。

④在对称轴左侧 y 随 x 的增大而增大。

A. 1　　B. 2

C. 3　　D. 4

归纳(图 4-76)。

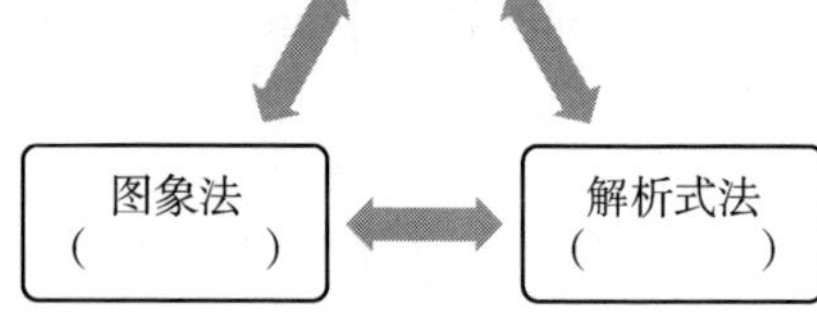

图 4-76

【设计意图】从“式、表、形”三个维度“识图、画图”，复习二次函数的图象和性质，梳理二次函数表示方法的优点与相互转化，为后续运用待定系数法求解二次函数解析式做准备。

(二)新授

(1)如图 4-77，已知抛物线 $y=-x^2+bx+c$ 经过 $A(-1,0)$，$B(3,0)$两点。

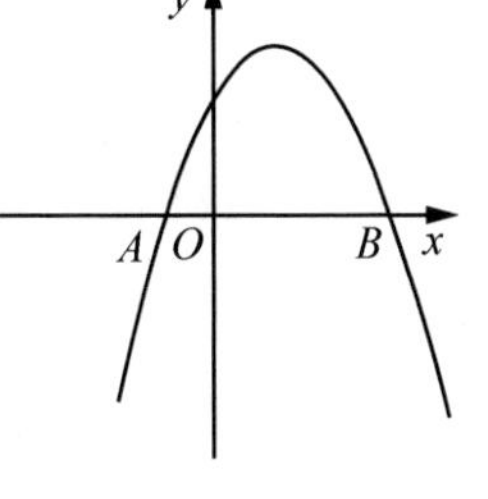

图 4-77

①求抛物线的解析式和顶点坐标；

②当 $0<x<3$ 时，写出 y 的取值范围；

③点 P 为抛物线上一点，若 $S_{\triangle PAB}=10$，求出此时点 P 的坐标。

归纳：确定二次函数解析式常用方法：__________，一般步骤为______________________________。

(2)某公司推销一种产品，公司付给推销员的月报酬有两种方案，如图 4-78 所示。方案一所示图形是顶点在原点的抛物线的一部分，方案二所示图形是射线。其中 x(件)表示推销员推销产品的数量，y(元)表示付给推销员的月报酬。分别求两种方案中 y 关于 x 的函数关系式。

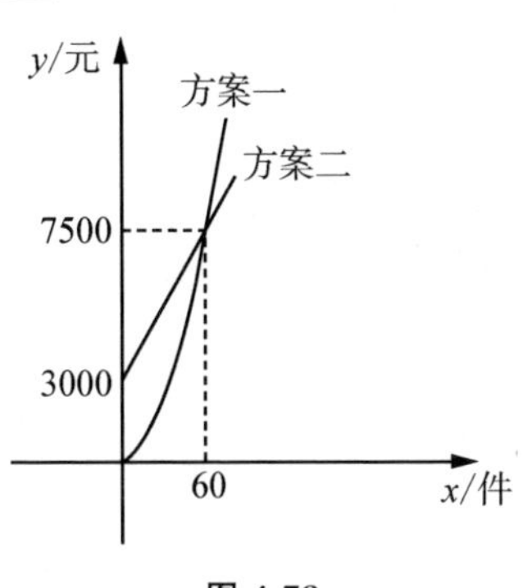

图 4-78

(3)科幻小说《实验室的故事》中，有这样一个情节，科学家把一种珍奇的植物分别放在不同温度的环境中，经过一天后，测试出这种植物高度的增长情况，如表 4-2 所示。

表 4-2

温度 x/℃	…	-4	-2	0	2	4	4.5	…
植物每天高度增长量 y/mm	…	41	49	49	41	25	19.75	…

这些数据说明：植物每天高度增长量 y 关于温度 x 的函数是反比例函数、一次函数和二次函数中的一种。你认为是哪一种函数，并求出它的函数关系式。

(4)已知 k 是常数，抛物线 $y=x^2+(k^2+k-6)x+3k$ 的对称轴是 y 轴，并且与 x 轴有两个交点。

①求 k 的值；

②若点 P 在抛物线 $y=x^2+(k^2+k-6)x+3k$ 上，且点 P 到 y 轴的距离是 2，求点 P 的坐标。

思考：点 P 到 y 轴的距离是 2，这与点 P 的什么坐标有关系？它隐含几种情况？

归纳：使用的数学思想方法是______________________________。

【设计意图】“搭台阶”，帮助学生巩固完善认知结构，从“式、表、形”三个维度设计有针对性的题目，帮助学生克服对“综合问题”的畏难情绪，(1)、(2)、(3)题训练学生“识形认表”和分析、计算能力，(1)—(3)、(4)题针对不同层次的学生训练待定系数法、分类讨论思想，视情况降低完成的要求。

(三)延伸探究

如图 4-79，抛物线与 x 轴交于 A、B 两点，与 y 轴交于 C 点，点 A 的坐标为(2，0)，点 C 的坐标为(0，3)，它的对称轴是直线 $x=-\frac{1}{2}$。

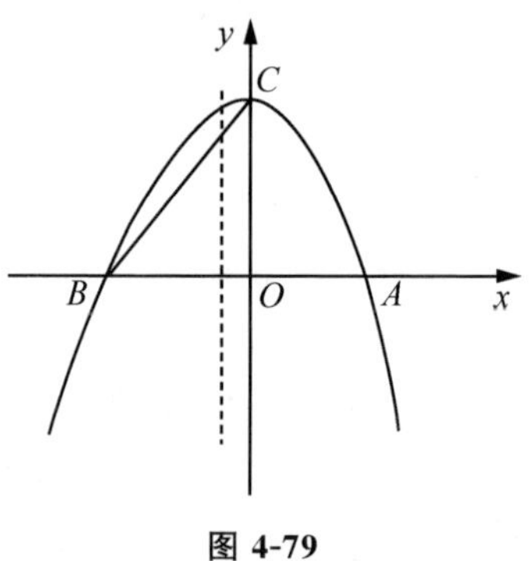

图 4-79

(1)求抛物线的解析式；

(2)点 M 是线段 AB 上的任意一点，当 $\triangle MBC$ 为等腰三角形时，求 M 点的坐标。

【设计意图】本题主要巩固用待定系数法求解二次函数解析式的知识，并强化分类讨论的数学思想，B、C 层学生能在识图的基础上利用已知条件按照“设、列、代、解、回”的步骤求解函数解析式，B 层学生能尝试解决三角形面积最值问题，A 层学生能在学有余力的情况下尝试熟练应用分类讨论思想求解复杂问题，提高解题能力。

(四)课堂小结

(1)用待定系数法求解二次函数解析式的步骤：“设、列、代、解、回”。

(2)数学思想方法：分类讨论法。

八、作业布置设计

分层探究

1. (A、B、C 层)已知二次函数 $y=ax^2+bx+c(a\neq 0)$的部分图象如图 4-80，下列关于此函数图象的描述中，错误的是(　　)。

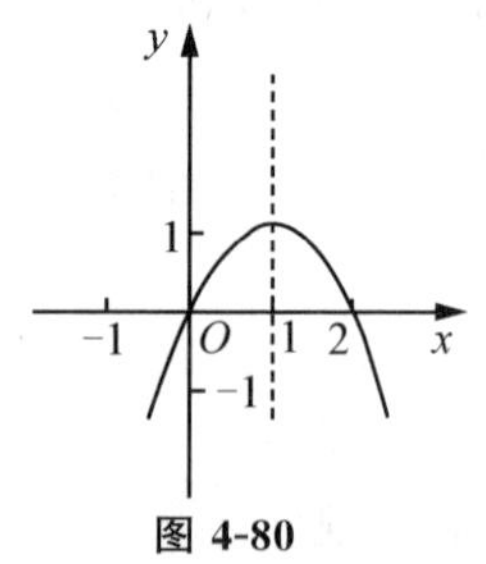

图 4-80

A. 对称轴是直线 $x=1$

B. 当 $x<0$ 时，函数 y 随 x 增大而增大

C. 图象的顶点坐标是(1，4)

D. 图象与 x 轴的另一个交点是(4，0)

2.（A、B、C 层）小明从图 4-81 所示的二次函数 $y=ax^2+bx+c(a\neq 0)$图象中，观察得出了下面的 5 条信息：①$a<0$；②$c=0$；③函数的最小值为-3；④当 $x<0$ 时，$y>0$；⑤当 $0<x_1<x_2<2$ 时，$y_1>y_2$，其中正确的个数有（　　）。

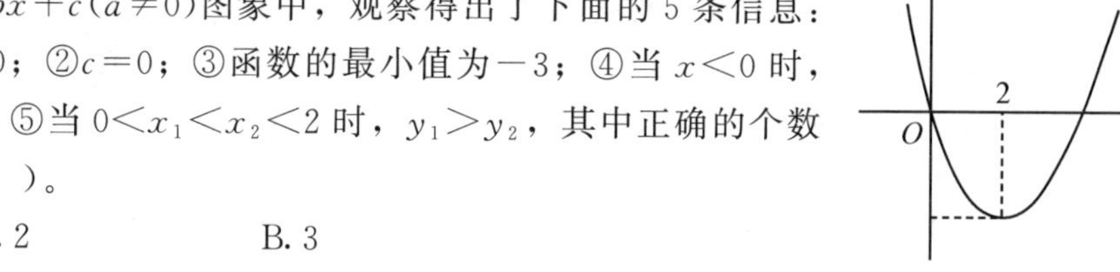

图 4-81

A. 2　　B. 3

C. 4　　D. 5

3.（A、B 层）已知抛物线 $y=ax^2+bx+c(a\neq 0)$的对称轴是直线 $x=1$，其部分图象如图 4-82，下列说法中：① $abc<0$；② $4a-2b+c<0$；③若 $A\left(-\frac{1}{2},\ y_1\right)$，$B\left(\frac{3}{2},\ y_2\right)$，$C(-2,\ y_3)$是抛物线上的 3 点，则有 $y_3<y_1<y_2$；④若 m，$n(m<n)$为方程 $a(x-3)(x+1)-2=0$ 的两个根，则 $-1<m<n<3$，正确的有（　　）。

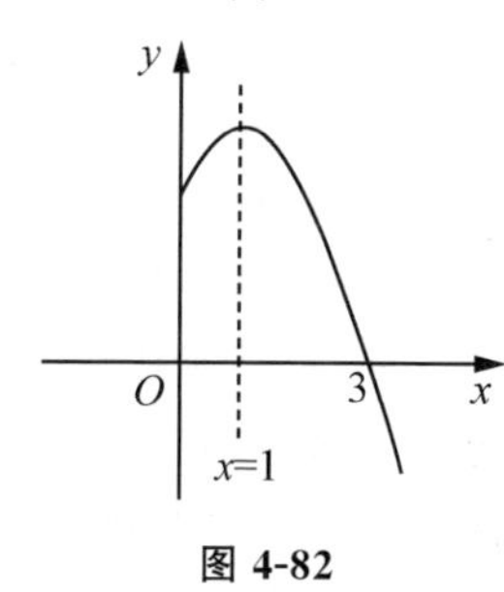

图 4-82

A. ①②③④　　B. ②③④　　C. ①②④　　D. ①②③

4.（A 层）已知如图 4-83，在平面直角坐标系中，四边形 $ABCO$ 为梯形，$BC/\!/AO$，四个顶点坐标分别为 $A(4,\ 0)$，$B(1,\ 4)$，$C(0,\ 4)$，$O(0,\ 0)$。一动点 P 从 O 出发以每秒 1 个单位长度的速度沿 OA 的方向向 A 运动；同时，动点 Q 从 A 出发，以每秒 2 个单位长度的速度沿 $A\to B\to C$ 的方向向 C 运动。两个动点若其中一个到达终点，另一个也随之停止。设其运动时间为 t 秒。

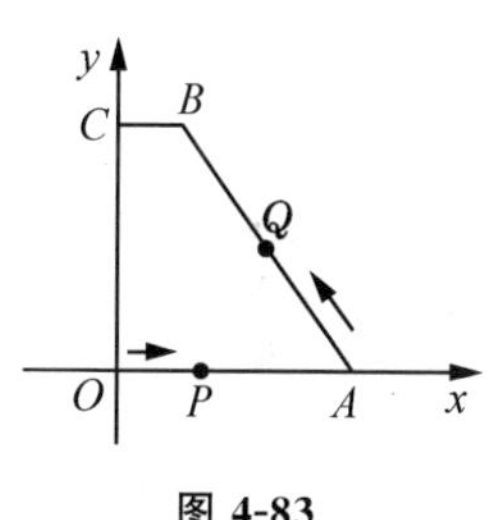

图 4-83

(1)求过 A，B，C 三点的抛物线的解析式；

(2)当 t 为何值时，PB 与 AQ 互相平分？

(3)连接 PQ，设△PAQ 的面积为 S，探索 S 与 t 的函数关系式。求 t 为何值时，S 有最大值？最大值是多少？

5.（B 层）已知二次函数 $y=-2x^2+bx+c$ 图象的顶点坐标为(3，8)，该二次函数图象的对称轴与 x 轴的交点为 A，M 是这个二次函数图象上的点，O 是原点。

(1)不等式 $b+2c+8\geqslant 0$ 是否成立？请说明理由；

(2)设 S 是△AMO 的面积，求满足 $S=9$ 的所有点 M 的坐标。

6.(C层)如图4-84，二次函数的图象与x轴相交于$A(-3, 0)$，$B(1, 0)$两点，与y轴相交于点$C(0, 3)$，点C，D是二次函数图象上的一对对称点，一次函数的图象过点B，D。

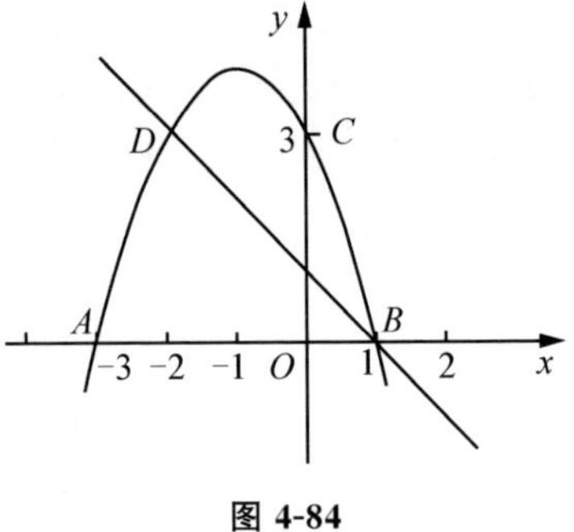

图 4-84

(1)D点坐标是________；

(2)求二次函数的解析式；

(3)若把二次函数向左平移2个单位，再向下平移3个单位，则平移后的解析式是________；

(4)根据图象直接写出使一次函数值小于二次函数值的x的取值范围。

【设计意图】针对不同层次的学生设计，达到训练二次函数综合问题的目的。B，C层学生能在识图的基础上利用已知条件按照“设、列、代、解、回”步骤求解函数解析式，巩固图象法解一元二次不等式、图象的平移变换的知识；B层学生在解决三角形面积最值问题的基础上适当拓展；A层学生在熟练应用分类讨论思想的基础上拓展求解复杂问题，提高解题应变能力。

九、目标检测设计

(2022·绍兴)已知函数$y=-x^2+bx+c$(b，c为常数)的图象经过点$(0, -3)$，$(-6, -3)$。

(1)求b，c的值；

(2)当$-4\leqslant x\leqslant 0$时，求y的最大值。

【设计意图】本题检验学生是否掌握用待定系数法求解二次函数解析式，判断学生是否达到目标(1)。

(3)当$m\leqslant x\leqslant 0$时，若y的最大值与最小值之和为2，求m的值。

【设计意图】本题检验学生是否掌握用类比、归纳和分类讨论的数学方法求解实际问题，判断学生是否达到目标(2)。

案例九　“二次函数综合运用”复习课

（王学先名师工作室　李进明）

一、教学内容和内容解析

（一）内容

二次函数是人教版《义务教育教科书·数学　九年级　上册》第二十二章的内容。本节课是九年级针对中考的二轮复习——专题线索课。

（二）内容解析

二次函数的综合运用，是学生在掌握了一次函数的基本知识，具备了解决一次函数综合问题的能力且复习了二次函数第一课时的基础上，让学生学会用类比和归纳的数学思想分析问题。教师将二次函数问题以“问题串”的形式与常规问题串在一起，并将问题进行引申和分类，培养学生分析问题的综合能力和构建知识体系的能力。

本节课作为专题复习课，意在帮助学生巩固所学的二次函数基础知识，与学生一起归纳总结二次函数的基本考查形式和引申考法，使学生从宏观的角度对二次函数知识有更透彻的理解和把握。

二、教学目标设置

（一）目标

(1)能够将二次函数从数和形两个角度进行灵活转换，即转换具体的解析式与其图象和性质。

(2)能够结合所学知识分析命题者的命题方式和考查方式，对基础知识的考查能够了然于心。

(3)对二次函数知识有更深层次的理解，并形成较为完善的知识体系。

（二）目标解析

达成目标(1)的标志：学生能够独立自主地从二次函数解析式分析其图象特点，能够快速讲解其性质、最值、对称轴等相关知识。

达成目标(2)的标志：能够在相对独立的环境下逐步自主命制出一些二次函数常考问题，并能准确无误地写出解答过程。

达成目标(3)的标志：能以思维导图的形式对二次函数知识和考查类型进行总结归纳，站在更高的角度理解二次函数相关知识。

基于以上分析，本节课的**教学重点**是：二次函数知识与面积问题、最值问题、相似问题、几何图形存在性问题的综合运用。

三、学生学情分析

九年级的学生虽然复习过二次函数的相关知识，但在解决二次函数综合性问题时仍会出现如下难点：

(1)部分学生无法迅速准确地确定二次函数和一次函数的解析式系数。

(2)不能很好地将问题与相关知识进行精准匹配，并将复杂问题简单化。

(3)没有形成很好的知识体系，“见子打子”而非系统性地进行解题，片面地将二次函数知识与考题割裂看待。

基于以上分析，本节课的**教学难点**是：如何逐渐成串地产生与二次函数相关的问题，并将一系列的问题分门别类，融会贯通后形成知识网，逐步构建出二次函数知识体系。

四、教学策略分析

本节课是二次函数的综合运用复习课，教师要关注全体学生对相关基础知识的掌握情况。本节课从具体的解析式着手，以简单的二次函数图象和性质问题为铺垫，逐步将课堂还给学生，请学生自主命题后在组内交流，随后在教师的引导下拓展到稍有难度的问题上来，让学生感受以“提出问题—分析问题—解决问题”为主线的基本数学学习思维模式，并引导学生站在命题者的视角命制试题，使学生准确把握试题考查方向，发展学生的归纳总结能力，让学生体会从数到形、从形到数的数形结合思想，培养学生逻辑推理、数学建模、数学抽象等核心素养。

本节课要充分发挥学生的课堂主体地位，将课堂放手给学生，并鼓励学生克服自身畏难情绪，采用讨论法与练习法的教学策略，将考点以问题串的形式进行呈现，旨在帮助学生构建较为完备的二次函数知识体系。

五、教学支持条件分析

教法：讨论教学法、练习教学法。

学法：自主学习法、合作学习法。

教学媒体：学案、多媒体课件等。

教学环境：在多媒体设备的支持下，实现师生互动、生生互动。

六、教学设计基本流程

教学设计基本流程如图 4-85 所示。

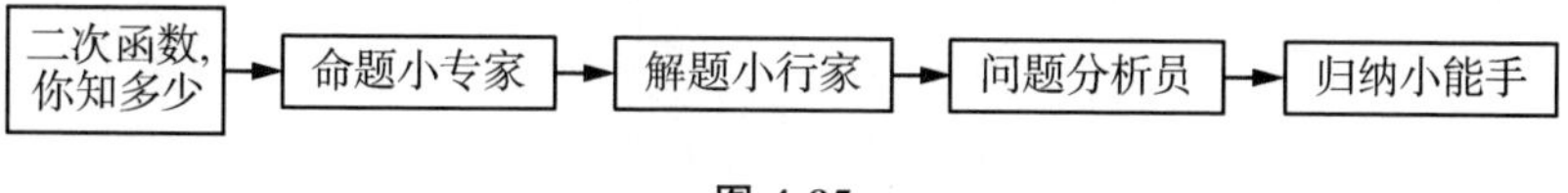

图 4-85

七、教学设计过程

(一)二次函数，你知多少?

环节一：复习回顾，畅所欲言。

对于抛物线 $y=x^2+2x-3$，你了解它吗? 了解什么?

教师：对于抛物线 $y=x^2+2x-3$，它与坐标轴的交点坐标是多少?

学生 1：与 x 轴交于$(-3, 0)$，$(1, 0)$，与 y 轴交于$(0, -3)$。

教师(追问)：对称轴是多少? 顶点坐标呢?

学生 2：对称轴是直线 $x=-1$，顶点坐标为$(-1, -4)$。

教师(再追问)：其增减性如何?

学生 3：当 $x<-1$ 时，y 随 x 的增大而减小，当 $x>-1$ 时，y 随 x 的增大而增大。

【设计意图】教师通过给出具体的二次函数解析式，用开放式的问题进行引入，充分调动学生进行思考，并以个人回答的形式进行知识分享，此过程旨在从简单知识入手，让学生学会将代数知识与几何直观统一起来，感受数形结合思想解决问题的灵活性和便利性，为下面研究二次函数综合运用做铺垫。

(二)我是命题小专家

环节二：开动脑筋，自编自解。

问题：已知抛物线 $y=x^2+bx+c$ 与 x 轴交于 A，B 两点，与 y 轴交于点 C，$OA=OC=3$，顶点为 D。如果你是命题者，你能结合条件提出哪些问题？

教师：先独立自主进行分析并将问题一一写出来，个人全部写完后思考并书写简要解答内容，然后以小组为单位进行整合，小组讨论后展出，稍后来分享交流。(几分钟过后)

第 1 小组：求二次函数解析式(图 4-86)。

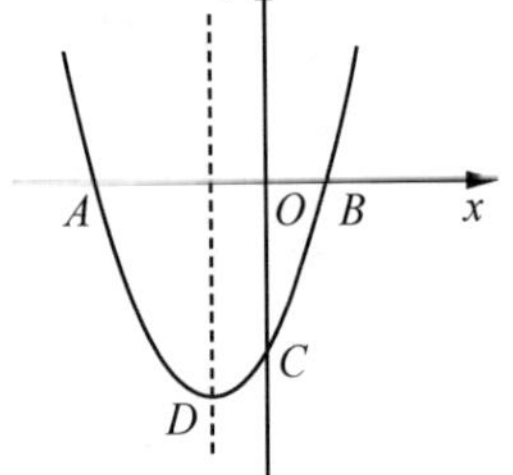

图 4-86

解 $\because OA=OC=3$，

$\therefore A(-3,\ 0)$，$C(0,\ -3)$，

$\because y=x^2+bx+c$ 的图象经过点 $A(-3,\ 0)$，点 $C(0,\ -3)$，

$\therefore \begin{cases} c=-3, \\ 9-3b-3=0, \end{cases}$ 解得：$\begin{cases} b=2, \\ c=-3, \end{cases}$

$\therefore$ 此二次函数解析式为 $y=x^2+2x-3$。

第 2 小组：判断 $\triangle ACD$ 的形状，并说明理由(图 4-87)。

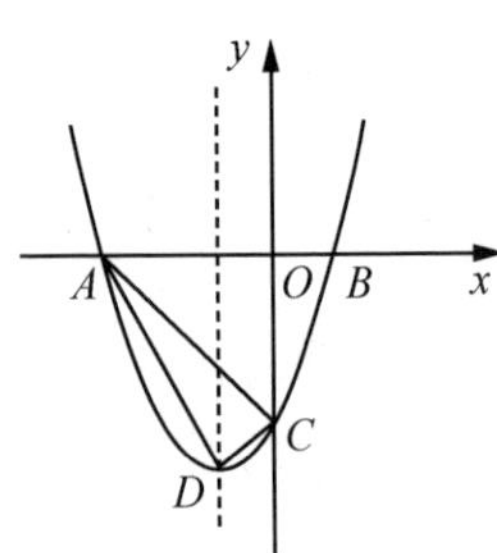

图 4-87

解 $\triangle ACD$ 是直角三角形，理由如下。

$\because y=x^2+2x-3=(x+1)^2-4$，

$\therefore D(-1,\ -4)$，

$\because A(-3,\ 0)$，$C(0,\ -3)$，

由勾股定理得：$AC=\sqrt{18}$，$CD=\sqrt{2}$，$AD=\sqrt{20}$，

$\because AC^2+CD^2=18+2=20$，

$\because AD^2=20$，

$\therefore AC^2+CD^2=AD^2$，

$\therefore \triangle ACD$ 是直角三角形。

第 3 小组：求四边形 $ABCD$ 的面积(图 4-88)。

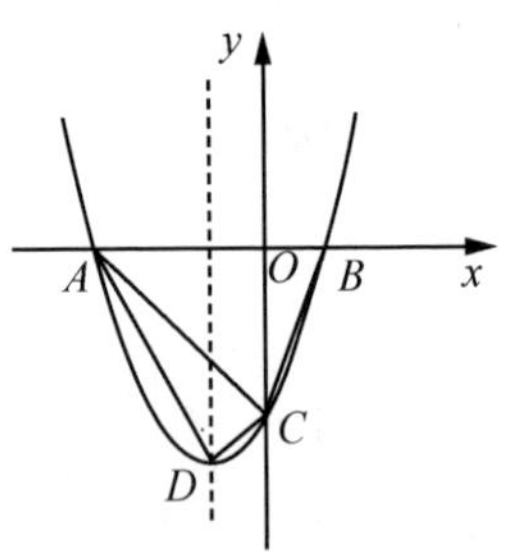

图 4-88

解 连接 AC，BC。

当 $y=0$ 时，有 $x^2+2x-3=0$，

即 $(x+3)(x-1)=0$，

解得：$x_1=-3$，$x_2=1$，

$\therefore B(1,\ 0)$，

由勾股定理得：$AC=\sqrt{18}$，$CD=\sqrt{2}$，$AD=\sqrt{20}$，

$\therefore \triangle ACD$ 为直角三角形，

$\therefore S_{Rt\triangle ACD}=\frac{1}{2}AC \cdot CD=\frac{1}{2}\times\sqrt{18}\times\sqrt{2}=3$，

$\therefore S_{\triangle ABC}=\frac{1}{2}AB \cdot |y_c|=\frac{1}{2}\times 4\times 3=6$，

$\therefore S_{四边形ABCD}=S_{\triangle ABC}+S_{Rt\triangle ACD}=9$。

第 4 小组：在对称轴上找一点 P，使$\triangle BCP$ 的周长最小，求出点 P 的坐标及$\triangle BCP$ 的周长(图 4-89)。

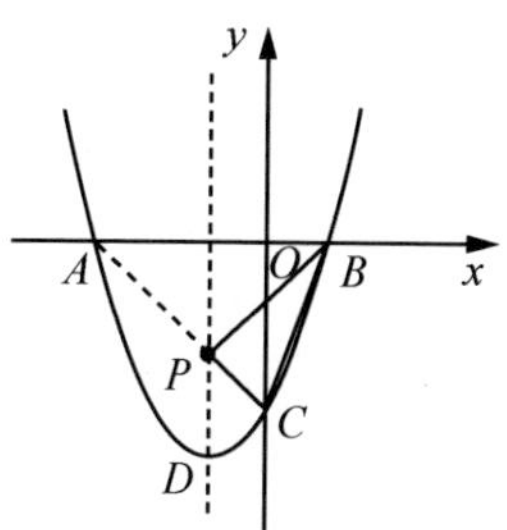

图 4-89

解　因为点 A，点 B 关于对称轴对称，连接 AC 交对称轴于点 P，此时 $BP+CP$ 有最小值，而 BC 是一个定值，即此时$\triangle BCP$ 的周长有最小值，连接 AC 交对称轴于点 P，此时$\triangle BCP$ 的周长最小，已知点 $A(-3, 0)$，$C(0, -3)$，通过待定系数法求出直线 AC 解析式为 $y=-x-3$，当 $x=-1$ 时，$y=-2$，则 P 的坐标为$(-1, -2)$，易得$\triangle BCP$ 的周长为 $3\sqrt{2}+\sqrt{10}$。

第 5 小组：在直线 AC 下方的抛物线上有一点 N，过点 N 作直线 $l /\!/ y$ 轴交 AC 于点 M，当点 N 的坐标是多少时，线段 MN 的长度最大？最大值是多少？(图 4-90)

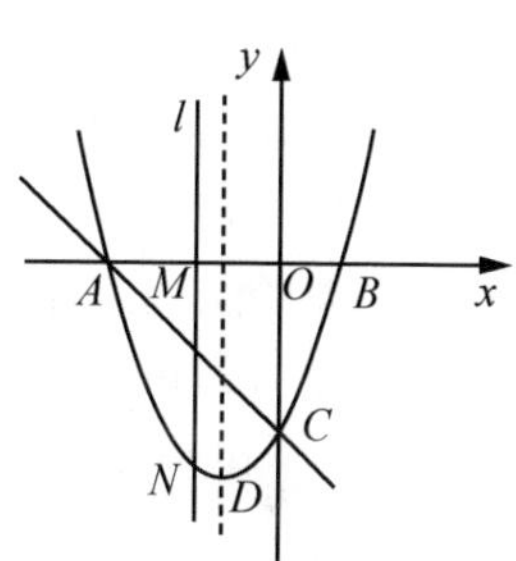

图 4-90

解　设 $N(n, n^2+2n-3)$，则 $M(n, -n-3)$，$MN=-n^2-3n$，

$\because a=-1<0$，

$\therefore MN$ 有最大值，

$\therefore$ 当 $n=-\frac{b}{2a}=-\frac{3}{2}$时，$MN_{max}=\frac{9}{4}$。

第 6 小组：在直线 AC 下方的抛物线上，是否存在一个点 N 使$\triangle CAN$ 的面积最大？最大面积是多少？(图 4-91)

补充：在直线 AC 下方的抛物线上，是否存在一个点 N 使四边形 $ABCN$ 面积最大？最大面积是多少？

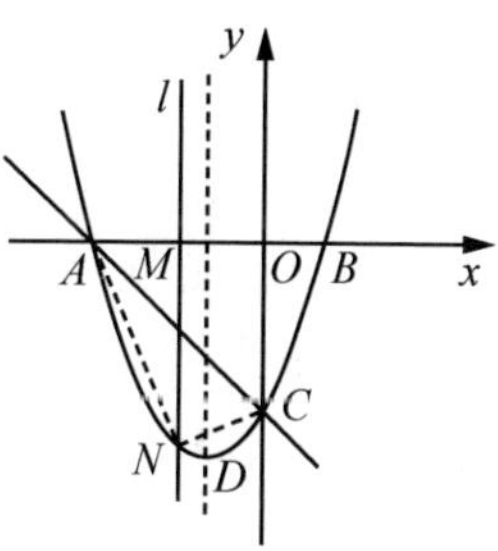

图 4-91

解　在直线 AC 下方的抛物线上任取一点 N，过点 N 作直线 $l /\!/ y$ 轴交 AC 于点 M，连接 AN，CN，AC。设 $N(n, n^2+2n-3)$，则 $M(n, -n-3)$，$MN=-n^2-3n$，

$$\begin{aligned}\therefore S_{\triangle CAN} &= \frac{1}{2}\cdot MN\cdot[(x_M-x_A)+(x_C-x_M)]\\ &=\frac{1}{2}\cdot MN\cdot(x_C-x_A)\\ &=\frac{1}{2}\cdot MN\cdot|OA|\\ &=\frac{1}{2}\times(-n^2-3n)\times 3\\ &=-\frac{3}{2}n^2-\frac{9}{2}n\end{aligned}$$

$\because a=-\frac{3}{2}<0$，

$\therefore S_{\triangle CAN}$ 有最大值，

$\therefore$ 当 $n=-\frac{b}{2a}=-\frac{3}{2}$ 时，$S_{\triangle CAN}=\frac{27}{8}$。

【设计意图】本环节旨在培养学以致用的能力，让学生设身处地站在命题者的角度并以小组为单位分享问题和解题过程，体现学生的学习主体地位，在分享过程中培养学生的分析解题能力、交流合作能力、规范书写解题格式能力，不同的组提出不同的问题，解决起来方法也不相同，有利于培养学生的思维发散能力，培养学生的逻辑思维能力。

(三)我是解题小行家

环节三：融会贯通，问题简拓。

拓展1：在 y 轴上是否存在一点 E，使 $\triangle ADE$ 为直角三角形？若存在，求出点 E 的坐标，若不存在，请说明理由(图 4-92)。

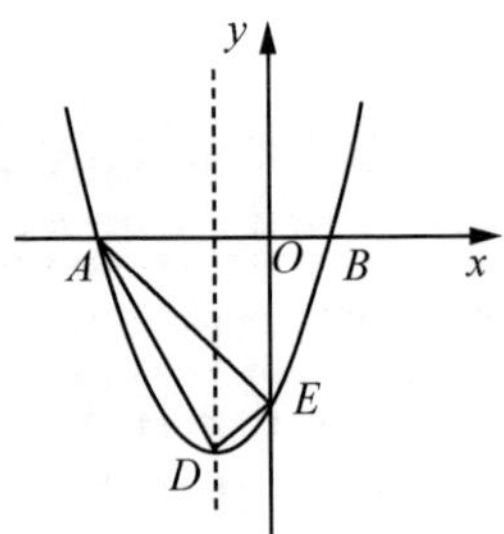

图 4-92

学生 4：设 $E(0, e)$，

$\because A(-3, 0)$，$C(0, -3)$，

由勾股定理得：$AE^2=9+e^2$，$AD^2=20$，$DE^2=e^2+8e+17$。

①当 $\angle ADE=90°$ 时，则有 $AE^2=AD^2+DE^2$，即

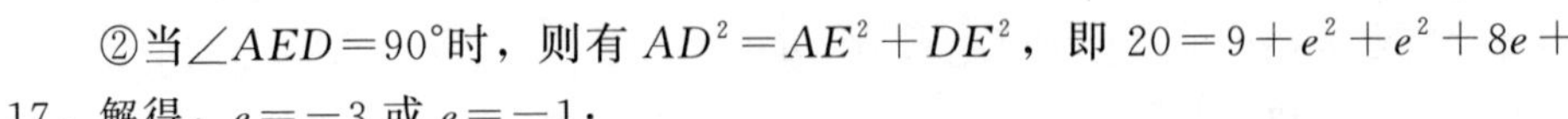
$9+e^2=20+e^2+8e+17$，解得：$e=-\frac{7}{2}$；

②当 $\angle AED=90°$ 时，则有 $AD^2=AE^2+DE^2$，即 $20=9+e^2+e^2+8e+17$，解得：$e=-3$ 或 $e=-1$；

③当$\angle DAE=90°$时，则有$DE^2=AE^2+AD^2$，即$e^2+8e+17=9+e^2+20$，解得：$e=\frac{3}{2}$。

综上，E的坐标为$\left(0,\ -\frac{7}{2}\right)$或$(0,\ -1)$或$(0,\ -3)$或$\left(0,\ \frac{3}{2}\right)$。

拓展2：在y轴上是否存在一点F，使$\triangle ADF$为等腰三角形？若存在，求出点F的坐标，若不存在，请说明理由(图4-93)。

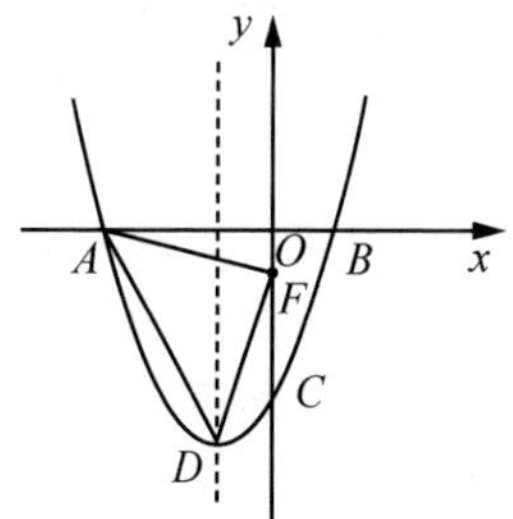

图4-93

学生5：设$F(0,\ f)$，

$AF^2=9+f^2$，$AD^2=20$，$DF^2=f^2+8f+17$。

①当$AD=AF$时，有$AD^2=AF^2$，即$9+f^2=20$，解得：$f=\pm\sqrt{11}$；

②当$AD=DF$时，有$AD^2=DF^2$，即$20=f^2+8f+17$，解得：$f=-4\pm\sqrt{19}$；

③当$AF=DF$时，有$AF^2=DF^2$，即$9+f^2=f^2+8f+17$，解得：$f=-1$。

综上，D的坐标为$(0,\ \pm\sqrt{11})$或$F(0,\ -1)$或$F(0,\ -4\pm\sqrt{19})$。

拓展3：在抛物线上是否存在一点N，使$S_{\triangle ABN}=S_{\triangle ABC}$？若存在，求出点$N$的坐标，若不存在，请说明理由。

学生6：$N(-2,\ -3)$或$N(-1\pm\sqrt{7},\ 3)$。

拓展4：在抛物线上是否存在一点H，使$S_{\triangle BCH}=S_{\triangle ABC}$？若存在，求出点$H$的坐标，若不存在，请说明理由。

学生7：过点A作$AH/\!/BC$交抛物线于点H，易得$y_{BC}=3x-3$，

设$y_{AH}=3x+b$则$b=9$，

则$\begin{cases}y=3x+9,\\y=x^2+2x-3,\end{cases}$解得：$\begin{cases}x_1=-3,\\y_1=0,\end{cases}\begin{cases}x_2=4,\\y_2=21,\end{cases}$

$\therefore H(4,\ 21)$。

拓展5：点P是抛物线对称轴上的一个动点，作$PH\perp x$轴交x轴于点H，是否存在这样的点P，使$\triangle PAH$与$\triangle OBC$相似？若存在，求出点P的坐标，若不存在，请说明理由。

学生8：$P(-1,\ \pm6)$或$N\left(-1,\ \pm\frac{2}{3}\right)$。

【设计意图】本环节设计拓展学生思维的题目，帮助学生归纳总结常规考

题，并将问题进一步引申，让学生能将二次函数与其他知识进行深度融合，研究几何图形存在性问题。此环节应注重学生分类思想的正确应用，对学生的计算能力也有更高的要求，因此在这一环节可进行必要的代数运算讲解。

(四)我是问题分析员

环节四：交流辨析，共同提高。

教师：请同学们在小组内交流一下本节课所涉及的二次函数考题内容与考查形式。

学生：组内交流。

【设计意图】通过例题的讲解，从一个大前提衍生出很多常考的小问题。每一个问题或者几个问题之间横向或纵向地构成了二次函数的知识网，从细碎到整合，从学生产生到学生辨析，整个知识体系的建构以及学生构建知识体系潜移默化地在课堂上生成，需要学生进行分析、总结、整理，将数学核心素养落实在课堂，数学思想渗透在课堂。

(五)我是归纳小能手

环节五：归纳总结，构建知识体系。

学生在教师的引导下共同归纳总结，将本节教学内容通过思维导图(图 4-94)呈现，自然生成知识，促使数学学科核心素养的形成和发展。

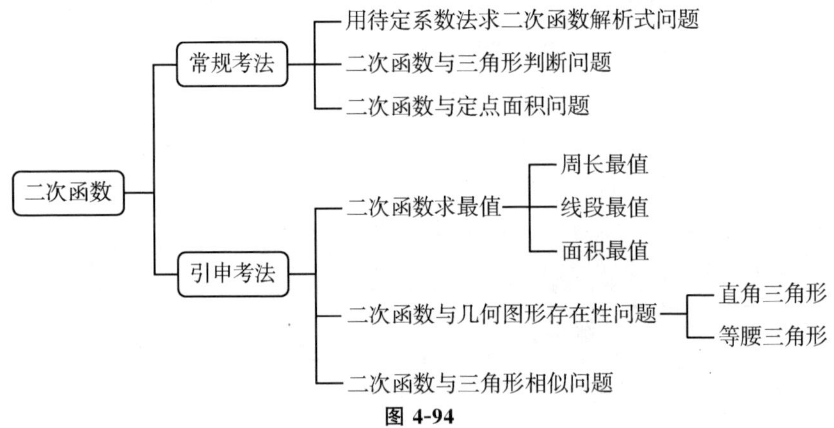

图 4-94

八、作业布置设计

如图 4-95，抛物线 $y=ax^2+bx+6$ 与 x 轴交于点 $B(6, 0)$，$C(-2, 0)$，与 y 轴交于点 A，点 P 是线段 AB 上方抛物线上的一个动点。

(1)求抛物线的解析式。

(2)当点 P 运动到什么位置时，$\triangle PBA$ 的面积最大？

(3)过点 P 作 x 轴的垂线，交线段 AB 于点 D，再过点 D 作 $DE /\!/ x$ 轴交抛物线于点 E，连接 DE，是否存在点 P，使 $\triangle PDE$ 为等腰直角三角形？若存在，求点 P 的坐标；若不存在，请说明理由。

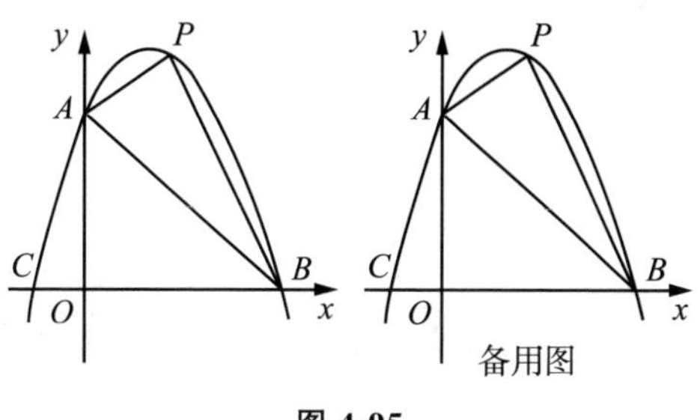

图 4-95

【设计意图】本题主要考查二次函数的综合问题，此题对学生来说难度中等，旨在巩固课堂所学知识，培养学生解题自信心，激发学生学习兴趣。第(1)问考查用待定系数法求二次函数解析式，第(2)问考查二次函数面积最值问题，第(3)问考查二次函数等腰三角形存在问题。

九、目标检测设计

在平面直角坐标系 xOy 中，已知抛物线 $y=ax^2+bx+c$ 与 x 轴交于 $A(-1, 0)$，$B(4, 0)$ 两点，与 y 轴交于点 $C(0, -2)$。

(1)求抛物线的函数表达式。

(2)如图 4-96，点 D 为第四象限抛物线上一点，连接 AD，BC，交于点 E，连接 BD，记 $\triangle BDE$ 的面积为 S_1，$\triangle ABE$ 的面积为 S_2，求 S_1/S_2 的最大值。

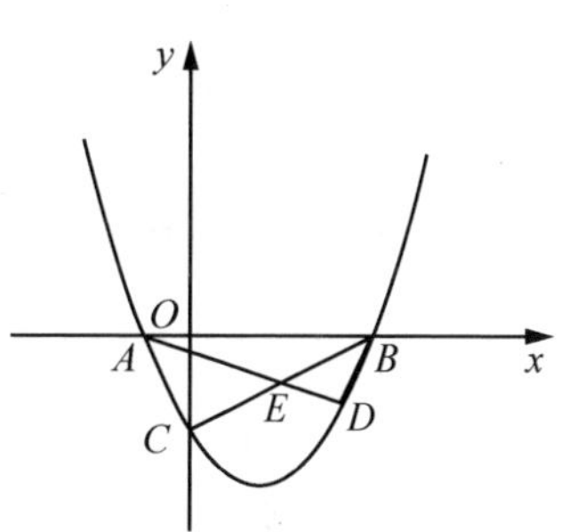

图 4-96

(3)如图 4-97，连接 AC，BC，过点 O 作直线 $l /\!/ BC$，点 P，Q 分别为直线 l 和抛物线上的点。试探究：在第一象限是否存在这样的点 P，Q，使 $\triangle PQB \backsim \triangle CAB$。若存在，请求出所有符合条件的点 P 的坐标；若不存在，请说明理由。

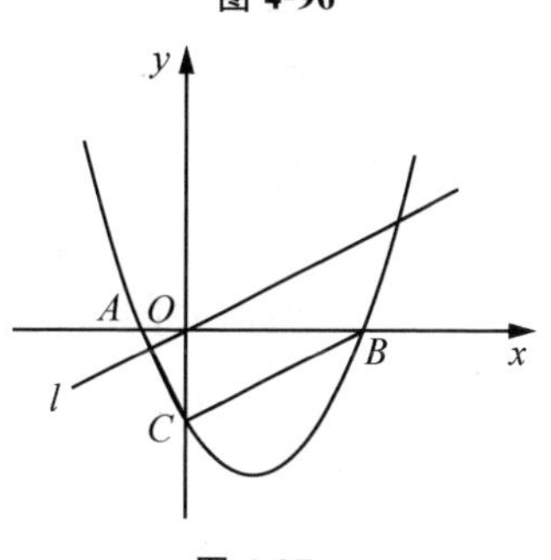

图 4-97

【设计意图】本题对于部分学生有一定的挑战性，旨在检测学生是否能用待定系数法求一次函数和二次函数的解析式，能否结合课堂所学知识解决二次函数与三角形面积问题，二次函数与相似三角形问题。

案例十 “旋转问题”复习课

（王学先名师工作室 陈代丽）

一、教学内容和内容解析

（一）内容

“旋转”是人教版《义务教育教科书·数学 九年级 上册》第二十三章的内容。本节课是九年级针对中考的二轮复习——专题复习课。

（二）内容解析

同平移、轴对称一样，旋转得到的图形也不改变图形的形状和大小，这样的图形变换都属于全等变换。因此，在解决较复杂的几何问题时，可以利用平移、轴对称以及旋转来构造全等三角形，这也是发展学生空间观念的一个途径，隐含着重要的变换思想，是培养学生思维能力，树立变换观念的好素材。

基于以上分析，本节课的**教学重点**是：理解并掌握旋转的三个性质。

二、教学目标设置

（一）目标

(1)了解旋转的三要素，理解并掌握旋转的三个性质。

(2)能够利用旋转解决三角形、四边形的有关问题。

（二）目标解析

达成目标(1)的标志：学生能够作出旋转后的图形，通过旋转作图，知道旋转变换中对应点到旋转中心的距离相等，对应点与旋转中心所连线段的角彼此相等，旋转前后的两个图形全等，并且能够指出相等的线段、相等的角分别是哪些。

达成目标(2)的标志：学生在了解图形旋转的特征后，能够进一步应用所掌握的这些特征进行旋转变换，增强应用数学的意识，并且在应用过程中，形成类比、分析、归纳、抽象概括的思维能力。

三、学生学情分析

在新课学习以及中考一轮复习中，学生对旋转已经有了一定的了解，但是在应用旋转的性质解决问题时还存在一定的问题，特别是在解决较复杂的几何问题时，学生往往没有思路。因此，本节课介绍了利用旋转构造全等的模型——半角模型，又给学生归纳出用旋转解决问题的条件——等线段和共端点。

在进行二轮复习时，学生已经有了疲倦感，并且两极分化越来越严重。因此，课堂上要多让学生自主动手操作，采用小组合作、组间竞赛等多种形式调动学生的积极性，让学生能够相互取长补短，产生思维的碰撞，充分发挥学生的主体作用。

基于以上分析，本节课的**教学难点**是：利用旋转变换构造全等三角形，应用旋转的性质解决较复杂的几何问题。

四、教学策略分析

(一)任务驱动策略

每一个问题都是一个任务，教师抛出问题，引导学生逐个解决问题，完成任务，学生从中可以获得成功的体验，不断获得成就感，进一步激发学生的求知欲。

(二)合作学习策略

采用小组合作、组间竞赛等多种形式，锻炼组员之间的合作能力，促进生生互助。在分组时，要注意小组成员各方面的水平、能力，为小组合作时全员参与和全程参与提供保障。

(三)反思策略

学生通过自我反思，自主归纳出旋转模型。

五、教学支持条件分析

教法：探究式教学法。

学法：自主探究学习法、合作学习法。

教学媒体：学案、多媒体课件等。

教学环境：在多媒体设备的支持下，实现师生互动、生生互动。

六、教学设计基本流程

教学设计基本流程如图 4-98 所示。

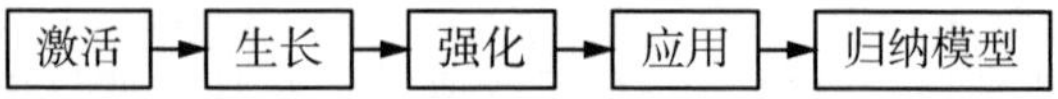

激活 → 生长 → 强化 → 应用 → 归纳模型

图 4-98

七、教学设计过程

(一)激活

问题 1：如图 4-99，点 E 是正方形 $ABCD$ 中 CD 边上任意一点，以点 A 为中心，把$\triangle ADE$ 按顺时针方向旋转 90°。画出旋转后的图形。

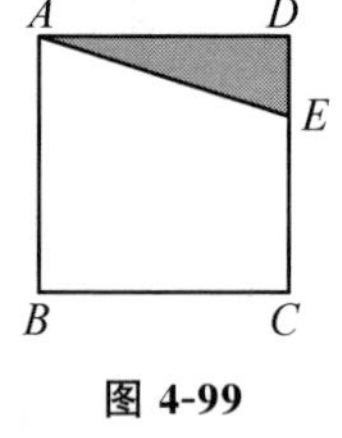

图 4-99

方法 1：借助圆规，以 A 为圆心，AE 为半径画弧，弧与 CB 的延长线交于一点 E'，连接 AE'，就确定了旋转后的图形(如图 4-100，原理是对应点到旋转中心的距离相等，简称保距)。

方法 2：用圆规截取 DE 的长度，在 CB 的延长线上，以 B 为圆心，DE 的长为半径画弧，得到点 E'，连接 AE'，这样就得到$\triangle ABE'$(如图 4-101，原理是旋转前后的两个图形全等，简称保形)。

方法 3：用三角板的直角，过 A 点作 AE 的垂线，与 CB 的延长线交于点 E'(如图 4-102，原理是对应点与旋转中心所连线段的夹角等于旋转角，简称保角)。

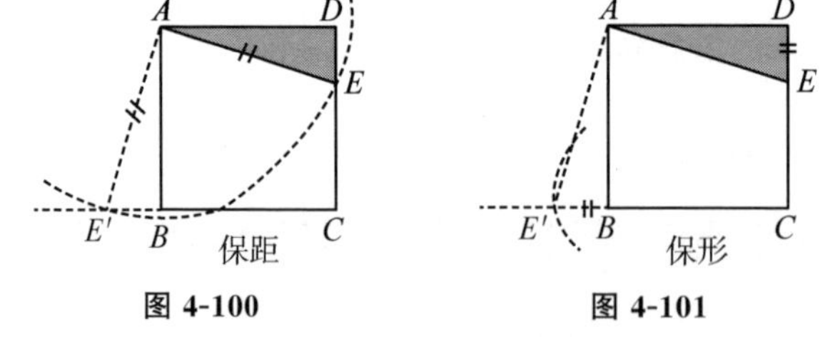

图 4-100　图 4-101

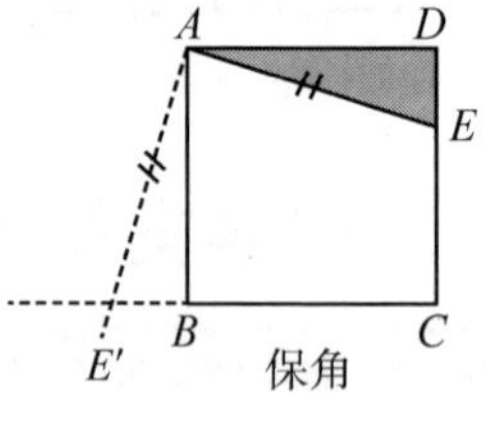

A D E E' B C 保角

图 4-102

【设计意图】激活的意义在于激活情感，激活旧知，激活思维。学生通过动手作图，感受几何直观，重温旋转的三个性质：对应点到旋转中心的距离相等；对应点与旋转中心所连线段的夹角等于旋转角；旋转前后的两个图形全等。同时，还强调了旋转的三个要素：旋转中心、旋转方向和旋转角。

(二)生长

问题 2：如图 4-103，在正方形 $ABCD$ 中，若 $\angle EAF=45°$，其绕着点 A 旋转，它的两边分别交线段 BC，CD 于点 E，F，探究 DF，EF，BE 之间有怎样的数量关系。

图 4-103

小组合作解决，给出猜想以及证明思路。

猜想：$DF+BE=EF$；

小组 1：特殊值法。

当点 F 与 D 重合，点 E 与 C 重合时(图 4-104)，$DF=0$，$BE=BC$，$EF=CD$；此时 $DF+BE=EF$。

小组 2：截长补短法。

如图 4-105，延长 CB 至点 G，使 $BG=DF$，则 $\triangle ADF \cong \triangle ABG$(依据是边角边)，此时 $AF=AG$，$AE=AE$，$\angle GAE=\angle EAF=45°$，所以 $\triangle AGE \cong \triangle AFE$(依据是边角边)，所以 $GE=EF$，所以 $DF+BE=EF$。

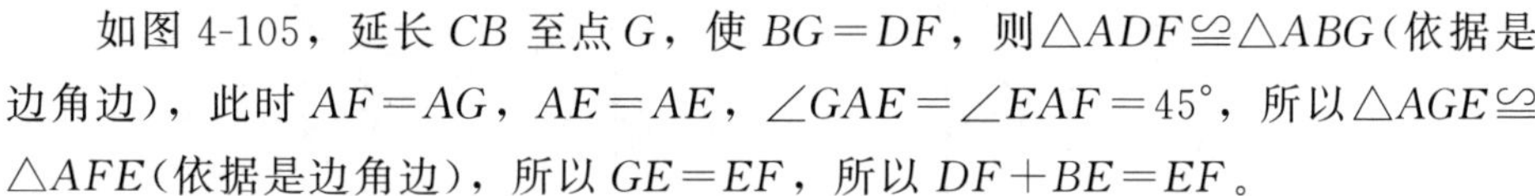

(其他小组补充截长补短法的另一种作法：如图 4-106，延长 CD 至点 G，使 $DG=BE$)

教师补充：小组 2 的作法可以看作将 $\triangle ADF$ 绕点 A 按顺时针方向旋转 $90°$得到 $\triangle ABG$。(或者将 $\triangle ABE$ 绕点 A 逆时针旋转 $90°$得到 $\triangle ADG$)

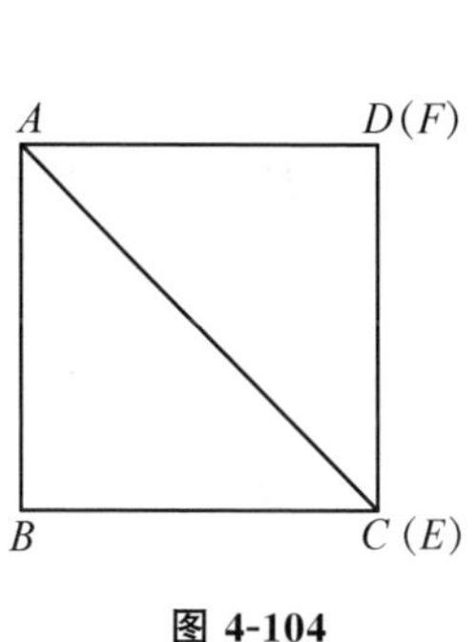

图 4-104

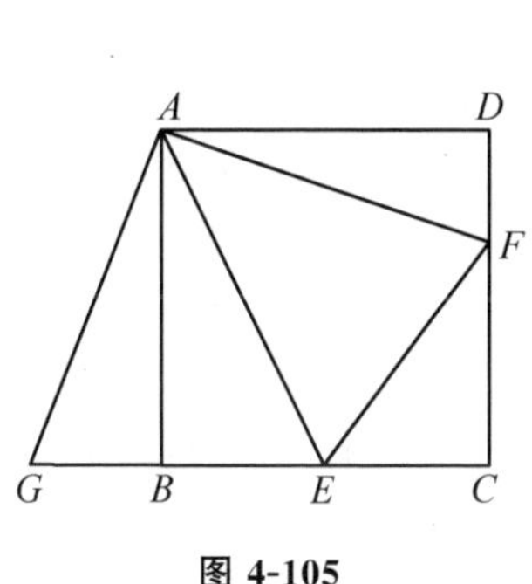

图 4-105

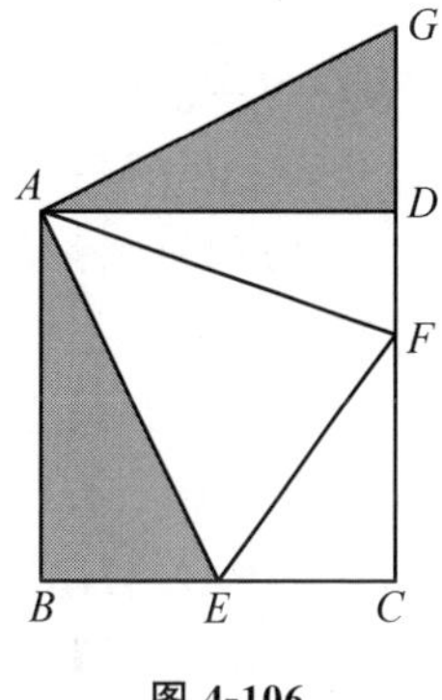

图 4-106

教师追问：$\triangle ADF$，$\triangle AEF$，$\triangle ABE$ 的面积之间有怎样的数量关系？

学生：$S_{\triangle ADF}+S_{\triangle ABE}=S_{\triangle AEF}$。

教师再追问：如何证明？

学生：如图 4-105，利用刚刚的旋转，得到$\triangle ADF\cong\triangle ABG$ 和$\triangle AGE\cong\triangle AEF$，所以 $S_{\triangle ADF}+S_{\triangle ABE}=S_{\triangle ABG}+S_{\triangle ABE}=S_{\triangle AGE}=S_{\triangle AEF}$。

【设计意图】“教学即生长”，问题 2 里并没有出现旋转，而问题 1 旋转作图给学生埋下了一颗种子，在学生解决问题 2 没有思路时，旋转作图的种子就会不断“生长”，学生可以很自然地想到利用旋转作图来转化线段，这就是旋转的妙用，因此旋转也成为一种解题的方法。

(三)强化

问题 3：如图 4-107，连接 BD，交 AE 于点 M，交 AF 于点 N，探究 BM，MN，DN 之间有怎样的数量关系。(小组合作解决，给出猜想以及证明思路)

解　如图 4-108，将$\triangle ADN$ 绕点 A 按顺时针方向旋转 90°得到$\triangle ABH$，连接 HM，

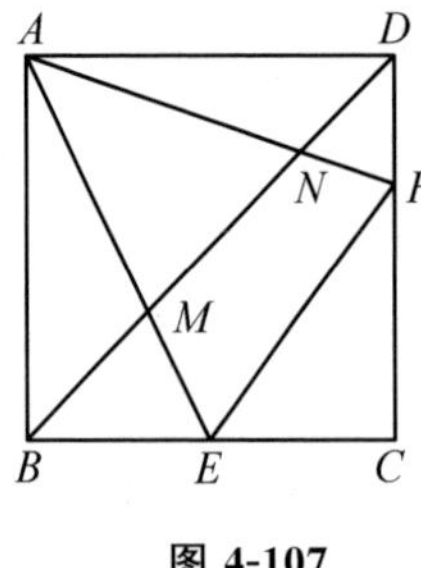

图 4-107

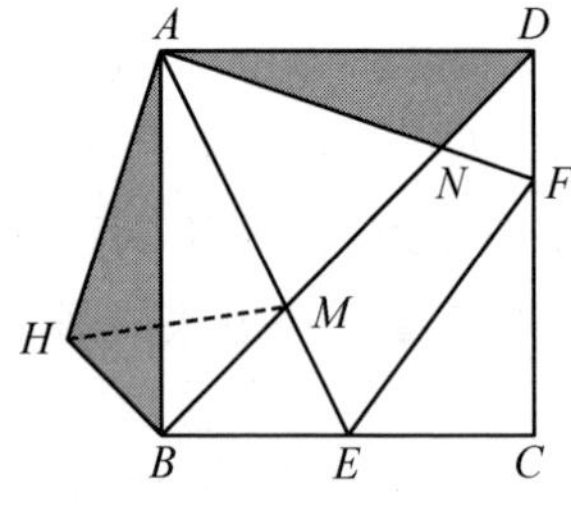

图 4-108

此时 $AN=AH$，$DN=BH$，$\angle ADN=\angle ABH=\angle ABM=45°$，$\angle DAN=\angle BAH$，

$\therefore\angle HBM=\angle ABH+\angle ABM=45°+45°=90°$，

$\angle HAM=\angle BAH+\angle BAM=\angle DAN+\angle BAM=90°-\angle EAF=45°=\angle MAN$

$\therefore\triangle AHM\cong\triangle ANM$，

$\therefore MN=MH$。

在 $\mathrm{Rt}\triangle BHM$ 中，$BH^2+BM^2=MH^2$，则 $BM^2+DN^2=MN^2$。

【设计意图】问题 3 的设置是对问题 2 的强化，体现了从特殊到一般的数学思想，直角三角形能旋转，普通三角形也能旋转，进一步强化了旋转的应用

意识，让学生再次感受旋转是一种解题的方法。

(四)应用

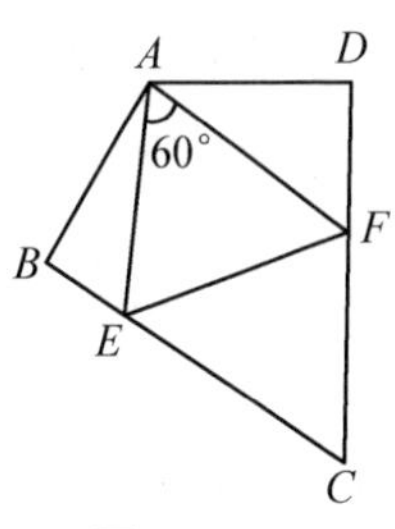

图 4-109

变式 1：如图 4-109，在四边形 $ABCD$ 中，$AB=AD$，$\angle B=\angle D=90^\circ$，$\angle BAD=120^\circ$，以点 A 为顶点的 $\angle EAF=60^\circ$，AE，AF 与 BC，CD 边分别交于 E，F 两点。你认为结论 $EF=BE+DF$ 是否依然成立？若成立，请写出证明过程；若不成立，请说明理由。

解　成立。

证明　如图 4-110，将$\triangle ADF$ 绕点 A 顺时针旋转 120°，得到$\triangle ABM$，

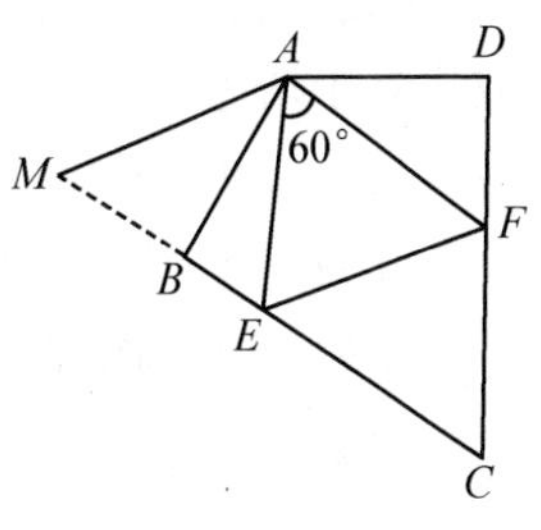

图 4-110

$\therefore \triangle ABM\cong\triangle ADF$，$\angle ABM=\angle D=90^\circ$，$\angle MAB=\angle FAD$，$AM=AF$，$MB=DF$，

$\therefore \angle MBE=\angle ABM+\angle ABE=180^\circ$，$M$，$B$，$E$ 三点共线，

$\angle MAE=\angle MAB+\angle BAE=\angle FAD+\angle BAE=\angle BAD-\angle EAF=60^\circ$。

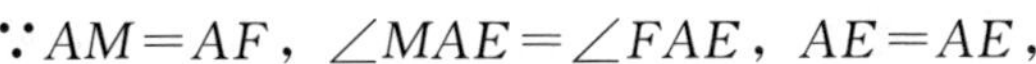
$\because AM=AF$，$\angle MAE=\angle FAE$，$AE=AE$，

$\therefore \triangle MAE\cong\triangle FAE(\mathrm{SAS})$，

$\therefore EF=ME=MB+BE=DF+BE$。

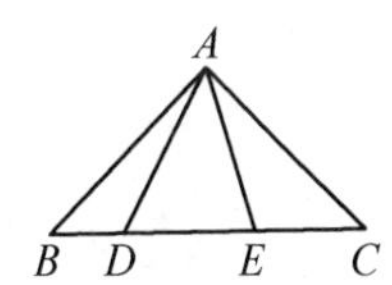

图 4-111

变式 2：如图 4-111，在$\triangle ABC$ 中，$\angle BAC=90^\circ$，$AB=AC=4\sqrt{2}$。点 D，E 均在边 BC 上，且$\angle DAE=45^\circ$，若 $BD=2$，则 DE 的长为________。

解　如图 4-112，把$\triangle AEC$ 绕 A 点旋转到$\triangle AFB$，使 AB 和 AC 重合，连接 DF，则 $AF=AE$，$\angle FBA=\angle C=45^\circ$，$\angle BAF=\angle CAE$，

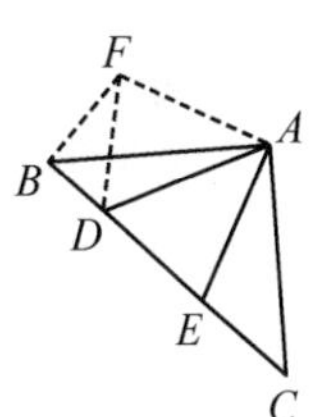

图 4-112

$\because \angle BAC=90^\circ$，$AB=AC=4\sqrt{2}$，

$\therefore \angle ABC=\angle C=45^\circ$，

$\therefore \angle FBD=\angle FBA+\angle ABC=90^\circ$，

由勾股定理得：$BC=\sqrt{AB^2+AC^2}=\sqrt{(4\sqrt{2})^2+(4\sqrt{2})^2}=8$，

$\because \angle DAE=45^\circ$，

$\therefore \angle BAD+\angle CAE=\angle BAC-\angle DAE=45^\circ$，

$\therefore \angle BAD+\angle FAB=45^\circ$，

$\because AD=AD$，$AF=AE$，

$\therefore \triangle ADF \cong \triangle ADE$，

$\therefore DF=DE$，

设 $DE=DF=x$，$\because BC=8$，$BD=2$，$\therefore BF=CE=BC-BD-DE=8-2-x=6-x$，

在 Rt$\triangle BDF$ 中，$\angle FBD=90°$，由勾股定理得：$BF^2+BD^2=DF^2$，

$\therefore (6-x)^2+2^2=x^2$，解得：$x=\dfrac{10}{3}$，

$\therefore DE$ 的长为$\dfrac{10}{3}$。

【设计意图】学生的经验积累往往不是一次活动的结果，反复操作、实践、应用对于增进学生的理解是非常有效的。变式 1 和变式 2 的设置让学生再一次体验用旋转构造全等来转化线段解决复杂几何问题的全过程，从而让学生积累解题经验，再次体会旋转是解决问题的一种方法。

（五）归纳模型

教师引导学生归纳几道题目的共同特征：存在两个角度，它们有共同的顶点，并且中间的角是大角的一半，如 90°含 45°，120°含 60°，并且都有两条相等的线段，因此，我们可以把这样的题型称为半角模型。接着，教师引导学生归纳出解决半角模型的步骤：先利用旋转构造全等转化线段，再证明另外一组三角形全等，从而得出结论。同时，强调利用旋转解决问题的条件——等线段和共端点。

八、作业布置设计

分层探究

A 层问题提出：如图 4-113，点 E，F 分别在正方形 $ABCD$ 的边 BC，CD 上，$\angle EAF=45°$，连接 EF。求证：$EF=BE+DF$。

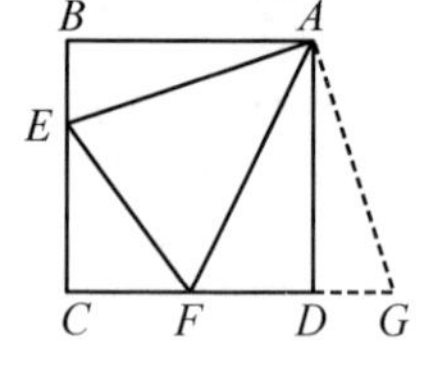

图 4-113

解题思路：把$\triangle ABE$ 绕点 A 逆时针旋转________至$\triangle ADG$，可使 AB 与 AD 重合。由 $\angle FDG=ADG+\angle ADC=180°$，知 F，D，G 三点共线，从而可证$\triangle AFG\cong$________（　　），从而得 $EF=BE+DF$，阅读以上内容并填空。

B 层类比引申：如图 4-114，四边形 $ABCD$ 中，$AB=AD$，$\angle BAD=90°$，点 E，F 分别在边 BC，CD 上，$\angle EAF=45°$。

探究：若 $\angle B$，$\angle D$ 都不是直角，当 $\angle B$，$\angle D$ 满足什么数量关系时，仍有 $EF=BE+DF$？

C 层联想拓展：如图 4-115，在 $\triangle ABC$ 中，$\angle BAC=90°$，$AB=AC$，点 D，E 均在边 BC 上，并且 $\angle DAE=45°$。

猜想 BD，CE，DE 的数量关系，并给出理由。

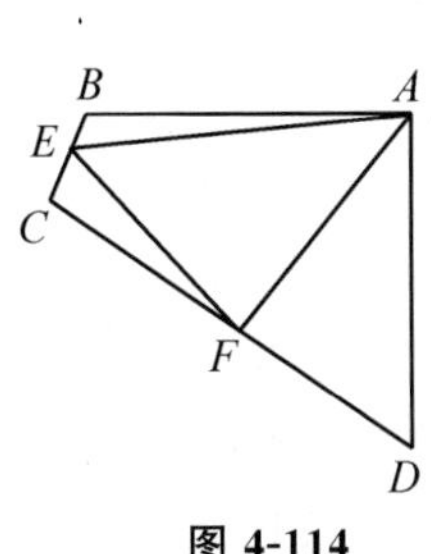

图 4-114

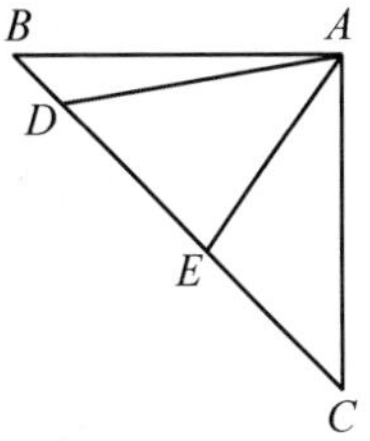

图 4-115

九、目标检测设计

1. 在正方形 $ABCD$ 中(图 4-116)，E，F 分别是线段 AD，AB 上的动点，且 $\angle ECF=45°$，已知 $DE=3$ cm，$BF=4$ cm，则 EF 的长为(　　)。

A. 6 cm　　B. 7 cm　　C. 8 cm　　D. 无法得出

2. 如图 4-117，在四边形 $ABCD$ 中，$\angle BCD=108°$，$CB=CD$，$\angle B+\angle D=180°$，点 M，N 分别在线段 AD，AB 上且 $\angle MCN=54°$，问 MN，DM，BN 之间有怎样的数量关系，并证明你的结论。

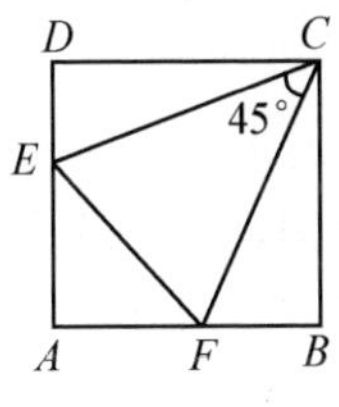

图 4-116

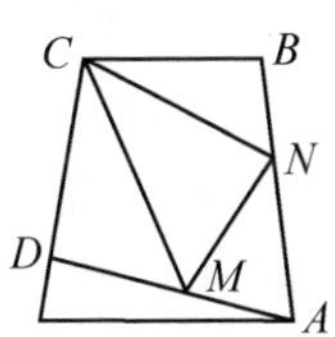

图 4-117

案例十一　“反比例函数中k的几何意义”复习课

（云南省昆明市第十中学　栾　菊）

一、教学内容和内容解析

（一）内容

复习反比例函数中比例系数k与过反比例函数图象上的点去作坐标轴的垂线段所构成的矩形及三角形面积之间的关系，从“形”的角度进一步理解反比例函数中比例系数k的几何意义，从“数”的角度利用矩形面积与三角形面积解决反比例函数中的问题。在聚焦于“反比例函数中比例系数k的几何意义”这一主题线索探究过程中，渗透类比学习、数形结合、转化的数学思想方法，发展学生的几何直观和逻辑推理能力。

（二）内容解析

本节课内容选自人教版《义务教育教科书·数学　九年级　下册》（以下统称“教材”）26.1.2“反比例函数的图象和性质”。反比例函数是学生在初中阶段学习的最后一种初等函数，从数学结构化教学的角度分析，如果说一次函数是学习结构的阶段，那么反比例函数就是应用结构的阶段。反比例函数的系数k是沟通函数解析式和函数图象的重要桥梁。反比例函数的知识相互联系，具有逻辑上的一致性，反比例函数作为中考考查的核心知识点，考查方式新颖，探究性较强。本节课聚焦反比例函数的系数k，探究其与矩形、三角形面积的内在联系，将知识进行融会贯通、类比迁移，注重一题多变、多题一解，聚焦于主题线索，在线索的引导下将零碎知识串联成线，让学生在概括归纳中寻求共性，进而找出通解通法。教师引导学生在层层递进的探究中打破原有的知识壁垒，形成解决问题的一般思路，实现“知识重构，方法总结，能力提升”的目的，从而真正实现知其然，并知其所以然，何由以知其所以然。

基于以上分析，本节课的**教学重点**是：对反比例函数k的几何意义进行综合探究。

二、教学目标设置

(一)目标

(1)经历从反比例函数图象上任意一点向坐标轴作垂线所得矩形(或三角形)面积的探索过程，进一步理解函数系数 k 的几何意义。

(2)探究反比例函数系数 k 所表示矩形面积的意义，并用类比学习法进一步探究反比例函数系数 k 所表示三角形面积的意义，使学生能够灵活运用函数系数 k 的几何意义来解决一些综合性问题，从而理解函数系数 k 的本质。

(3)在探究的过程中渗透类比学习、数形结合、转化与化归的数学思想方法，发展学生的几何直观和逻辑推理能力。

(二)目标解析

达成目标(1)的标志：学生能根据具体问题情况，从反比例函数图象上任意一点向坐标轴作垂线来构造矩形(或三角形)。

达成目标(2)的标志：学生能够灵活运用反比例函数系数 k 的几何意义来解决问题。

达成目标(3)的标志：学生能够解决较为复杂的与反比例函数系数 k 有关的问题。

三、学生学情分析

学生在八年级下学期学习一次函数，在九年级上学期学习二次函数，九年级下学期学习反比例函数(人教版教材)。学习反比例函数，可以促进学生对函数知识的深化巩固，对函数思想方法的进一步感悟，真正提升数学能力，为后续高中函数的学习奠定基础。在学习中，学生对于函数解析式较易理解，但对系数 k 的几何意义的理解及应用较为困难。反比例函数图象和性质通常与图形面积一起考查，学生对于单一的从代数角度解决与反比例函数有关的图象和性质问题较为熟练，但是通过构造矩形和三角形，利用 k 的几何意义解决问题的经验不足，这是一种新的解决问题的策略，所以如何引导学生找到解决问题的突破口，如何在解决问题的过程中通过对应关系渗透数形结合思想，从而理解

函数系数 k 与函数解析式和函数图形的内在联系，建立“数”“式”“形”的一一对应关系式成为教学的难点。

基于以上分析，本节课的**教学难点**是：通过点的坐标与线段长度的对应关系进而理解函数系数 k 与函数解析式和函数图形的内在联系，在点的坐标变化过程中理解面积的不变性，渗透数形结合思想。

四、教学策略分析

数学教育专家裴光亚说过，“数学复习的方法，就是要把局部知识按照某种观点和方法组织成整体，将所学知识系统化，这样才便于储存、提取和应用”。本节课是专题线索复习课，教师采取“以问题为线索专题教学”法，以问题为索引，串联每一专题的主要内容，通过教师与学生之间的平等对话和交流，了解他们的所思所想，促进教师更好地教和学生更好地学。

本节课基于结构化教学理念，采取问题化学习教学策略，在师生之间，生生之间以及学生的自我反思中营造生态型课堂教学环境。

五、教学支持条件分析

教法：复习回顾教学法、问题探究教学法、综合拓展教学法、小结反思教学法。

学法：重构知识，在问题化学习中形成解决问题的一般方法。

教学媒体：教具、学案、多媒体课件、几何画板等。

教学环境：在多媒体设备的支持下，实现师生互动、生生互动。

六、教学设计基本流程

教学设计基本流程如图 4-118 所示。

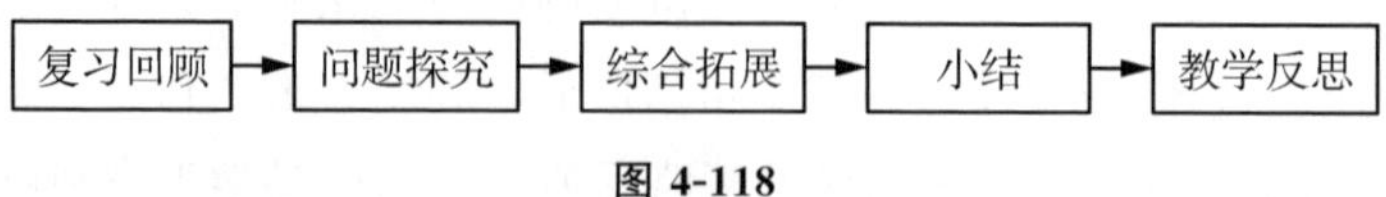

图 4-118

七、教学设计过程

（一）复习回顾

复习回顾如表 4-3 所示。

表 4-3

x	…	−6	−5	−4	−3	−2	−1	1	2	3	4	5	6	…
y	…	−1	−1.2	−1.5	−2	−3	−6	6	3	2	1.5	1.2	1	…

问题：根据表 4-3 判断 y 是 x 的反比例函数。

如图 4-119，在反比例函数图象上任取一点，构造矩形或直角三角形，探究图形面积与比例系数间的关系。

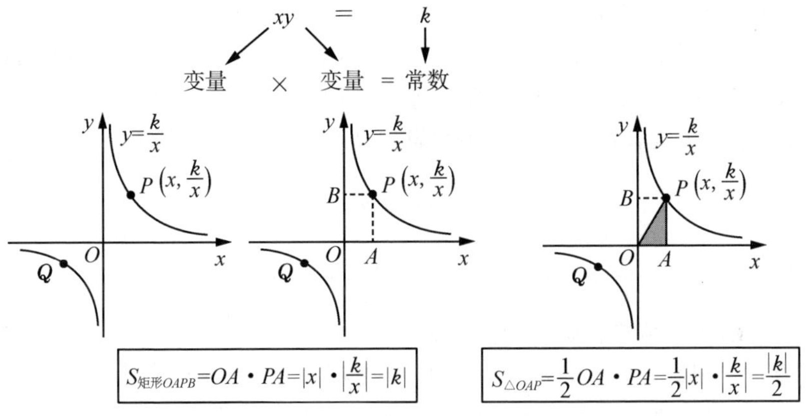

图 4-119

【设计意图】依据学生的认知经验，从学生熟悉的课本知识入手，以列表、描点、连线的路径将概念与图象串联成线，复习回顾反比例函数的定义，揭示比例系数 k 与面积的关系（图 4-120）。

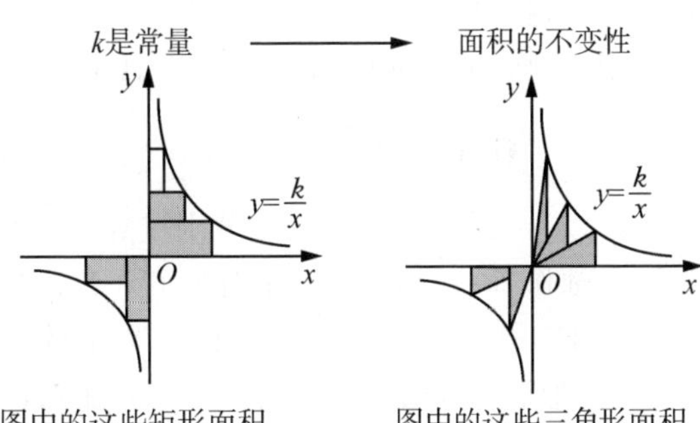

图 4-120

(二)问题探究

探究1：矩形面积的不变性。

问题1：如图4-121，点 P 是反比例函数图象上的一点，过点 P 分别向 x 轴、y 轴作垂线，若阴影部分面积为3，则这个反比例函数的关系式是________。

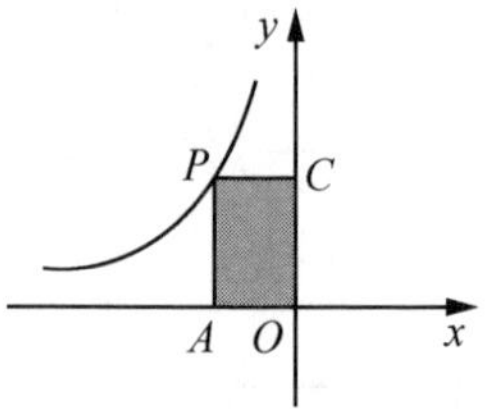

图 4-121

【设计意图】通过此题的训练，学生感悟利用 k 的几何意义构造矩形的方法，为后续的变式练习铺设思维台阶。

变式1：如图4-122，点 A 是反比例函数 $y=-\dfrac{6}{x}(x<0)$ 的图象上的一点，$AD/\!/x$ 轴，点 D 在 y 轴上，点 B，C 是 x 轴上的两个动点，在运动过程中始终保持 $BC=AD$，则四边形 $ABCD$ 的面积为(　　)。

A. 1　　B. 3　　C. 6　　D. 12

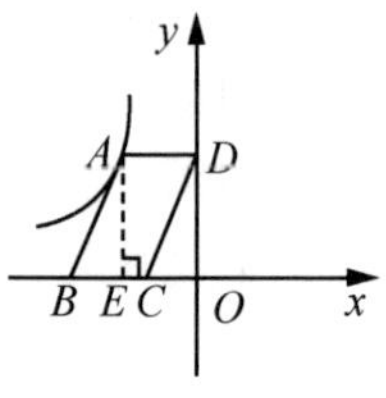

图 4-122

【设计意图】学生在利用 k 的几何意义构造矩形解决问题的过程中领悟割补解决图形面积的思想及利用等底、等高转化面积的方法。

变式2：如图4-123，点 A 在双曲线 $y=\dfrac{3}{x}(x>0)$ 上，点 B 在双曲线 $y=\dfrac{5}{x}(x>0)$ 上，点 C，D 在 x 轴上，若四边形 $ABCD$ 为矩形，则它的面积为________。

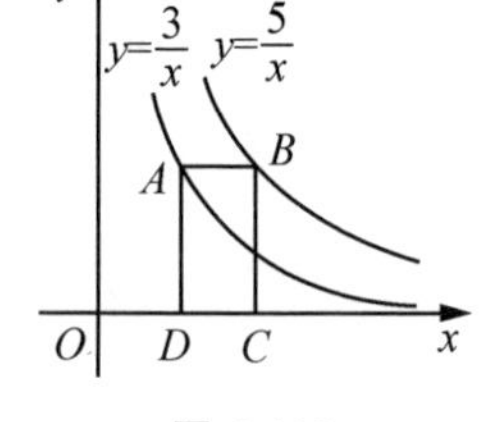

图 4-123

【设计意图】学生在利用 k 的几何意义构造矩形解决问题的过程中领悟割补解决图形面积的思想，提升构造矩形解决问题的能力。

反馈练习：如图4-124，点 $A(x_1, y_1)$，$B(x_2, y_2)$ 都在双曲线 $y=\dfrac{k}{x}(x>0, k>0)$ 上，且 $x_2-x_1=4$，$y_1-y_2=2$。分别过点 A，B 向 x 轴、y 轴作垂线段，垂足分别为 C，D，E，F，AC 与 BF 相交于点 G，四边形 $FOCG$ 的面积为2，五边形 $AEODB$ 的面积为14，那么双曲线的解析式为________。

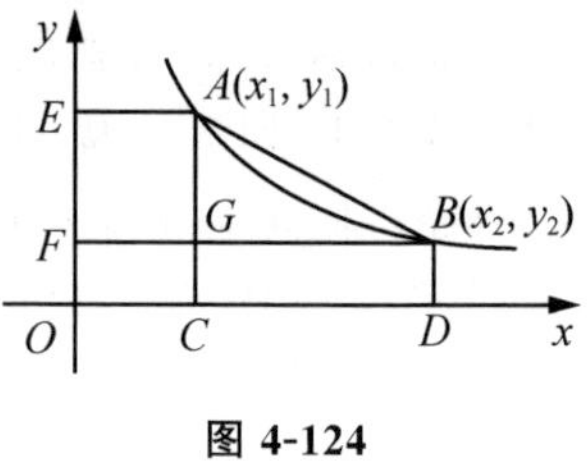

图 4-124

【设计意图】用一个比较综合的问题让学生在利用 k 的几何意义构造矩形

解决问题的过程中领悟割补解决图形面积的思想，进一步提升构造矩形解决问题的能力。

探究 2：直角三角形面积的不变性。

问题 2：如图 4-125，点 P 是反比例函数 $y=\frac{k}{x}(x>0,k>0)$ 图象上的一点，且 $PD\perp x$ 轴于 D。如果$\triangle POD$ 面积为 3，那么这个反比例函数的解析式为________。

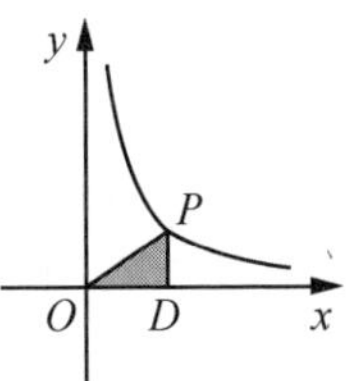

图 4-125

【设计意图】学生感悟利用 k 的几何意义构造直角三角形的方法，为后续的变式练习铺设思维台阶。

变式 1：反比例函数与正比例函数围成的图形面积(图 4-126)。

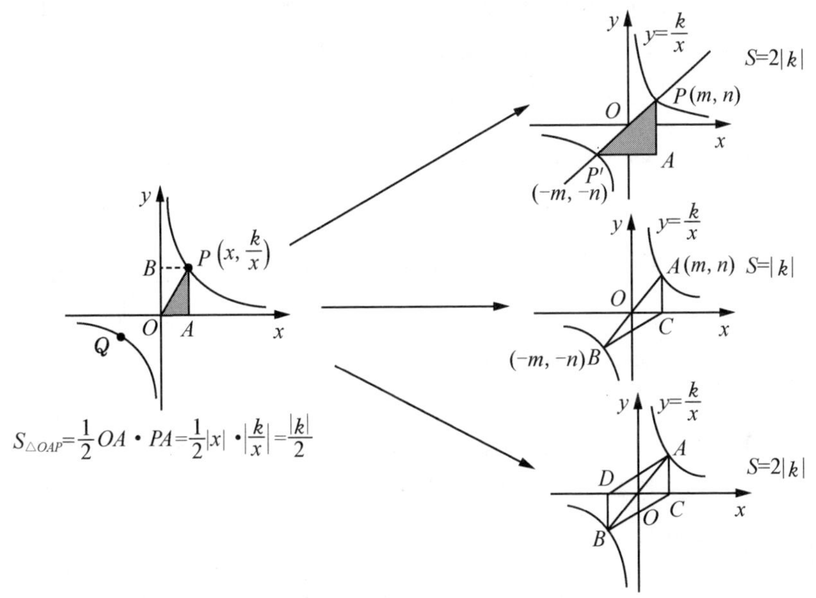

图 4-126

【设计意图】学生利用对称性在基本模型几何意义(直角三角形)的基础上拓展出常见的 3 个模型，让散点知识聚拢于知识体系中，形成解决问题的思路。

变式 2：如图 4-127，过 y 轴正半轴上的任意一点 P，作 x 轴的平行线，分别与反比例函数 $y=-\frac{4}{x}(x<0)$ 和 $y=\frac{2}{x}(x>0)$ 的图象交于点 A 和点 B，若点 C 是 x 轴上任意一点，连接 AC，

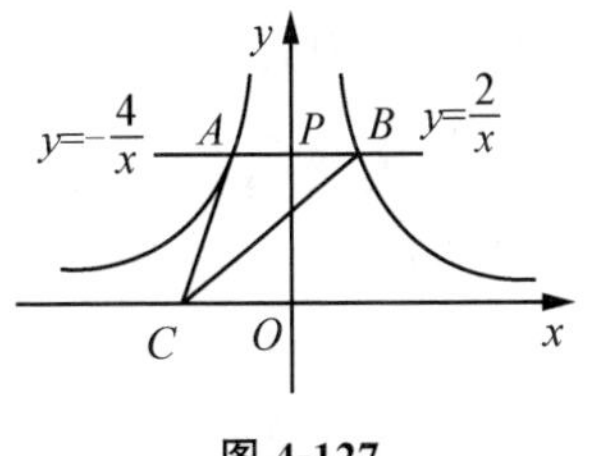

图 4-127

BC，则$\triangle ABC$的面积为________。

【设计意图】此题延续了矩形中的动点问题。学生在利用k的几何意义构造直角三角形解决问题的过程中领悟割补解决图形面积的思想及利用等底、等高转化面积的方法，进一步巩固“以静制动”的策略。

变式3：反比例函数$y=\frac{6}{x}$与$y=\frac{3}{x}$在第一象限的图象如图4-128，一条平行于x轴的直线分别交双曲线于A，B两点，连接OA，OB，则$\triangle AOB$的面积为________。

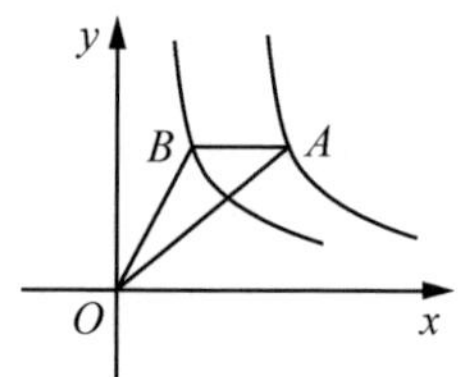

图 4-128

【设计意图】此题仍然延续了矩形问题中解决问题的套路。学生在利用k的几何意义构造直角三角形解决问题的过程中领悟割补解决图形面积的思想，提升构造几何意义的直角三角形解决问题的能力。

反馈练习：如图4-129，双曲线$y=\frac{k}{x}(x>0, k>0)$经过矩形$OABC$的边BC的中点E，与AB交于点D，若四边形$ODBE$的面积为3，则双曲线的解析式为________。

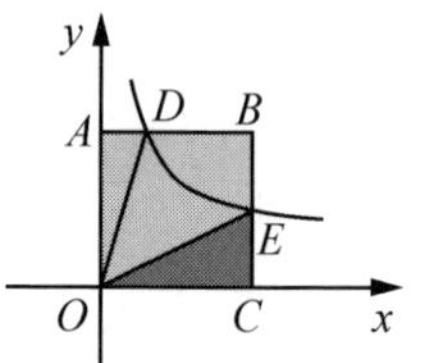

图 4-129

【设计意图】通过一个较为综合的问题情境，将矩形问题与三角形问题结合在一起。学生在利用k的几何意义构造直角三角形和矩形解决问题的过程中领悟割补解决图形面积的思想，进一步感悟反比例函数k的几何意义，提升构造几何意义图形解决问题的能力。

(三)拓展提升

问题3：如图4-130，在直角坐标系中，点A在函数$y=\frac{4}{x}(x>0)$的图象上，$AB\perp x$轴于点B，AB的垂直平分线与y轴交于点C，与函数$y=\frac{4}{x}(x>0)$的图象交于点D，连接AC，CB，BD，DA，则四边形$ACBD$的面积等于________。

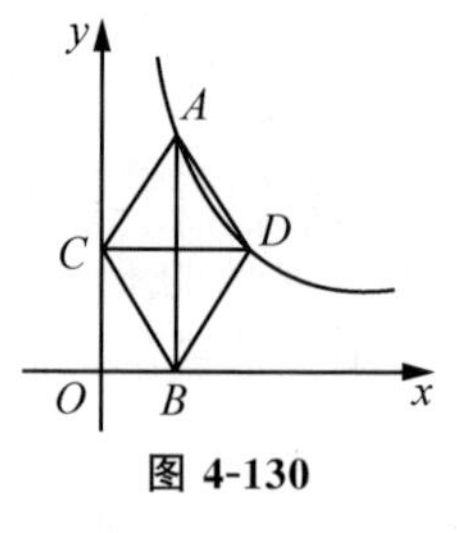

图 4-130

【设计意图】此题能训练学生的审题能力及从不同的角度思考问题的能力，既巩固了本节课的重点，又拓展了思维，提升了解决问题的能力。

反馈练习：如图 4-131，已知点 A，B 在双曲线 $y=\frac{k}{x}(x>0, k>0)$ 上，$AC\perp x$ 轴于点 C，$BD\perp y$ 轴于点 D，AC 与 BD 交于点 P，点 P 是 AC 的中点，若 $\triangle ABP$ 的面积为 3，则 k 的值等于________。

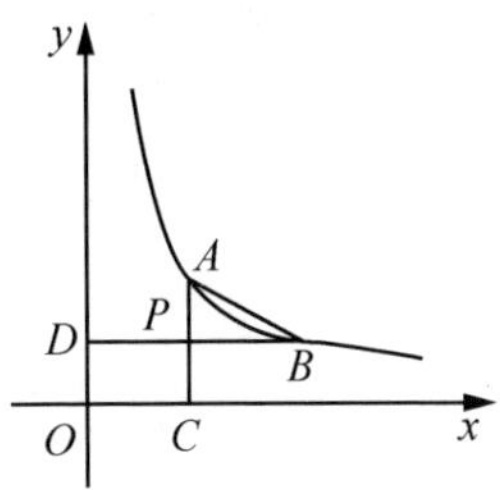

图 4-131

【设计意图】通过类比学习，训练学生的审题能力及从不同的角度思考问题的能力，既巩固了本节课的重点，又拓展了思维，提升了解决问题的能力。

(四)反思小结

反思小结如图 4-132 所示。

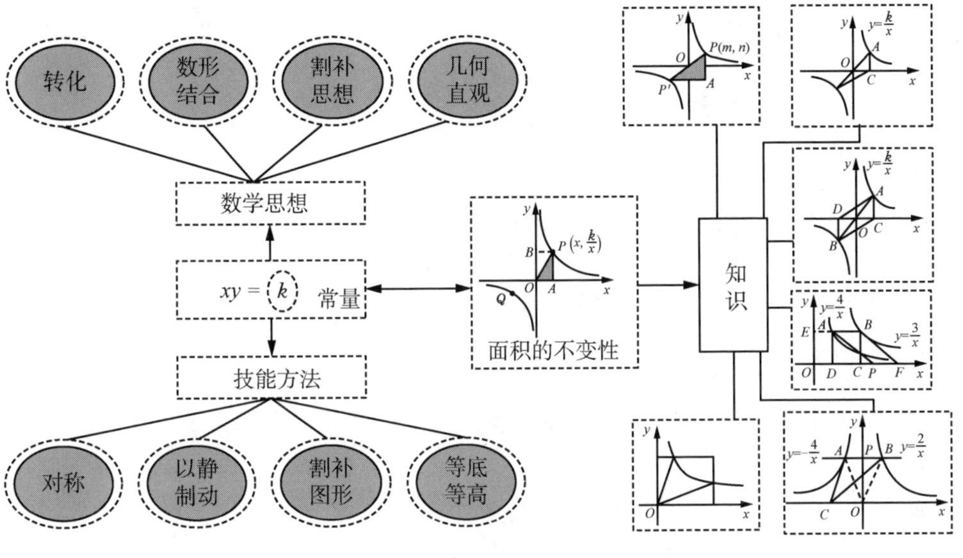

图 4-132

【设计意图】通过小结，梳理本节课的知识点，反思解决问题的方法线，总结归纳解决问题中形成的常见模型，进而实现从知识点到方法线，进而螺旋上升到模型面的深度学习，最终实现发展数学素养的目的。

八、作业布置设计

分层探究

A 层

1. 如图 4-133，反比例函数 $y=\frac{k}{x}(x>0, k>0)$ 图象上一点 P，过点 P

分别作坐标轴的垂线，垂足分别为 M、N，若四边形 $OMPN$ 的面积为 4，则 k 的值为________。

2. 如图 4-134，在平面直角坐标系中，M 为 y 轴正半轴上一点，过点 M 的直线 $l // x$ 轴，l 分别与反比例函数 $y=\frac{k}{x}(x<0, k<0)$ 和 $y=\frac{3}{x}(x>0)$ 交于 A，B 两点，若 $S_{\triangle AOB}=2$，则 k 的值为________。

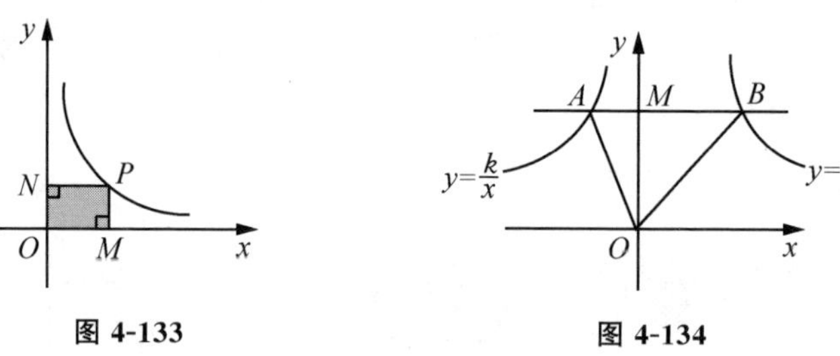

图 4-133　　图 4-134

B 层

3. 如图 4-135，点 A 在反比例函数 $y=\frac{k}{x}(x>0, k>0)$ 的图象上，点 B 在 x 轴负半轴上，直线 AB 交 y 轴于点 C，若 $\frac{AC}{BC}=\frac{1}{2}$，$\triangle AOB$ 的面积为 3，则 k 的值为________。

4. 如图 4-136，A 是反比例函数 $y=\frac{k}{x}(x<0, k<0)$ 图象上一点，过点 A 作 x 轴的平行线交反比例函数 $y=-\frac{3}{x}(x<0)$ 的图象于点 B，点 C 在 x 轴上，且 $S_{\triangle ABC}=1$，则 k 的值为________。

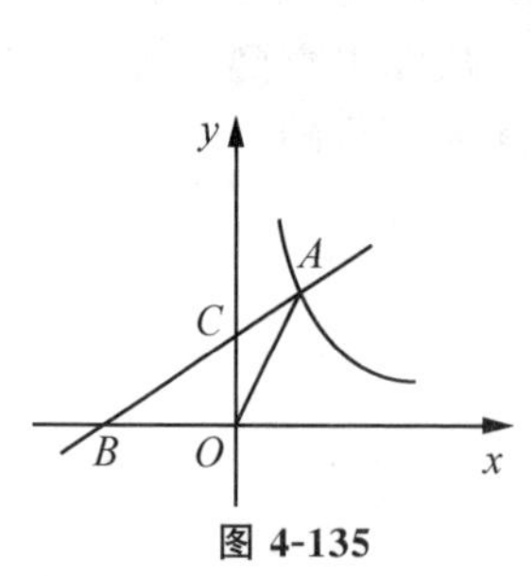

图 4-135

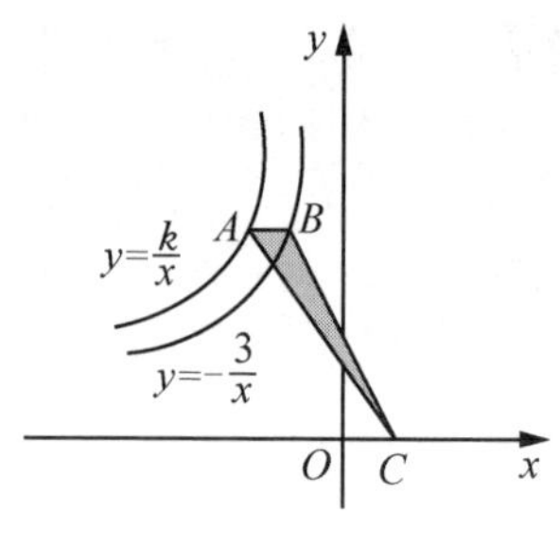

图 4-136

C 层

5. 如图 4-137，在以 O 为原点的平面直角坐标系中，点 A，C 分别在 x 轴，y 轴的正半轴上，点 $B(a, b)$在第一象限，四边形 $OABC$ 是矩形，反比例函数 $y=\frac{k}{x}(k>0, x>0)$的图象与 AB 相交于点 D，与 BC 相交于点 E，且 $BE=2CE$。

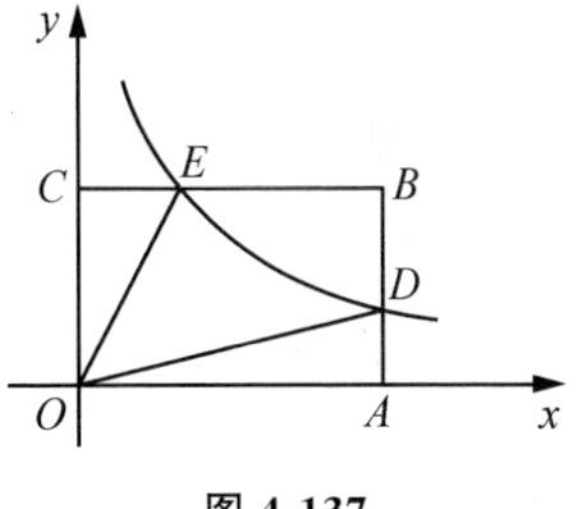

图 4-137

(1)求证：$BD=2AD$；

(2)若四边形 $ODBE$ 的面积是 6，求 k 的值。

【设计意图】将本节课的教学素材进行适当变式，分层布置家庭作业。一方面，对教学素材再变式的作业能更好地诊断教学效果，进一步指导教师的教学；另一方面，分层作业的布置遵循学生的个性化需求，让不同的学生在自我认知基础上更好地掌握知识，有效促进学生的学。

九、目标检测设计

1. 如图 4-138，点 A 在反比例函数 $y=\frac{k}{x}(x<0, k<0)$的图象上，过点 A 作 $AB\perp x$ 轴于点 B，若$\triangle OAB$ 的面积为 3，则 k 的值为________。

2. 如图 4-139，过 y 轴上任意一点 P，作 x 轴的平行线，分别与反比例函数 $y=-\frac{4}{x}(x<0)$和 $y=\frac{2}{x}(x>0)$的图象交于 A 点和 B 点，若 C 为 x 轴上任意一点，连接 AC，BC，则$\triangle ABC$ 的面积为(　　)。

A. 3　　B. 4　　C. 5　　D. 6

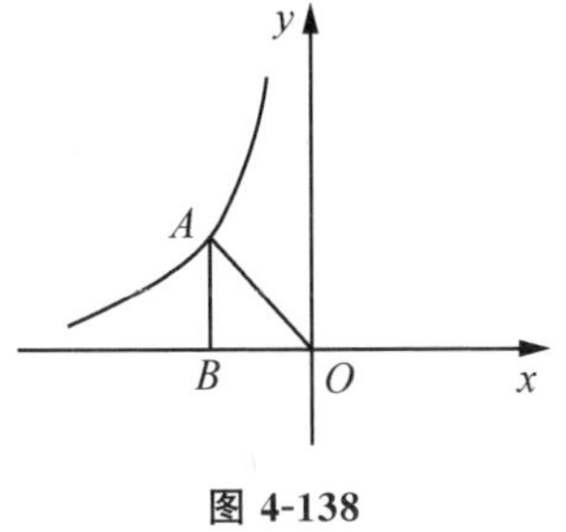

图 4-138

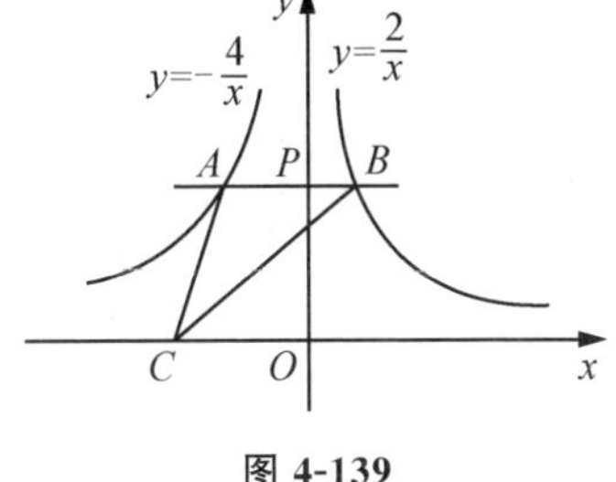

图 4-139

【设计意图】第 1、2 题考查较为基础的知识，体现思维的阶梯性，主要考

查反比例函数系数 k 与三角形面积的关系，考查学生是否达成目标(1)(2)。

3. 如图 4-140，A，B 是曲线 $y=\frac{5}{x}(x>0)$上的点，经过 A，B 两点向 x 轴，y 轴作垂线段，若 $S_{阴影}=1$，则 $S_1+S_2=$(　　)。

A. 4　　B. 5　　C. 6　　D. 8

4. 函数 $y=\frac{4}{x}(x>0)$和 $y=\frac{1}{x}(x>0)$在第一象限内的图象如图 4-141，点 P 是 $y=\frac{4}{x}(x>0)$图象上一动点，$PC\perp x$ 轴于点 C，交 $y=\frac{1}{x}(x>0)$的图象于点 A，$PD\perp y$ 轴于点 D，交 $y=\frac{1}{x}(x>0)$的图象于点 B. 给出如下结论：①$\triangle ODB$ 与$\triangle OCA$ 的面积相等；②PA 与 PB 始终相等；③四边形 $PAOB$ 的面积大小不会发生变化；④$CA=\frac{1}{3}AP$。其中所有正确结论的序号是(　　)。

A. ①②③　　B. ②③④　　C. ①③④　　D. ①②④

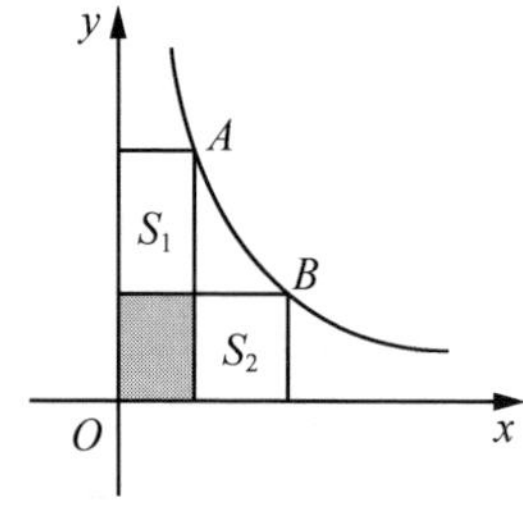

图 4-140

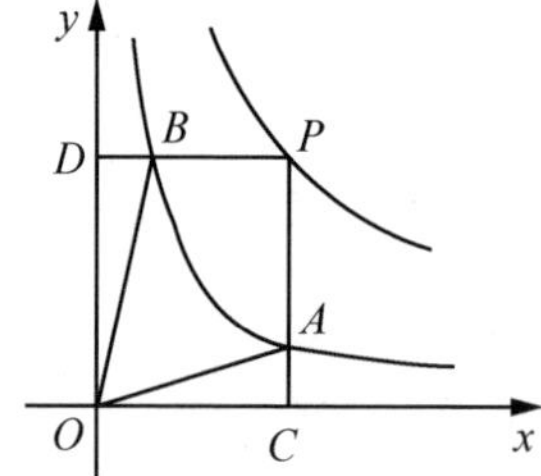

图 4-141

【设计意图】第 3、4 题考查中等难度的知识，体现思维的拓展性与延伸性，主要考查反比例函数系数 k 与三角形及矩形面积的关系，考查学生是否达成目标(3)。

第五章　一题一课案例展示

案例一　“折叠问题”复习课

（王学先名师工作室　李加禄）

一、教学内容和内容解析

（一）内容

人教版《义务教育教科书·数学　八年级　下册》第十八章《平行四边形》数学活动中的折纸问题。

（二）内容解析

轴对称是全等变换之一，它建立在全等形的基础之上，其中折叠就是轴对称的一个重要运用。在数学活动中，通过折叠很容易形成一些特殊的三角形和四边形，同时以折叠为背景的几何问题综合性强，图形较复杂，是培养学生识图能力和综合分析问题能力很好的载体。本节课作为专题复习课，在帮助学生归纳巩固轴对称与折叠知识的基础上，与学生一起探究解决矩形折叠问题的思路和方法。

基于以上分析，本节课的**教学重点**是：轴对称性质在折叠探究问题中的运用。

二、教学目标设置

（一）目标

(1)了解折叠前后边、角相等，理解折叠与轴对称的关系。

(2)掌握轴对称的定义和性质。

(3)会借助或构造几何基本图形解决复杂折叠问题。

（二）目标解析

达成目标(1)的标志：学生借助折纸活动，抽象出矩形背景下衍生出的几何图形，并会利用轴对称的性质解决相关问题。

达成目标(2)的标志：学生经历从复杂图形中辨识出特殊图形的过程，能熟练利用特殊图形之间的全等、相似关系，找到线段和角之间的关系，会用勾股定理、等面积法、相似三角形、三角函数等数学方法求线段长。

三、学生学情分析

九年级的学生虽然复习过轴对称变换的相关知识，但在解决图形的折叠问题时仍会出现如下难点：

(1)含有动点问题的图形折叠时，画不出符合条件的图形。

(2)在已知折叠图形的前提下，不知用哪些方法解决相关问题。

(3)不识别或不会构造折叠问题中的基本数学模型，导致对综合性的问题无从下手。

基于以上分析，本节课的**教学难点**是：如何寻找复杂图形中线段的数量关系，并从复杂图形中抽象出基本图形，并能应用基本图形(模型)的性质解决复杂的几何问题。

四、教学策略分析

学生通过数学探究活动感受折叠的过程，自然地复习轴对称的定义和性质，体验轴对称性质在折叠探究问题中的运用，从而突出重点。教师通过不断改变折痕的位置，构造系列变式问题，在问题的探究过程中，帮助学生学会从复杂图形中分解出基本图形的方法，实现一题多变、一题多解，有效突破难点。

五、教学支持条件分析

教法：探究式教学法、启发式教学法、问题引导教学法。

学法：自主学习法、小组讨论学习法、合作探究学习法。

教学媒体：教具、课堂任务单、电子白板、几何画板、多媒体课件等。

教学环境：在多媒体设备的支持下，实现师生互动、生生互动。

六、教学设计基本流程

教学设计基本流程如图 5-1 所示。

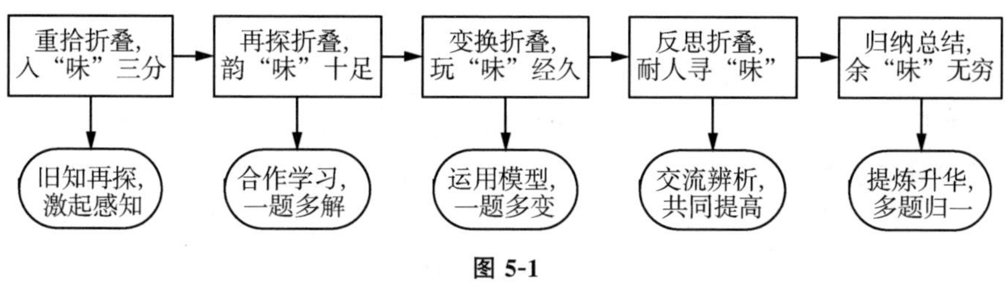

图 5-1

七、教学设计过程

(一)重拾折叠，入“味”三分

环节一：旧知再探，激起感知。

【折纸活动】如图 5-2，把一张长方形的纸片 $ABCD$ 沿对角线 BD 折叠，重合部分是一个等腰三角形吗？为什么？

【设计意图】本题源于人教版《义务教育教科书・数学　八年级　上册》第 79 页练习 2)，学生通过实际动手操作折叠，感受几何直观，重温折叠的性质：折叠前后图形是全等形；折痕所在直线是折叠前后图形的对称轴。从而进一步发现图中的重合部分是等腰三角形，并归纳出“平行线＋角平分线→等腰三角形”的基本几何模型。通过以矩形为载体的折叠问题引出本节课的主题，为下面折叠探究做铺垫。

问题 1：如图 5-2，若 $AB=6$，$BC=8$，你能求出这个等腰三角形的面积吗？

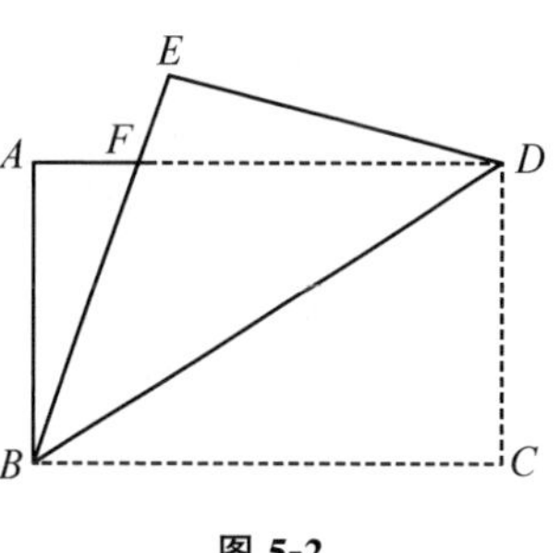

图 5-2

教师(追问)：求三角形面积就是找底、找高，图中等腰三角形有特殊的边吗？

学生 1：有水平的底边 FD，竖直的高 AB。

教师(再追问)：你能求出线段 FD 的长度吗？

学生 2：可以利用勾股定理列方程求出线段长。

学生 3：设 $DF=x$，由$\triangle BDF$ 是等腰三角形，知 $BF=x$，$AF=8-x$，

在 Rt$\triangle ABF$ 中，由勾股定理得 $6^2+(8-x)^2=x^2$，解得：$x=\frac{25}{4}$。

所以 $S_{\triangle BDF}=\frac{1}{2}\times\frac{25}{4}\times6=\frac{75}{4}$。

学生 4：还可以利用学过的割补思想求解。先求出$\triangle ABF$ 的面积，再用 $S_{\triangle ABD}-S_{\triangle ABF}$ 得到$\triangle BDF$ 的面积。

教师：说得非常好！归根结底我们都是求线段 AF 或 DF 的长度。

【设计意图】学生首先通过观察，找到特殊图形间的相互关系，然后利用勾股定理列方程求出线段长度。此环节以求等腰三角形面积为背景，螺旋上升，拾级而上，引起学生学习数学的兴趣，激发求知欲，帮助学生形成几何解题的思维。

（二）再探折叠，韵“味”十足

环节二：合作学习，一题多解。

问题 2：如图 5-3，连接 EC，设 EC 交 BD 于点 O，与 AD 交于点 M，你能求出 CE 的长度吗？

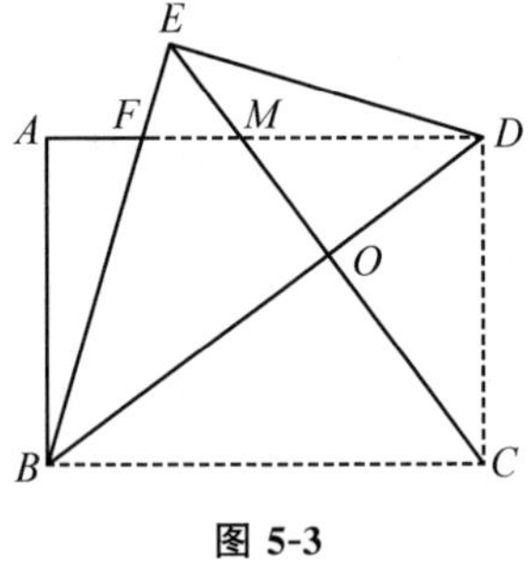

图 5-3

教师：求线段的长度，我们可以联想到些什么？四人小组合作探究，并把解答思路和方法写下来，稍后我们来分享交流。（几分钟过后……）

学生 5：等积法。

如图 5-3，由折叠的性质，知 BD 垂直平分线段 CE，所以 $CE=2CO$，只要求出 CO 即可。又因为 $S_{\text{Rt}\triangle BCD}=\frac{1}{2}BD\cdot CO=\frac{1}{2}BC\cdot CD$，所以 $10\cdot CO=8\times6$，解得：$CO=4.8$，故 $CE=9.6$。

学生 6：利用勾股定理构建方程。

如图 5-3，设 $BO=x$，则 $OD=10-x$，在 Rt$\triangle COB$ 和 Rt$\triangle COD$ 中，$BC^2-OB^2=CD^2-OD^2$，即 $8^2-x^2=6^2-(10-x)^2$，解得：$x=6.4$。

又在 Rt$\triangle COB$ 中，$CO=\sqrt{8^2-6.4^2}=4.8$，故 $CE=9.6$。

学生 7：利用相似三角形。

如图 5-3，在 Rt$\triangle BCD$ 中，因为 CO 是斜边 BD 上的高，所以联想到“双垂直”母子相似模型，易证Rt$\triangle BCO\backsim$Rt$\triangle BDC$，得$\frac{CO}{DC}=\frac{BC}{BD}$，即$\frac{CO}{6}=\frac{8}{10}$，解

得：$CO=4.8$，故 $CE=9.6$。

学生 8：锐角函数法(同角的三角函数值相等)。

如图 5-3，在直角三角形中，考虑到同角或等角的锐角三角函数值相等，在 $\mathrm{Rt}\triangle COB$ 和 $\mathrm{Rt}\triangle BDC$ 中，由 $\angle CBO=\angle DBC$，得 $\sin\angle CBO=\sin\angle DBC$，所以 $\dfrac{CO}{8}=\dfrac{6}{10}$，解得：$CO=4.8$，故 $CE=9.6$。

学生 9：构造辅助圆。

因为 $\angle BED=90°$，考虑这个角为圆周角时，那么它所对的弦 BD 为直径，于是尝试构造了 $\triangle BED$ 的外接圆，利用圆周角定理求解，过程简捷自然。

如图 5-4，由折叠性质得 $\mathrm{Rt}\triangle BCD$ 和 $\mathrm{Rt}\triangle BED$ 是两个全等的直角三角形且共对斜边，所以点 B，C，D，E 四点共圆，且在 BD 为直径的圆上。因为同弧 DE 所对的圆周角相等，即 $\angle EBD=\angle ECD$，又知 $\triangle BDF$ 和 $\triangle CDE$ 都是等腰三角形，所以 $\triangle BDF\backsim\triangle CDE$，得 $\dfrac{BD}{CE}=\dfrac{DF}{DE}$，即 $\dfrac{10}{CE}=\dfrac{\frac{25}{4}}{6}$，解得：$CE=9.6$。

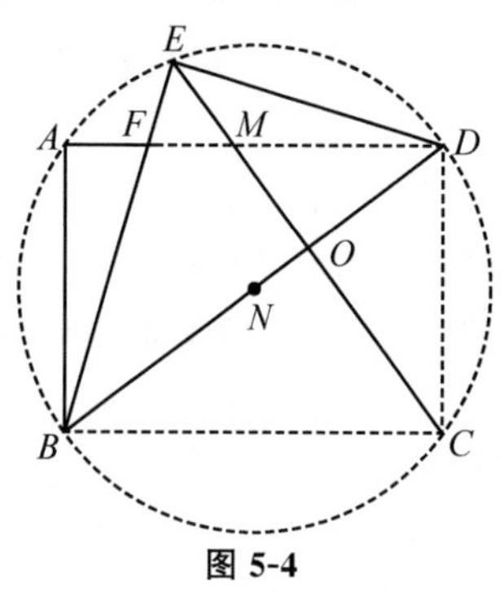

图 5-4

学生 10：也可以证明 $\triangle BOE\backsim\triangle COD$，得 $\dfrac{BO}{CO}=\dfrac{BE}{CD}=\dfrac{OE}{OD}$，设 $OD=x$，$OC=OE=y$，则 $OB=(10-x)$，即 $\dfrac{10-x}{y}=\dfrac{8}{6}=\dfrac{y}{x}$，解得：$y=4.8$，故 $CE=2y=9.6$。

学生 11：构建平面直角坐标系。

利用几何图形的特殊性质建立平面直角坐标系，将几何问题转化为代数问题，利用坐标法解答，数形结合，解法自然。

如图 5-5，以点 B 为坐标原点，BC，AB 所在直线为 x 轴和 y 轴建立直角坐标系，由已知得 $B(0,0)$，$C(8,0)$，$D(8,6)$，可求得直线 BD 的解析式为 $y=\dfrac{3}{4}x$，又 $OD\perp CO$，可求得直线 CO 的解析式为 $y=-\dfrac{4}{3}x+\dfrac{32}{3}$，联立两条直线的

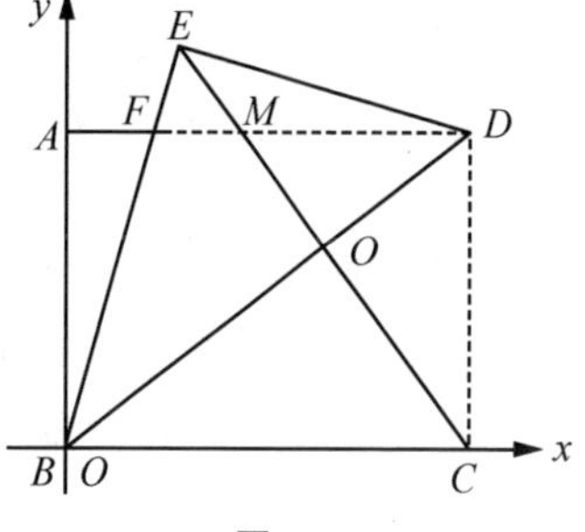

图 5-5

方程组求得交点 O 的坐标为 $\left(\frac{128}{25}, \frac{96}{25}\right)$，由 C，O 两点坐标求得 $CO=4.8$，故 $CE=9.6$。

【设计意图】连接 EC，实际上是连接对称点，在此基础上，教师提出问题串，步步追问，让学生进一步熟悉探究复杂图形的一般思路：分解或构造基本图形→利用基本图形的性质解决问题，并且在多样化的解法中培养学生发现问题，提出问题，分析问题和解决问题的能力，积累解题经验，为下面的问题3埋下了伏笔。

(三)变换折叠，玩“味”经久

环节三：运用模型，一题多变。

问题3：如图5-6，将矩形 $ABCD$ 沿 BF 折叠，使点 C 落在 AD 边的点 E 处。若 $AB=8$，$BC=10$，求折痕 BF 的长度。

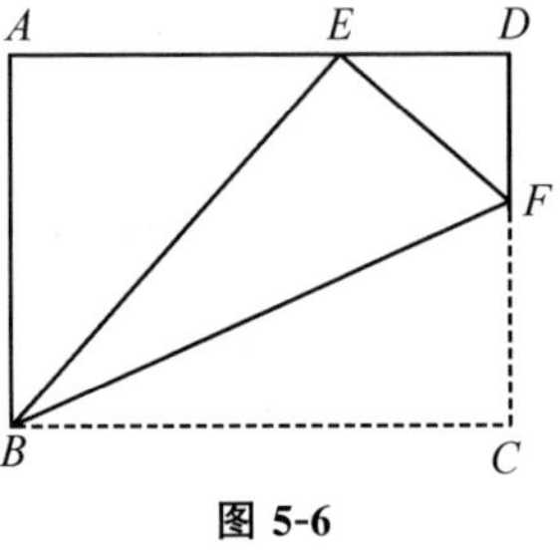

图 5-6

【设计意图】将矩形 $ABCD$ 沿 BF 折叠，使点 C 落在 AD 边的点 E 处，通过折痕位置的改变，构造新的图形，学生继续经历观察、归纳、猜想、验证的探究体验，重点考查“一线三垂直”相似模型和勾股定理的应用。突破学生的思维定式，使学生的知识结构条理化、系统化和网格化，更好地培养学生思维的灵活性和思考问题的深刻性。

(四)反思折叠，耐人寻“味”

环节四：交流辨析，共同提高。

问题4：如图5-7，矩形 $ABCD$ 中，$AB=6$，$BC=8$，点 E 为 BC 边上一个动点，把 $\triangle ABE$ 沿 AE 折叠，当点 B 的对应点 B' 落在矩形 $ABCD$ 对角线上时，求 BE 的长。

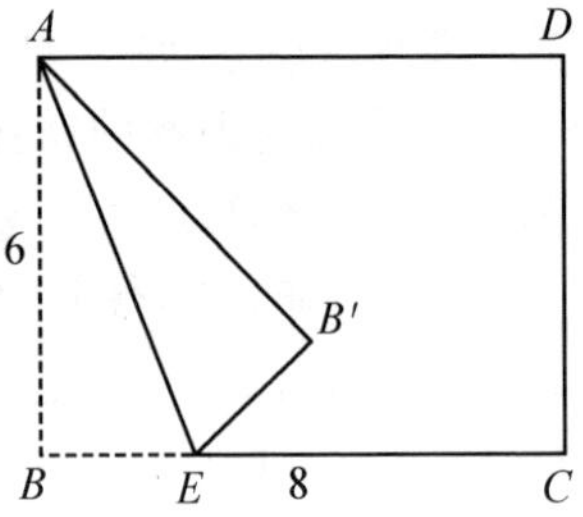

图 5-7

【设计意图】通过改变折痕进行训练，易于学生加深对同类问题的深层次理解，促进学生深度学习，激发学生探索热情。尝试构图和分类讨论的设计，不仅可以使学生在合作探究的几何问题体验中掌握解题策略，还可以提升数学思维的深度，获得长足的发展。

(五)归纳总结，余“味”无穷

环节五：提炼升华，多题归一。

学生在教师的引导下共同归纳小结，将本节教学内容通过思维框图呈现如图 5-8，使知识的生成自然，生长向上，促使学生数学学科核心素养的形成和发展。

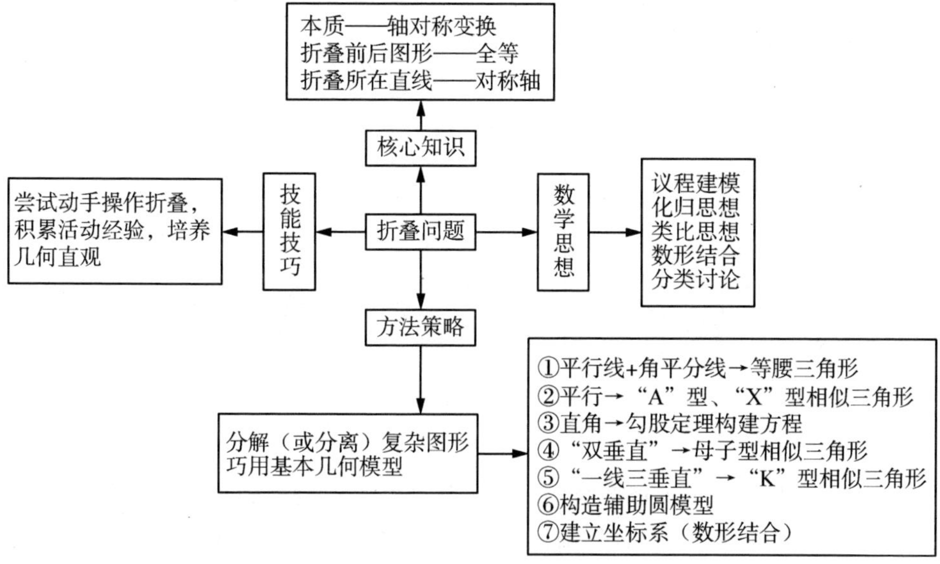

图 5-8

【设计意图】该环节的目的在于帮助学生梳理知识体系，加深对知识的理解，通过一题多解、一题多变、一图多用、多题归一提高学生解决问题的综合能力，达到以一木可见森林，提升数学学科核心素养的目的。

八、作业布置设计

1. 如图 5-9，将矩形纸片 $ABCD$ 沿其对角线 AC 折叠，使点 B 落到点 B' 的位置，AB' 与 CD 交于点 E，若 $AB=8$，$AD=2$，则图中阴影部分的周长为(　　)。

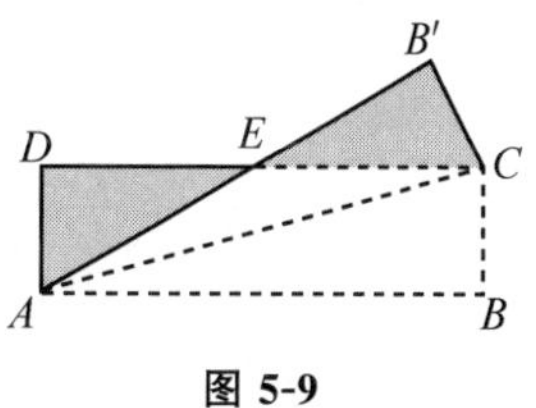

图 5-9

A. 20　　B. 14

C. 10　　D. $\frac{15}{2}$

2. 如图 5-10，将长方形 $ABCD$ 沿 EF 折叠，使顶点 C 恰好落在 AB 边的中点 C' 上。若 $AB=6$，$BC=9$，则 BF 的长为________。

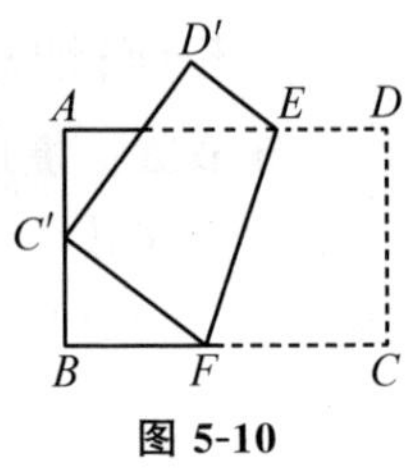

图 5-10

3.【探究发现】如图 5-11-①，在正方形 $ABCD$ 中，E 为 AD 边上一点，将△AEB 沿 BE 翻折到△BEF 处，延长 EF 交 CD 边于点 G。求证：△BFG≌△BCG。

【类比迁移】如图 5-11-②，在矩形 $ABCD$ 中，E 为 AD 边上一点，且 $AD=8$，$AB=6$，将△AEB 沿 BE 翻折到△BEF 处，延长 EF 交 BC 边于点 G，延长 BF 交 CD 边于点 H，且 $FH=CH$，求 AE 的长。

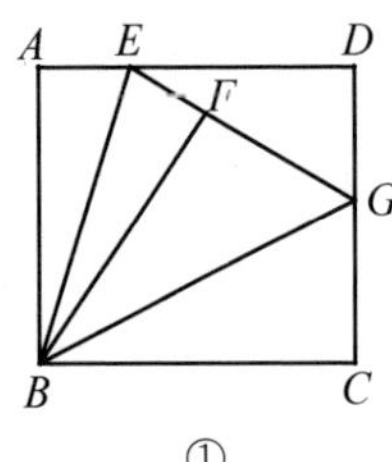

①

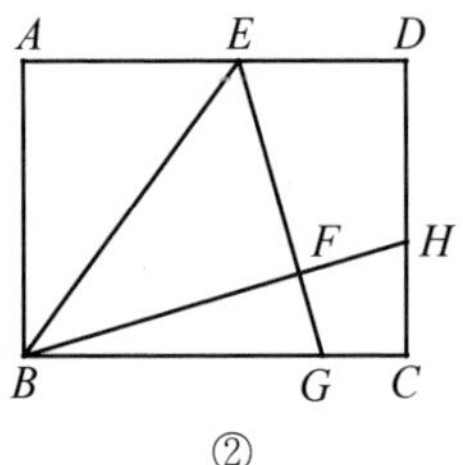

②

图 5-11

【设计意图】考查了矩形的性质，折叠变换的性质，勾股定理，相似三角形，锐角函数以及分类讨论等知识，发展学生数学运算、逻辑推理和数学建模等学科核心素养。

九、目标检测设计

1. 图 5-12 是一张直角三角形的纸片，两直角边 $AC=6$ cm，$BC=8$ cm，现将△ABC 折叠，使点 B 与点 A 重合，折痕为 DE，则 CD 的长为(　　)。

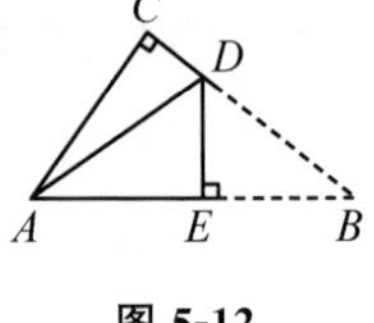

图 5-12

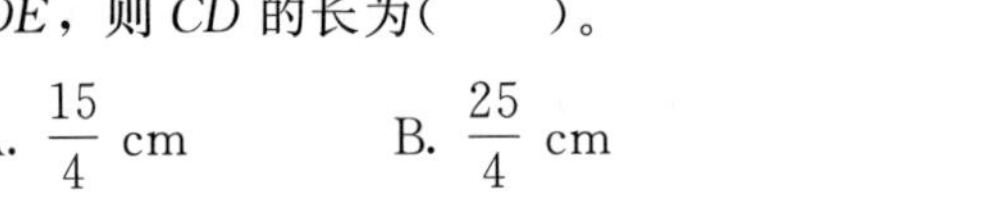

A. $\frac{15}{4}$ cm　　B. $\frac{25}{4}$ cm

C. $\frac{7}{4}$ cm　　D. 无法确定

【设计意图】考查折叠是一种对称变换，根据轴对称的性质，折叠前后图形全等，利用勾股定理建立方程，解决线段长的计算问题，落实学生对基础知识和基本技能的掌握情况。

2. 如图 5-13，在矩形 $ABCD$ 中，$AB=4$，$BC=6$，点 E 是折线段 A-D-C 上的一个动点（与点 A 不重合），点 P 是点 A 关于 BE 的对称点。在点 E 的运动过程中，能使得$\triangle PCB$ 为等腰三角形的点 E 的位置共有（　　）。

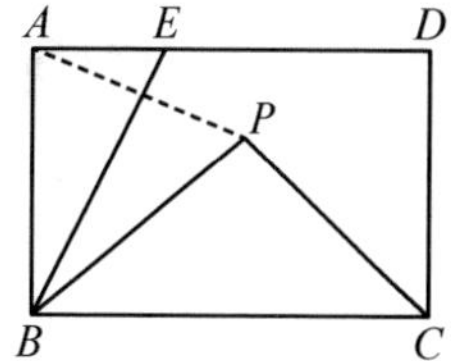

图 5-13

A. 2 个　　　　B. 3 个

C. 4 个　　　　D. 5 个

3. 如图 5-14，在矩形 $ABCD$ 中，$AB=10$，$BC=12$，点 E 为 BC 边上一个动点，把$\triangle ABE$ 沿 AE 折叠，当点 B 的对应点 B'落在矩形 $ABCD$ 对称轴上时，求 BE 的长。

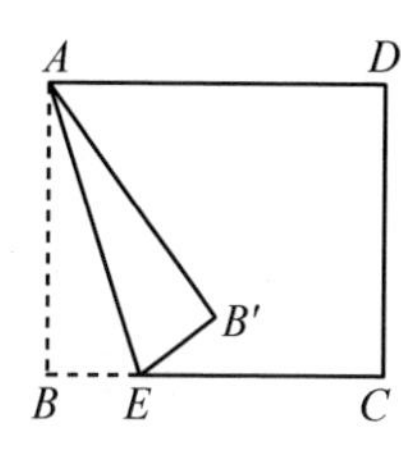

图 5-14

【设计意图】考查矩形的性质，等腰三角形的判定，轴对称的性质等知识，帮助学生积累数学活动经验，领悟数学基本思想（分类讨论思想）和培养动手操作能力，利用题组让学生熟练掌握几何计算中的四大“法宝”——勾股定理、相似三角形、锐角函数和面积法，更好地巩固本节课所学的核心知识和方法，从而提升数学学科核心素养。

案例二 “切线的性质与判定”复习课

（昆明市盘龙区教师进修学校　陈益民）

一、教学内容和内容解析

（一）内容

圆的切线的性质与判定。

（二）内容解析

本节课是人教版《义务教育教科书·数学　九年级　上册》第二十四章《圆》的一节专题复习课。直线与圆的位置关系是这一章节的重要知识，其中圆的切线的性质与判定又是中考数学的热门考点之一。本节内容是初中数学的重要部分，为此充分准备了一节专题复习课来有效地解决学生存在的问题。

基于以上分析，本节课的**教学重点**是：帮助学生掌握切线的判定定理和性质定理。

二、教学目标设置

（一）目标

(1)巩固和掌握切线的性质和判定。

(2)会利用切线的性质和判定进行计算和证明，能灵活运用常见的证明切线的几何模型。

(3)通过对具体问题和模型的分析与研究，完善学生对切线的性质与判定的整体认知。在探究的过程中，让学生感受数形结合思想在解决数学问题中的作用，提升几何逻辑推理能力。

（二）目标解析

达成目标(1)的标志：学生能掌握圆的切线的性质与判定。

达成目标(2)的标志：学生能灵活利用几何模型进行切线的性质应用并完成圆的切线的有关证明。

达成目标(3)的标志：结合对本类考点的解题模型进行深度探究，通过对母题的不断变式，引导学生从中凝练出解答本类题的通性通法。

三、学生学情分析

切线的性质与判定这一内容涉及综合之前所学的直角三角形、相似三角形、全等三角形等知识来考查学生在几何问题上的逻辑推理能力。在中考中，与圆的切线有关的证明与计算得分相对较低，其主要原因是学生在遇到此类问题时没有较好地分析已知条件，没有寻求到较好的解题方法。

基于以上分析，本节课的**教学难点**是：引导学生学会利用切线的性质与判定进行计算和证明，能灵活运用常见的证明切线的几何模型。

四、教学策略分析

在问题解决的过程中，梳理直线与圆相切的性质定理和判定定理的知识；引导学生进一步感受转化、数形结合、建模、方程等数学思想，体会由特殊到一般的数学方法；形成解决核心问题的知识架构，归纳总结解决问题的模型，感悟解题方法，使核心知识体系化。

五、教学支持条件分析

教法：讲授教学法、问题引导教学法、任务驱动教学法。

学法：探究学习法。

教学媒体：教具、课堂任务单、多媒体课件等。

教学环境：在多媒体设备的支持下，实现师生互动、生生互动。

六、教学设计基本流程

教学设计基本流程如图 5-15 所示。

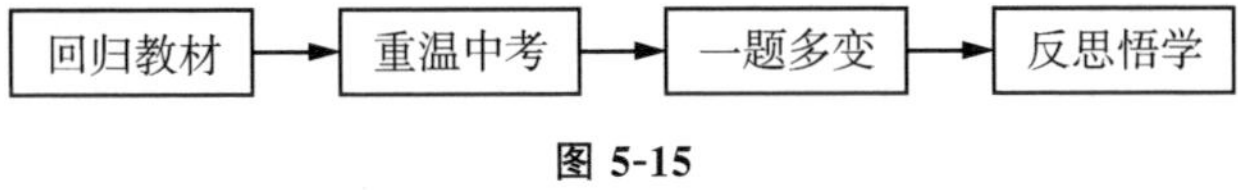

图 5-15

七、教学设计过程

环节一：回归教材，感悟性质和判定。

【人教版《义务教育教科书·数学　九年级　上册》第 102 页第 12 题】如图 5-16，AB 为⊙O 的直径，C 为⊙O 上一点，AD 和过 C 点的切线互相垂直，垂足为 D。

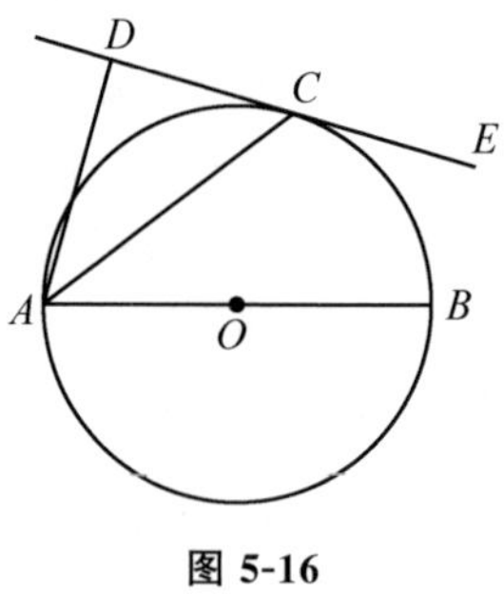

图 5-16

求证：AC 平分∠DAB。

问题 1：已知圆的切线可以得到哪些性质？

问题 2：证明一条射线是一个角的平分线又需要哪些条件？

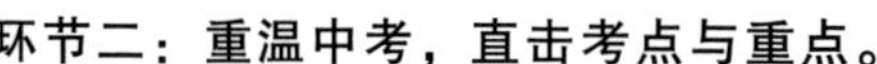

环节二：重温中考，直击考点与重点。

【2020·云南第 20 题变式】

如图 5-17，AB 为⊙O 的直径，C 为⊙O 上一点，$AD \perp CE$，垂足为 D，AC 平分∠DAB。

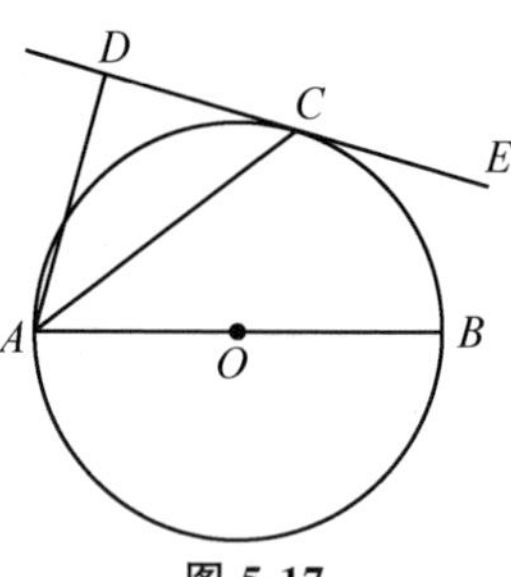

图 5-17

求证：CE 是⊙O 的切线。

问题 3：证明圆的切线需要哪些条件？

问题 4：我们应该如何挖掘它？

追问：“AC 平分∠DAB”这个条件和证明的结论有何联系？

【设计意图】环节一和环节二的这两个问题引导学生从教材中的习题入手，帮助学生找到探究的方法和步骤，再结合教材的习题进行改编，让学生感受中考试题的内容和方向，做到学以致用，融会贯通。

环节二采用了 2020 年云南省中考题第 20 题，但做了一定的改编，并设置了与之相关的基础题，其中基础题切入宽，易上手，既能通过题目对前面梳理的知识、方法进一步巩固，也为后续的变式训练做好铺垫。

环节三：一题多变，知识迁移与运用。

(1)如图 5-18，直线 MN 交⊙O 于 A，B 两点，AC 是直径，AD 平分∠CAM 交⊙O 于点 D，过 D 作 $DE \perp MN$ 于点 E。

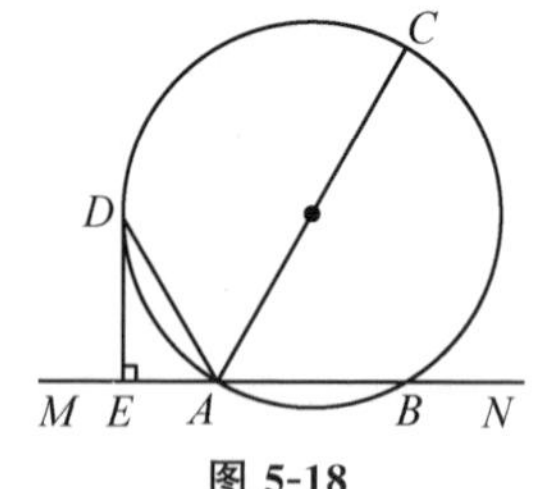

图 5-18

求证：DE 是⊙O 的切线。

问题 5：反思方法　选用________________的证明方法。

追问：转化 90°角的方法　①证________转化 90°；②证________转化 90°。

(2) 如图 5-19，已知 AB 是⊙O 的直径，$BC \perp AB$，连接 OC。

(3)弦 $AD /\!/ OC$，直线 CD 交 BA 的延长线于点 E。

求证：直线 CD 是⊙O 的切线。

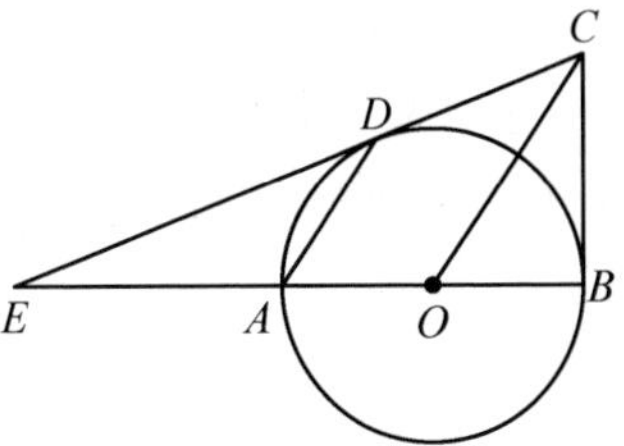

图 5-19

问题 6：反思方法　选用________________的证明方法。

追问：转化 90°角的方法　利用__________转化 90°。

(4)如图 5-20，已知 $OA = OB = 5$ cm，$AB = 8$ cm，⊙O 的半径为 3 cm。

求证：AB 与⊙O 相切。

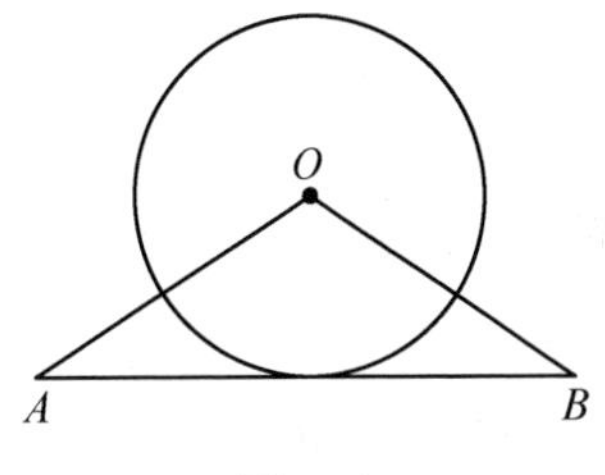

图 5-20

问题 7：反思方法　选用________________的证明方法。

对应练习：如图 5-21，点 O 在∠APB 的平分线上，⊙O 与 PA 相切于点 C。

求证：直线 PB 与⊙O 相切。

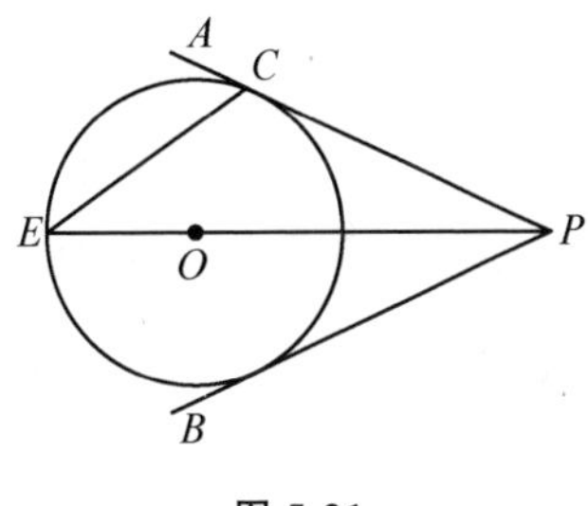

图 5-21

【设计意图】此环节的设计是让学生能够从不同的角度去分析问题，解决问题，尽可能探究出不同情况下证明切线的方法。同时让学生在证明的过程中增强逻辑推理能力，在理解每一个推导步骤的同时，通过对模型的总结和对题目已知条件的分析，学会对几何的探究与分析。

环节四：反思悟学，凝练方法与模型。

课堂小结问题 1：要判定直线与圆相切，应该如何进行证明？

课堂小结问题 2：在本节课的学习中，你学会了哪些可以用来证明圆的切线的几何模型？

课堂小结问题 3：在本节课的学习中，你学会了哪些证明圆的切线的思想方法？

方法导引：判定直线与圆相切，可以按以下 3 个步骤进行。

(1)在题目中找关键词(有、无交点);

(2)选择相应的判定方法;

(3)选择相应的转化90°角的方法进行论证。

几何模型:①等腰三角形;②角平分线;③平行线。(知二推一)

【设计意图】通过引导学生分析题干寻找关键词,总结积累证明切线的方法,再结合对几何模型的分析和归纳,增强学生运用数学知识和模型解决问题的能力。

八、作业布置设计

分层探究

A层

1. 如图5-22,AB 是半圆 AOB 的直径,C 是半圆上的一点,AD 平分$\angle BAC$ 交半圆于点 D,过点 D 作 $DH\perp AC$ 与 AC 的延长线交于点 H。

求证:DH 是半圆的切线。

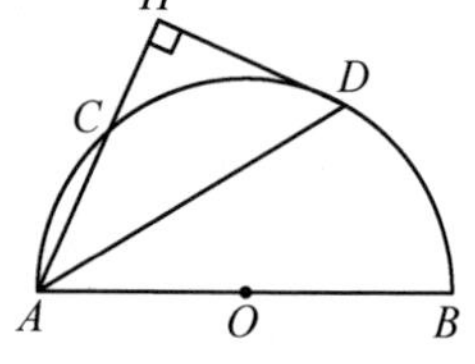

图 5-22

B层

2. 如图5-23,已知直线 l_1,l_2 分别与⊙O 相切于点 A,B,AB 是⊙O 的直径,点 P 是切线 l_1 上的一点,连接 OP,作 $OQ\perp OP$ 交切线 l_2 于点 Q。

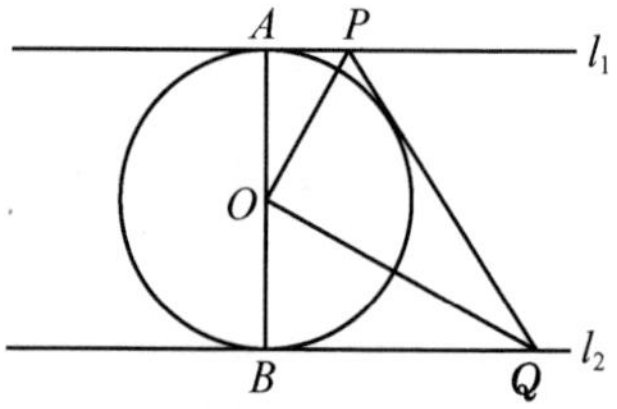

①求证:$\frac{AP}{OB}=\frac{OP}{OQ}$;

②连接 PQ,求证:$\triangle APO\backsim\triangle OPQ$;

③试判断直线 PQ 与⊙O 的位置关系,并说明理由。

图 5-23

【设计意图】结合本节课所学内容和模型,通过分层作业的方式,意在让不同的学生在数学上得到不同的发展。

九、目标检测设计

1. 如图5-24,在平行四边形 $ABCD$ 中,AC 是对角线,$\angle CAB=90°$,以

点 A 为圆心，以 AB 为半径作 $\odot A$，交 BC 边于点 E，交 AC 于点 F，连接 DE。

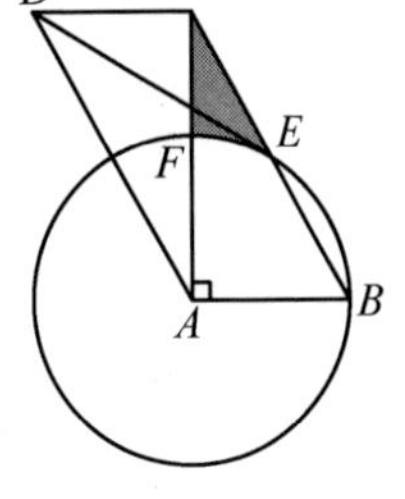

图 5-24

(1)求证：DE 与 $\odot A$ 相切；

(2)若 $\angle ABC=60^\circ$，$AB=2$，求阴影部分的面积。

2. 如图 5-25，已知 AB 是 $\odot O$ 的直径，C 是 $\odot O$ 上的一点，D 是 AB 上的一点，$DE\perp AB$ 于点 D，DE 交 BC 于点 F，且 $EF=EC$。

(1)求证：EC 是 $\odot O$ 的切线；

(2)若 $BD=4$，$BC=8$，圆的半径 $OB=5$，求切线 EC 的长。

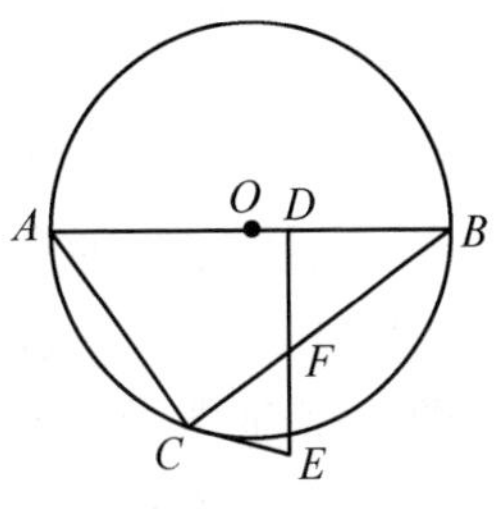

图 5-25

【设计意图】目标检测设计的两道题目主要考查圆的切线的有关证明，同时也考查了扇形面积以及线段长的有关计算。在解题思路上注重通性通法，通性通法不需要特殊技巧，可以较好地检测学生对于本堂课学习的效果。

案例三 “平行四边形”复习课

（王学先名师工作室　张丽霞）

一、教学内容和内容解析

（一）内容

平行四边形复习课。

（二）内容解析

通过本节课的学习，学生能清楚地理解各种平行四边形的关系，并掌握它们的性质与判定，进一步培养学生的合情推理能力，发展学生的逻辑思维能力与推理论证能力。本节课是学生在学习了平行线、三角形、全等三角形等有关知识，且具备初步的观察、操作等活动经验的基础上进行的。平行四边形可作为单独的问题来考查(近年来，本节课主要知识点是平行四边形与特殊平行四边形的性质和判定，在中考考查中，题型全面)，同时为后面相似形和圆的学习奠定基础。因此，本节课具有承上启下的重要作用。

基于以上分析，本节课的**教学重点**是：几种特殊四边形的性质和判定的综合应用。

二、教学目标设置

（一）目标

(1)会运用特殊四边形的性质及判定来进行几何证明。

(2)掌握平行四边形、菱形、矩形、正方形之间的联系及区别。

(3)培养学生归纳、总结的能力。发展学生的合情推理能力，进一步学习有条理的思考与表达，理解推理与论证的基本过程，建构严谨的思维模式。

（二）目标解析

达成目标(1)的标志：学生能够完成复习回顾中的知识填写，并利用相关知识解决例题和练习，能清楚地说出解题思路。

达成目标(2)的标志：学生在教学过程中能够回答思考 1、思考 2 和问题中四边形的形状，并能够阐述解题思路。

达成目标(3)的标志：学生能够清楚地表达思考 1、思考 2 及后面问题的解题思路，并能够独立地完成解答过程。

三、学生学情分析

学生已基本掌握了平行、垂直、相交、三角形等相关知识，并且有了一定的合情推理能力。经过本章前一部分的学习，学生已经基本掌握了平行四边形、菱形、矩形、正方形的性质及其判定，但是在学习平行四边形、菱形、矩形和正方形时，知识都相对比较独立，学生对这些特殊的平行四边形之间的关系掌握得不是很好，比较陌生，而特殊四边形的判定应用综合问题相对较多，所以本节课采用一题多解、一题多变的形式，让学生自己领会解题模型的建立。

基于以上分析，本节课的**教学难点**是：平行四边形和各种特殊平行四边形的联系和区别。

四、教学策略分析

基于学情分析，本节课首先从梳理教材的知识点开始，夯实基础；其次选取典型例题进行分析，让学生从多角度解决例题，在此基础上将典型例题进行变式训练，提高学生的思维能力，加强学生对所学知识的应用能力；最后通过决胜中考，拓展升华，分析解题思路，让学生在了解自身能力的前提下，进一步明确在复习中可运用知识网络图(这个封闭的网络可以循环)，从而给学生提供一种复习的策略。

五、教学支持条件分析

教法：问题引导教学法，总结归纳式教学法。

学法：探究学习法。

教学媒体：教具、课堂任务单、多媒体课件、几何画板等。

教学环境：在多媒体设备的支持下，实现师生互动、生生互动。

六、教学设计基本流程

教学设计基本流程如图 5-26 所示。

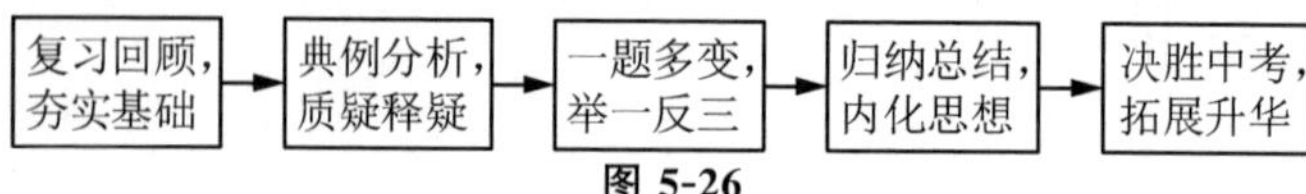

图 5-26

七、教学设计过程

环节一：复习回顾，夯实基础。

问题 1：请同学们回忆一下，我们学习了哪些四边形？

问题 2：请同学们说说这些四边形之间的关系。

问题 3：请同学们说说这些四边形的性质和判定(图 5-27)。

平行四边形的性质
边：对边______；
角：对角______；
　　邻角______；
对角线：______。

矩形的性质
具有平行四边形的所有性质；
角：四个角都是______；
对角线：______。

矩形的判定
(1)有一个角是______的______是矩形；
(2)对角线______的______是矩形；
(3)三个角都是______的______是矩形。

正方形的性质
具有平行四边形的所有性质；
边：四条边都______；
角：四个角都是______；
对角线：对角线平分______；
每一条对角线______一组对角。

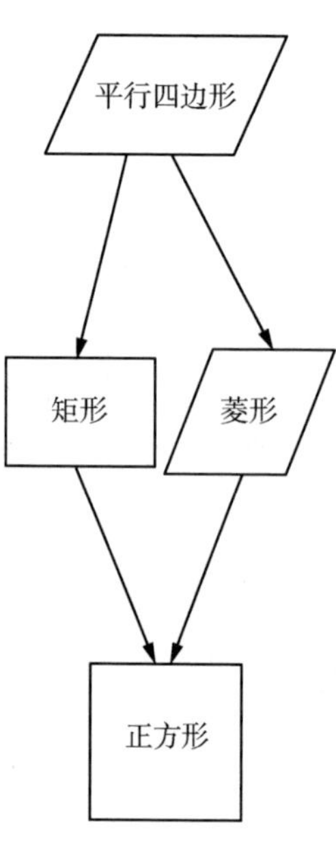

平行四边形的判定
判定 1(定义法)：两组对边分别______的四边形是平行四边形；
判定 2：两组对边分别______的四边形是平行四边形；
判定 3：一组对边______的四边形是平行四边形；
角：两组对角分别______的四边形是平行四边形。

菱形的性质
具有平行四边形的所有性质；
边：四条边都______；
对角线：对角线互相______；
每一条对角线______一组对角。

菱形的判定
(1)有一组邻边______的______是菱形；
(2)对角线______的______是菱形；
(3)四条边都______的______是菱形。

正方形的判定
(1)有一组邻边______且有一个角是______的平行四边形是正方形；
(2)有一组邻边______的矩形是正方形；
(3)有一个角是______的菱形是正方形。

图 5-27

【教师活动】①给同学们 3 分钟时间填空；②请同学回答各类特殊四边形的性质和判定。

【学生活动】思考问题 1，问题 2 并回答老师的问题，书写学案上的问题，并回答问题 3。

【设计意图】以问题为载体，唤醒学生对知识的记忆，以题组的形式呈现，帮助学生建立知识之间的关联。

环节二：典例分析，质疑释疑。

例 1　如图 5-28，在四边形 $ABCD$ 中，点 E，F 在对角线 BD 上，且 $BE=FD$，连接 AE，AF，CE，CF，若四边形 $ABCD$ 是平行四边形，求证：四边形 $AECF$ 是平行四边形。

【教师活动】请同学们分小组讨论证明方法，并请每组同学派一个代表讲解本组的解题思路。

【学生活动】①组内合作讨论，质疑、释疑，达成共识；②每组派一个代表说出本组的解题思路，其他同学认真思考，可以及时补充。

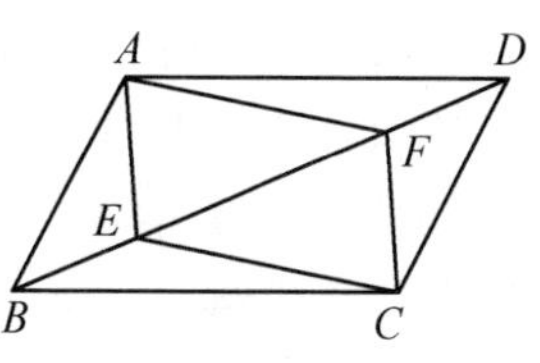

图 5-28

解法一

证明　连接 AC，交 BD 于点 O(图 5-29)，

$\because$ 四边形 $ABCD$ 是平行四边形，

$\therefore AO=CO$，$BO=DO$，

$\because BE=DF$，

$\therefore BO-BE=DO-DF$，

即 $EO=FO$，

$\therefore$ 四边形 $AECF$ 是平行四边形。

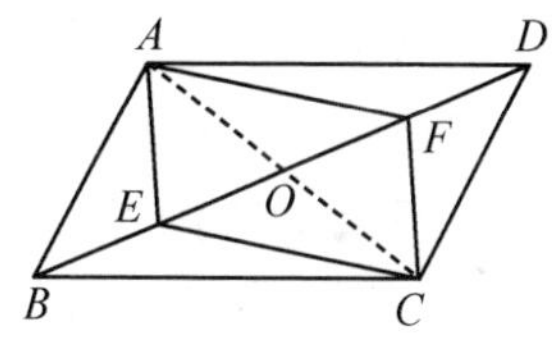

图 5-29

解法二

证明　$\because$ 四边形 $ABCD$ 是平行四边形，

$\therefore AB=CD$，$AB/\!/CD$，

$\because AB/\!/CD$，

$\therefore \angle ABE=\angle CDF$，

在 $\triangle ABE$ 和 $\triangle CDF$ 中，

$$\begin{cases} AB=CD \\ \angle ABE=\angle CDF, \\ BE=DF \end{cases}$$

$\therefore \triangle ABE \cong \triangle CDF(\text{SAS})$，

$\therefore AE=CF$，$\angle AEB=\angle CFD$，

$\because \angle AEB=\angle CFD$，$\angle AEB+\angle AEF=\angle CFD+\angle CFE=180^\circ$，

$\therefore \angle AEF=\angle CFE$，$AE/\!/CF$，

$\because AE=CF$，$AE/\!/CF$，

$\therefore$四边形 $AECF$ 为平行四边形。

解法三

$\triangle BCE\cong\triangle DAF$，再利用一组对边平行且相等证平行四边形。

解法四

利用两组对边平行证平行四边形。

解法五

利用两组对边相等证平行四边形。

教师：请学生归纳总结 5 种解题方法，小组内讨论出最简单的解题方法。

【设计意图】学生通过自己思考并和组员讨论解题思路，可以集思广益，找到自己的问题，优化解题方法。

环节三：一题多变，举一反三。

思考 1：如图 5-30，点 E，F 是四边形 $ABCD$ 对角线 BD 上的两点，且 $BE=DF$，连接 AE，AF，CE，CF，若四边形 $ABCD$ 是正方形，则四边形 $AECF$ 是什么图形？

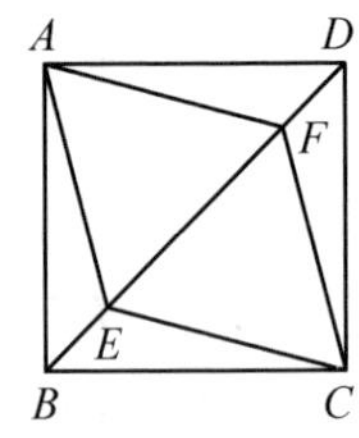

图 5-30

问题 4：如果思考 1 的四边形 $ABCD$ 是菱形，那么四边形 $AECF$ 是什么图形？

用几何画板演示动态过程。

思考 2：如图 5-31，点 E，F 是四边形 $ABCD$ 对角线 BD 上的两点，且 $BE=DF$，连接 AE，AF，CE，CF，若四边形 $AECF$ 是菱形，则四边形 $ABCD$ 还是正方形吗？

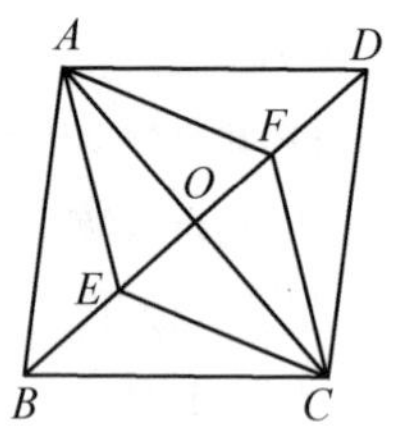

图 5-31

问题 5：如果思考 2 的四边形 $AECF$ 是正方形，那么四边形 $ABCD$ 是什么图形？

用几何画板演示动态过程。

【学生活动】学生思考问题，小组讨论，请同学讲解做题思路并书写解题过程。

【设计意图】本节课是巩固和提高课，所以本节课除了规范的证明题外，还附加了一些开放式、探索式的证明题，这对学生的推理能力要求较高，难度也有所增加，但同时也能激起学生的学习兴趣，活跃学生的思维。在教学中，

要注意启发引导，让学生在熟悉“规范证明”的基础上，提高和发展推理证明能力，使不同层次的学生都有收获。

环节四：归纳总结，内化思想。

(1)知识。

四边形的性质和判定。

(2)方法。

(3)思想。

【设计意图】此环节不仅对知识进行系统回顾，更重要的是提炼方法，形成思想，使学生在获取知识的同时，能力得到发展，素养得到提升。

环节五：决胜中考，拓展升华。

如图 5-32，E，F 是平行四边形 $ABCD$ 对角线 BD 上的两点，且 $AE\perp BD$，$CF\perp BD$，连接 AF，CE。

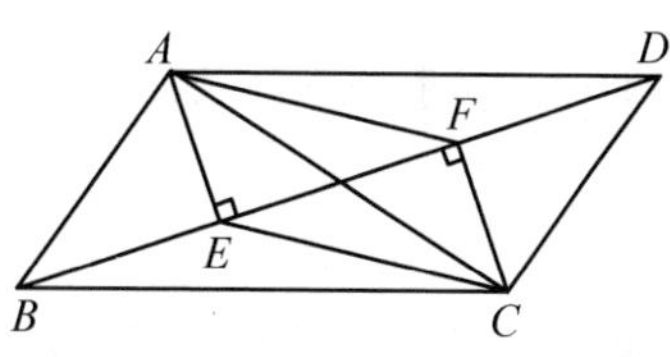

图 5-32

(1)求证：四边形 $AECF$ 为平行四边形；

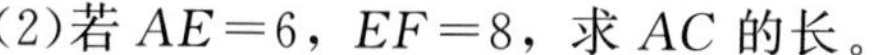
(2)若 $AE=6$，$EF=8$，求 AC 的长。

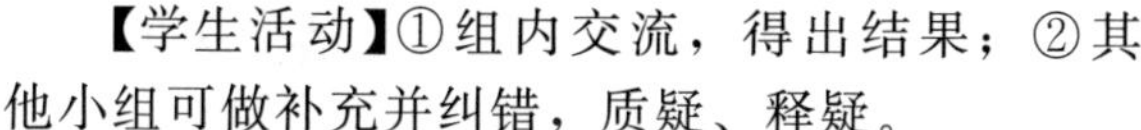
【学生活动】①组内交流，得出结果；②其他小组可做补充并纠错，质疑、释疑。

【设计意图】学生可以锻炼自己的发散思维，提高综合应用能力。

八、作业布置设计

1. 如图 5-33，在平行四边形 $ABCD$ 中，点 E，F 在对角线 BD 上，连接 AE，EC，CF，FA，点 E，F 满足以下条件中的一个：① $BF=DE$；② $AE=AF$；③ $AE=CF$；④ $\angle AEB=\angle CFD$；⑤ $AE\perp BD$，$CF\perp BD$。其中，能使四边形 $AECF$ 为平行四边形的条件个数为(　　)。

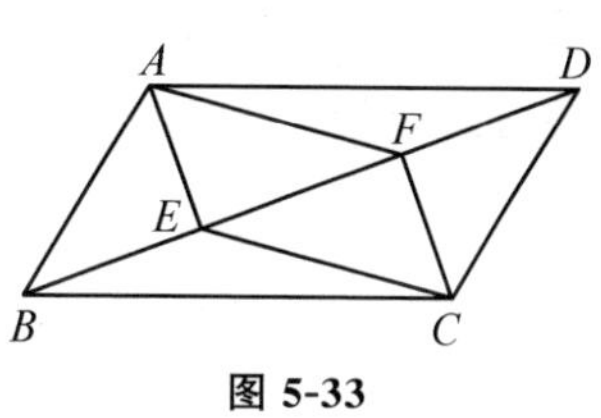

图 5-33

A. 2　　B. 3　　C. 4　　D. 5

2. 如图 5-34，平行四边形 $ABCD$ 的对角线 AC，BD 相交于点 O，E，F 分别是 OB，OD 的中点，连接 AE，AF，CE，CF。

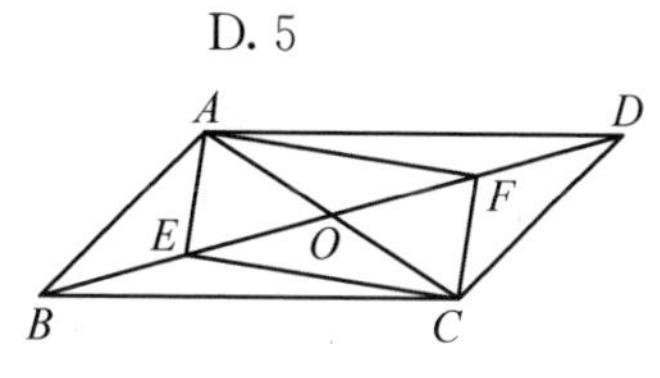

图 5-34

(1)求证：四边形 $AECF$ 是平行四边形；

(2)若 $AB\perp AC$，$AB=3$，$BC=5$，求 BD 的长。

3. 如图 5-35，在正方形 $ABCD$ 中，点 E，F 在对角线 BD 上，且 $BE=EF=FD$，连接 AE，AF，CE，CF。求证：四边形 $AECF$ 是菱形。

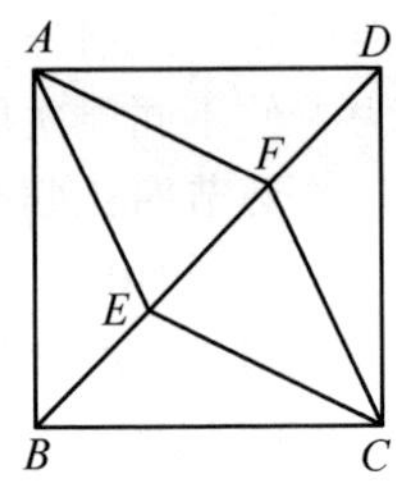

图 5-35

【设计意图】作业的设计旨在让学生体会题目背景在变，但解题的方法不变。

九、目标检测设计

1. 如图 5-36，E，F 是▱$ABCD$ 对角线 BD 上的两点，且 $BE=DF$。连接 AE，AF，CE，CF。

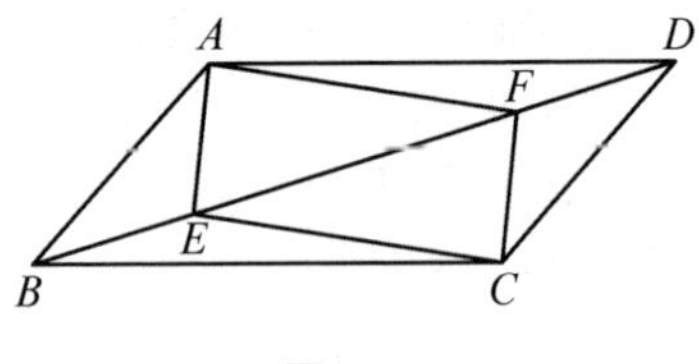

图 5-36

(1)求证：四边形 $AECF$ 是平行四边形；

(2)当四边形 $AECF$ 是菱形时，直接写出▱$ABCD$ 需要满足的条件。

2. 如图 5-37，四边形 $ABCD$ 是正方形，点 E，F 在对角线 BD 上，且 $BE=DF$，连接 AE，AF，CE，CF。

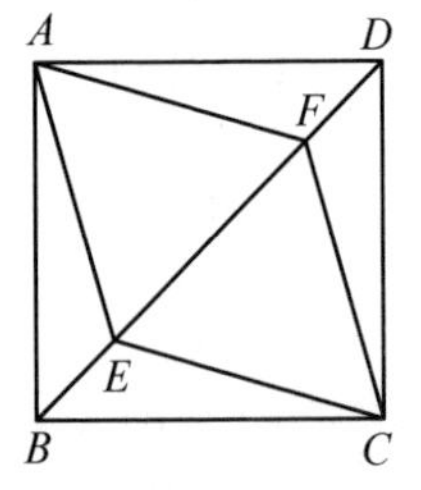

图 5-37

(1)求证：$\triangle ABE \cong \triangle ADF$；

(2)试判断四边形 $AECF$ 的形状，并说明理由。

【设计意图】这两道题目主要考查平行四边形和特殊平行四边形的判定和性质，和前面的例题和课堂练习有很多相似之处，解题方法是通用的，可以较好地检测学生对本堂课学习的效果。

案例四　“二次函数”复习课

（王学先名师工作室　魏树娜）

一、教学内容和内容解析

(一)内容

二次函数。

(二)内容解析

一题一课主要通过一题多问，一题多解，一题多变，一题多思，借题发挥，对一道题进行分析讲解，帮助学生理解并学会引用所学知识及技能，达到“做一题，得一法，会一类，通一片”的目的。二次函数是初中数学的重要内容，也是中考的重要考点，二次函数与一元二次方程和不等式都有着不可分割的联系，二次函数又同时兼有代数和几何两面性：二次函数的解析式与方程、不等式的关系，体现它代数的一面；二次函数的图象和性质体现它几何的一面。它是学生运算能力、几何直观能力、推理能力的重要载体。中考对二次函数的考查较为灵活，除了注重基础知识的考查外，还经常和别的知识点综合起来考查。

二、教学目标设置

(一)目标

(1)归纳二次函数常考知识点。

(2)根据题目所给条件选择合适的方法进行求解。

(二)目标解析

达成目标(1)的标志：学生能归纳二次函数常考知识点，比如二次函数的解析式、对称轴、最值、二次函数的图象和性质，二次函数与方程等。

达成目标(2)的标志：学生能根据所给条件选择合适的方法进行求解，比如在二次函数综合题中，遇到面积最值问题、三角形存在性问题、四边形存在性问题时，能选择合适的方法进行求解。

三、学生学情分析

史宁中教授曾说："学生核心素养的形成与发展，本质上不是靠教师'教'出来的，而是靠学生'悟'出来的。"在复习课的教学设计中，一个很重要的环节就是师生的交流互动，教师要想尽一切办法让学生在交流合作探究中触发学生的深度思考，发展学生的直观想象、数学抽象和数学运算能力，达到培养人的目的。

基于以上分析，本节课的**教学难点**是：如何引导学生进行自主探究，触发学生深度思考。

四、教学策略分析

九年级复习课的教学目标是通过有限时间的复习，使得知识结构化，方法体系化，促进学生核心素养的发展。"一题一课"的选题原则是：问题要深入浅出，凸显知识关联，涉及多种数学方法，利于学生思维发展；问题要有层次性，可以让不同能力的学生得到不同的发展；问题要有开放性，让不同层次学生都能积极参与；问题要有广衍性，方便学生对问题进行探究和推广。所以，本节课针对二次函数一道题，从重要的知识、方法和模型运用等方面，将平时学习中割裂的、碎片化的二次函数相关知识有效连接起来，进行"一课"的教学设计，让学生达到对知识的融会贯通，实现核心素养的发展。

五、教学支持条件分析

教法：问题引导教学法。

学法：探究学习法。

教学媒体：教具、课堂任务单、多媒体课件等。

教学环境：在多媒体设备的支持下，实现师生互动、生生互动。

六、教学设计基本流程

教学设计基本流程如图 5-38 所示。

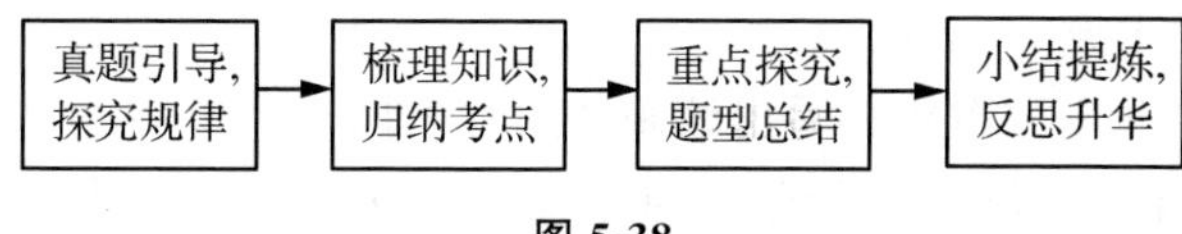

图 5-38

七、教学设计过程

(一)中考原题呈现

题目：(2020・云南)抛物线 $y=x^2+bx+c$ 与 x 轴交于 A，B 两点，与 y 轴交于点 C，点 A 的坐标为$(-1, 0)$，点 C 的坐标为$(0, -3)$。点 P 为抛物线 $y=x^2+bx+c$ 上的一个动点。过点 P 作 $PD \perp x$ 轴于点 D，交直线 BC 于点 E。

(1)求 b，c 的值；

(2)设点 F 在抛物线 $y=x^2+bx+c$ 的对称轴上，当$\triangle ACF$ 的周长最小时，直接写出点 F 的坐标；

(3)在第一象限，是否存在点 P，使点 P 到直线 BC 的距离是点 D 到直线 BC 的距离的 5 倍？若存在，求出点 P 所有的坐标；若不存在，请说明理由。

分析　第(1)问根据待定系数法，求得 b，c 的值，从而确定二次函数的解析式。第(2)、(3)问都是动点问题，常见的动点问题有 3 种：第一种是坐标轴上的动点；第二种是二次函数对称轴上的动点；第三种是二次函数抛物线上的动点。其中第(2)问是二次函数对称轴上的动点问题和两条线段之和的最小值问题的综合考查，解题思路是找到其中一个已知点的对称点，另外一个已知点和对称点的连线和对称轴的交点即为所求(周长最短，转化为三点在同一条直线上和最小问题)。第(3)问是动点的存在性问题，需要借助二次函数的图象与性质，相似三角形的性质与判定，构建相似三角形来解答。综上分析来看，本题第(1)问比较基础，第(2)、(3)问有一定的综合性，蕴含的知识点比较多。

【设计意图】以题目中的前两个问题为主，设计“一题一课”的教学内容，用于二次函数小专题的复习。

(二)知识探究

案例1：从梳理二次函数基础知识进行设计。

本题第(1)问是求 b，c 的值，是二次函数的基础知识。主要从以下7个问题来对二次函数基础知识进行梳理。

问题1：求本题 b，c 的值。

问题2：结合函数图象，写出该函数的几条性质。

【设计意图】"以题带点"让学生自主梳理二次函数的基本性质，比如开口方向、顶点坐标、对称轴、最值、增减性、比大小、与坐标轴的交点等性质。

问题3：结合函数图象，比较大小。

若该抛物线的图象上有3个点$(-2, y_1)$，$(2, y_2)$，$(5, y_3)$，写出 y_1，y_2，y_3 的大小关系________。

问题4：抛物线变换。

(1)将抛物线 $y=x^2-2x-3$ 向右平移2个单位长度，再向下平移3个单位长度后，得到的抛物线的函数解析式是________；

(2)将抛物线向右平移2个单位长度，再向下平移3个单位长度后，得到抛物线 $y=x^2-2x-3$，则原抛物线的函数解析式是________；

(3)将抛物线 $y=x^2-2x-3$ 绕顶点旋转180°后，得到的抛物线的函数解析式是________；

(4)将抛物线 $y=x^2-2x-3$ 沿直线 $y=-4$ 作轴对称变换后，得到的抛物线的函数解析式是________；

(5)将抛物线 $y=x^2-2x-3$ 沿直线 $x=2$ 作轴对称变换后，得到的抛物线的函数解析式是________。

【设计意图】通过对二次函数进行平移、旋转、轴对称的图形变换，总结规律：当抛物线形状不发生变化时，我们只需要关注抛物线顶点与开口方向的变化。

问题5：函数与方程。

根据函数图象，回答问题：

(1)在抛物线的图象上找到方程 $x^2-2x-3=0$ 的解；

(2)在抛物线的图象上找到方程 $x^2-2x-3=-2$ 的近似解；

(3)在抛物线的图象上找到方程 $x^2-2x-5=0$ 的近似解。

问题6：函数与不等式。

根据函数图象，回答问题：

(1)不等式 $x^2-2x-3>0$ 的解集是________；

(2)不等式 $x^2-2x-3\leqslant 0$ 的解集是________；

(3)不等式 $x^2-2x-8>0$ 的解集是________。

问题 7：函数值的大小比较。

已知二次函数 $y_1=x^2-2x-3$，直线 BC 的解析式为 $y_2=x+1$。

(1)当 x ________时，$y_1=y_2$；

(2)当 x ________时，$y_1>y_2$；

(3)当 x ________时，$y_1<y_2$。

【设计意图】通过 3 个问题的探究，学生经历观察、比较、实践、操作、发现的数学学习活动，体会“数形结合”的好处。

案例 2：线段和的最值问题教学设计

本题第(2)问是对二次函数对称轴上的动点问题和两条线段和最小值问题的综合考查。主要从以下 5 个类型来对线段和最值问题进行梳理。

问题 1：两点之间线段最短。

(1)如图 5-39，圆柱的底面周长是 14 cm，圆柱高为 24 cm，一只蚂蚁如果要沿着圆柱的表面从下底面点 A 爬到与之相对的上底面点 B，那么它爬行的最短路程为(　　)。

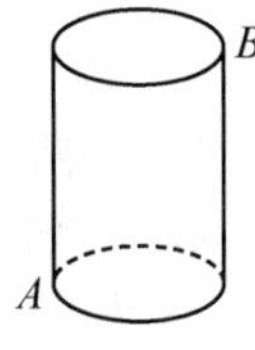

图 5-39

A. 14 cm　　B. 15 cm

C. 24 cm　　D. 25 cm

(2)如图 5-40，已知长方体的长为 6 cm，宽为 5 cm，高为 3 cm，一条虫子想沿该长方体表面从点 A 爬到点 B 的最短路程是(　　)。

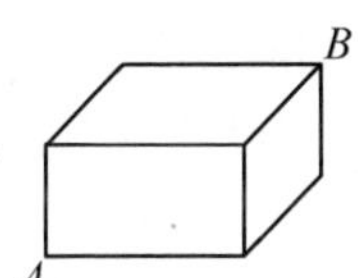

图 5-40

A. 14 cm　　B. 10 cm

C. $\sqrt{130}$ cm　　D. 6 cm

【设计意图】两定点之间距离最短问题直接利用“两点之间线段最短”来进行求解，不管是在圆柱体中还是正四棱柱中，常用的办法是把立体图形展开成平面图形后利用“两点之间线段最短”来解答。

问题 2：垂线段最短。

(1)如图 5-41，$\angle BAC=30°$，$AB=4$，点 P 是射线 AC 上的一动点，则线段 BP 的最小值是________。

(2)如图 5-42，在 Rt$\triangle ABC$ 中，$\angle A=90°$，$AB=3$，$AC=4$，P 是 BC 边上的一点，作 $PE\perp AB$，$PF\perp AC$，垂足分别为 E，F，则 EF 的最小值是(　　)。

A. 2　　B. 2.2　　C. 2.4　　D. 2.5

【设计意图】“一定一动”型和“两动一定”型问题借助“垂线段最短”求最值。

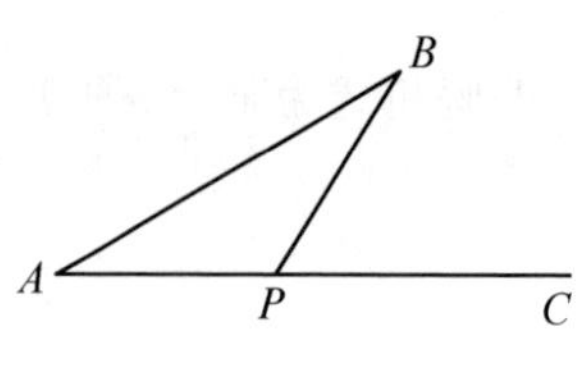

图 5-41

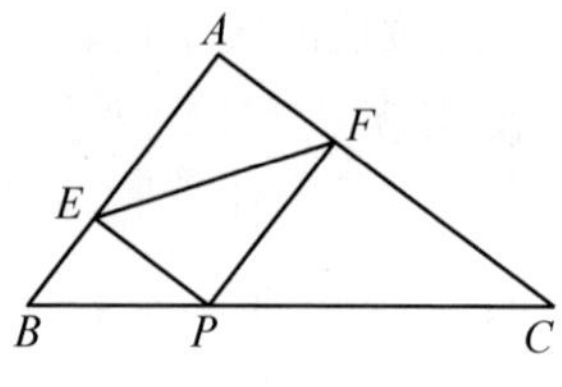

图 5-42

问题 3："将军饮马"问题。

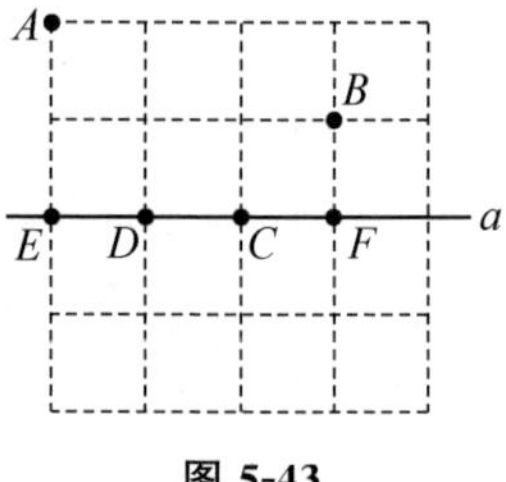

图 5-43

(1)在如图 5-43 所示的 4×4 的正方形网格中，有 A，B 两点，在直线 a 上求一点 P，使 $PA+PB$ 最小，则点 P 应选在(　　)。

A. C 点　　　　B. D 点

C. E 点　　　　D. F 点

(2)本题第(2)问设点 F 在抛物线 $y=x^2+bx+c$ 的对称轴上，当$\triangle ACF$ 的周长最小时，直接写出点 F 的坐标。

(3)如图 5-44，在 $\mathrm{Rt}\triangle ABC$ 中，$\angle ACB=90°$，$AC=6$，$BC=8$，$AB=10$，BD 平分$\angle ABC$，如果点 M，N 分别为 BD，BC 上的动点，那么 $CM+MN$ 的最小值是________。

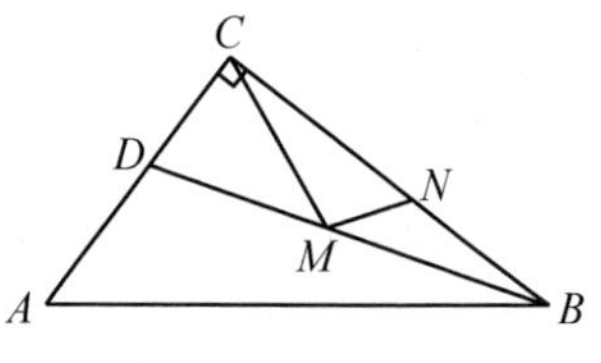

图 5-44

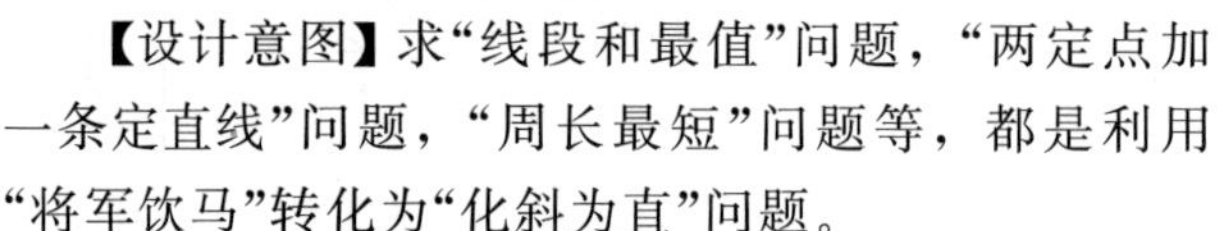

【设计意图】求"线段和最值"问题，"两定点加一条定直线"问题，"周长最短"问题等，都是利用"将军饮马"转化为"化斜为直"问题。

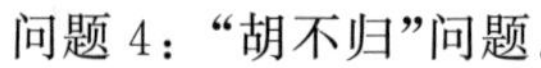

问题 4："胡不归"问题。

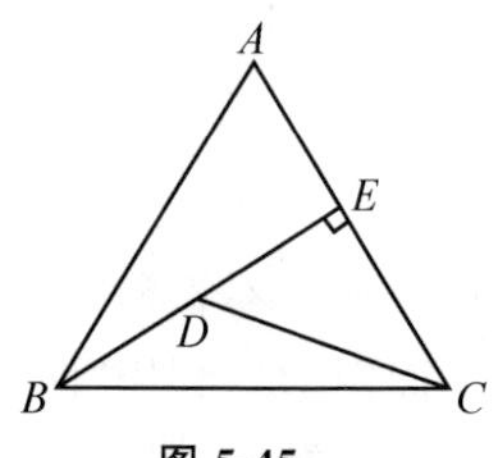

图 5-45

如图 5-45，在$\triangle ABC$ 中，$AB=AC=10$，$\tan A=2$，$BE\perp AC$ 于点 E，点 D 是线段 BE 上的一个动点，则 $CD+\dfrac{\sqrt{5}}{5}BD$ 的最小值是________。

解　如图 5-46，作 $DH\perp AB$ 于 H，$CM\perp AB$ 于 M。

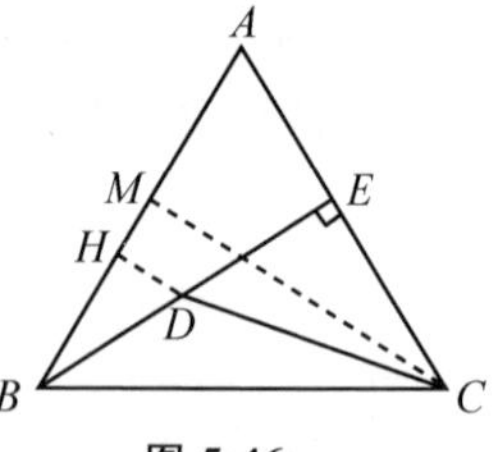

图 5-46

$\because BE\perp AC$，$\therefore \angle AEB=90°$，

$\because \tan A=\dfrac{BE}{AE}=2$，设 $AE=a$，$BE=2a$，则有：$100=a^2+4a^2$，

$\therefore a^2=20$，$\therefore a=2\sqrt{5}$ 或 $-2\sqrt{5}$(舍弃)，$\therefore BE=$

$2a=4\sqrt{5}$，

∵$AB=AC$，$BE\perp AC$，$CM\perp AB$，∴$CM=BE=4\sqrt{5}$，

∵$\angle DBH=\angle ABE$，$\angle BHD=\angle BEA$，∴$\sin\angle DBH=\dfrac{DH}{BD}=\dfrac{AE}{AB}=\dfrac{\sqrt{5}}{5}$，

∴$DH=\dfrac{\sqrt{5}}{5}BD$，∴$CD+\dfrac{\sqrt{5}}{5}BD=CD+DH$，∴$CD+DH\geqslant CM$，

∴$CD+\dfrac{\sqrt{5}}{5}BD\geqslant 4\sqrt{5}$，∴$CD+\dfrac{\sqrt{5}}{5}BD$ 的最小值为 $4\sqrt{5}$。故答案为 $4\sqrt{5}$。

小结：本题解题关键是作 $DH\perp AB$ 于 H，$CM\perp AB$ 于 M。由 $\tan A=\dfrac{BE}{AE}=2$，设 $AE=a$，$BE=2a$，利用勾股定理构建方程求出 a，再证明 $DH=\dfrac{\sqrt{5}}{5}BD$，推出 $CD+\dfrac{\sqrt{5}}{5}BD=CD+DH$，由垂线段最短即可解决问题。

【设计意图】“胡不归”问题，即“$PA+kPB(k\neq 1)$”型最值问题，常用方法是构造直角三角形，利用锐角三角函数将“$PA+kPB$”转化成“$PA+AC$”型问题，再根据“垂线段最短”来进行求解。

问题 5：“阿氏圆”问题。

阅读以下材料，并按要求完成相应的任务。

已知平面上两点 A，B，则所有符合$\dfrac{PA}{PB}=k(k>0$ 且 $k\neq 1)$的点 P 会组成一个圆。这个结论最先由古希腊数学家阿波罗尼斯发现，称阿氏圆。

阿氏圆基本解法：构造三角形相似。

如图 5-47，在平面直角坐标系中，在 x 轴，y 轴上分别有点 $C(m,\ 0)$，$D(0,\ n)$，点 P 是平面内一动点，且 $OP=r$，设$\dfrac{OP}{OD}=k$，求 $PC+kPD$ 的最小值。

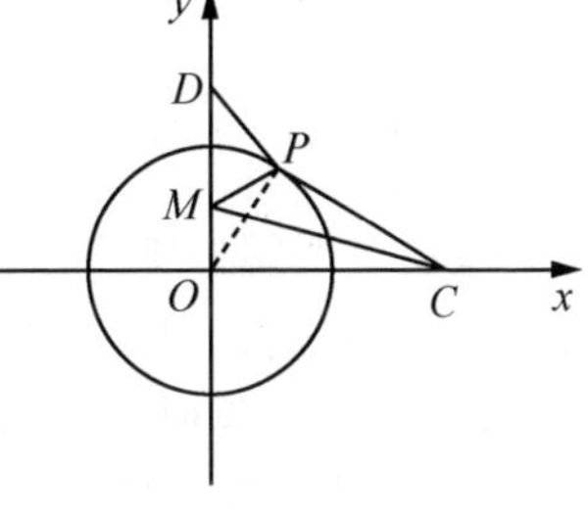

图 5-47

阿氏圆的关键解题步骤。

第一步：如图 5-47，在 OD 上取点 M，使得$\dfrac{OM}{OP}=\dfrac{OP}{OD}=k$；

第二步：证明 $kPD=PM$；

第三步：连接 CM，此时 CM 即为所求的最小值。

下面是该题的解答过程(部分)。

解　在 OD 上取点 M，使得$\frac{OM}{OP}=\frac{OP}{OD}=k$，

又∵$\angle POD=\angle MOP$，∴$\triangle POM\backsim\triangle DOP$。

任务：

(1)将以上解答过程补充完整。

(2)如图 5-48，在 Rt$\triangle ABC$ 中，$\angle ACB=90°$，$AC=4$，$BC=3$，D 为$\triangle ABC$ 内一动点，满足 $CD=2$，利用(1)中的结论，请直接写出 $AD+\frac{2}{3}BD$ 的最小值。

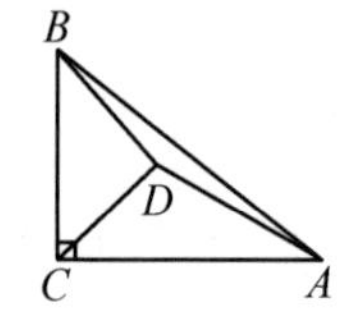

图 5-28

解　(1)如图 5-48，在 OD 上取点 M，使得$\frac{OM}{OP}=\frac{OP}{OD}=k$，

又∵$\angle POD=\angle MOP$，

∴$\triangle POM\backsim\triangle DOP$。

∴$\frac{MP}{PD}=k$，

∴$MP=kPD$，

∴$PC+kPD=PC+MP$，当 $PC+kPD$ 取最小值时，$PC+MP$ 有最小值，即 C，P，M 三点共线时有最小值，

利用勾股定理得 $CM=\sqrt{OC^2+OM^2}=\sqrt{m^2+(kr)^2}=\sqrt{m^2+k^2r^2}$。

(2)∵$AC=m=4$，$\frac{CD}{BC}=\frac{2}{3}$，在 CB 上取一点 M，使得 $CM=\frac{2}{3}CD=\frac{4}{3}$(图 5-49)，

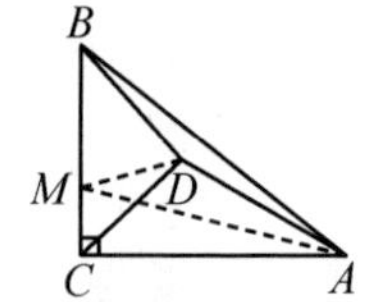

图 5-49

∴$AD+\frac{2}{3}BD$ 的最小值为$\sqrt{4^2+\left(\frac{4}{3}\right)^2}=\frac{4\sqrt{10}}{3}$。

【设计意图】“阿氏圆”问题，即“两定点+定圆”型，$PA+kPB(k\neq1)$，解题核心是通过相似变换把圆同侧的两个点转化成等价的异侧两点，常用的方法是构造相似三角形，利用对应边成比例将“$PA+kPB(k\neq1)$”转化为 $PA+PB$ 型，进而等价转换成一条线段的长。

线段和的最值问题，本质是几何中的动点问题，解题核心是把两条线段转化在同一条直线上，数形结合思想始终贯穿其中。总结下来共有两种思想方法：一是以几何图形为导向厘清问题求解的具体思路，然后利用代数方法进行求解；二是基于代数对线段长度进行等效转换，这种转化主要体现在 $PA+$

$kPB(k\neq1)$型求解最小值上。

（三）小结提炼，反思升华

教师：本节课我们研究了哪些问题？有哪些收获？

【设计意图】师生共同从研究问题的方向、内容、蕴含的思想方法等多角度进行总结，巩固加深本节课所复习的知识点。

八、作业布置设计

1. 如图 5-50，抛物线 $y=ax^2+bx+c(a\neq0)$ 与 x 轴的两个交点分别为 $A(-1, 0)$ 和 $B(2, 0)$，当 $y<0$ 时，x 的取值范围是________。

2. 如图 5-51，我们把一个半圆与抛物线的一部分围成的封闭图形称为"果圆"。已知点 A，B，C，D 分别是"果圆"与坐标轴的交点，抛物线的解析式为 $y=x^2-2x-3$，AB 为半圆的直径，则这个"果圆"被 y 轴截得的弦 CD 的长为________。

3. 已知二次函数 $y=mx^2-4x+m$ 的最小值是 3，则 $m=$________。

4. 如图 5-52，抛物线 $y=-\frac{1}{2}x^2+\frac{3}{2}x+2$ 交 x 轴于 A，B 两点，交 y 轴于点 C，点 D 是线段 OB 上一动点，连接 CD，将线段 CD 绕点 D 顺时针旋转 90°得到线段 DE，过点 E 作直线 $L\perp x$ 轴于点 H，过点 C 作 $CF\perp L$ 于点 F，点 F 恰好落在抛物线上。

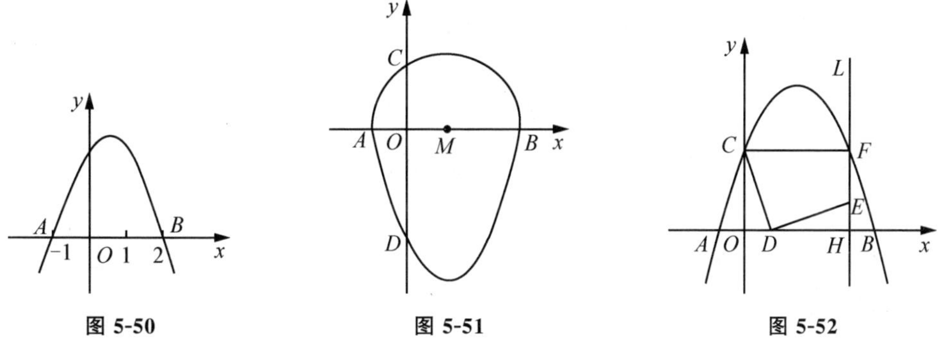

图 5-50　　图 5-51　　图 5-52

(1)线段 OD 的长为________；

(2)在直线 L 上存在点 G，使得 $\angle EDG=45°$，则点 G 的坐标为________。

【设计意图】这 4 道题考查了二次函数与不等式的关系，抛物线与坐标轴的交点问题，解一元二次方程，二次函数的最值，二次函数的图象和性质，用待定系数法求解一次函数解析式，能较好地检验和巩固本节课的学习内容。

九、目标检测设计

白日登山望烽火，黄昏饮马傍交河。——唐·李颀《古从军行》

诗中隐含着一个有趣的数学问题，我们称之为“将军饮马”问题。解“将军饮马”问题的关键是利用轴对称变换，把直线同侧两点的折线问题转化为直线两侧的线段问题，从而解决距离和最短的一类问题。“将军饮马”问题的数学模型如图 5-53。

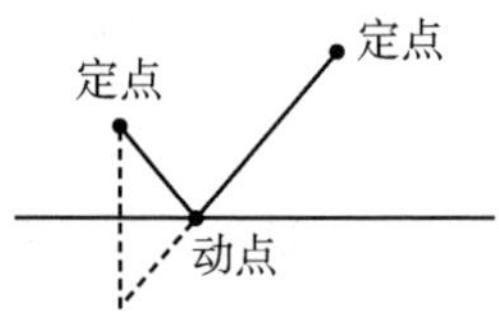

图 5-53

【新模 1：模型应用】

如图 5-54，正方形 $ABCD$ 的边长为 3，点 E 在边 AB 上，且 $BE=1$，F 为对角线 AC 上一动点，欲使△BFE 周长最小。

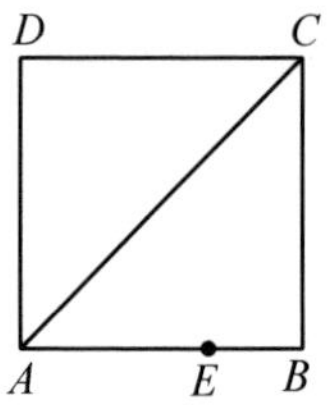

D C

A E B

图 5-54

(1)在图中确定点 F 的位置(要有必要的画图痕迹，不用写画法)；

(2)△BFE 周长的最小值为________。

【新模 2：模型变式】

(3)如图 5-55，在矩形 $ABCD$ 中，$AB=5$，$AD=4$，在矩形 $ABCD$ 内部有一动点 P，满足 $S_{\triangle PAB}=\frac{1}{4}S_{矩形ABCD}$，则点 P 到 A，B 两点的距离和 $PA+PB$ 的最小值为________。

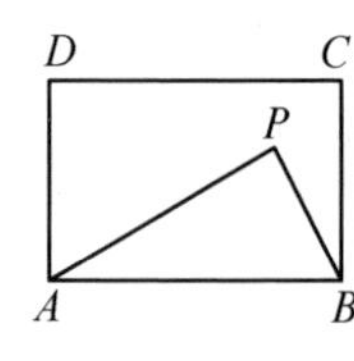

图 5-55

【超模：模型拓广】

(4)如图 5-56，$\angle ABD=\angle BDE=90^{\circ}$，$AB=2$，$BD=DE=3$。请构造合理的数学模型，并借助模型求 $\sqrt{x^{2}+4}+\sqrt{(3-x)^{2}+9}\,(x>0)$ 的最小值。

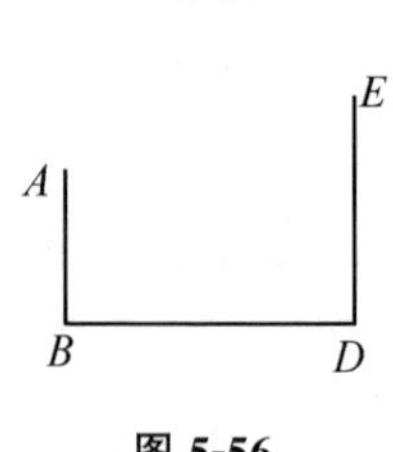

图 5-56

【设计意图】本题检测“将军饮马”问题，判断学生是否达成案例 2 问题 3 的目标。

案例五　“二次函数(销售利润问题)”复习课

(王学先名师工作室　曾　勇)

一、教学内容和内容解析

(一)内容

二次函数的实际应用：销售利润问题。

(二)内容解析

本节课是初中阶段函数的实际应用专题复习课，是学生在学习了一次函数、二次函数基础上的综合应用，也是建立函数模型处理实际问题，落实核心素养的重要内容之一。本节课以销售利润问题为载体，让学生在实际应用中回顾一次函数、二次函数的图象和性质，借助函数最大值寻找利润的最大值，让学生进一步体会函数的思想，体会数学来源于生活，又回到生活的本质特征。

基于以上分析，本节课的**教学重点**是：应用二次函数的最值求解销售问题中的最大(小)值。

二、教学目标设置

(一)目标

(1)能根据具体的情境列出函数解析式。

(2)能够借助函数的图象和性质，求出实际问题的最值。

(3)在实际应用中进一步体会函数的思想，落实抽象能力、运算能力、模型观念、应用意识等的核心素养。

(二)目标解析

达成目标(1)的标志：学生通过对具体问题进行分析，能够准确找到具体问题中变量间的关系，并通过待定系数法求出函数解析式。

达成目标(2)的标志：学生能够直观地根据函数图象和性质找出函数的最值，并根据函数的最值对实际问题作出解答。

达成目标(3)的标志：学生通过实际问题(如二次函数在销售利润问题

中)的应用积累经验，进一步体会将实际问题转化为函数问题，应用函数模型解决实际问题的思想。

三、学生学情分析

九年级学生已初步掌握函数的基础知识，积累了研究函数图象和性质的方法及用函数知识处理实际问题的初步经验。由于年龄特征，他们借助图象更容易理解抽象的函数问题。同时，九年级学生也具备了一定的自主探究、合作交流的能力，所以在知识的整合及综合应用方面有所提高。销售利润问题是函数实际应用的难点，学生不易理解，所以这节课是在巩固函数相关知识的同时提高学生分析问题、解决问题的能力。另外，九年级学生存在两极分化的情况，复习中要兼顾后进生的基础，及时查缺补漏。

基于以上分析，本节课的**教学难点**是：从销售利润问题中抽象出函数模型，利用函数相关知识解决销售问题中的最大(小)值。

四、教学策略分析

基于以上的学情分析，为了更好地实现学习目标，教学内容以实际生活中的销售利润问题为背景，对教材中的例题进行了整合。教师在教学过程中，从学生熟悉的情境出发，引导学生复习函数相关知识，根据教学内容设计了问题串，以问题解决为主线，将启发式和互动式的教学方法相融合，步步有序，环环相扣。学生经历发现问题、思考问题、分析问题、解决问题的过程，从而积累数学基本活动经验，发展数学思维，落实核心素养。

五、教学支持条件分析

教法：问题引导教学法、探究式教学法。

学法：本节课突出问题引导，让学生对重点问题自主探究，对难点问题合作交流，培养学生动脑、动口的能力，让学生做到能思考、会表达。

教学媒体：课堂任务单、多媒体课件等。

教学环境：在多媒体设备的支持下，实现师生互动、生生互动。

六、教学设计基本流程

教学设计基本流程如图 5-57 所示。

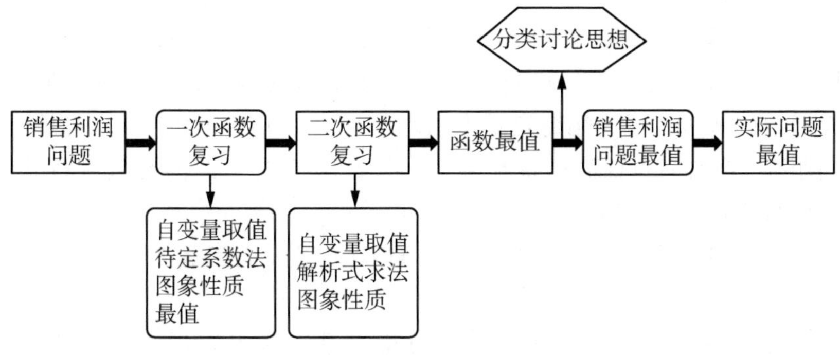

图 5-57

七、教学设计过程

(一)创设情境，提出问题

商店销售一种商品，经市场调查发现：该商品的周销售量 y(件)是售价 x(元/件)的一次函数，其售价、周销售量、周销售利润 w(元)的对应值如表 5-1。

表 5-1

售价 x/(元/件)	40	50
周销售量 y/件	120	100
周销售利润 w/元	2400	3000

注：周销售利润＝周销售量×(售价－进价)。

当每件售价 x 为多少时，周销售利润 w 最大？并求出此时的最大利润。

【设计意图】用具体问题引入，引发学生思考什么条件下利润最大，该问题对学生来说不容易解决。其设计遵循“大上坡，小下降”的设计原则，此处体现“大上坡”的思想。

(二)类比旧知，分析问题

问题 1：复习回顾销售利润问题中的变量有哪些，它们之间有什么联系？

【学生活动】学生口答，必要时其他学生补充。

【设计意图】引导学生总结有关利润问题的变量：单件售价、单件成本、单件利润、销售量、总收入、总成本、总利润、利润率，理解其意义，为利润的计算、研究做好铺垫。

问题 2：求最大利润需要先求解什么？怎么求解？

【学生活动】学生思考并口答，必要时其他学生纠正(教师评价)。

【设计意图】引导学生回顾最值的求解需要借助函数的图象和性质，前提是已知函数的解析式，先用待定系数法求解析式，培养学生的函数思想。

问题 3：该商品每件的进价是多少？怎么求 y 关于 x 的函数解析式？(不要求写出自变量的取值范围)

【学生活动】应用表格中的数据，求解 y 关于 x 的函数解析式，并在班级分享。

【设计意图】让学生动手求解，复习待定系数法求解析式的方法、步骤，巩固函数模型思想。

解　由表 5-1 知，每件商品进价为：$\dfrac{120\times40-2400}{120}=20$ 元。

设一次函数解析式为：$y=kx+b(k\neq0)$。

根据题意，得：

$\begin{cases}40k+b=120,\\50k+b=100,\end{cases}$ 解得：$\begin{cases}k=-2,\\b=200,\end{cases}$

所以 y 与 x 的函数解析式为 $y=-2x+200$。

追问 1：求解一次函数的解析式需要什么条件？

追问 2：若只知道一个点的坐标，通常怎么求一次函数解析式？

追问 3：一次函数 $y=-2x+200$ 的图象经过哪些象限？y 随 x 的变化情况是什么？

【学生活动】学生进行口答，必要时其他学生补充(教师评价)。

【设计意图】让学生回顾求一次函数解析式时可以借助图象或是 k 的几何意义进行，同时引导学生回顾图象和性质，查缺补漏，巩固基础。

问题 4：用含 x 的式子表示周销售利润 w，并求出 x 为多少时利润最大。

【学生活动】小组讨论进行作答，一组派出一名代表投影展示解答过程，说明本组是怎样得到最大利润的。

【设计意图】引导学生深入思考利润问题中各种量之间的关系，进一步理解概念；同时让学生回顾配方法，二次函数的顶点式、图象和性质，借助二次函数顶点式寻找最值，进一步巩固数学建模的核心素养。

解　由题意，得 $w=(-2x+200)(x-20)$

$$=-2x^2+240x-4000$$

$$=-2(x-60)^2+3200,$$

$\because -2<0$，

$\therefore$ 当 $x=60$ 时，w 有最大值，最大值为 3200，

$\therefore$ 当每件售价为 60 元时，周销售利润 w 最大，最大利润为 3200 元。

追问：问题 4 中二次函数的图象有哪些性质？y 随 x 的变化情况是什么？

【学生活动】学生进行口答，必要时其他学生补充(教师评价)。

【设计意图】让学生回顾二次函数的图象和性质，查缺补漏，巩固基础。

问题 5：若物价部门规定该商品的售价不能高于成本的两倍，则每件售价 x 为多少时，周销售利润 w 最大？

【设计意图】让学生回顾二次函数的图象和性质，函数的最大值应在自变量的取值范围内取得。

(三)拓展提升，发散思维

问题 6：若该商品每件进价提高了 4 元，其每件售价不超过 m 元(m 是大于 50 的常数，且是整数)，该商店在销售中，周销售量与售价仍满足问题 3 中的函数关系，直接写出周销售的最大利润。

【学生活动】小组讨论问题，书写解答过程，回答怎样得到最大利润。

【设计意图】改变条件，以便更好地研究后续相同类型不同条件下问题的解题策略，同时注重分类讨论思想的渗透。

解　根据题意得 $w=(x-20-4)(-2x+200)=-2x^2+248x-4800=-2(x-62)^2+2888$，

$\because -2<0$，对称轴为：$x=62$，$24<x<m$，

$\therefore$ 当 $50<m<62$ 时，周销售最大利润为$(-2m^2+248m-4800)$元；

当 $m>62$ 时，周销售最大利润为 2888 元。

(四)课堂训练

某商店销售一种成本价为 10 元/件的笔记本，已知售价不低于成本价，且物价部门规定这种产品的售价不高于 16 元/件，根据市场调查发现，该产品每天的销售量 y(件)与销售价 x(元/件)之间的函数关系如图 5-58。

(1)求 y 与 x 之间的函数解析式，并写出自变量 x 的取值范围；

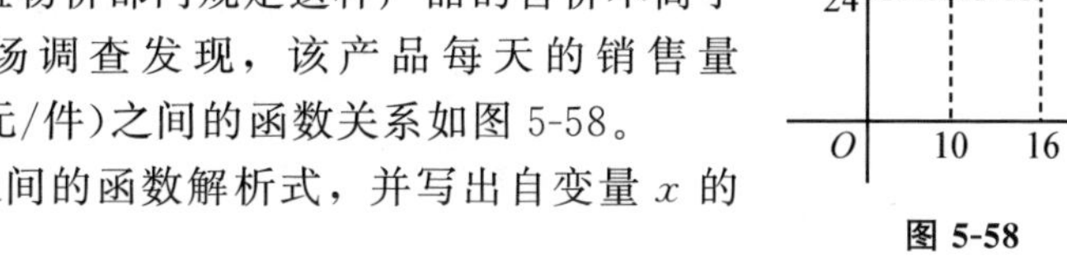

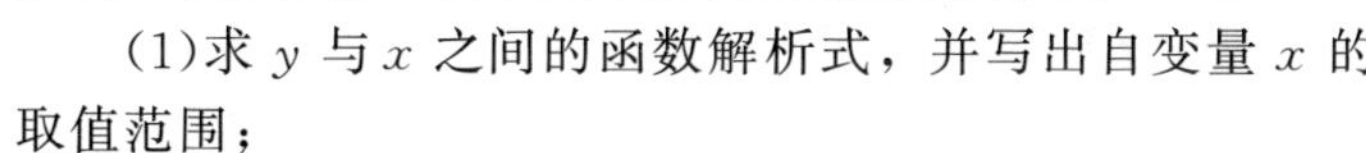

图 5-58

(2)设商店每天销售这种产品可获利 w 元，当销售价定为多少时，每天销

售的利润最大？最大利润是多少？

【设计意图】检测教学目标达成情况，巩固相关知识。

解　(1)设 y 与 x 的函数解析式为：$y=kx+b(k\neq 0)$，

将(10，30)，(16，24)代入，得：$\begin{cases}10k+b=30,\\16k+b=24,\end{cases}$解得：$\begin{cases}k=-1,\\b=40,\end{cases}$

∴y 与 x 的函数解析式为：$y=-x+40(10\leqslant x\leqslant 16)$；

(2)根据题意知
$$\begin{aligned}w&=(x-10)y\\&=(x-10)(-x+40)\\&=-x^2+50x-400\\&=-(x-25)^2+225,\end{aligned}$$

∵$a=-1<0$，

∴当 $x<25$ 时，w 随 x 的增大而增大，

∵$10\leqslant x\leqslant 16$，

∴当 $x=16$，即定价为 16 元/件时，w 取得最大值，最大值为 $-(16-25)^2+225=144$ 元。

答：定价为 16 元/件时，w 取得最大值，最大值为 144 元。

(五)课堂小结

求解利润最大问题的一般方法是什么？通过对利润问题的研究，你对应用函数解决问题有了哪些认识？积累了哪些解决问题的策略？

【学生活动】学生自主归纳并分享，其他同学进行补充(教师总结)。

【设计意图】销售利润问题是集方程、函数、不等式、计算、建模于一身的综合性应用题。问题的解决，有助于让学生积累知识经验、总结方法、形成模型(图 5-59)。

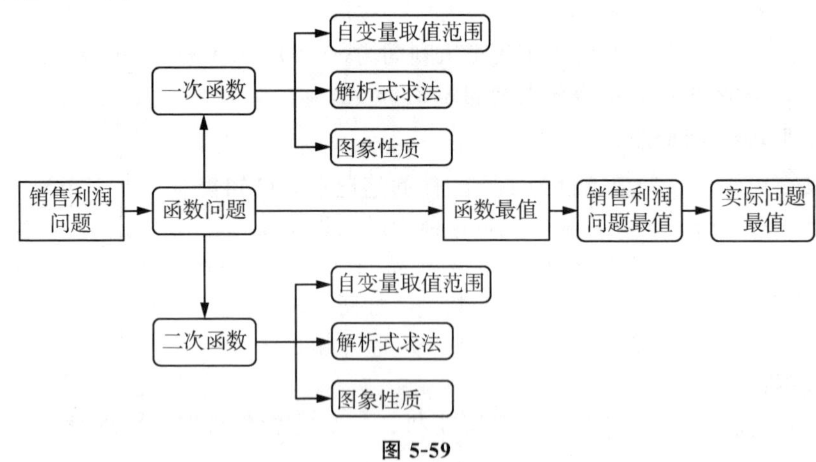

图 5-59

八、作业布置设计

2024年道达尔能源·汤姆斯杯暨尤伯杯(简称“汤尤杯”)于4月27日至5月5日在成都高新体育中心举行，为抢占市场，某公司积极生产“汤尤杯”纪念品。以下是该公司以往的市场调查，发现该公司生产的纪念品的日销售量 y(套)与销售单价 x(元)之间满足一次函数关系，如图5-60所示。关于日销售利润 w(元)和销售单价 x(元)的几组对应值如表5-2。

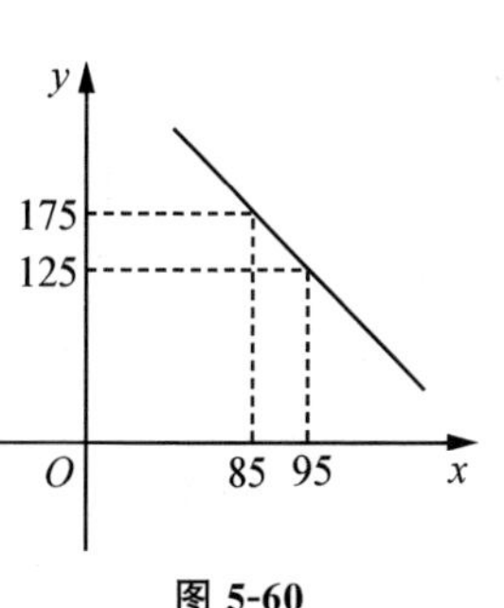

图 5-60

表 5-2

销售单价 x/元	85	95	105
日销售利润 w/元	875	1875	1875

注：日销售利润＝日销售量×(销售单价－成本单价)。

(1)求 y 关于 x 的函数解析式(不要求写出 x 的取值范围)；

(2)根据函数图象和表格所提供的信息，填空：

该公司生产的纪念品的成本单价是________元，当销售单价 x＝________元时，日销售利润 w 最大，最大值是________元；

(3)该公司在政府部门的帮助下，原材料采购成本比以往有了下降，每生产一件纪念品，成本比以前平均下降5元。该公司计划开展科技创新，以更多降低该产品的成本，假设在今后的销售中，日销售量与销售单价仍存在(1)中的关系。若想实现销售单价为90元时，日销售利润不低于3750元的销售目标，该产品的成本单价应不超过多少元?

【设计意图】本题综合考查二次函数的实际应用，第(1)问巩固待定系数法求函数解析式，第(2)问考查应用二次函数的最值求最大利润，第(3)问综合考查不等式的应用，能较好地检验本节课所学知识。

九、目标检测设计

1. 2022年在中国举办的冬奥会和冬残奥会令世界瞩目，冬奥会和冬残奥会的吉祥物冰墩墩和雪容融家喻户晓，成为热销产品。设该产品进货单价为9元，按 10 元一件售出时，能售 100 件，如果这种商品每涨 1 元，其销售量就减少 10 件，设每件产品涨 x 元，所获利润为 y 元，可得函数关系式为(　　)。

A. $y=-10x^2+110x+10$　　B. $y=-10x^2+100x$

C. $y=-10x^2+100x+110$　　D. $y=-10x^2+90x+100$

【设计意图】本题检验学生是否能够在实际问题中正确找出函数解析式，判断学生是否达到目标(1)。

2. 某商场降价销售一批名牌衬衫，已知所获利润 y(元)与降价金额 x(元)之间满足函数关系式 $y=-2x^2+60x+800$，则所获利润最多为(　　)。

A. 15 元　　B. 400 元　　C. 800 元　　D. 1250 元

【设计意图】本题检验学生是否能够根据二次函数解析式求解最值，判断学生是否达成目标(2)。

案例六　“二次函数”实际应用复习课

（云南大学附属中学　高林鹏）

一、教学内容和内容解析

（一）内容

本节课是人教版《义务教育教科书·数学　九年级　上册》第二十二章《二次函数》实际问题的内容。

（二）内容解析

二次函数是初中数学函数内容中最难的一部分，在考试中占比也较大，考点和考法也比较灵活。二次函数实际问题与其他知识点相结合的考点也较多。基于以上解析，本节课的**教学重点**是：建立平面直角坐标系，利用二次函数的图象和性质解决实际问题。

二、教学目标设置

（一）目标

(1)能够分析和表示实际问题中变量之间的二次函数关系，正确建立平面直角坐标系，并运用二次函数的图象和性质解决实际问题。

(2)通过建立平面直角坐标系解决实际问题中变量之间的函数关系，获得用数学方法解决实际问题的经验。

(3)在解决实际问题过程中让学生体验数学建模思想，培养学生分析问题、解决实际问题的能力，感受数学建模思想在实际问题中的应用价值。

（二）目标解析

达成目标(1)的标志：通过引例，学生能建立适当的平面直角坐标系，落实目标(1)。

达成目标(2)的标志：在目标(1)的基础上，学生能从不同角度分类建立平面直角坐标系，最终解决问题。

达成目标(3)的标志：学生积累数学活动经验，学会抓关键点，再结合图象，在图文间切换，落实目标(3)。

三、学生学情分析

通过前面的巩固复习，学生已经掌握了二次函数定义、图象和性质，学习了用列方程、不等式和函数解析式解决实际问题，已接触了最大利润、最大面积等问题，体验了如何从实际问题中抽象出二次函数模型，为本节课的学习奠定了基础。本节课需要建立适当的平面直角坐标系来分析和解决实际问题，把实际问题转化为数学问题。

基于以上分析，本节课的**教学难点**是：建立平面直角坐标系来解决实际问题。

四、教学策略分析

①二次函数实际问题在初中数学教学中占有重要的地位，教师应当充分重视。在教学过程中，教师需要将抽象化的二次函数知识与实际的生活结合起来，采用多样化的教学方式提高学生的思考能力、思维能力以及理论联系实际的能力。

②以小组讨论的形式，增强学生对二次函数实际问题的学习兴趣。

③在探究学习中，整合二次函数实际问题的解题方法，通过不同路径的探索，提升学生数形结合的思维能力。

五、教学支持条件分析

教法：学导式教学法。

学法：循序渐进，步步深入，一题多解。

教学媒体：多媒体课件等。

教学环境：在多媒体设备的支持下，实现师生互动、生生互动。

六、教学设计基本流程

教学设计基本流程如图 5-61 所示。

情境导入 → 设疑激趣 → 探究新知 → 例题变式 → 贴近生活 → 拓展升华 → 交流学习 → 分层检测

图 5-61

七、教学设计过程

(一)基础回顾

1. 问题

解决前几节课所讲的实际问题时，你用到了什么知识？用知识解决生活中的问题时，还应注意什么？

(1)抛物线 $y=ax^2+bx+c$ 的顶点是最低(高)点，当 $x=-\frac{b}{2a}$时，二次函数 $y=ax^2+bx+c$ 有最小(大)值$\frac{4ac-b^2}{4a}$。

(2)列出二次函数的解析式，并根据自变量的实际意义，确定自变量的取值范围。

(3)在自变量的取值范围内，求出二次函数的最大值或最小值。

2. 基础热身

已知一个二次函数的图象过点(0，1)，它的顶点坐标是(8，9)，求这个二次函数的解析式。

解　设所求二次函数的解析式为：$y=a(x-8)^2+9(a\neq 0)$，

∵ 函数图象经过点(0，1)，

∴$a(0-8)^2+9=1$，

解得：$a=-\frac{1}{8}$，

∴所求二次函数的解析式是 $y=-\frac{1}{8}(x-8)^2+9$，

即 $y=-\frac{1}{8}x^2+2x+1$。

(二)经典例题

例　大观楼是昆明市一张靓丽的名片。大观楼旁的桥拱(图 5-62-①)截面 ABC 可视为抛物线的一部分(图 5-62-②)，在某一时刻，桥拱内的水面宽 $AB=8$ m，桥拱顶点 C 到水面的距离是 4 m。

(1)根据图 5-62-②建立适当平面直角坐标系，并以此求桥拱部分抛物线的函数解析式；

(2)甲、乙两只宽为 1.8 m、高为 1.7 m 的观鸥游玩船相向径直向桥驶来，两只船想在拱桥下方相遇通过拱桥，它们能通过吗？请说明理由(假设船底与水面齐平)。

①

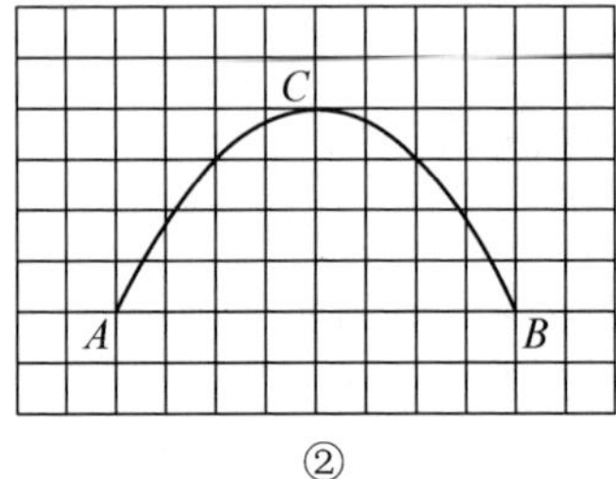

②

图 5-62

【设计意图】由身边常见的实际情况入手，引发学生对实际生活问题的关注，激发学生的求知欲，调动学生的学习主动性。

分析　(1)根据题意，建立平面直角坐标系，再根据点 A，B，C 的坐标，求出抛物线的函数解析式；

(2)先求甲游玩船与原点的距离，再把距离代入函数解析式求出 y 值，然后与 1.7 比较大小即可。乙游玩船可用同样的方法求解。

解法一

(1)如图 5-63，以 AB 的中心点为坐标原点，AB 为 x 轴，建立平面直角坐标系。由题意知，水面宽 $AB=8$ m，$OB=4$ m，桥拱顶点 C 到水面的距离是 4 m，结合函数图象可知，顶点 $C(0,4)$，点 $B(4,0)$。

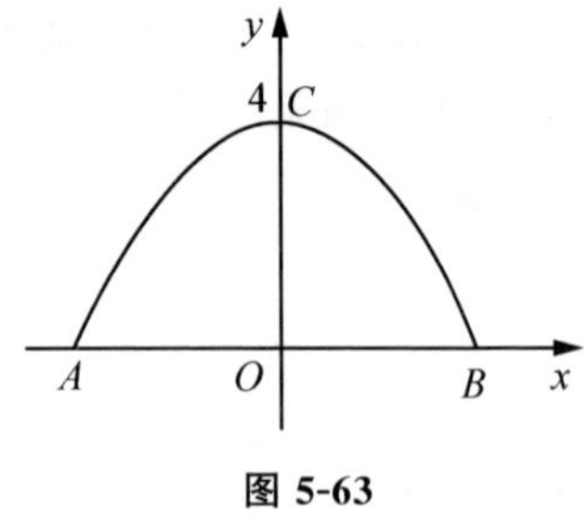

图 5-63

设二次函数的解析式为 $y=ax^2+4$，将点 $B(4,0)$代入函数解析式，

解得：$a=-\frac{1}{4}$，

∴二次函数的解析式为：$y=-\frac{1}{4}x^2+4$，

即 $y=-\frac{1}{4}x^2+4(-4\leqslant x\leqslant 4)$。

(2)两只船能通过，理由如下。

∵由题意得：甲、乙两只游玩船与对称轴 $x=0$ 的距离为 1.8 m，

∴甲游玩船与 y 轴距离为 1.8 m，即 $x=1.8$，

∴将 $x=1.8$ 代入 $y=-\frac{1}{4}x^2+4$，

解得：$y=3.19$，

∵3.19 m>1.7 m，

同理：乙船对应拱桥的竖直高度为 3.19 m，大于 1.7 m，

∴此时两只游玩船能相遇通过拱桥；

解法二

(1)如图 5-64，以 A 点为坐标原点，水面为 x 轴，建立平面直角坐标系。

∵水面宽 AB 是 8 m，桥拱顶点 C 到水面的距离是 4 m，

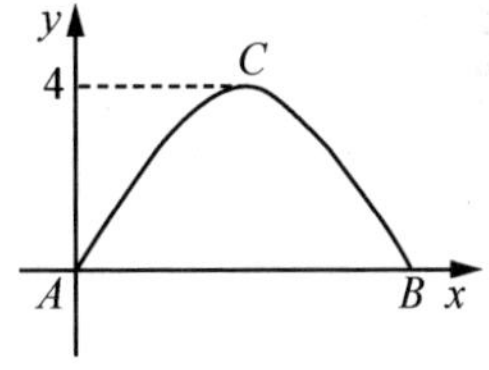

图 5-64

结合函数图象可知，顶点 $C(4,4)$，点 $A(0,0)$，

设二次函数的解析式为 $y=a(x-4)^2+4$，

将点 $A(0,0)$ 代入函数解析式，

解得：$a=-\frac{1}{4}$，

∴二次函数的解析式为 $y=-\frac{1}{4}(x-4)^2+4$，

即 $y=-\frac{1}{4}x^2+2x$。

(2)两船能通过，理由如下。

∵由题意得：甲、乙两只游玩船与对称轴 $x=4$ 的距离为 1.8 m，

∴甲游玩船距 A 点距离为 4—1.8=2.2 m，

∴将 $x=2.2$ 代入 $y=-\frac{1}{4}x^2+2x$，

解得：$y=3.19$，

∵3.19 m>1.7 m，

同理：乙船对应拱桥的竖直高度为 3.19 m，大于 1.7 m，

∴此时两只游玩船能相遇通过拱桥。

解法三

(1)如图 5-65，以抛物线的顶点 C 为原点，对称轴为 y 轴，建立平面直角坐标系。

∵水面宽 AB 是 8 m，桥拱顶点 C 到水面的距离是 4 m，

∴结合函数图象可知，顶点 $C(0,0)$，点 $A(-4,-4)$，点 $B(4,-4)$，

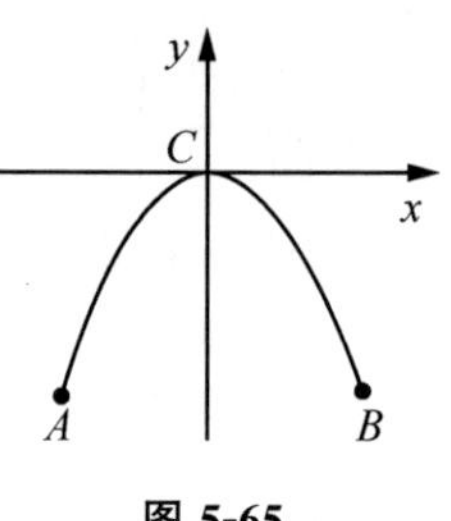

图 5-65

设二次函数的解析式为 $y=ax^2$，将点 $A(-4,-4)$ 代入函数解析式，

解得：$a=-\frac{1}{4}$，

∴二次函数的解析式为：$y=-\frac{1}{4}x^2(-4\leqslant x\leqslant 4)$。

(2)两船能通过，理由如下。

∵由题意得：甲、乙两只游玩船与对称轴 $x=0$ 的距离为 1.8 m，

∴将 $x=\pm 1.8$ 代入 $y=-\frac{1}{4}x^2$，

解得：$y=-0.81$，

此时甲、乙两只游玩船对应拱桥的竖直高度为：$|-4|-|-0.81|=3.19$ m，

∵3.19 m>1.7 m，

∴此时两只游玩船能相遇通过拱桥。

解法四

(1)如图 5-66，以 x 轴过抛物线的顶点 C 点，对称轴平行于 y 轴，建立平面直角坐标系。

∵水面宽 AB 是 8 m，桥拱顶点 C 到水面的距离是 4 m，

∴结合函数图象可知，顶点 $C(4,0)$，点 $A(0,-4)$，点 $B(8,-4)$，

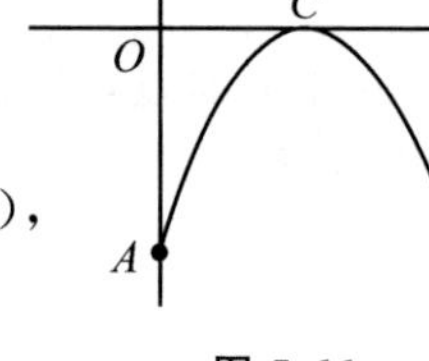

图 5-66

设二次函数的解析式为 $y=a(x-h)^2(a\neq 0)$，

∵顶点坐标 $C(4,0)$，

∴二次函数的解析式为：$y=a(x-4)^2$，

将点 $A(0,-4)$ 代入函数解析式，

解得：$a=-\frac{1}{4}$，

∴二次函数的解析式为：$y=-\frac{1}{4}(x-4)^2(0\leqslant x\leqslant 8)$。

(2)两只游玩船能通过，理由如下。

∵由题意得：甲、乙两只游玩船与对称轴 $x=4$ 的距离为 1.8 m，

4－1.8＝2.2；4＋1.8＝5.8，

∴将 $x=2.2$ 或 $x=5.8$ 代入 $y=-\frac{1}{4}(x-4)^2$，解得：$y=-0.81$，

此时甲、乙两只游玩船对应拱桥的竖直高度为：$|-4|-|-0.81|=3.19$ m，

∵3.19 m＞1.7 m，

∴此时两只游玩船能相遇通过拱桥。

分析　结合图 5-67，哪种方法最合适。

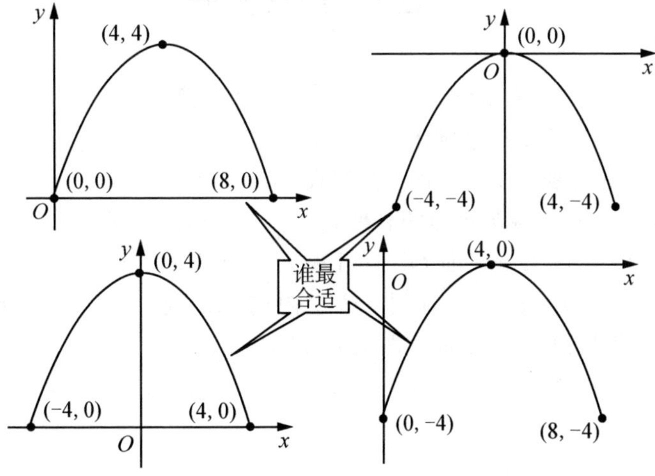

图 5-67

【设计意图】鼓励学生用自己的语言有条理地、清晰地描述对例题探究的方法和解题过程，提高语言表达能力和抽象思维推理能力。

归纳解决同类问题的步骤。

(1)建立合适的平面直角坐标系。

(2)求抛物线解析式：设抛物线解析式，把题中线段长度转化为特殊点坐标，求出抛物线解析式。

(3)进一步计算其他特殊点的坐标、有关线段的长，得出实际问题的解。

注意：本题考查的能力方法涉及建模思想、方程思想、转化思想、分类讨论思想，例题第(1)问解题方法具有一定的开放性，体现了建立适当平面直角坐标系解决实际问题的灵活性。

八、作业布置设计

1. 如图 5-68，一抛物线型拱桥，当拱顶到水面的距离为 2 m 时，水面宽度为 4 m。那么水位下降 1 m 时，水面的宽度为(　　)。

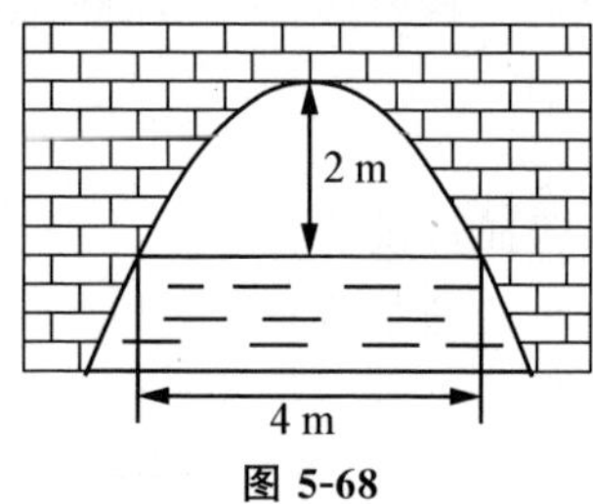

图 5-68

A. $\sqrt{6}$ m　　B. $2\sqrt{6}$ m　　C. $(\sqrt{6}-4)$ m　　D. $(2\sqrt{6}-4)$ m

2. 如图 5-69，某拱桥呈抛物线形状，桥距水面的最大高度是 16 m，跨度是 40 m，在线段 AB 上离中心 M 处 5 m 的地方，桥距水面的高度是________m。

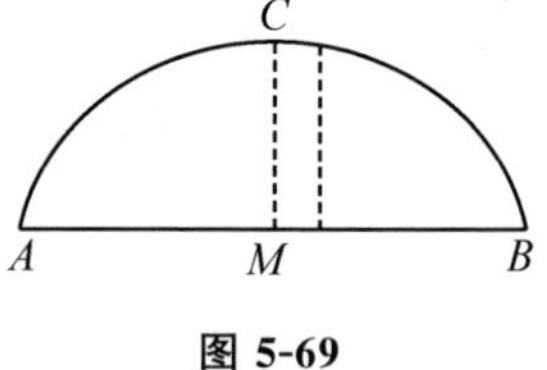

图 5-69

3. 桥拱(图 5-70-①)截面 OBA 可视为抛物线的一部分(图 5-70-②)，在某一时刻，桥拱内的水面宽 $OA=8$ m，桥拱顶点 B 到水面的距离是 4 m。

(1)按图 5-70-②所示建立平面直角坐标系，求桥拱部分抛物线的函数解析式；

①　　②

图 5-70

(2)一只宽为 1.2 m 的观光船径直向桥驶来，当船驶到桥拱下方且距 O 点 0.4 m 时，桥下水位刚好在 OA 处，有一名身高 1.68 m 的游客站立在观光船的正中间，他的头顶是否会触碰到桥拱，请说明理由(假设船底与水面齐平)。

九、目标检测设计

如图 5-71-①，一个横断面呈抛物线状的公路隧道，其高度 PH 为 8 m，宽度 OA 为 16 m。车辆在此隧道可以双向通行，但规定车辆必须在隧道的中心线右侧、距离路边缘 2 m($AB=2$ m)这一范围内行驶，并保持车辆顶部与隧道的最小空隙不少于 0.5 m。如图 5-71-②，以 O 点为原点，OA 所在直线为 x 轴，建立平面直角坐标系，根据题中的信息回答下列问题。

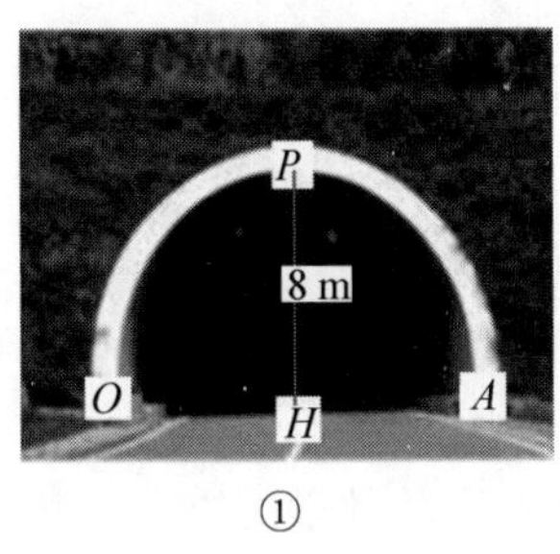

①

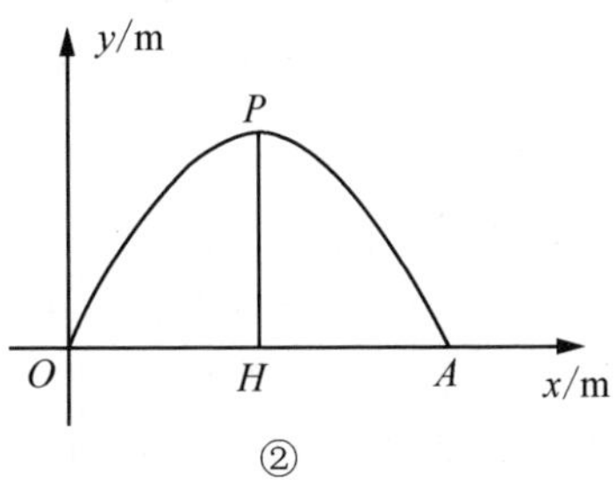

②

图 5-71

(1)点 A 的坐标是________，抛物线顶点 P 的坐标是________；

(2)求出这条抛物线的函数解析式；

(3)根据题中的要求，可以确定通过隧道车辆的高度不能超过________ m。

课堂小结如图 5-72。

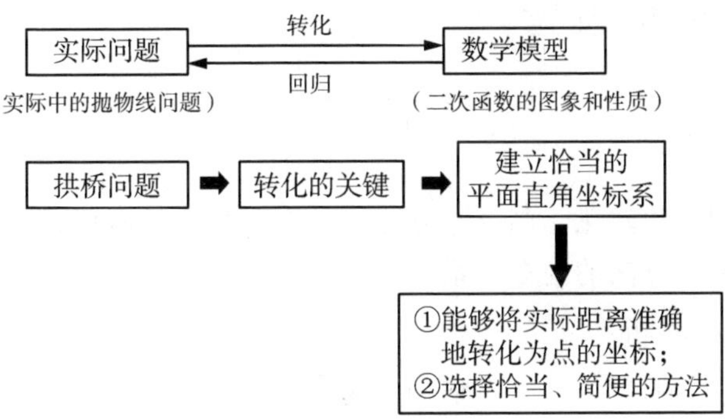

图 5-72

案例七 “求抛物线上动态三角形面积”复习课

（王学先名师工作室 周建兴）

一、教学内容和内容解析

（一）内容

顶点在抛物线上的动态三角形面积的求法。

（二）内容解析

本节课是初中阶段九年级二次函数专题复习课之一。二次函数与三角形面积相结合的题目是近年来中考数学中常见的题型，难度不大，体现了数形结合、化归转化、分类讨论等数学思想。

在初中数学课程教学中，三角形面积问题一直是教学的重点，其中涉及了二次函数与几何问题的融合，是初中数学课程中的一个难点。如果将三角形这一平面图形与二次函数图象相结合，那么需要学生以逻辑思维和空间思维相结合的方式进行学习，培养学生逻辑思维与空间思维能力相结合的基本能力，让学生学会自主思考问题的过程。

基于以上分析，本节课的**教学重点**是：运用坐标求面积，运用面积求坐标。

二、教学目标设置

（一）目标

(1)掌握用平移转化、割补等方法求动态三角形的面积。

(2)体会几种方法的内在联系。

（二）目标解析

达成目标(1)的标志：学生能通过分析图形的成因，识别图形的形状，找出图形面积的计算方法。

达成目标(2)的标志：取三角形的底边时，学生能以坐标轴上的线段或与坐标轴平行的线段为底边；当三边均不在坐标轴上时，学生能通过作辅助线将图形进行分解，再求三角形的面积。

三、学生学情分析

九年级的学生，在学习了一次函数和二次函数的图象和性质以后，对函数的思想已有初步认识，已初步掌握分析问题的方法，能识别图象的增减性和最值，但在变量超过两个的实际问题中，还不能熟练地应用知识解决问题。本节课正是为了弥补这个不足而设计的，目的是进一步培养学生利用所学知识构建数学模型，解决实际问题的能力。对于二次函数与三角形综合在一起的题型，仅凭掌握好二次函数的图象和性质及教师的讲解是不够的，学生只有在教师点拨之下多做题，尝试多种方法解题，吃透函数图象和性质，善于发现其中规律，领悟做题技巧，才能很好地完成此类题型的解答，这也符合新课标中知识与技能呈螺旋式上升的规律。

基于以上分析，本节课的**教学难点**是：利用平移转化的方法求动态三角形的面积。

四、教学策略分析

教师通过对二次函数中三角形问题的探究学习，渗透数形结合的数学思想，构建“数想形”“形思数”的数学思维方式和意识。同时从构造平面直角坐标系中斜三角形面积的模型，引入多种不同的分割法，利用模型构造以二次函数为背景的三角形面积问题，充分渗透数学的“建模”思想，让学生体会“函数”思想。学生通过观察、分析、比较、总结，掌握二次函数面积相关问题的计算方法，了解二次函数面积问题的基本类型，并掌握其解法。

在教学过程中，先让学生对函数知识进行回顾，同时要注重数学思想的渗透，培养学生用数学思维去思考问题、解决问题的习惯，发展学生的创新思维，使其形成自主学习、自主探索的意识。

五、教学支持条件分析

教法：小组合作教学法、讲练结合教学法。

学法：问题驱动学习法、合作学习法、自主探究学习法。

教学媒体：教具、课堂任务单、多媒体课件等。

教学环境：在多媒体设备的支持下，实现师生互动、生生互动。

六、教学设计基本流程

教学设计基本流程如图 5-73 所示。

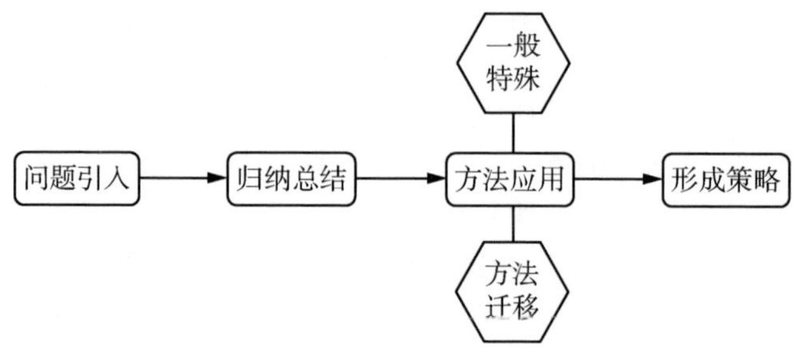

图 5-73

七、教学设计过程

(一)复习导入

如图 5-74，你有哪些方法求$\triangle ABC$的面积?

【设计意图】引导学生归纳、总结解题方法。学生归纳不全的教师予以补充。

方法 1：补成矩形求面积(图 5-75)。

方法 2：补成直角梯形求面积(图 5-76)。

方法 3：铅垂分割(作 x 轴平行线或 y 轴平行线)(图 5-77)。

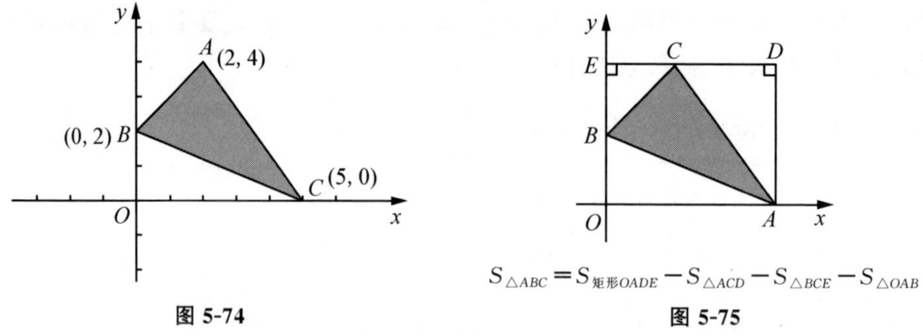

图 5-74

$S_{\triangle ABC}=S_{矩形OADE}-S_{\triangle ACD}-S_{\triangle BCE}-S_{\triangle OAB}$

图 5-75

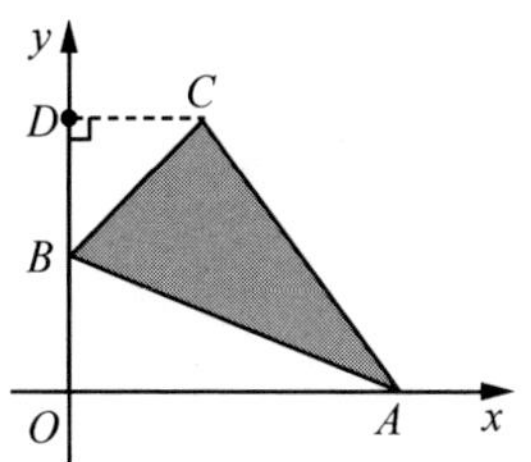

$S_{\triangle ABC}=S_{梯形OACD}-S_{\triangle BCD}-S_{\triangle OAB}$

图 5-76

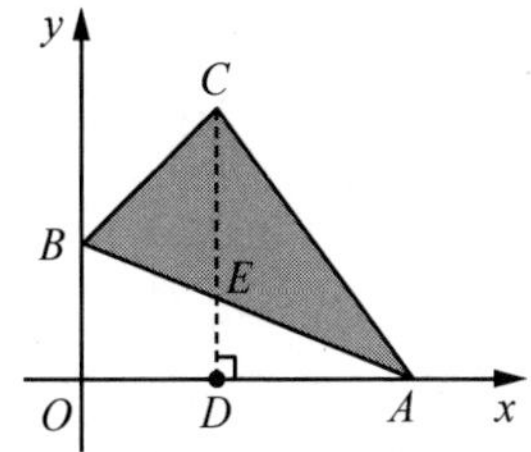

$S_{\triangle ABC}=S_{四边形OBCD}+S_{\triangle ACD}-S_{\triangle OAB}$

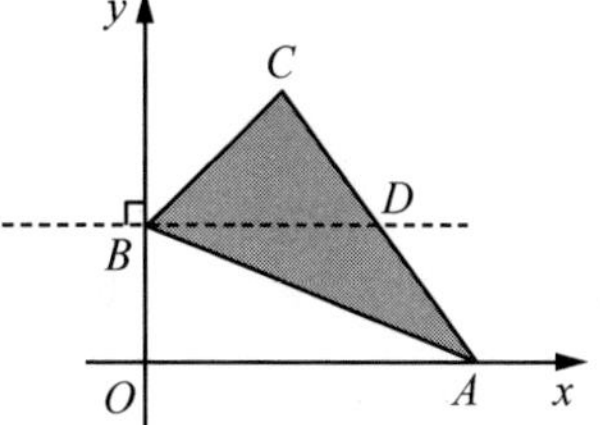

$S_{\triangle ABC}=S_{四边形OADB}+S_{\triangle BDC}-S_{\triangle OAB}$

图 5-77

方法 4：先补后分(图 5-78)。

方法 5：延长转化(图 5-79)。

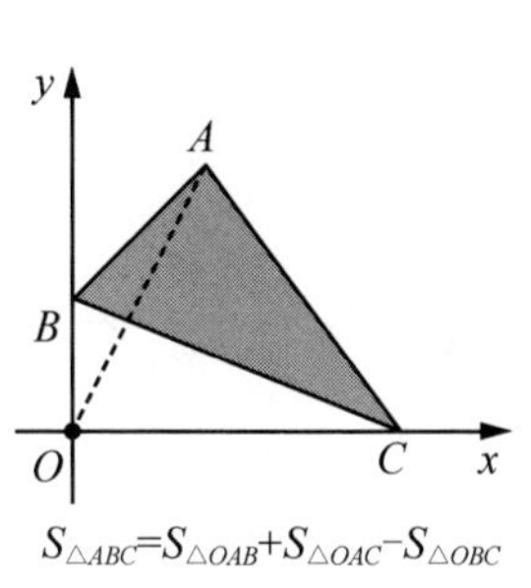

$S_{\triangle ABC}=S_{\triangle OAB}+S_{\triangle OAC}-S_{\triangle OBC}$

图 5-78

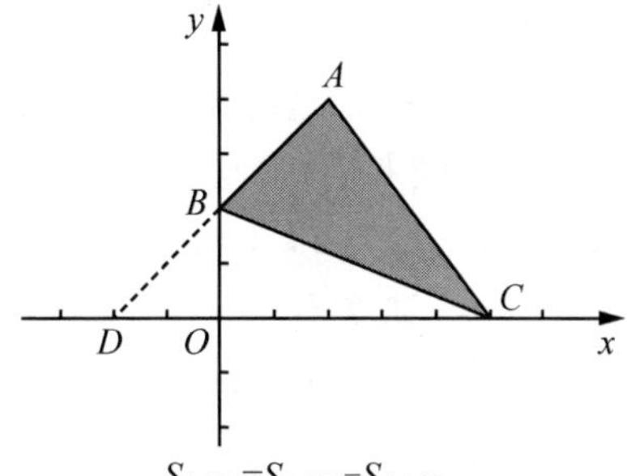

$S_{\triangle ABC}=S_{\triangle ADC}-S_{\triangle BCD}$

图 5-79

方法 6：作平行化同底等高(利用平行线间的距离处处相等转化为“同底等高”三角形，图 5-80)。

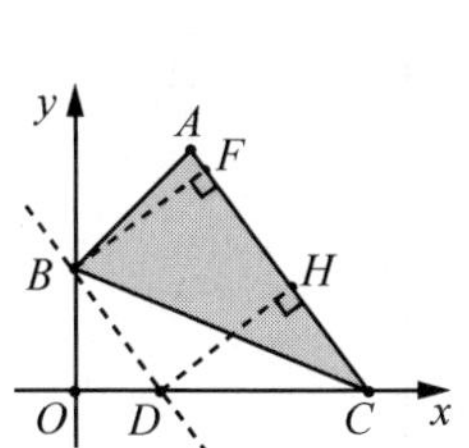

$\frac{1}{2}AC \cdot BF=\frac{1}{2}AC \cdot DH \Rightarrow S_{\triangle ABC}=S_{\triangle ADC}$

①

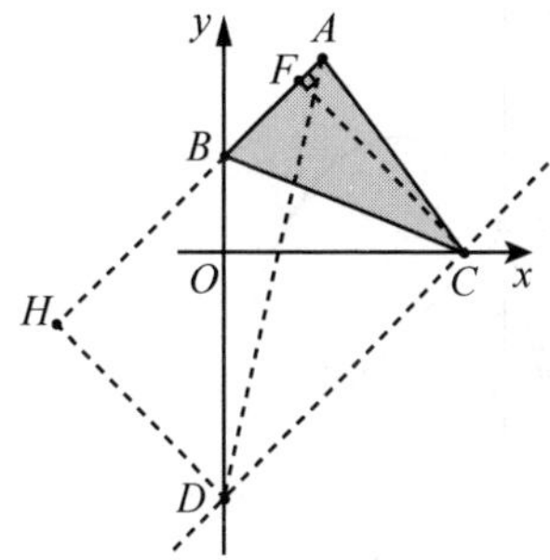

$\frac{1}{2}AB \cdot CF=\frac{1}{2}AB \cdot DH \Rightarrow S_{\triangle ABC}=S_{\triangle ABD}$

②

图 5-80

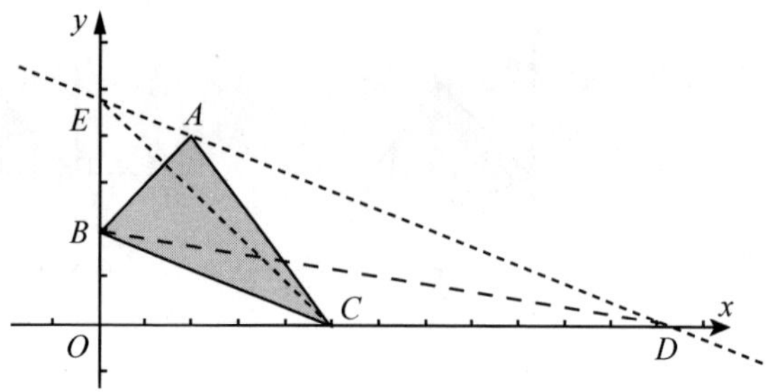

同理可过点 A 作 BC 的平行线得：$S_{\triangle ABC}=S_{\triangle CBD}$

③

图 5-80(续)

(二)方法应用

问题 1：如图 5-81，二次函数 $y=-x^2+3x+4$ 的图象与 x 轴交于 A，B 两点(点 B 在点 A 的左侧)，与 y 轴交于点 C。

(1)直接写出点 A，B，C 的坐标及△ABC 的面积。

(2)如图 5-82，过点 B 作 AC 的平行线，交 y 轴于点 D，交抛物线于点 P，求点 D，P 的坐标和 $S_{\triangle PBC}$。

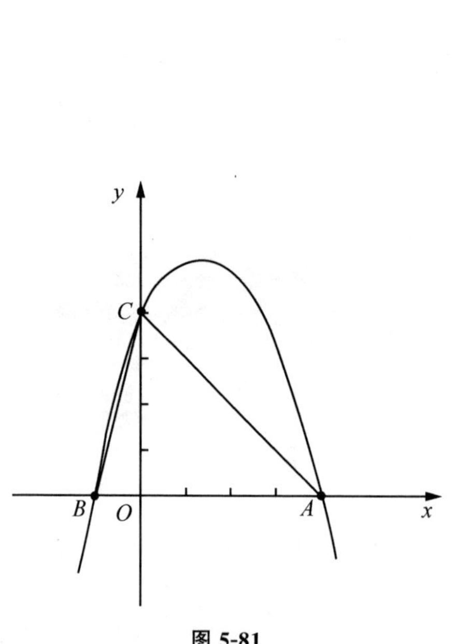

图 5-81

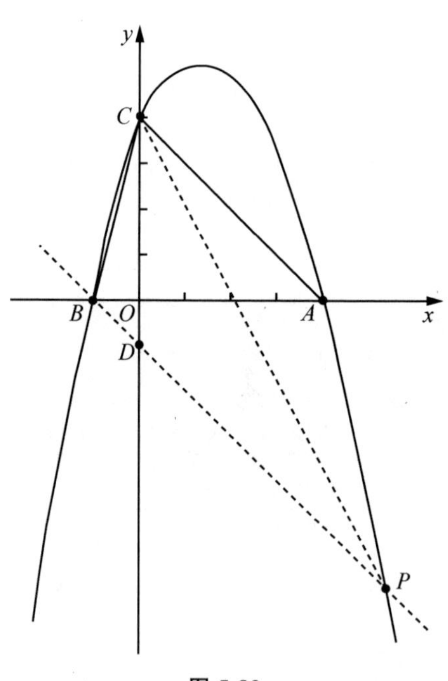

图 5-82

【设计意图】学生学会通过平移转化，将△PAC 等面积转化到 x 轴上与 y 轴上。

方法 1：先求出直线 AC 的函数解析式，再根据 $BP/\!/AC$ 及点 B 的坐标求出 BP 的函数解析式，最后由点 D，P 分别是直线 BP 与 x 轴，抛物线的交点求出点 P 的坐标。

方法 2：先根据 $S_{\triangle ABC}=S_{\triangle ACD}$ 求出 DC 的长，得出点 D 的坐标，再求出 BP 的函数解析式。最后由点 P 是直线 BP 与抛物线的交点求出点 P 的坐标。

方法 3：由 $OA=OC$，$\angle AOC=90°$，得 $\angle BAC=45°=\angle OBD$，所以 $\triangle AOC$ 和 $\triangle OBD$ 是等腰直角三角形，根据抛物线函数解析式可求出点 B 的坐标$(-1,\ 0)$，从而写出点 D 的坐标$(0,\ -1)$，再求出 BP 的函数解析式，最后由点 P 是直线 BP 与抛物线的交点求出点 P 的坐标。

【解题思路】如图 5-83，易求 $S_{\triangle ABC}=10$，取线段 AB 的中点 H，则 $H\left(\frac{3}{2},\ 0\right)$；$S_{\triangle ACH}=5$，过点 H 作 $HM/\!/AC$，交 y 轴于点 M，根据 $HM/\!/AC$ 和点 $H\left(\frac{3}{2},\ 0\right)$的坐标求 HM 函数解析式，最后利用函数交点，求点 P 的坐标。

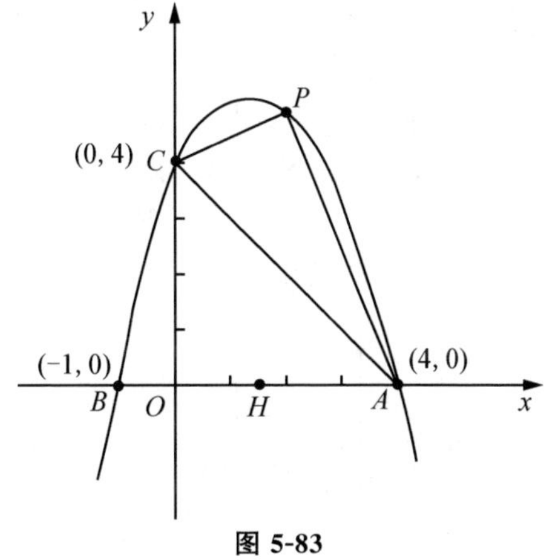

图 5-83

【设计意图】由特殊到一般，先通过作平行线让学生熟练掌握将△PAC 等面积转化到 x 轴上与 y 轴上的方法，为点 P 为抛物线上任意一点时，求△PAC 面积奠定基础。

(3)如图 5-83，点 P 是直线 AC 上方的一动点，当△PAC 的面积为 5 时，求点 P 的坐标。

【设计意图】通过前面的学习，学生进一步熟练掌握将△PBC 等面积转化到 x 轴上与 y 轴上的方法，为 P 为抛物线上任意一点时△PBC 面积的求法奠定基础。

方法 1：分割(作 x 轴平行线或 y 轴平行线)。

如图 5-84-①，作 y 轴平行线：设点 $P(m,\ -m^2+3m+4)$，求 AC 的函数解析式，表示点 E，D 坐标，再根据 $S_{\triangle PAC}=S_{\triangle PEC}+S_{\triangle PEA}=5$，求点 P 的坐标。

如图 5-84-②，作 x 轴平行线：设点 $P(m,\ -m^2+3m+4)$，根据

$S_{\triangle PAC}=S_{\triangle PCD}+S_{\triangle ACD}=5$，求点 P 的坐标。

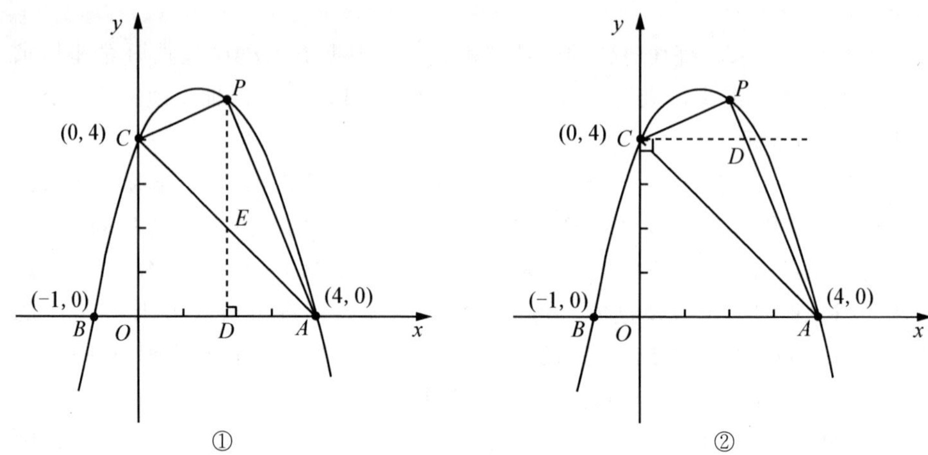

图 5-84

方法 2：先补后分。

如图 5-85，设点 $P(m,\ -m^2+3m+4)$，根据 $S_{四边形COAP}=S_{\triangle PAC}+S_{\triangle AOC}=S_{\triangle COP}+S_{\triangle AOP}$，求点 P 的坐标。

(4)如图 5-86，若点 P 是直线 AC 下方的一动点，当$\triangle PAC$ 的面积为 5 时，求点 P 的坐标。

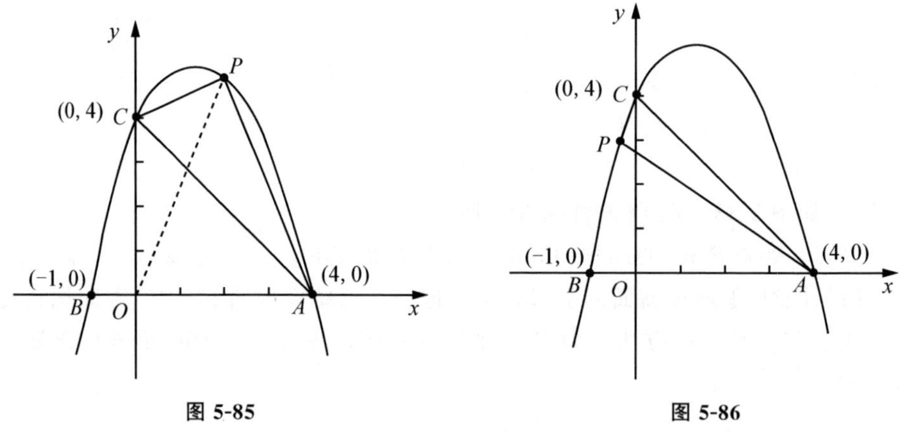

图 5-85　　　　图 5-86

分析　点 P 在直线 AC 下方，可能会出现的位置如图 5-87 所示的 3 种情况。

此时，利用铅垂分割和先补后分求点 P 的坐标，情况较为复杂。所以考虑利用“平移转换”。

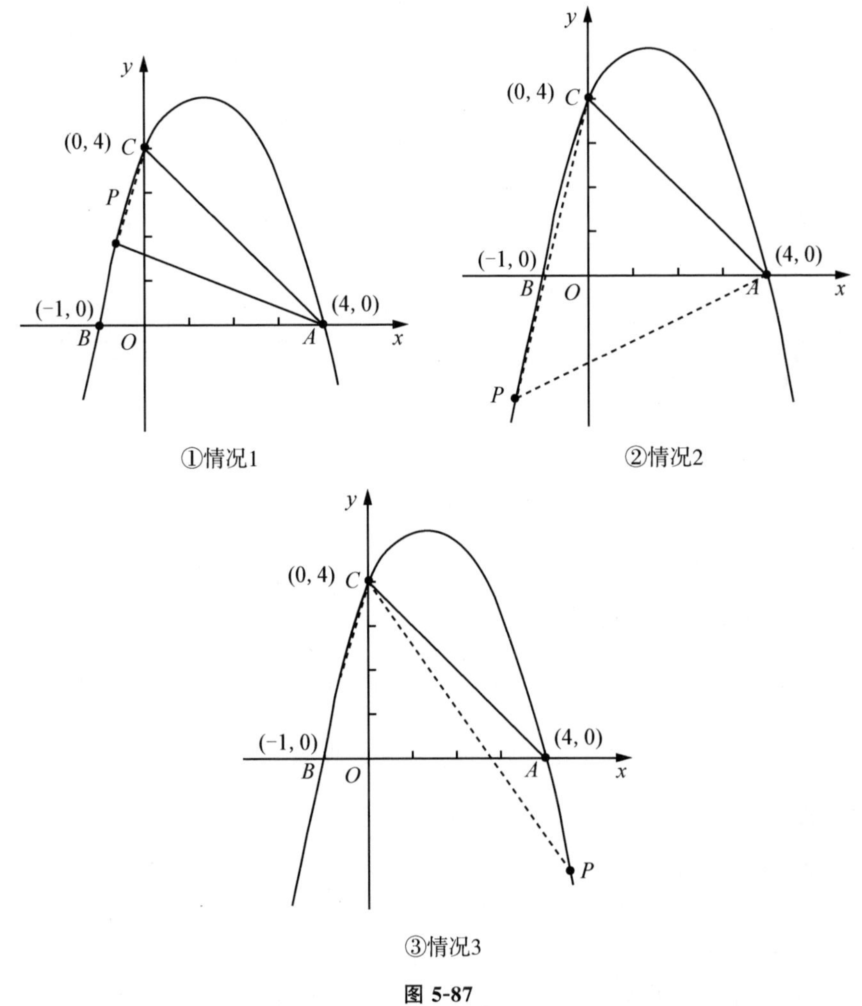

图 5-87

【解题思路】如图 5-88，易求 $S_{\triangle ABC}=10$，取线段 AB 的中点 H，则 $H\left(\frac{3}{2},\ 0\right)$；$S_{\triangle ACH}=5$，过点 H 作 $HM/\!/AC$，交 y 轴于点 M，根据 $HM/\!/AC$ 和点 $H\left(\frac{3}{2},\ 0\right)$的坐标求 HM 的函数解析式，最后利用函数交点，求点 P 的坐标。

思考：如图 5-89，点 P 是直线 AC 上方的一动点，当△PAC 的面积为 5 时，求点 P 的坐标。

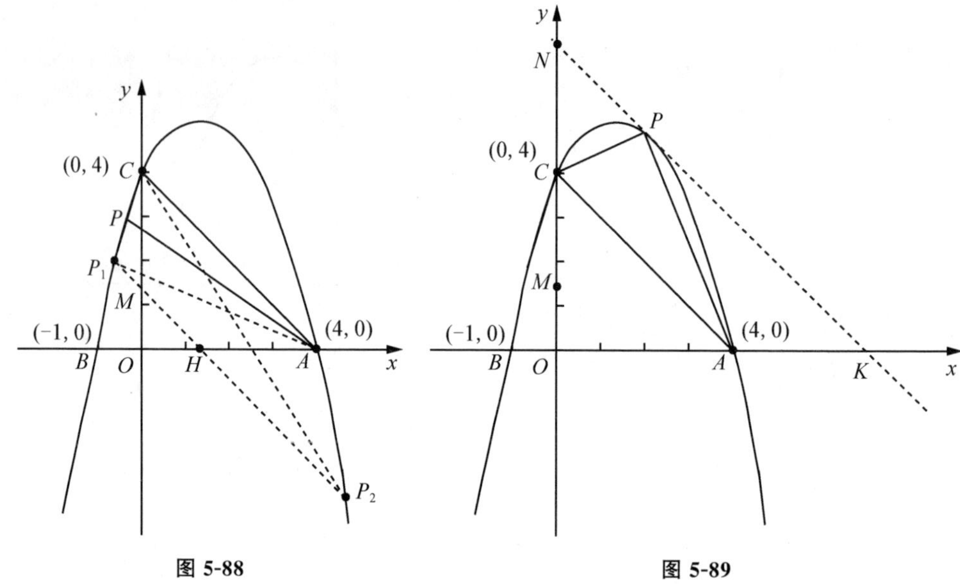

图 5-88　　　　图 5-89

【解题思路】

如图 5-89，作点 $M\left(0, \frac{3}{2}\right)$ 关于点 C 的对称点 N，则点 N 的坐标为 $\left(0, \frac{13}{2}\right)$，过点 N 作 $NK /\!/ AC$，交 x 于点 K，根据 $NK /\!/ AC$，求直线 NK 的函数解析式，最后和抛物线联立方程组求交点即为点 P 的坐标。

(三)课堂小结

(1)本节课我们研究了哪些问题？

(2)我们是如何分析、解决这些问题的？

(3)在研究过程中你遇到的问题是什么？怎么解决？

八、作业布置设计

如图 5-90，在平面直角坐标系中，抛物线 $y=ax^2+bx+c$ 经过 $A(-1, 0)$，$B(4, 0)$，$C(0, -4)$ 三点。

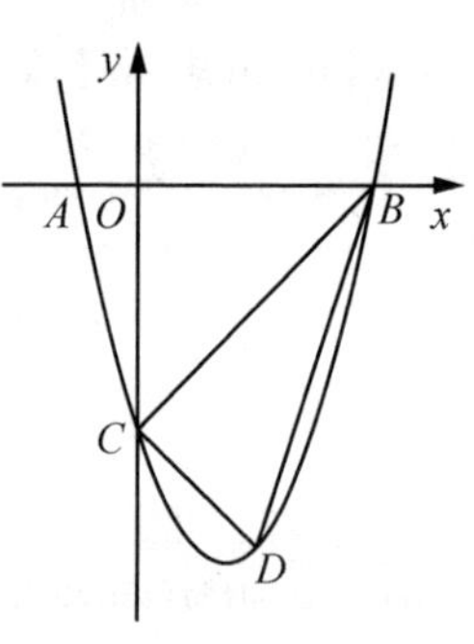

图 5-90

(1)求该抛物线的函数解析式；

(2)若点 D 是该抛物线上一动点，且在第四象限，当△BCD的面积最大时，求点D的坐标。

九、目标检测设计

如图5-91，在平面直角坐标系中，抛物线$y=ax^2+bx+c$经过$A(1,0)$，$B(3,0)$，$C(0,3)$三点。

(1)若点D是抛物线的对称轴上一点，当△ACD的周长最小时，求点D的坐标；

(2)在(1)的情况下，抛物线上是否存在除点A以外的点P，使得△PCD的面积与△ACD的面积相等？若存在，求出所有点P的坐标；若不存在，请说明理由。

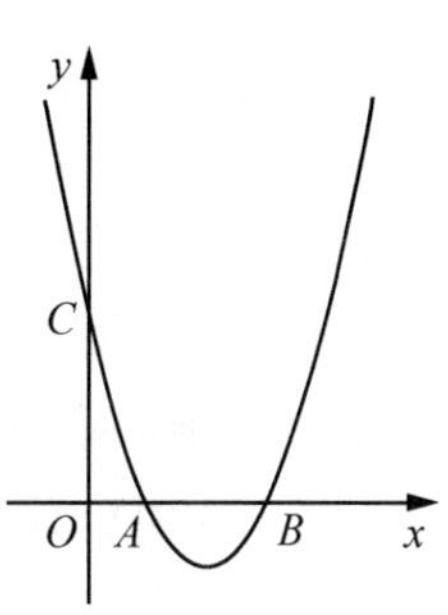

图 5-91

案例八 “二次函数线段最值问题”复习课

（王学先名师工作室　何　璇）

一、教学内容和内容解析

（一）内容

二次函数线段最值问题。

（二）内容解析

本节课是在学习了二次函数的概念、图象及性质和应用后，对二次函数综合性问题的中考专题复习课。主要内容包括：利用二次函数的相关知识解决中考压轴题中线段的最值问题，体会数学转化思想的作用，从而感受解决数学问题的乐趣。

本节课从求水平或者竖直的线段的最值入手，逐渐变化为求倾斜方向的线段最值，再转化为求三角形的最值，让学生通过层层递进的方法解决问题，体会获取知识的快乐，从而成为课堂的主人。

基于以上分析，本节课的**教学重点**是：以二次函数为背景，研究竖直和水平方向上的线段最值，巧用转化，“改斜归正”，从而解决斜线段最值问题。

二、教学目标设置

（一）目标

(1)掌握用设点坐标的方法解决线段最值问题以及将倾斜线段进行转化的方法。

(2)提高分析问题、解决问题的能力，体会转化思想。

(3)获得解决问题的经验和新的思想方法，从而体会数学活动中多动脑筋、独立思考、合作交流的重要性。

（二）目标解析

本节课的教学目标确定为相互关联的三个层次。在制定教学目标时，有意识地找出并抓住数学知识与学科核心素养之间的结合点，将每个知识点所渗透、所蕴含的数学素养和学生发展核心素养梳理出来，列入教学目标。

达成目标(1)的标志：学生掌握“改斜归正”的方法，能通过设点坐标将线段最值问题转化为二次函数最值问题。

达成目标(2)的标志：学生经历7个问题的探究过程，能够通过自主分析或合作探究来掌握此类问题的解决方法。

达成目标(3)的标志：学生总结和反思解题方法，内化吸收为自己的解题技巧，感受解决问题的乐趣，获得成就感。

三、学生学情分析

从学习背景看，学生在此之前已经学习了二次函数、线段最值等相关知识；从学习方式看，有前面学习几何中的两个重要的模型引路，学生会有似曾相识的感受。但由于本节课将数学问题设计成变式探索性试题，学生如何从所给问题中发现并抽象出数学问题，建构数学模型，从而解决二次函数背景下的线段最值问题，有一定的难度。这就需要教师精心创设问题情境，激发学生的探索兴趣，从观念和方法层面去引导学生。

基于以上分析，本节课的**教学难点**是：在具体二次函数问题情境中通过转化，将倾斜方向的线段转化为水平或竖直方向的线段，从而解决最值问题。

四、教学策略分析

初中数学几何模型在解题中有着重要的作用，所谓模型，一般由某些基本的知识点或者核心的“基本动作”提炼而成。掌握一些基本的几何知识模块是运用几何模型解题的基础。在具体教学中，若能着眼于基本几何模型的提炼与总结，则可以帮助学生提升学习效率与创造能力，从而有效地为数学课堂减负，提升数学解题能力。本节课从一个简单的几何模型入手，通过“改斜归正”原理，巧解几道线段最值问题，最终实现多题归一。

五、教学支持条件分析

教法：启发式教学法、探究式教学法。

学法：学生在图中对线段进行转化，通过观察、猜想、探索、交流、归纳，经历知识的产生、发展、形成过程。

教学媒体：多媒体课件、几何画板、课堂任务单等。

教学环境：在多媒体设备的支持下，实现师生互动、生生互动。

六、教学设计基本流程

教学设计基本流程如图 5-92 所示。

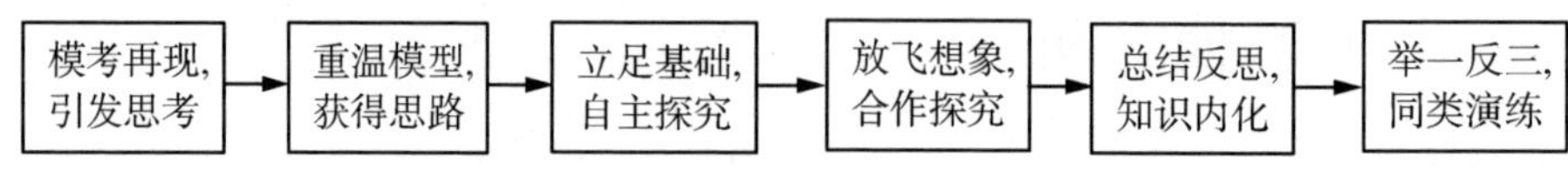

图 5-92

七、教学设计过程

(一)模考再现，引发思考

例 1 (2021 年昆明市五华区一模第 23 题)如图 5-93，抛物线 $y=ax^2+bx+4(a\neq0)$经过点 $A(-1,0)$，点 $B(4,0)$，与 y 轴交于点 C，连接 AC，BC。点 M 是线段 OB 上不与点 O，B 重合的点，过点 M 作 $DM\perp x$ 轴，交抛物线于点 D，交 BC 于点 E。

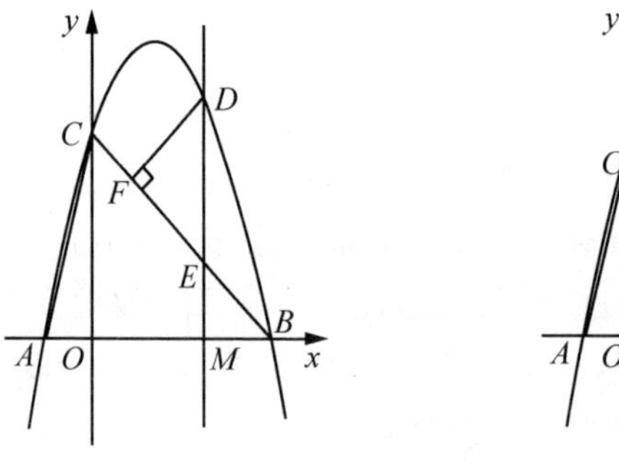

图 5-93

(1)求抛物线的解析式；

(2)过点 D 作 $DF\perp BC$，垂足为点 F。设点 M 的坐标为 $M(m,0)$，请用含 m 的代数式表示线段 DF 的长，并求出当 m 为何值时 DF 有最大值，最大值是多少。

(3)试探究是否存在这样的点 E，使得以 A，C，E 为顶点的三角形是等腰三角形。若存在，请求出此时点 E 的坐标；若不存在，请说明理由。

例 2(2021 年昆明市官渡区一模第 23 题)　如图 5-94，在平面直角坐标系中，直线 $y=x+1$ 与抛物线 $y=ax^2+bx-3$ 交于 A，B 两点，点 A 在 x 轴上，点 B 的纵坐标为 5。点 P 是直线 AB 下方的抛物线上一动点(不与点 A，B 重合)，过点 P 作 x 轴的垂线交直线 AB 于点 C，作 $PD\perp AB$ 于点 D。

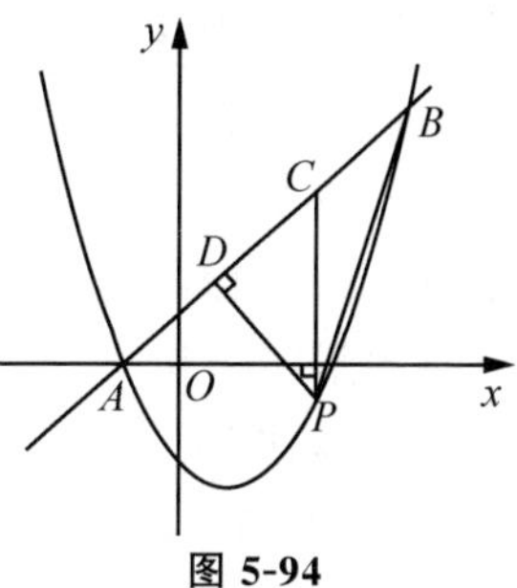

图 5-94

(1)求抛物线的解析式。

(2)设点 P 的横坐标为 m。

①用含 m 的代数式表示线段 PD 的长，并求出线段 PD 长的最大值；

②连接 PB，线段 PC 把△PDB 分成△PDC 和△PCB。若这两个三角形的面积比为 2∶3，求出 m 的值。

(二)重温模型，获得思路

思考 1：如图 5-95-①，平行于 y 轴的直线上的点的坐标有何特点？

思考 2：如图 5-95-②，平行于 x 轴的直线上的点的坐标有何特点？

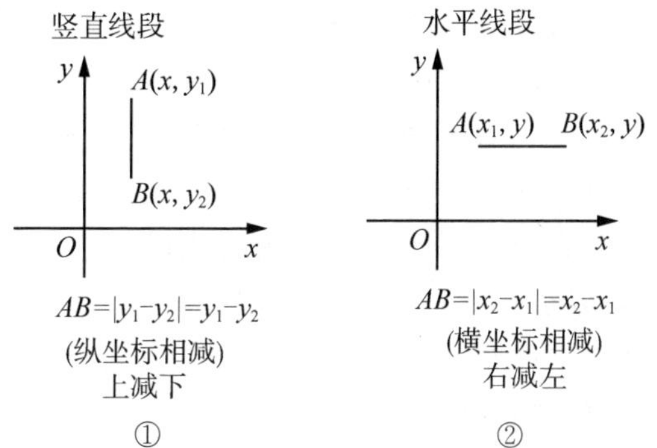

图 5-95

【设计意图】引导学生关注其中蕴含的数学思想及数学模型。将学过的知识融入新的学习内容，以旧引新。

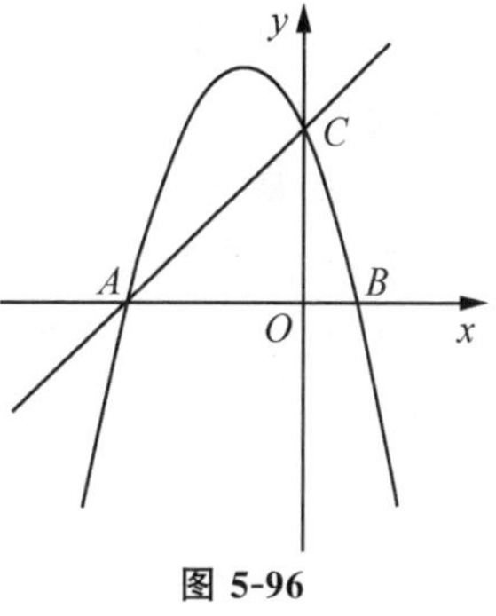

图 5-96

(三)立足基础，自主生成

母题：如图 5-96，已知二次函数 $y=-x^2-2x+3$ 的图象交 x 轴于 A，B 两点(点 A 在点 B 的左侧)，

交 y 轴于点 C。

(1)求 A，B，C 三点的坐标和直线 AC 的解析式。

【设计意图】学生利用已知条件，自主解决较简单的数学问题，师生共同归纳。由浅入深，为后续渐进式的变式训练打下基础。利用二次函数解析式求解点的坐标，提醒学生注意书写格式，为中考得分打下坚实的基础。

(2)如图 5-97，P 是直线 AC 上方抛物线上一动点(不与点 A，C 重合)，过点 P 作 $PQ/\!/y$ 轴交直线 AC 于点 Q，求线段 PQ 的最大值。

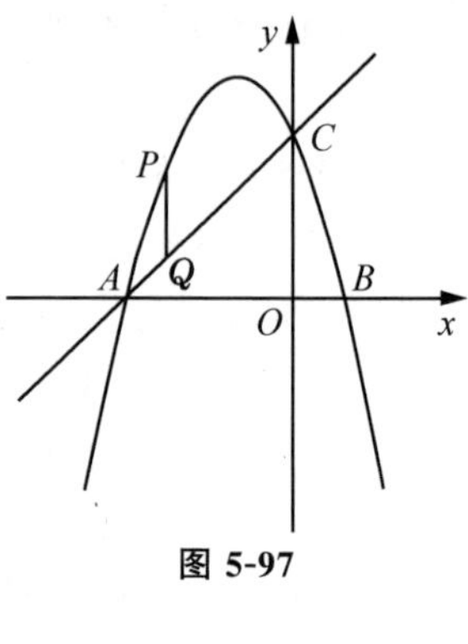

图 5-97

【设计意图】因为 $PQ/\!/y$ 轴，所以点 P 与点 Q 的横坐标相同，从而设出点 P，点 Q 的坐标，PQ 的长度即为 P，Q 两点的纵坐标之差的绝对值，从而转化为求二次函数的最值问题。

(四)放飞想象，合作探究

变式 1：如图 5-98，P 是直线 AC 上方抛物线上一动点(不与点 A，C 重合)，过点 P 作 $PM/\!/x$ 轴交直线 AC 于点 M，求线段 PM 的最大值。

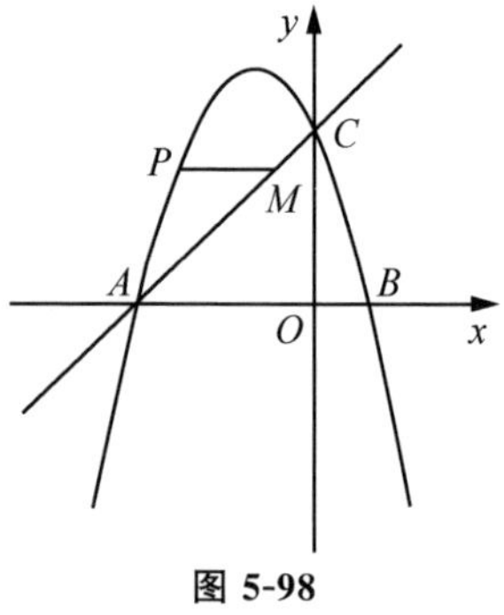

图 5-98

【设计意图】由母题第(2)问的竖直方向的线段转化为水平方向的线段，线段 PM 的长度就转化为横坐标之差的绝对值，初步体会两个问题之间的关联。

母题和变式 1 的线段是水平和竖直方向的线段，均可通过设点坐标的方法，找到两点间的联系，从而转化为二次函数的最值问题。

提问思考：如果是倾斜方向的线段呢?

变式 2：如图 5-99，P 是直线 AC 上方抛物线上一动点(不与点 A，C 重合)，求点 P 到直线 AC 距离 PM 的最大值。

【设计意图】过点 P 作 $PQ\perp x$ 轴交 AC 于点 Q，则△PQM 为等腰直角三角形，于是将求 PM 最大值转化为求 PQ 的最大值(图 5-99)。(解决本问题的方法较多，可以让多名学生分享不同的解题方法)

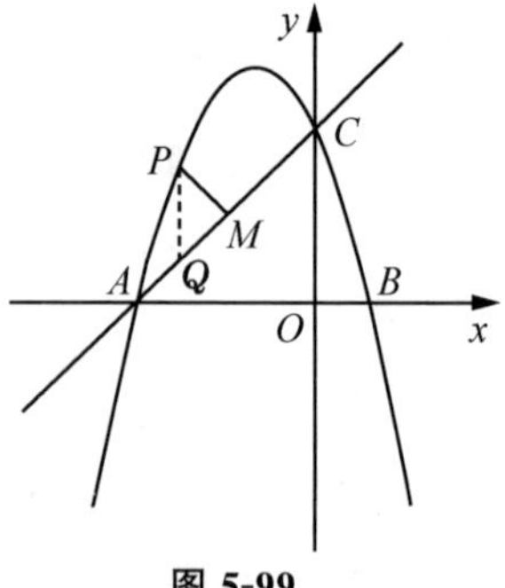

图 5-99

变式 3：如图 5-100，P 是直线 AC 上方抛物线上一动点(不与点 A，C 重合)，过点 P 作 $PQ/\!/y$ 轴交直线 AC 于 Q，$PH\perp AC$ 于 H，求$\triangle PQH$ 周长的最大值。

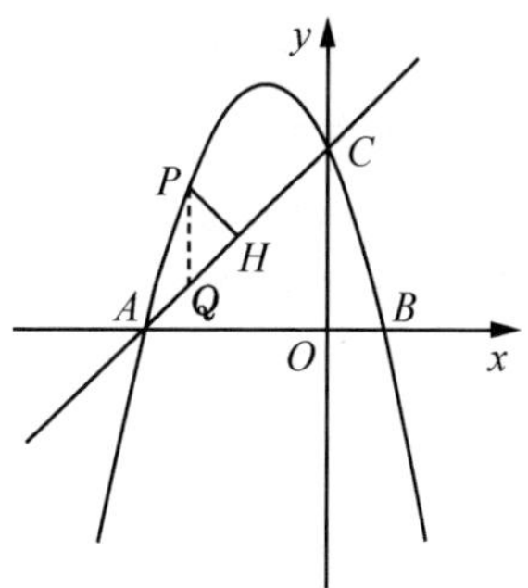

图 5-100

【设计意图】变式 3 是变式 2 的延伸，主要是利用等腰直角三角形中斜边与直角边的关系求解，通过讲解变式 2，让学生独立完成变式 3，并请学生讲解。

变式 4：如图 5-101，P 是直线 AC 上方抛物线上一动点(不与点 A，C 重合)，连接 BC，过 P 作 $PN/\!/BC$ 交直线 AC 于点 N，求线段 PN 长度的最大值。

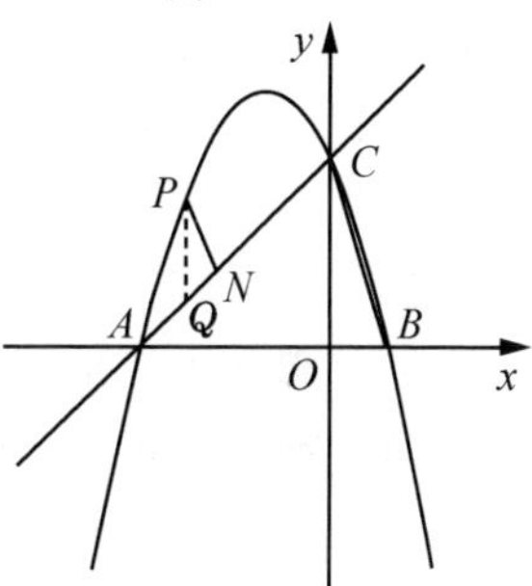

图 5-101

【设计意图】将变式 2 中垂直于 AC 的一条直线改为平行于 BC 的直线，线段不同，方法类似，即过点 P 作 $PQ\perp x$ 轴交 AC 于点 Q，经探索发现：$\angle PQN=45°$，$\angle QPN=\angle OCB$，所以，$\triangle PQN$ 是一个形状不变的三角形，当 PQ 最大时，PN 最大。

变式 5：如图 5-102，P 是直线 AC 上方抛物线上一动点(不与点 A，C 重合)，过点 P 作 $PQ/\!/y$ 轴交直线 AC 于 Q，作 $PN/\!/BC$ 交直线 AC 于点 N，求$\triangle PQN$ 周长的最大值。

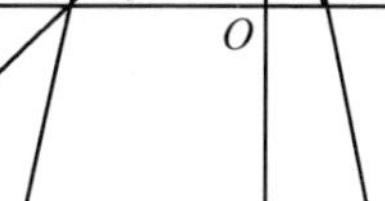

图 5-102

【设计意图】变式 5 是变式 4 的延伸，主要是利用$\triangle PQN$ 中$\angle PQN=45°$，从而找到三边的关系，通过讲解变式 4，让学生独立完成变式 5，并请学生讲解。

(五)总结反思，知识内化

【设计意图】立足基础题，通过多角度变换，培养学生提出问题和解决问题的能力，引导学生体会及感悟化归与转化、数学建模等数学思想方法。通过 8 个例子的学习，我们发现对于倾斜方向的线段解决起来比较困难，但可以通过转化的方法，将倾斜方向的线段转化为水平或竖直方向的线段进行求解，也就是我们这节课最重要的解决斜线段最值的基本方法：“改斜归正”。

(六)举一反三，同类演练

如图 5-103，抛物线 $y=-x^2+2x+3$ 与 x 轴交于 A，B 两点(点 A 在点 B 的左侧)，与 y 轴交于点 C。点 D 和点 C 关于抛物线的对称轴对称，直线 AD 与 y 轴相交于点 E。

(1)求直线 AD 的解析式；

(2)直线 AD 上方的抛物线上有一点 F，过点 F 作 $FG\perp AD$ 于点 G，作 FH 平行于 x 轴交直线 AD 于点 H，求$\triangle FGH$ 的周长的最大值。

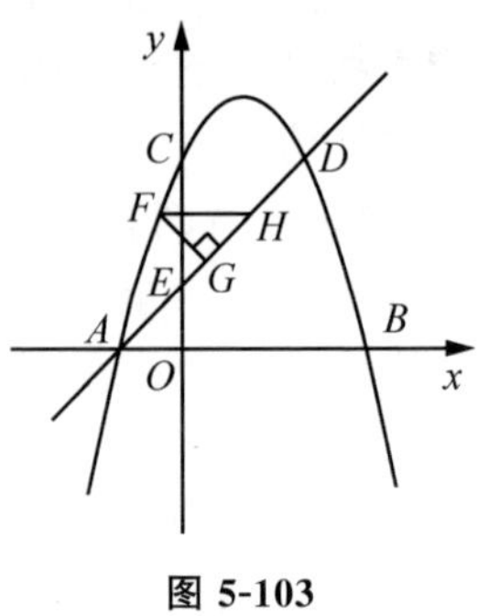

图 5-103

【设计说明】课堂限时同类训练，以任务单的形式发给学生。

【设计意图】考查学生对本节课所学内容的理解和掌握程度。

数学教学中注重结合具体的学习内容，设计有效的数学探究活动，使学生经历数学的产生过程，是学生积累数学活动经验的重要途径。学生在获得知识技能的过程中，只有亲身参与教师精心设计的教学活动，才能在数学思考、问题解决和情感态度方面得到发展。

立足课程标准，结合学生已有知识——二次函数、线段最值问题的模型，本节课设置了两个学习任务：一是学生利用已知条件，在不需要转化的基础上自主解决较简单的数学问题，由浅入深，为后续渐进式的变式训练打下基础。二是立足基础题，通过多角度变换，得到与线段有关的最值问题，根据问题建构数学模型，解决二次函数背景下的线段最值问题。但因为将数学问题设计成探索性试题，所以学生如何从所给问题中发现并抽象出数学问题，建构数学模型，从而解决二次函数背景下的线段最值问题，有一定的难度。这就需要教师精心创设好问题情境，从观念和方法层面去引导学生。

总之，数学专题探究课对提升学生数学学科核心素养有重要影响。我们应从课程标准，教材资源，考情学情三个层面来确定专题探究课的教学内容，在遵循整体性、基础性、主体性和思想性的原则上进行数学专题探究课的教学设计，从而发展学生的数学学科核心素养。

八、作业布置设计

1. 完成模考再现例 1 中第(1)、第(2)两个小题。

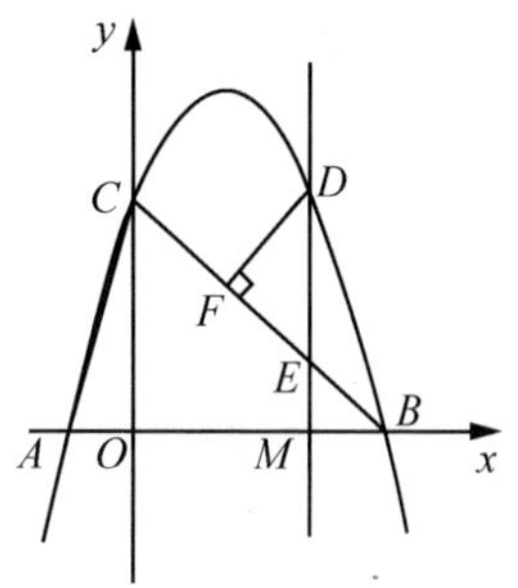

图 5-104

例 1　(2021 年昆明市五华区一模第 23 题)如图 5-104，抛物线 $y=ax^2+bx+4(a\neq 0)$ 经过点 $A(-1, 0)$，点 $B(4, 0)$，与 y 轴交于点 C，连接 AC，BC。点 M 是线段 OB 上不与点 O，B 重合的点，过点 M 作 $DM\perp x$ 轴，交抛物线于点 D，交 BC 于点 E。

(1)求抛物线的解析式；

(2)过点 D 作 $DF\perp BC$，垂足为点 F。设 M 点的坐标为 $M(m, 0)$，请用含 m 的代数式表示线段 DF 的长，并求出当 m 为何值时 DF 有最大值，最大值是多少。

2. 完成模考再现例 2 中第(1)小题、第(2)小题第①小问。

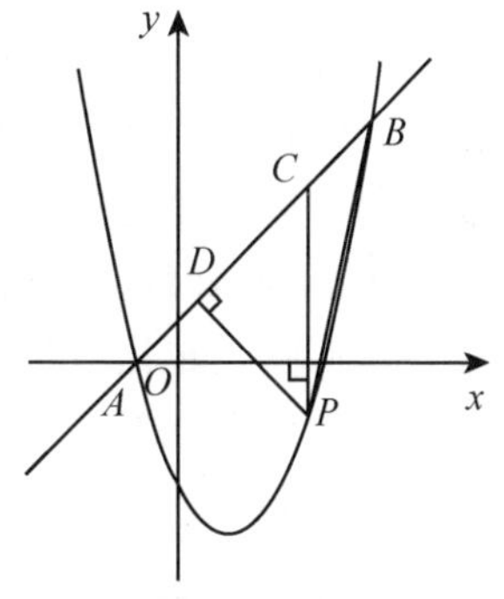

图 5-105

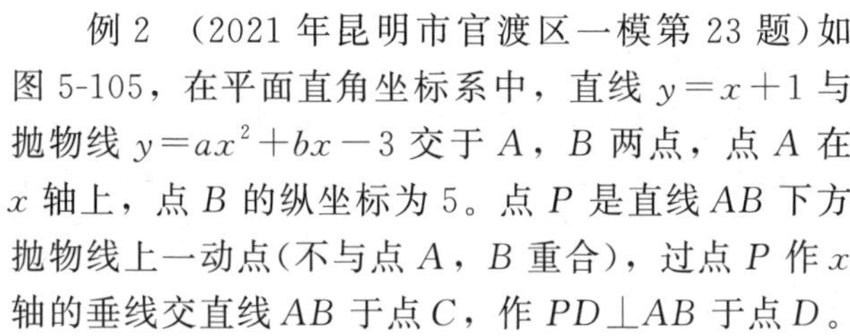
例 2　(2021 年昆明市官渡区一模第 23 题)如图 5-105，在平面直角坐标系中，直线 $y=x+1$ 与抛物线 $y=ax^2+bx-3$ 交于 A，B 两点，点 A 在 x 轴上，点 B 的纵坐标为 5。点 P 是直线 AB 下方抛物线上一动点(不与点 A，B 重合)，过点 P 作 x 轴的垂线交直线 AB 于点 C，作 $PD\perp AB$ 于点 D。

(1)求抛物线的解析式。

(2)设点 P 的横坐标为 m。

①用含 m 的代数式表示线段 PD 的长，并求出

线段 PD 长的最大值。

【设计意图】复习巩固本节课二次函数“改斜归正”的解题方法，解决本节课一开始“模考再现”提出的问题，让学生感受“学以致用”的乐趣。

九、目标检测设计

如图 5-106，在平面直角坐标系中，将抛物线 $y=x^2$ 的对称轴绕着点 $P(0, 2)$ 顺时针旋转 45°后与该抛物线交于 A，B 两点，点 Q 是该抛物线上的一点，且位于直线 AB 的下方。

(1)求直线 AB 所对应的函数解析式。

(2)求点 Q 到直线 AB 的距离的最大值。

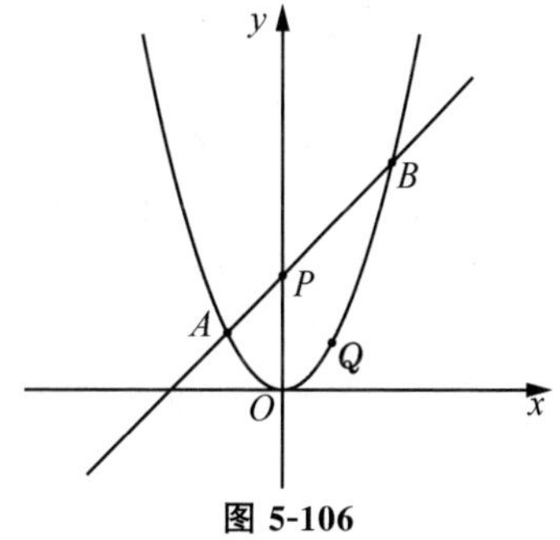

图 5-106

案例九 “反比例函数中k的几何意义”复习课

（云大附中　蔡丽香）

一、教学内容和内容解析

(一)内容

反比例函数中 k 的几何意义。

(二)内容解析

本节课主要复习反比例函数中 k 的几何意义，从“形”的角度加深对反比例函数的认识和理解，将“形”的问题转化为“数”的问题，从而解决与 k 有关的面积问题。通过同底等高法、和差法、割补法等方法将一些复杂面积问题转化为规则矩形(或直角三角形)相关的面积问题，回归到用 k 的几何意义解决这类问题，从而强化转化与化归、数形结合等数学思想。

基于以上分析，本节课的**教学重点**是：用 k 的几何意义解决相关面积问题。

二、教学目标设置

(一)目标

(1)理解反比例函数中 k 的几何意义，并能将与 k 有关的面积问题转化为用 k 的几何意义解决的问题。

(2)加深对转化与化归、数形结合等数学思想的体会。

(二)目标解析

达成目标(1)的标志：学生能够结合图形，理解 $S_{矩形PNOM}=PM\cdot PN=|x|\cdot|y|=|k|$，通过“补形”“分割”“转化为同底等高”等方法，把与函数图象上的点有关的几何图形的面积问题，转化为用 k 的几何意义解决的问题；

达成目标(2)的标志：学生能通过设点，用点的坐标表达图形面积；学生能够将叠加型的复杂问题进行分解，转化为简单型问题解决，并总结相应的“模型”特点。

三、学生学情分析

通过之前的学习，学生已经掌握了反比例函数中 k 的几何意义，对简单的“单一型”的面积问题，能够直接通过其几何意义进行解决，但对于“叠加型”的较为复杂的问题，还不能找到快速有效的解决方法，因此，教师需要引导学生对复杂的问题进行分解，分析其与“基础模型”的联系和区别，将“未知”模型转化为“熟悉”模型，从而获得解决这类问题的方法并总结。

基于以上分析，本节课的**教学难点**是：几何图形面积的等价转化。

四、教学策略分析

(一)教学材料分析

教学内容主要为两个板块：第一板块是“复习回顾”，复习 k 的几何意义，复习常见的与 k 的几何意义相关的简单模型，并应用到简单的习题中，同时也为第二板块的复习做铺垫。第二板块是典型例题讲解分析和变式训练。这一板块可以强化数学中转化与化归的思想，将平行四边形、非直角三角形、不规则图形中一些复杂的面积问题，通过同底等高法、和差法、割补法等方法转化为规则矩形(或直角三角形)来求解，回归到用 k 的几何意义解决，同时总结常用的转化思路和方法，形成多题一解的解题思路。

(二)例题设置分析

例 1 是为了加强对 k 的几何意义的理解，通过同底等高的方法将平行四边形转化为矩形问题。变式将例 1 中的“平行四边形”改为“三角形”，进一步加强同底等高的转化方法的应用。

例 2 的设置是为了解决反比例函数图象上两个点的问题，通过割补法进行面积的等价转化，并结合 k 的几何意义来解决相关面积问题，从中总结解决问题的常用模型，再运用到变式训练中。

五、教学支持条件分析

教法：探究式教学法、启发式教学法。

学法：学生动手作图，归纳方法等。

教学媒体：多媒体课件、学案、几何画板。

教学环境：在多媒体设备的支持下，实现师生互动、生生互动。

六、教学设计基本流程

教学设计基本流程如图 5-107 所示。

图 5-107

七、教学设计过程

(一)复习回顾

【复习引例】如图 5-108，设 P 是反比例函数 $y=\dfrac{k}{x}(k<0)$ 图象上任意一点，过点 P 作 $PM\perp x$ 轴于点 M，$PN\perp y$ 轴于点 N，①若 $k=-2$，则 $S_{矩形PNOM}=$________；②若 $S_{矩形PNOM}=3$，则 $k=$________。

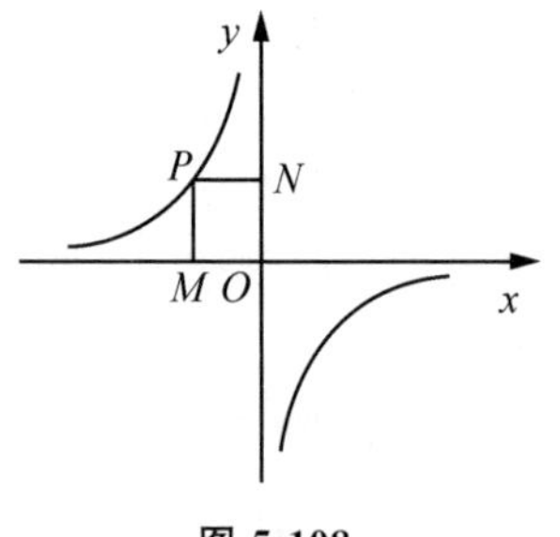

图 5-108

【师生活动】学生在学案上填空并回答，教师可引导学生总结①和②的不同。①是已知 k 求图形面积；②是已知图形面积求 k。师生共同回顾反比例函数中 k 的几何意义。

【设计意图】通过复习具体例子，回顾反比例函数中 k 的几何意义。

如图 5-109，设 $P(x, y)$ 是反比例函数 $y=\dfrac{k}{x}(k<0)$ 图象上任意一点，过点 P 作 $PM\perp x$ 轴于点 M，$PN\perp y$ 轴于点 N，则：

$S_{矩形PNOM}=PM\cdot PN=|x|\cdot|y|=$________$=$________。

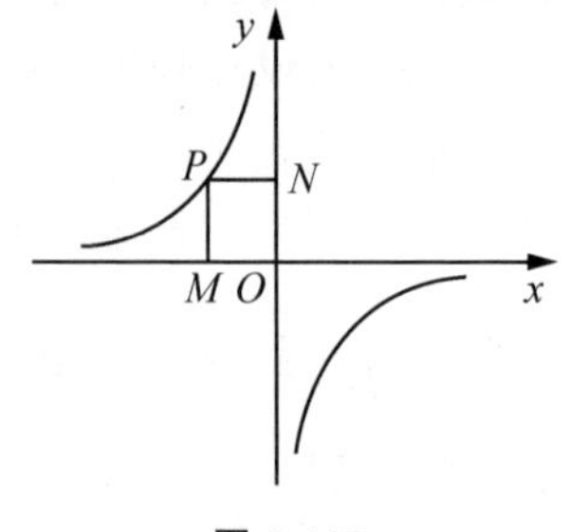

图 5-109

【师生活动】学生在学案上填空并回答，教师借助几何画板进行动态演示(图 5-110)。

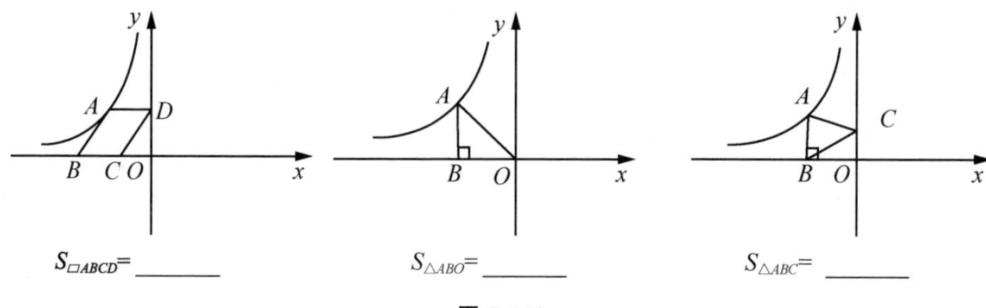

图 5-110

【设计意图】通过同底等高的转化方法将平行四边形、非直角三角形转化为矩形、直角三角形，回归到用“基础模型”来解决问题。

【复习巩固】如图 5-111，点 A 是反比例函数 $y=\frac{k}{x}(k<0)$的图象上的一点，过点 A 作 $AB\perp x$ 轴，垂足为 B，点 C 为 y 轴上的一点，连接 AC，BC，若$\triangle ABC$ 的面积为 4，则 k 的值是________。

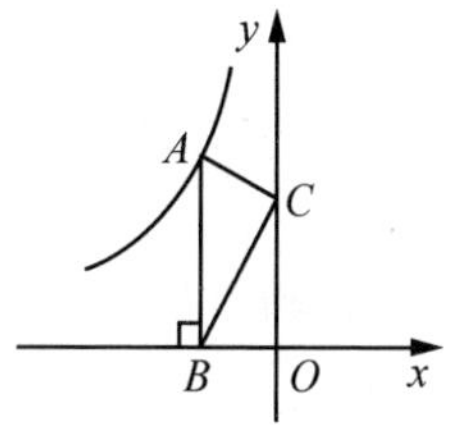

图 5-111

【师生活动】学生在学案上填空并回答。

【设计意图】巩固同底等高的转化方法。

(二)典例分析

例 1　如图 5-112，在平面直角坐标系中，点 O 为坐标原点，平行四边形 $OABC$ 的顶点 A 在反比例函数 $y=\frac{1}{x}$上，顶点 B 在反比例函数 $y=\frac{5}{x}$上，点 C 在 x 轴的正半轴上，则平行四边形 $OABC$ 的面积是(　　)。

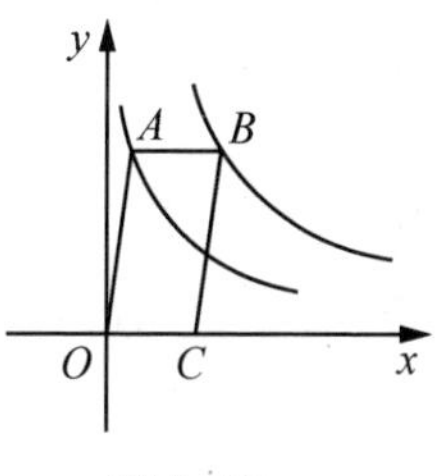

图 5-112

A. $\frac{3}{2}$　　B. $\frac{5}{2}$　　C. 4　　D. 6

【师生活动】在教师的问题引导下，思考如何将平行四边形 $OABC$ 的面积与以 OA 为对角线的矩形和以 OB 为对角线的矩形面积联系起来，将平行四边形面积转化为两个矩形的面积之差。

问题 1：如何将平行四边形 $OABC$ 的面积转化为同底等高的矩形面积？

【师生活动】学生回答，可分别过 A，B 两点作 x 轴的垂线 AE，BF(图 5-113)。

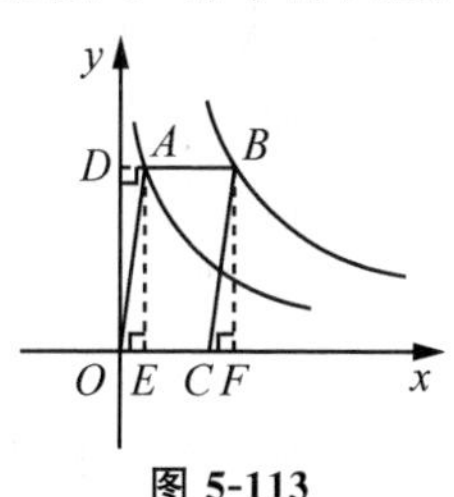

图 5-113

问题 2：如何用以 OA 为对角线的矩形和以 OB 为对角线的矩形面积来表达矩形 $AEFB$ 的面积，如何用 k 的几何意义解决？

【师生活动】学生回答，延长 BA 作 y 轴的垂线交 y 轴于点 D，从而得到：$S_{\square OABC}=S_{矩形AEFB}=S_{矩形BDOF}-S_{矩形ADOE}=|k_2|-|k_1|=5-1=4$。

【设计意图】对两个函数图象的“叠加模型”进行分解，转化为两个“单一基础模型”中矩形面积的差，提高分析问题、解决问题的能力，并强化转化与化归的思想。

提高变式 1：如图 5-114，两个反比例函数 $y=\dfrac{4}{x}$ 和 $y=\dfrac{2}{x}$ 在第一象限内的图象分别是 C_1 和 C_2，设点 P 在 C_1 上，过点 P 作 x 轴的垂线交 x 轴于点 A，交 C_2 于点 B，点 C 在 y 轴上，则△PBC 的面积为________。

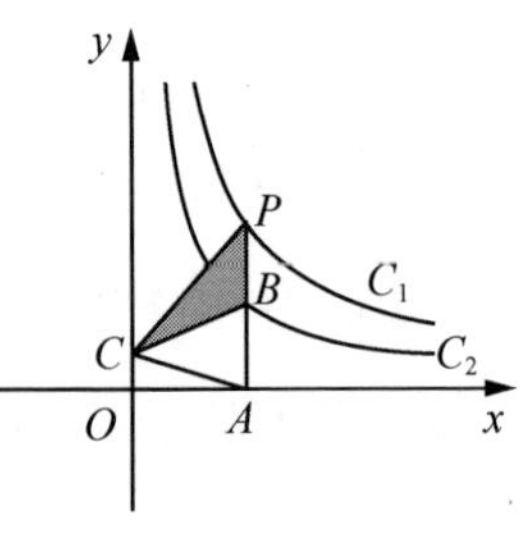

图 5-114

【师生活动】学生解答，并由学生进行演示和分析讲解。

【设计意图】增强学生灵活变通的能力，给学生充分展示的机会。

例 2　如图 5-115，在以 O 为原点的直角坐标系中，点 A，C 分别在 x 轴，y 轴的正半轴上，点 B 在第一象限内，四边形 $OABC$ 是矩形，反比例函数 $y=\dfrac{k}{x}(x>0,\ k>0)$ 与 AB 相交于点 D，与 BC 相交于点 E，若 $BE=2CE$，四边形 $ODBE$ 的面积是 4，则 $k=$________。

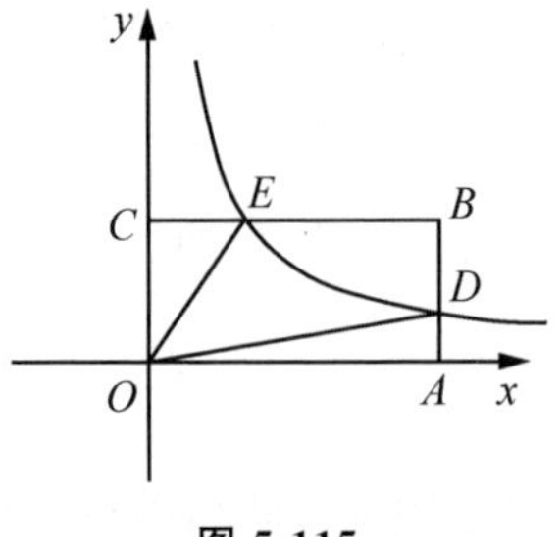

图 5-115

【师生活动】在教师的引导下，思考如何用割补法将不规则四边形 $ODBE$ 转化为规则图形的面积之差(或和)，并从“形”转化到“数”，通过设未知数，用含 k 的式子表示相关图形面积，建立方程，解决问题。

问题 1：如何将不规则四边形 $ODBE$ 的面积转化为规则图形的面积之差(或和)？

【师生活动】结合图形，可得 $S_{四边形ODBE}=S_{矩形OABC}-S_{\triangle OAD}-S_{\triangle OCE}$。

问题 2：结合已知条件和 k 的几何意义，你能用含 k 的式子表达 $S_{矩形OABC}$，$S_{\triangle OAD}$，$S_{\triangle OCE}$ 吗？

【师生活动】继续化简，教师板书。

$$\begin{aligned} S_{\text{四边形}ODBE} &= S_{\text{矩形}OABC} - S_{\triangle OAD} - S_{\triangle OCE} \\ &= S_{\text{矩形}OABC} - \frac{1}{2}k - \frac{1}{2}k \\ &= S_{\text{矩形}OABC} - k。 \end{aligned}$$

问题 3：矩形 $OABC$ 的长和宽与 D，E 两点的坐标有怎样的关系？结合已知条件 $BE=2CE$，如何设点坐标？

【师生活动】学生回答，教师板书。

可设 $CE=m(m>0)$，则 $BE=2m$，所以 $E\left(m，\frac{k}{m}\right)$，$D\left(3m，\frac{k}{3m}\right)$，则

$S_{\text{四边形}ODBE}=S_{\text{矩形}OABC}-k=3m\cdot\frac{k}{m}-k=2k$，$2k=4$，解得：$k=2$。

【设计意图】将不规则四边形的面积通过割补法转化为矩形面积和两个"单一基础模型"中直角三角形面积的差，最终用 k 的几何意义解决。同时通过设点坐标，加深对方程思想以及"设而不求"的方法的理解。

问题：在上述问题中，结合 $BE=2CE$ 设点坐标后，你能否发现 BE 和 CE 之间的比例关系对矩形 $OABC$ 的面积有着怎样的影响？当 $BE=aCE$ 时，你能找出规律吗？

【师生活动】教师借助几何画板进行动态演示，师生共同分析(图 5-116)。

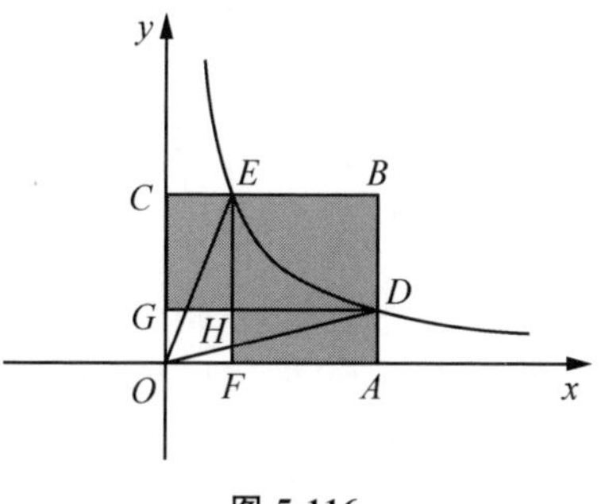

图 5-116

得出一般结论：当 $BE=aCE$ 时，①$BD=aAD$；②$\frac{S_{\text{矩形}OCEF}}{S_{\text{矩形}ABEF}}=\frac{S_{\text{矩形}OADG}}{S_{\text{矩形}CBDG}}=\frac{1}{a}$；③$S_{\text{矩形}OABC}=(a+1)|k|(k\neq0)$。

【设计意图】总结各面积之间的规律，从而在解题时可以快速地找到方法，达到用一种方法解决一类问题的目的，同时也锻炼学生"一题多解"和"多题一解"的思维，并提高学生总结的能力。

提高变式 2：如图 5-117，在四边形 $OABF$ 中，$\angle OAB=\angle B=90°$，点 A 在 x 轴上，双曲线 $y=\frac{k}{x}(k>0)$ 过点 F，交 AB 于点 E，连接 EF，若 $\frac{BF}{OA}=\frac{2}{3}$，$S_{\triangle BEF}=4$，则 k 的值为(　　)。

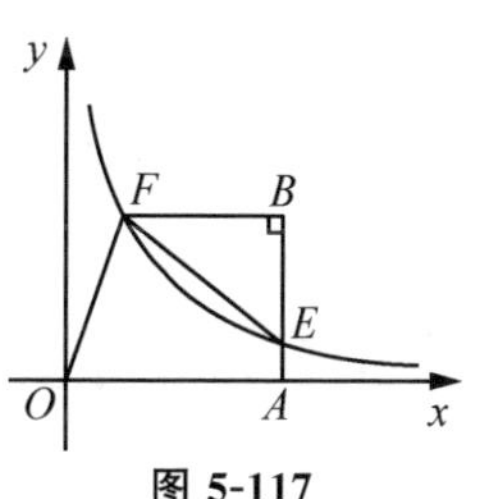

图 5-117

A. 6　　　　B. 8

C. 12　　　　D. 16

【师生活动】学生解答，并由学生进行演示和分析讲解。

【设计意图】增强学生灵活变通、对知识活学活用的迁移应用能力，给学生充分展示的机会。

(三)归纳总结

师生共同回顾本节课内容，并回答下列问题。

(1)在解决与 k 有关的面积问题时，可用哪些方法进行转化?

(2)如何对“两个图象上不同点”和“同一图象上不同点”相关面积进行转化?

八、作业布置设计

1. 如图 5-118，反比例函数 $y=\frac{k}{x}(x<0, k<0)$ 的图象经过矩形 $OABC$ 的对角线 AC 的中点 M，分别与 AB，BC 交于点 D，E，若矩形 $OABC$ 的面积为 8，则 k 的值为(　　)。

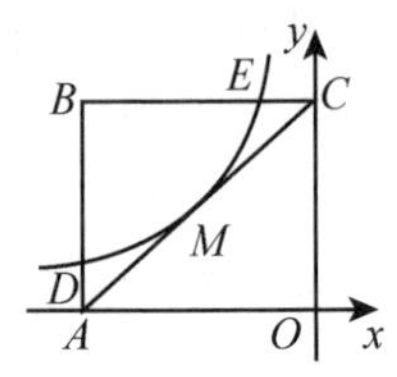

图 5-118

A. $-2\sqrt{2}$　　B. $-2\sqrt{5}$

C. 2　　D. -2

2. 如图 5-119，矩形 $OABC$ 的顶点 A，C 分别在 y 轴、x 轴的正半轴上，点 D 为 AB 的中点，反比例函数 $y=\frac{k}{x}(k>0)$ 的图象经过点 D，且与 BC 交于点 E，连接 OD，OE，DE，若△ODE 的面积为 3，则 k 的值为________。

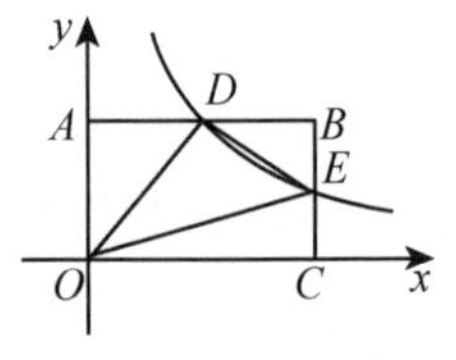

图 5-119

【设计意图】考查用 k 的几何意义解决相关面积问题。

九、目标检测设计

1. 如图 5-120，直角三角形的直角顶点在坐标原点 O，$\angle OAB=30°$，若点 A 在反比例函数 $y=\frac{6}{x}(x>0)$ 的图象上，则经过点 B 的反比例函数解析式为________。

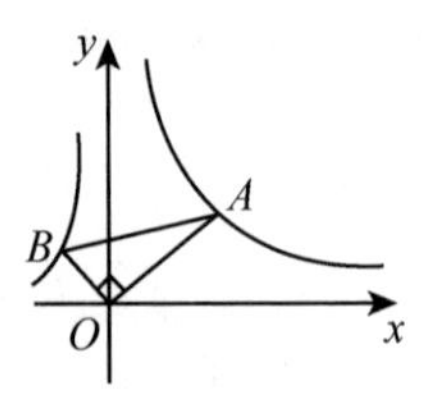

图 5-120

2. 如图 5-121，点 A，C 为反比例函数 $y=\frac{k}{x}$（$x<0$，$k<0$）图象上的点，过点 A，C 分别作 $AB\perp x$ 轴，$CD\perp x$ 轴，垂足分别为点 B，D，连接 OA，AC，OC，线段 OC 交 AB 于点 E，点 E 恰好为 OC 的中点，当 $\triangle AEC$ 的面积为 $\frac{3}{2}$ 时，k 的值为（　　）。

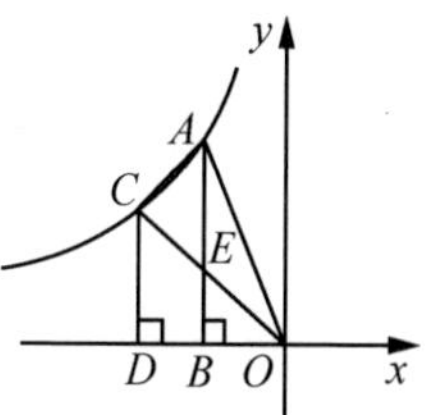

图 5-121

A. 4　　　　B. 6

C. -4　　　　D. -6

第六章　找茬课案例展示

找茬课

（王学先名师工作室　杨周荣麟）

一、教学内容和内容解析

(一)内容

初中数学知识点。

(二)内容解析

本节课是数学中考复习课系列中的一类课型——找茬课。顾名思义，找茬课意在类比经典游戏“大家来找茬”的含义与玩法，类比并带领学生识别题目条件、解题过程、解题结论中存在的“茬点”。学生做题过程中的易错点、易混点或失分点等。借由“找茬”这一行为，激发学生成为复习课堂上的主人，主动参与，积极思考。结合思维训练的方法，提升学生识题能力、辩题能力，提高做题正确率与得分率，并借由课堂检测评价与课后分层作业，实现“双减”背景下有效提升学生学习效率的目的，让每一个学生都能收获学习成就感。借由“趣味”，激发学生课堂积极参与性与主体行动意识，提升学生复习效率。当堂评价检测，帮助学生认识自我掌握情况，为学生提升自身解题能力与正确率提供帮助。同时，以“找茬”“互茬”等问题串形式呈现的教学环节设计也让学生看到沉闷的复习课“活”起来、“亮”起来，让德育走入数学课堂，落实“数学育人”的根本目标。

基于以上分析，本节课的**教学重点**是：引导学生建立从解题条件、过程、结果3个顺次步骤中寻找茬点的意识。

二、教学目标设置

(一)目标

(1)能主动发现题目中的茬点，不断提升自身严谨审题的能力。

(2)感受数学严谨之美，体验学习成就感之乐。

(二)目标解析

达成目标(1)的标志：学生有主动勾画“茬点”的意识和动作；能主动分享一些做题的方法，以此提醒其他同学。同时，课堂检测环节从两方面检验目标达成情况：一是通过学生做题习惯的行为表现——是否会在题目中勾画“茬点”，检测目标达成度；二是通过课堂检测的成绩测评正确率提升的程度。

达成目标(2)的标志：学生能主动上讲台为同学们讲题，或主动在课堂检测后相互解决问题，并能够有意识地与同学们一起归纳相关注意事项。

三、学生学情分析

从知识起点上看，学生已经掌握了初中数学的基础知识，做题方法与数学思想等，并且具有一定的做题经验，处于总复习阶段。

从能力上看，通过教师的问题串等多种形式的有效引导，学生能够建构一定的解题经验或独特的方法，并对解题经验进行总结与分享。通过动手实践、游戏合作，辨析抽象模型，学生能够对相关熟悉的知识进行类比学习，对辨析方法进行分析及归纳总结。

从情感上看，九年级的学生，处于总复习阶段，承受了一定的备考压力，求知欲和好奇心相对下降。九年级的学生正处青春期，害怕出错，在意他人评价，需要教师贴心引导。

基于以上分析，本节课的**教学难点**是：学生准确识别出解题条件、过程、结果三个顺次步骤中的茬点。

四、教学策略分析

本节课将通过一个经典游戏“大家来找茬”引入，类比游戏的思想，引导学生在做题时主动发现题目中的茬点(即易错易混易漏的点)，从而提升做题正确率和复习课效率。在教师引导下，通过问题引入、类比构建、学生展示、游戏合作、错因归纳得出找茬经验，并通过课堂评价检测技能掌握的程度，检测目标的达成率。学生结合课堂练习巩固知识，并通过实际运用总结知识，认识到数学的应用价值及意义。

五、教学支持条件分析

教法：观察教学法、探究式教学法、总结归纳式教学法。

学法：类比例题，自主构建，分享交流。

教学媒体：多媒体课件、电子笔、电子白板等。

教学环境：在多媒体设备的支持下，实现师生互动、生生互动。

六、教学设计基本流程

教学设计基本流程如图 6-1 所示。

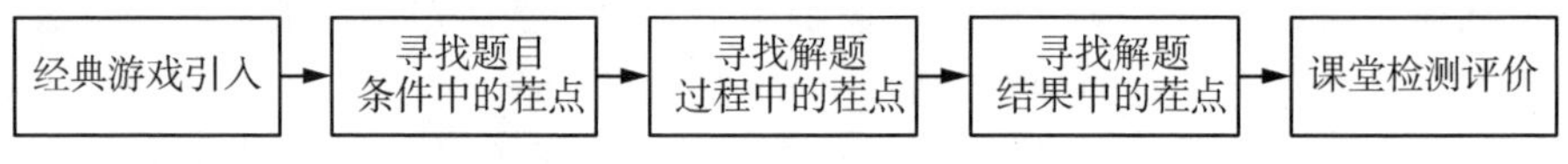

图 6-1

七、教学设计过程

(一)感受学习与生活相连的乐趣

问题 1：一份见面礼，请全班同学一起来参与一个经典游戏“大家来找茬”(图 6-2)。

图 6-2

【师生活动】学生自主上台勾画左右两幅图片中的不同之处，即为茬点，教师管理课堂。

预设：学生课堂上有笑容，积极主动地举手发言或是直接借助多媒体进行勾画。

【设计意图】激发学生学习积极性，活跃课堂氛围，与学生拉近距离。

（二）类比探究，寻找题目条件中的茬点

问题 2：类比游戏玩法看题组。

【师生活动】请同学们类比游戏的玩法，上下观察示例组，从中，你可以发现两道题目中的不同之处吗？若有发现，请进行勾画，并举手示意老师。注意，“茬点”即不同之处。

追问 1：观察，一道题目要想拿分，应该分为三个部分，即条件、解题过程与确定结论。请问，本题组的“茬点”即不同之处，属于哪一个部分？

预设：条件部分，我们可以称这类带有“茬点”的题目为条件找茬。

第一类（条件找茬）（图 6-3）。

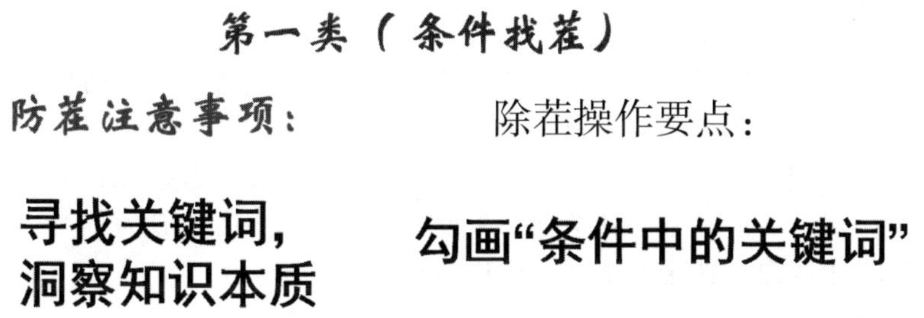

第一类（条件找茬）

防茬注意事项：　　除茬操作要点：

寻找关键词，洞察知识本质　　勾画“条件中的关键词”

图 6-3

示例组：

(1)若关于 x 的一元二次方程 $mx^2+x+1=0$ 有实数根，则 m 的取值范围是________。

(2)若关于 x 的方程 $mx^2+x+1=0$ 有实数根，则 m 的取值范围是________。

茬点：________________。

防入坑预警：____________。

【师生活动】动手，找到“茬点”并完成勾画。

追问 2：请说出茬点所对应的基础知识点。

预设：符合题设要求的方程有两种情况，即一元一次方程或一元二次方程，一元二次方程必须强调二次项系数不为 0。

追问 3：根据茬点，请你结合自身解题经验，与同学们分享条件找茬时需

要注意的相关事项。

练习组：

(1)4 的平方根是________。

(2)$\sqrt{4}$的平方根是________。

茬点：____________________。

防入坑预警：________________。

【师生活动】现在，若你是出题老师，类比练习组，请你出一组题目，考一考你的同学们。注意，出题的你，首先要把你出的这一组题目做对哦！思考好的同学，请举手示意。

追问 1：有同学可以作答吗？

【师生活动】请其他同学仔细听，一听出题对错，二辨正确解答，能直接回答的同学可以举手。

追问 2：还有其他的条件找茬出题方式吗？

追问 3：可以通过哪些“茬点”的位置变换，体现考查知识点的不同，有哪些可以考查的知识点生成？

预设：改变数字是第一类；改变求解的内容是第二类，例如可以考查算术平方根、立方根等不同的知识点。

【设计意图】让学生真正成为课堂的主人，动起来，思维“活”起来；生生互“茬”这一活动，能让学生体会何为条件找茬，强化找茬、认茬能力。第一组示例题让学生明白、体会并能切实应用“找茬”。

条件找茬小结：__________________。

防茬注意事项：__________________。

除茬操作要点：__________________。

追问 4：请积极主动的同学上台进行分享，为大家归纳做题注意事项。

追问 5：还有同学需要补充吗？

【师生活动】引导学生回顾自己完成的上述所有讲述、勾画、点评、归纳总结环节。

追问 6：你还遇到过哪种类型的题目，其实它也属于茬点在条件中的，可以和同学们分享一下吗？

【设计意图】不仅要教会，更要会教。教学生会学才是核心，让学生经历试错、探究、尝试的过程。只有把课堂主体真正交给学生，所学知识点才会在学生心中开花结果。

(三)类比探究，寻找解题过程中的茬点

问题 3：类比解题条件中寻找茬点的方法，完成解题过程中茬点的寻找。

第二类(过程找茬)(图 6-4)。

第二类(过程找茬)

防茬注意事项：　　　　除茬操作要点：

明确前后知识间的联系　　　　**基础知识概念清晰**

图 6-4

示例组：

(1)先化简，再求值：$\frac{x}{x^2-1}\div\left(1+\frac{1}{x-1}\right)$，其中 $x=2021$。

(2)先化简，再求值：$\frac{x}{x^2-1}\div\left(1+\frac{1}{x-1}\right)$，并在$-1$，0，1，2 这四个数中选择一个你喜欢的数代入求值。

茬点：_______________________。

防入坑预警：____________________。

练习组：

(1)若等腰三角形两边长为 3，5，则这个等腰三角形的周长是__________。

(2)若等腰三角形两边长为 2，5，则这个等腰三角形的周长是__________。

茬点：_______________________。

防入坑预警：____________________。

过程找茬小结：_________________。

防茬注意事项：_________________。

除茬操作要点：_________________。

【师生活动】请一名学生在黑板上书写此题，其他学生在学案上完成；教师放手请学生先尝试，并请学生对自己同学处理习题的方法进行评价、讲解与互评。

【设计意图】知其然，更应知其所以然。有过探究、讨论、思辨过程并知道处理其茬点问题的知识点本质和方法。这些过程让学生对于过程中茬点问题的处理会更清晰并印象深刻，这也是突破本节课难点的一个教学活动。同时，类比思想，便是在这样的教师“放手”的教学活动与氛围中，让学生意识到并体验的，只有真实体验过，数学核心素养才能真正落地。

追问 1：类比条件找茬，请同学为大家分享一下，在解决问题中，有什么防入坑得分的好建议、好方法？

追问 2：还有哪个同学需要来补充分享吗？

(四)类比探究，寻找解题结果中的茬点

问题 4：类比解题条件、过程中寻找茬点的方法，探究解题结果中的取舍问题，即存在的茬点问题。

第三类(结果找茬)(图 6-5)。

第三类（结果找茬）

防茬注意事项：	除茬操作要点：
明确所求结果的本质	**审明所求结果对应知识点**

图 6-5

示例组：

(1)已知⊙O 的半径为 4，圆心 O 到弦 AB 的距离为 2，则弦 AB 所对的圆周角的度数是________。

(2)已知⊙O 的半径为 4，圆心 O 到弦 AB 的距离为 2，则弧 AB 所对的圆周角的度数是________。

茬点：________________________。

防入坑预警：________________。

练习组：

(1)如图 6-6，正方形 $ABCD$ 中，$DE=AF$，则线段 AE 与 BF 的数量关系是________________。

(2)如图 6-6，正方形 $ABCD$ 中，$DE=AF$，则线段 AE 与 BF 的关系是________________。

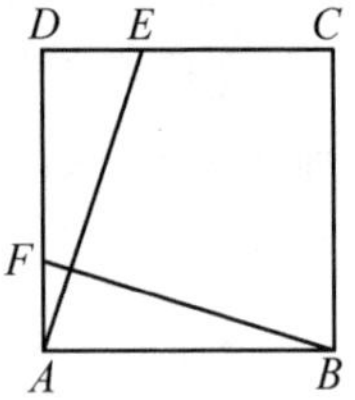

图 6-6

茬点：________________________。

防入坑预警：________________。

结果找茬小结：________________。

防茬注意事项：________________。

除茬操作要点：________________。

【师生活动】学生进行例题示范，边做边说。例题完成后，教师带领学生再次重温例题，明确细节，请学生说出取舍所渗透的知识点本质。

【设计意图】渗透转化思想、类比思想。同时，再次让学生体会初中数学知识的学习方法。

类比示意组，请同学上台展示练习组的解答过程。

【师生活动】类比，请同学上台展示，讲解、自评、互评；并类比学习过程，自行进行结论找茬的经验分享。

【设计意图】让课堂具有系统性。同时，在这样结构清晰、步骤明确的教学活动中，能增强学生寻茬意识的构建，有利于实现本节课的学习目标，强化重点、突破难点。

(五)课堂检测评价

问题 5：通过两组课堂检测，实现对教学目标达成度的检验。

课堂检测(处处都有坑，满满都是爱)。

第一组(限时 3 分钟)。

(1)了解九年级 800 名考生的数学成绩，从中抽取了 100 名考生的数学成绩进行统计分析，正确的是(　　)。

A. 这 100 名考生是总体的一个样本

B. 每位考生的数学成绩是个体

C. 800 名考生是总体

D. 100 名考生是样本容量

(2)一元二次方程$(x+1)(x-1)=2x-2$根的情况是(　　)。

A. 有两个不相等的实数根　　B. 有两个相等的实数根

C. 只有一个实数根　　D. 没有实数根

(3)在平行四边形 $ABCD$ 中，E 是 AD 上一点，且点 E 将 AD 分为 2∶3 两部分，连接 BE，与 AC 相交于点 P，则 $S_{\triangle APE}:S_{\triangle BPC}=$________。

第二组(限时 4 分钟)。

(1)数$\sqrt{16}$的平方根是________。

(2)数轴上，到原点距离为 3 个单位长度的点表示的数是________。

(3)在等腰三角形中，有一内角为 30°，则这个等腰三角形的顶角度数是________。

(4)一商店在某一时间以每件 120 元的价格卖出两件衣服，其中一件盈利

20%，另一件亏损20%，在这次买卖中，这家商店(　　)。

A. 不盈不亏　　B. 盈利20元　　C. 亏损10元　　D. 亏损30元

【师生活动】教师限时，学生作答。时间到马上检测成果，可通过做对举手的方式直观统计达标率，也可由小组长批改后反馈情况实现目标评价。

追问1：有哪些小组是两人均全对的，请举手，掌声送给自己。同时，若你的学习伙伴不是满分，请你为他纠错并进行讲解，问题全部解决的小组请击掌示意。

追问2：请没有做对的成员，勇敢地为全班同学分享一下错因，勇于试错的孩子，都是夜空中最亮的星，请你给同学们一些如何提高正确率的建议，可以规避哪些错误？

【设计意图】合作学习是学生应该具备的一种能力，而同学间的相互答疑有时对孩子具有非常大的影响力。要清楚，有时同龄人更能一针见血地发现同龄人的问题与疏漏，故让学生之间相互解决问题，也是一种提升学生找茬能力、沟通能力的方法，让学生更加主动地成为课堂的主体，收获满满的成就感。

八、作业布置设计

分层探究

A层

1. 已知α，β是关于x的一元二次方程$x^2-(2m+3)x+m^2=0$的两个不相等的实数根，且满足$\frac{1}{\alpha}+\frac{1}{\beta}=1$，则$m$的值是(　　)。

A. 3　　B. -1　　C. 3或-1　　D. -3或1

2. 已知关于x的方程$\frac{2x+m}{x-2}=3$的解是正数，则m的取值范围为(　　)。

A. $m>-6$且$m\neq-4$　　B. $m<-6$

C. $m>-6$　　D. $m<-6$且$m\neq-4$

3. 已知二次函数$y=(k-3)x^2+2x-1$的图象与x轴有交点，则k的取值范围是(　　)。

A. $k\geqslant2$　　B. $k\leqslant2$　　C. $k\geqslant2$且$k\neq3$　　D. $k\geqslant-4$且$k\neq3$

4. 已知点$A(4, y_1)$，$B(\sqrt{2}, y_2)$，$C(-2, y_3)$都在二次函数$y=(x-2)^2+k$的图象上，则y_1，y_2，y_3的大小关系是________。(请用“>”连接)

5. 在平面直角坐标系中，点 $A(-2, 1)$，$B(3, 2)$，$C(-6, m)$分别在三个不同的象限，若反比例函数 $y=\frac{k}{x}(k\neq0)$的图象经过其中两点，则 m 的值为________。

B 层

6. 已知关于 x 的不等式组 $\begin{cases}x>-2,\\x<m\end{cases}$ 的整数解共有 3 个，则 m 的取值范围是________。

7. 如图 6-7，O 是坐标原点，菱形 $OABC$ 的顶点 A 的坐标为$(-3, 4)$，顶点 C 在 x 轴的负半轴上，函数 $y=\frac{k}{x}(x<0, k<0)$的图象经过顶点 B，则 k 的值为________。

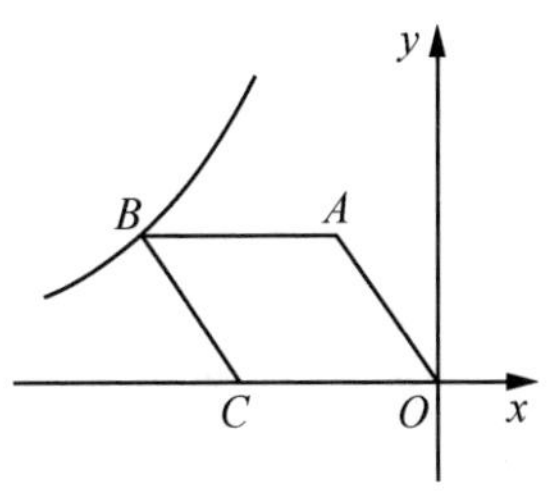

图 6-7

8. 我们知道，比较两个数的大小有很多方法，其中的图象法也非常巧妙，比如，通过图 6-8 中的信息，我们可以得出 $x>\frac{1}{x}$的解是________。

9. 如图 6-9，长方形 $ABCD$ 中，$AB=4$ cm，$BC=3$ cm，Q 为 CD 的中点。动点 P 从 A 点出发，以每秒 1 cm 的速度沿 A-B-C-Q 运动，最终到达点 Q。若点 P 运动的时间为 x 秒，则当 $x=$________时，$\triangle APQ$ 的面积等于 5 cm^2。

10. 如图 6-10，已知边长为 2 的等边三角形 ABC 中，分别以点 A，C 为圆心，m 为半径作弧，两弧交于点 D，连接 BD。若 BD 的长为 $2\sqrt{3}$，则 m 的值为________。

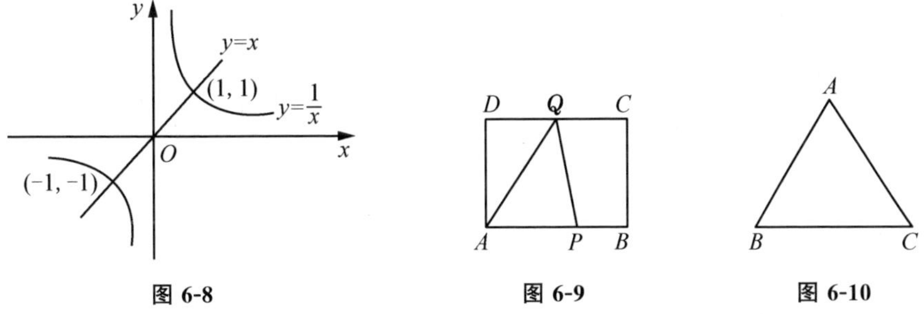

图 6-8　　图 6-9　　图 6-10

11. 点 $M(\sqrt{3}, 1)$，现将线段 OM 绕点 O 旋转 60°得到线段 OM'，则 M'的坐标为________。

【设计意图】课后作业检测为分层作业，共 11 题，学生可按照自己的情况完成前 5 题或全部题目。这两个部分均包含课堂找茬训练类型题——条件、过程、结果这 3 个步骤中的茬点设置。

九、目标检测设计

1. 关于 x 的一元二次方程 $(k-1)x^2-2x+1=0$ 有两个不相等的实数根，则 k 的取值范围是________。

2. 定义：一个三角形的一边长是另一边长的 2 倍，这样的三角形叫作“倍长三角形”。若等腰$\triangle ABC$ 是“倍长三角形”，底边 BC 的长为 3，则腰 AB 的长为________。

3. 如图 6-11，正方形 $ABCD$ 中，将边 AB 绕着点 A 旋转，当点 B 落在边 CD 的垂直平分线上的点 E 处时，$\angle BED$ 的度数为________。

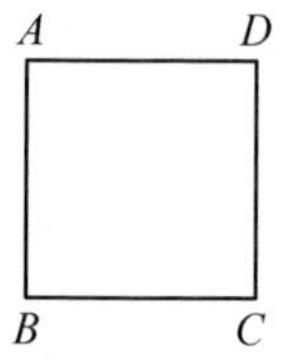

A D B C

图 6-11

【设计意图】以上练习分别对标条件找茬、过程找茬与结果找茬。第 1 题是条件找茬范例，落实学生对条件中出现的茬点的发现与解决的能力；第 2 题是过程找茬，依据知识点本质，学生是否能在过程中解决茬点；第 3 题属于结果找茬，检测学生能否通过结果中所要求的角因未明确其大小，需要进行分类讨论解决结果茬点。

第七章　试卷讲评课案例展示

案例一　2022年九年级上学期数学期末试卷讲评课

（王学先名师工作室　李翺行）

一、教学内容与内容解析

（一）内容

本节课是九年级数学上册期末检测诊断试卷讲评课，试卷由盘龙区教师进修学校统一命制，全区多所学校共同使用。考试时间120分钟，满分分值120分。内容涵盖人教版《义务教育教科书·数学　九年级　上册》第二十一章至第二十五章的重点知识，考查学生对九年级上册基础知识的掌握情况，对整体代换、分类讨论、数形结合、数学建模思想的应用意识，作图能力及综合问题的处理能力。

（二）内容解析

人教版《义务教育教科书·数学　九年级　上册》涵盖了初中数学数与代数、图形与几何、概率与统计、综合与实践四大板块的内容。

一元二次方程和二次函数属于数与代数。一元二次方程是初中数学中方程模型的最后一个，需要在实际问题中，用数学方程模型抽象出数量关系，列出一元二次方程，求出它的根，进而解决问题，同时也为求解方程采用"降幂"的基本策略做出推广。通过"消元"的方法，可将二元一次方程组与三元一次方程组转化为一元一次方程。本章激发学生从"次"入手，在学会"消元"的基础上，进一步学会用"降幂"解一元二次方程，另外也在强化分式方程转化为一元二次方程的技巧。二次函数是初中数学三大基础函数之首，同方程类似，需要从实际问题背景下建立数学模型，用变量的对应关系，解决实际问题；需要用类比、数形结合的方法归纳出二次函数的图象和性质，为后续学习"反比例函数"做铺垫；需要学生重视知识之间的联系，掌握二次函数与一次函数、一元二次方程的联系，推广函数与方程间的联系。这两章内容也是期末检测诊断的重点，约占整张试卷内容的45.8%。

旋转与圆属于图形与几何。旋转是《义务教育数学课程标准(2022年版)》“图形的变化”中的一部分，揭示旋转的概念，认识中心对称与中心对称图形在现实生活中的应用价值。本章要求学生能够结合学习过的基础几何图形(如三角形、平行四边形或圆等)，依据旋转的性质、中心对称的性质等分析、归纳、探究平面几何图形中的相关结论；能够综合运用平移、轴对称、旋转等图形变换设计图形，用坐标表示以原点为旋转中心的旋转图形。初中数学中平面几何图形集中研究了与直线型和曲线型图形有关的性质，圆便是曲线型图形的特殊代表。本章系统研究了圆的概念和性质，圆中有关的角，点与圆、直线与圆、圆与多边形之间的相关性质。本章要求学生关注与圆有关性质的探究过程，注重直观感知、操作实验和逻辑推理，重视圆和直线形之间的联系和综合，实现图形的性质、图形的变化和图形的证明的有机结合。这两章内容在期末检测诊断中约占43.4%，集中体现在对推理论证能力的培养。

概率初步是在小学了解随机现象发生的可能性基础上进一步研究的，主要内容涉及随机事件和概率的有关概念，用列举法(包括列表法和画树状图法)求简单随机试验中事件的概率，并能利用频率估计概率。本章紧密联系实际生活，用生活中的实例辨析概念，为高中数学阶段排列组合的学习做铺垫。本章内容在期末检测诊断中约占10.8%。

综合与实践渗透于前三个知识板块内容中，本次期末检测诊断，注重考查学生的综合与实践能力，关注学生的动手操作能力，培养学生的数学学科综合素养。

基于以上分析，本节课的**教学重点**是：查漏补缺，建立知识框架。

二、教学目标设置

(一)目标

(1)发现知识漏洞，及时查漏补缺。

(2)感受数形结合、方程与函数的思想，提升运算能力和作图能力。

(3)感受几何逻辑推理的严谨性，规范几何题书写过程。

(4)提高代数与几何综合探究题的解题能力。

(二)目标解析

达成目标(1)的标志：学生想得到所考查的知识点，知道解题方法，并可说出解题过程，解释清楚知识之间的逻辑与联系，同时能够将关键解题思路和解题方法写出来，最终还可以依据评分细则，对他人的试卷答题过程进行点评。

达成目标(2)的标志：学生能够动手作图，借助二次函数的图象，探究二次函数的性质，理解中心对称、图形旋转的概念和性质，会画一个三角形关于原点中心对称和关于旋转中心对称的图形，提高画图能力。学生经历探索具体问题中数量关系和变化规律的过程，能从实际问题中抽象出一元二次方程和二次函数模型，能结合一元二次方程根的存在性问题、二次函数的最大(小)值的结论、已知知识来解决实际问题，提升运算能力。

达成目标(3)的标志：学生能够理解旋转的性质和中心对称的性质，并能规范地书写推导过程，理解转化的思想。能够理解圆的切线性质和判定定理，会经过圆心作垂直，能证明垂线段是半径，能规范书写圆的切线性质和判定定理的推导过程，能够分清定理的条件和结论。

达成目标(4)的标志：能将二次函数的图象与三角形面积、平行四边形的存在性问题相结合，探究求解二次函数图象中两定点、一动点及三角形面积最大问题，并归纳整理求解方法。在平面直角坐标系中，能基于二次函数图象，探究两定点、两动点及平行四边形存在性问题，理解平行四边形几何意义与坐标值之间的对应关系，体会数形结合思想。

三、学生学情分析

九年级上学期结束，学生已学习了初中数学教科书中90%的内容，唯有函数章节中的反比例函数、相似三角形与相似变换、锐角三角函数及解直角三角形的内容还未学习。另外，经过七年级、八年级的学习，学生已初步具有观察、测量、操作、推理探究等能力，具有主动尝试归纳、独立思考、合作交流的能力，具有数与代数的概念与计算，几何图形的研究和推导，概率初步的知识，具备用已有知识发现问题、提出问题、分析问题和学习运用新知识的能力，为本次数学检测做好了铺垫。学生已有了独立思考、合作交流、语言表达的能力，数学基础较扎实，思维较活跃，但在面对综合问题及几何试题书写时，部分学生还存在一定的困难，作图能力依旧较薄弱，在试卷上呈现出4，8，13，14，23题的得分较低的情况。因此，为了实现更高效的讲评效果，教师应充分相信学生，给学生时间互相交流。教师设计层层递进的活动，循序渐进，在困难环节再采用小组交流、教师引导等方式来突破难点。

基于以上分析，本节课的**教学难点**是：学会几何推理试题的分析方法，提高代数与几何综合试题的绘图与分析运用能力。

四、教学策略分析

本节课以阅卷平台数据为依托，分题型、难点组织实施教学，引导学生归类错误，抓住重点，有针对性地突破，并在课堂内，让学生将集中对错题再做，巩固解题方法。

五、教学支持条件分析

教法：问题启发式教学法、总结归纳式教学法。

学法：借助数据，解读答题及知识掌握情况，从解答过程中发现问题，提出问题，分析问题，解决问题，并能表述与点评。

教学媒体：多媒体课件、诊断试卷、学案等。

教学环境：在多媒体设备的支持下，实现师生互动、生生互动。

六、教学设计基本流程

教学设计基本流程如图 7-1 所示。

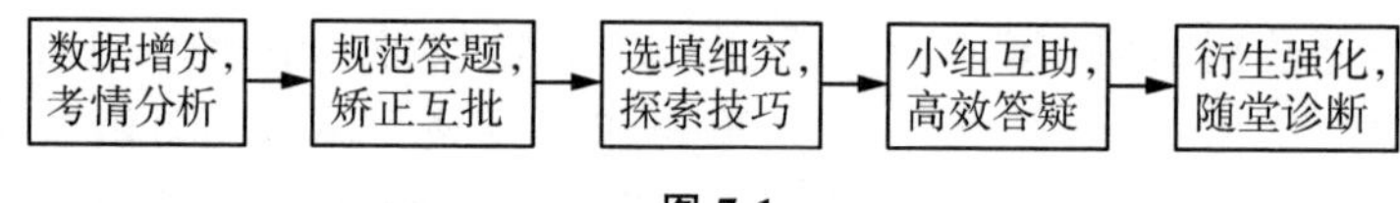

图 7-1

七、教学设计过程

(一)数据增分，考情分析

环节一：试卷分析。

1. 成绩分析

(1)借助频数分布直方图和扇形统计图，呈现班级各分数段人数情况，用统计表呈现本次考试班级最高分、最低分、平均分和中位数。

【师生活动】带领学生快速读图、表信息，并用“中位数”引发学生思考。

【设计意图】学生借助中位数数据，可以观察自己的成绩在班级是中上还是中下位置。

(2)整理阅卷平台数据，分析出优秀学生和进步较大学生，并予以表扬。

【师生活动】本次检测，优秀的学生有 4 人，进步较大学生有 8 人，同学们用热烈的掌声予以鼓励，也希望其他同学能再接再厉，突破自己，成为能够感动自己的榜样。

2. 卷面分析

卷面共有 23 道题，满分 120 分，由选择题、填空题、解答题三部分构成。

阅卷云平台提供各小题数据，获取各题得分率，以题型为单位，制作各小题得分率统计表及相应各题对应的知识点。

【师生活动 1】我们看一下整套试题得分情况，首先是选择题，共 8 道题。1，2，3，5，6，7 题得分率较高，4，8 题得分率较低，这两题分别考查什么内容？

重新审视诊断卷，再发表观点。

稍弱题目。

4 题：二次函数(顶点式)的图象和性质。

8 题：二次函数图象与系数的关系；二次函数图象上点的坐标特征；二次函数与一元二次方程、不等式的关系。

【师生活动 2】其次是填空题，共 6 道题。9，12 题学生掌握得很好，其中 12 题得分率达到 100%。但 10，11，13，14 题得分率就没有达到 90%，13，14 题的得分率还低于 80%。得分率较低的 10，11 题，考查什么内容？得分率低于 80%的 13，14 题又考查什么内容？

重新审视诊断卷，再发表观点。

稍弱题目。

10 题：二次函数的应用。

11 题：一元二次方程的应用。

较弱题目。

13 题：圆锥的计算。

14 题：坐标与旋转图形的性质；等腰直角三角形的性质；扇形面积计算；渐变性找规律。

【师生活动 3】最后是解答题，共 9 道题。其中 19，22，23 题得分率较低，23 题的得分率低于 80%。得分率较低的 19，22 题考查什么内容？得分率低于 80%的 23 题又考查什么内容？

重新审视诊断卷，再发表观点。

稍弱题目。

19题：三角形的面积；求解一元一次方程，根的判别式。

22题：角平分线的性质；切线的判定与性质；勾股定理、相似或锐角三角函数的计算运用。

较弱题目。

23题：待定系数法求二次函数解析式；二次函数顶点坐标表示；求解平面直角坐标系中的三角形面积；二次函数与平行四边形。

纵观整套试卷，从知识点的角度看，主要失分题是与二次函数相关的试题。

【设计意图】(1)借诊断后产生的试题数据，一让学生知道本班的诊断情况；二让学生明确自己的成绩在班级中所属等级，明确自己的成绩在班级中的位置；三让学生回顾统计图、表对现实数据的直观反馈作用，培养学生读图、表的能力，并能感受统计图、表所引发的思考与推测。

(2)表扬优秀的学生和有较大进步的学生，让学生知道，只要能突破自我，定会成为感动自己的榜样。鼓励积极思考和勤于总结的学生，让学生知道，只要持之以恒，定会成为扎实学习的标兵。

(二)规范答题，矫正互批

环节二：我是评卷小老师。

选取解答题中得分率较低的试题，从学生答题卷中选取较典型的错误进行剖析。

【师生活动1】先看解答题19题。

(1)指导学生依据评分细则查看自己得分情况，找到答题中的遗漏步骤。

(2)学生先浏览本班某个学生的答题过程，再随机选取一个同学对应评分细则予以赋分，同时指出其中的错误，也说明该同学答题过程中的闪光点。

(3)教师呈现实际赋分情况，并询问这是哪个同学的答题过程。

(4)对提供答题过程的同学提问：听完两个同学对你的分析，说说你自己的感受，如果下次再遇到这一类题，你是否会解答？会怎样解决？

【师生活动2】再看解答题22题，模仿以上步骤对问题提问并解答。

【设计意图】规范的答题过程是对试题理解的完美呈现。本环节借助信息技术数据平台，将学生假定为阅卷教师，通过浏览他人的解答过程，并对照评分细则予以赋分讲解，让学生对本试题进行再认知，也熟悉他人的解题过程，以点带面，实现学生规范答题。

教师提供标准评分细则后，若学生知道怎么答题，则可以对照标准评分细则，予以纠正；若学生对此题无从下手，毫无思路，则可以对照标准评分细则，培养自学能力。读懂答案后，再听听他人的做法以加强对此题的理解。

(三)选填细究，探索技巧

环节三：我有一把小李飞刀。

【师生活动 1】回看选择题和填空题得分率较低的试题。

操作步骤：

(1)呈现试题；

(2)如何求解此题；

(3)找出此题易错点在哪里；

(4)采取哪种方法可以又快又准地找到正确答案。

【师生活动 2】选取出错学生走上讲台，老师呈现试题，学生操作讲解。

学生提供解题方法，老师加以整理：

(1)直接计算；

(2)特殊值法；

(3)排除法；

(4)代入检验法；

(5)几何直观法；

……

教师归纳学生所呈现出的选择题、填空题答题技巧，并与学生共勉。

【设计意图】作为客观题的选择题，正确结果必然会出现在选项中；作为主观题的填空题，相比解答题，不需要提供过程。教师在教学过程中需要挖掘学生的解题思路，让学生呈现其他方法，以帮助其他同学能够更高效地求解。本环节针对学习成绩中等，容易在小题中出错的学生，鼓励这一部分学生发现自身问题，并能分享自己的解题思路，同时增强表达能力。

(四)小组互助，高效答疑

环节四：我诊断、我分析、我快乐。

【师生活动】以 3～4 人为小组，数学成绩在班级前中后的学生搭配一组，进行团队诊断。

小组内需完成 3 个环节：

(1)错题原因是什么？

(2)问题解决了吗？

(3)怎么解决这个问题?

小组帮带，解决问题。

【设计意图】有共性的错题，也有个性的错题，分小组完成团队诊断。一是借助学生帮带的形式帮助学生找到问题，并分析、解决问题。二是合作交流，提高课堂效率，点对点，解答彼此间的疑惑。

(五)衍生强化，随堂诊断

环节五：我欠数学一个“努力”，数学还我一个“满意”。

【师生活动】当堂下发随堂诊断反馈练习，限时完成，教师当堂组织学生完成反馈，以举手的方式统计学生当堂掌握情况，并根据当堂掌握情况，调整之后的教学。

八、作业布置设计

1. 已知二次函数 $y=ax^2+bx+c$(a，b，c 为常数，$a\neq0$)的部分图象如图 7-2，对称轴为直线 $x=1$，且与 x 轴的一个交点在点$(-1,\ 0)$和$(0,\ 0)$之间。下列 4 个结论：

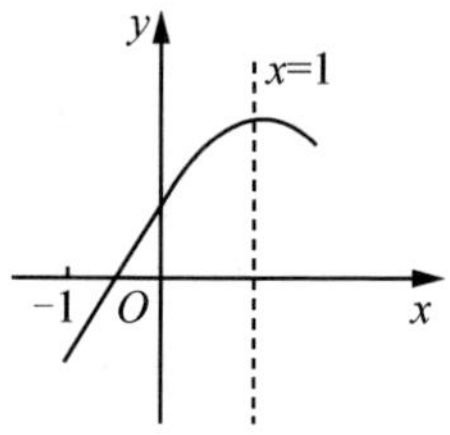

图 7-2

(1)$abc<0$;

(2)若点 $C(-3,\ y_1)$，$D(\sqrt{26},\ y_2)$在此抛物线上，则 $y_1<y_2$;

(3)$2a+b+c<0$;

(4)对于任意实数 m，总有 $a+b\geqslant m(am+b)$;

(5)对于 a 的每一确定值，若一元二次方程 $ax^2+bx+c=p$(p 为常数，$p>0$)的根为整数，则 p 的值只有两个。

其中正确的结论是________(填写序号)。

2. 如图 7-3，在平面直角坐标系中，有一个 Rt△OAB，$\angle ABO=90°$，$\angle AOB=30°$，直角边 OB 在 y 轴正半轴上，点 A 在第一象限，且 $OA=1$，将 Rt△OAB 绕原点逆时针旋转 30°，同时把各边长扩大为原来的两倍(即 $OA_1=2OA$)，得到 Rt△OA_1B_1。同理，将 Rt△OA_1B_1 绕原点 O 逆时针旋转 30°，同时把各边长扩大为原来的两倍，得到 Rt△OA_2B_2，…，依

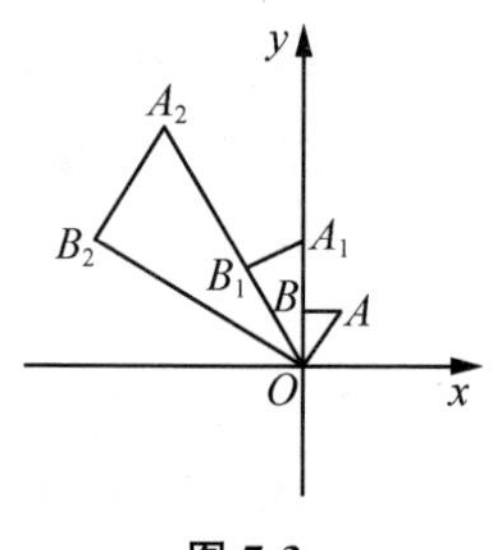

图 7-3

此规律，得到三角形 Rt$\triangle OA_{2021}B_{2021}$，则 OB_{2021} 的长度为________。

【设计意图】类比衍生错题，并随堂巩固，诊断反馈。主要针对错误率较高的选择题、填空题进行类比衍生或改编，复习知识点的同时，巩固解题方法。限时完成，及时了解学生的课堂反馈情况。

九、目标检测设计

1. 已知二次函数 $y=-(x-6)^2+4$，下列说法中，错误的是(　　)。

A. 顶点坐标为(6，4)

B. 对称轴与 x 轴的交点坐标为(6，0)

C. 当 $x>6$ 时，y 随 x 的增大而增大

D. 向左平移 6 个单位，再向下平移 4 个单位得的抛物线解析式为 $y=-x^2$

2. 一个小组有若干人，新年互送礼物，若全组共送礼物 72 份，则这个小组共有(　　)人。

A. 12　　　B. 10　　　C. 9　　　D. 8

3. 一辆汽车刹车后行驶的距离 s(单位：m)关于行驶时间 t(单位：s)的函数解析式是 $s=15t-6t^2$，那么距离 s 与行驶时间 t 的函数图象大致是(　　)。

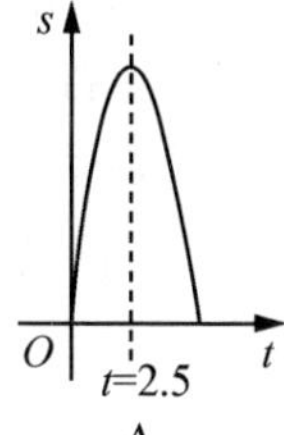

A

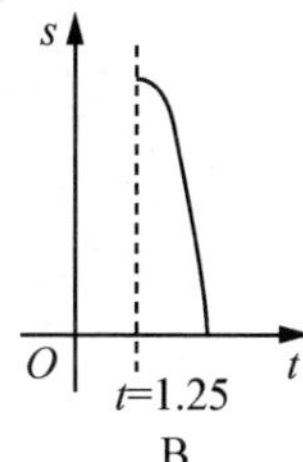

B

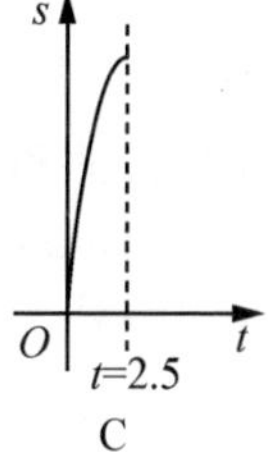

C

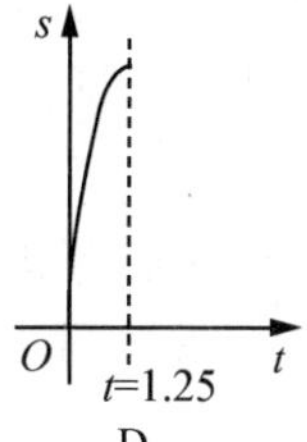

D

4. 如图 7-4，从一块半径是 2 m 的圆形铁皮(⊙O)上剪出一个圆心角为 60°的扇形(点 A，B，C 在⊙O 上)，将剪下的扇形围成一个圆锥，则这个圆锥的底面圆的半径是________ m。

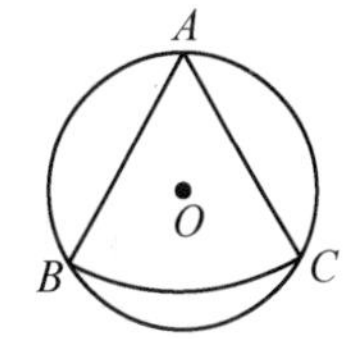

图 7-4

案例二　2022 年云南省昆明市西山区中考数学二模试卷讲评课

（昆明市第一中学西山学校　皮起文）

一、教学内容和内容解析

（一）内容

2022 年云南省昆明市西山区中考数学二模试卷讲评——与圆有关的综合问题。

（二）内容解析

本节课是 2022 年云南省昆明市西山区中考教学二模试卷讲评的第一课时，试卷由西山区教科中心组织命制，全区各学校共同使用。全卷满分 120 分，考试时间 120 分钟，内容涵盖七年级到九年级数学全部内容，考查学生基础知识掌握情况，数形结合、转化思想、方程思想、分类讨论等数学思想方法的应用意识，发现问题、提出问题、分析问题、解决问题的能力。教师先分析学生得分情况，找到学生在考试中普遍存在的问题，针对这一问题进行详细分析，通过一题多解，归纳总结出其解题思路、方法和技巧，实现会一道题，就会一类题的目标。

基于以上解析，本节课的**教学重点**是：一题多解、一题多变，培养学生分析问题、解决问题的能力。

二、教学目标设置

（一）目标

(1)通过分析讲解云南省昆明市西山区中考数学二模试卷中与圆有关的综合题，纠正并规范学生几何证明的书写。

(2)发现典型试题的错因，提出解决办法，提高学生分析问题和解决问题的能力，归纳解题步骤与解题思路、方法和技巧，提炼解题模型。

(3)在试题的分析讲解过程中贯穿数形结合、转化思想、方程思想、分类讨论等数学思想方法，并能运用再生成。

(4)能利用基本模型、基本思想方法解决相关几何问题。

(二)目标解析

达成目标(1)的标志：学生能够明晰评分标准，并规范书写几何证明题的答案。

达成目标(2)的标志：学生经历探究过程，能从数学问题中提炼出相似三角形的基本模型，并借助模型的特点求出正确结果。

达成目标(3)的标志：学生经历探究过程，掌握数形结合、方程与函数、分类讨论等数学思想方法。

达成目标(4)的标志：学生完成变式训练，能灵活运用基本模型、基本思想方法来解决相关的几何问题。

三、学生学情分析

九年级学生在本阶段已完成一轮基础知识和二轮专题的复习，现阶段多数学校都是在做试卷、讲评试卷，而讲评试卷时多数教师是见题讲题，不注重一题多解、一题多变、提炼方法和基本解题模型，导致试卷讲评针对性不强，学生没有掌握方法，这次听懂这题了，下次遇到类似的题目，甚至原题还是不会做。这样学生即使做了很多题，成绩还是上不来，下次遇到难的题目直接放弃，就形成了恶性循环，不会的越来越多，对学习数学失去信心。

学生遇到难的题不会做，没有思路，其中一个原因是不会审题，不会从题目中挖掘已知条件，所以在试卷讲评时，教师可以带着学生认真审题，让学生学会审题，学会从题目中的已知条件寻找突破口，寻求解题思路。另外一个原因是学生对一些基本解题方法、解题技巧和解题模型不熟悉，比如几何综合题中经常用勾股定理、相似三角形、三角函数等列方程求线段长度，相似中的基本模型："A"型、"X"型、"K"型、"双垂直"型(射影定理)等，所以教师在讲评试卷的过程中需注重解题方法、解题模型的再总结再归纳，这样学生在下次做题过程中，如果思路受阻时运用这些解题方法和解题模型，可能就有思路了。

基于以上分析，本节课的**教学难点**是：提炼解题方法和解题模型，运用其解决难度较大的圆、四边形、三角形等有关的综合性探究问题。

四、教学策略分析

(1)选择教学材料，并组织分析。在中考复习阶段，为了让复习更有针对性，提高学生的学习效率，教师选取西山区中考数学二模试卷中学生得分率比较低的一道题展开讲评，师生共同总结归纳解题方法，举一反三，做到会一道题就会一类题。

(2)通过“问题串”设计，引导学生思考不同的解题方法，做到一题多解、一题多变，训练学生的思维，提高学生分析问题、解决问题的能力。

(3)通过解题步骤、解题方法、解题模型和技巧的归纳总结，教会学生审题，让学生能根据已知条件，利用熟悉的解题模型和解题方法来解决问题。

五、教学支持条件分析

教法：探究式教学法、总结归纳式教学法，讲授教学法，问题式教学法，反馈训练教学法。

学法：自主探究学习法、合作交流学习法。

教学媒体：教具、学案、多媒体课件等。

教学环境：在多媒体设备的支持下，实现师生互动、生生互动。

六、教学设计基本流程

教学设计基本流程如图 7-5 所示。

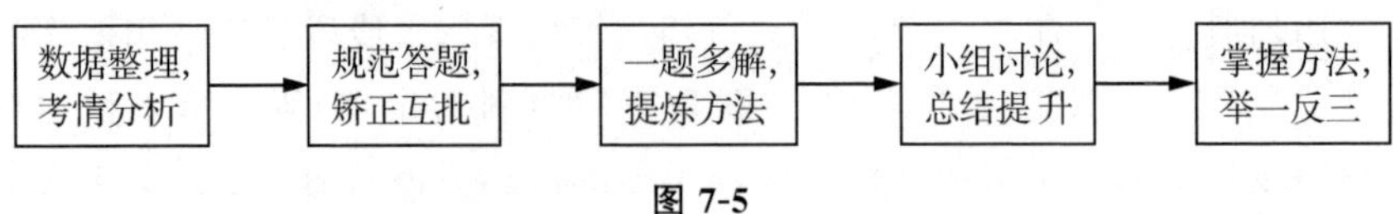

图 7-5

七、教学设计过程

(一)成绩分析

成绩分析如图 7-6 所示。

【设计意图】得分情况统计，让学生知道自己所处的位置，清楚自己的优势与不足。通过表扬优秀的学生和进步较大的学生，激发学生的学习斗志，提升学生的学习的自信心，让学生相信在最后二十多天里，通过自己的努力，一定可以取得很大的进步，最终在中考战场上取得胜利。

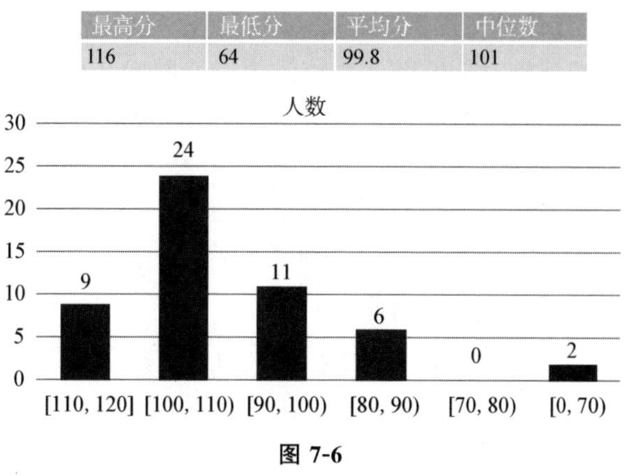

最高分	最低分	平均分	中位数
116	64	99.8	101

图 7-6

(二)卷面分析

卷面分析如图 7-7 所示。

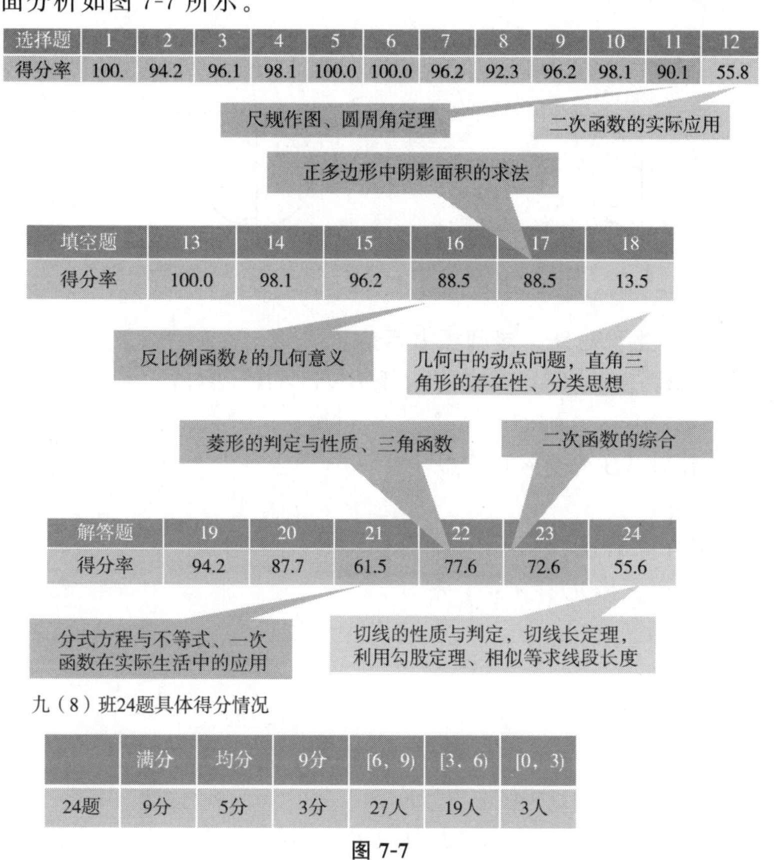

选择题	1	2	3	4	5	6	7	8	9	10	11	12
得分率	100.	94.2	96.1	98.1	100.0	100.0	96.2	92.3	96.2	98.1	90.1	55.8

填空题	13	14	15	16	17	18
得分率	100.0	98.1	96.2	88.5	88.5	13.5

解答题	19	20	21	22	23	24
得分率	94.2	87.7	61.5	77.6	72.6	55.6

九（8）班24题具体得分情况

	满分	均分	9分	[6，9)	[3，6)	[0，3)
24题	9分	5分	3分	27人	19人	3人

图 7-7

【设计意图】教师通过对各题得分率的统计分析，清楚学生主要存在的问题。本节课针对学生得分率较低的一道题展开评讲。整张试卷中，24 题得分率比较低，而且本题改编于人教版《义务教育教科书·数学　九年级　下册》102 页的 11 题和 125 页的 15 题，具有代表性，所以本节课就针对这一题展开，通过一题多解，归纳总结出其解题思路、方法和技巧，并利用这些方法解答本题的三个变式题，做到会一道题，就会一类题。

(三)试卷讲评

24.(本小题 9 分)射线 AM//射线 BN，$AB=18$，$AB\perp BN$，以 O 为圆心，AB 为直径画⊙O，点 E 是⊙O 右半圆上的动点，点 D 是射线 AM 上的一动点，线段 DE 的延长线交射线 BN 于点 C(图 7-8)。

(1)当 OD 平分$\angle AOE$ 时，求证：DC 是⊙O 的切线；

(2)在(1)的条件下，设 $AD=x$，$BC=y$，求 y 关于 x 的函数解析式，并写出自变量的取值范围；

(3)当$\angle AOE=120°$，$EC=6$ 时，求 AD 的长。

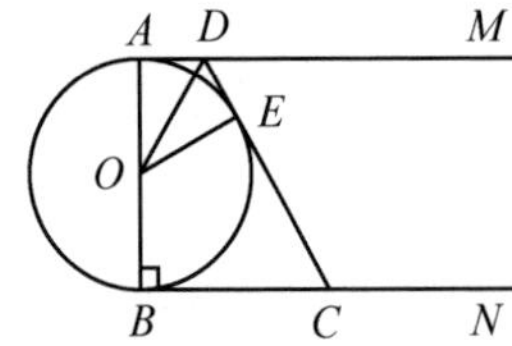

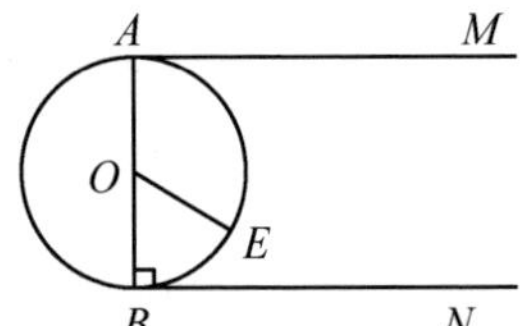

图 7-8

活动一：学生说思路，老师板书示范。

证明　如图 7-9，∵射线 AM//射线 BN，$AB\perp BN$，

$\angle OAD=180°-\angle ABC=180°-90°=90°$，

∵点 E 在以 AB 为直径的⊙O 上，

∴$OA=OE$。

∵OD 平分$\angle AOE$，

∴$\angle AOD=\angle EOD$。……1 分

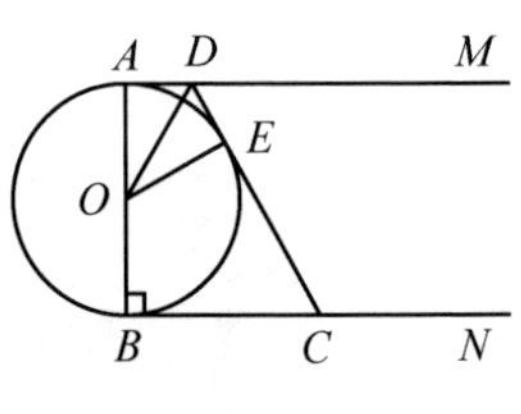

图 7-9

在$\triangle AOD$ 和$\triangle EOD$ 中

$$\begin{cases}OD=OD,\\ \angle AOD=\angle EOD,\\ OA=OE,\end{cases}$$

∴$\triangle AOD\cong\triangle EOD$(SAS)。

∴$\angle OED=\angle OAD=90°$，即 $OE\perp DC$。……2 分

又∵OE 为⊙O 的半径，

∴DC 是⊙O 的切线。……3 分

【设计意图】老师板书示范，并给出评分标准，规范学生书写。

活动二：我是评卷小老师。

老师出示本班学生答题过程中出现的典型问题，让学生找出问题并纠正(图 7-10)。

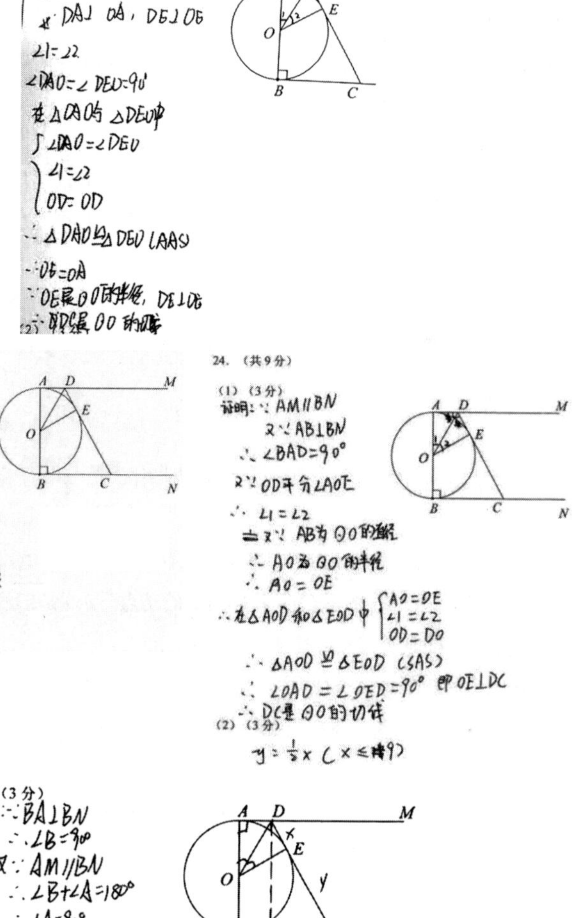

图 7-10

【设计意图】学生之间互相纠错，加深对本题的理解，同时关注本题答题的规范性。

活动三：学生交流本题第二问的解题思路，教师总结补充。

解法一　勾股定理列方程(图 7-11)。

24.（本小题 9 分）射线 AM∥射线 BN，$AB=18$，$AB\perp BN$，以 O 为圆心，AB 为直径画⊙O，点 E 是⊙O 右半圆上的动点，点 D 是射线 AM 上的一动点，线段 DE 的延长线交射线 BN 于点 C。

（1）当 OD 平分 $\angle AOE$ 时，求证：DC 是⊙O 的切线；

（2）在（1）的条件下，设 $AD=x$，$BC=y$，求 y 关于 x 的函数解析式，写出自变量的取值范围；

（3）当 $\angle AOE=120°$，$EC=6$ 时，求 AD 的长。

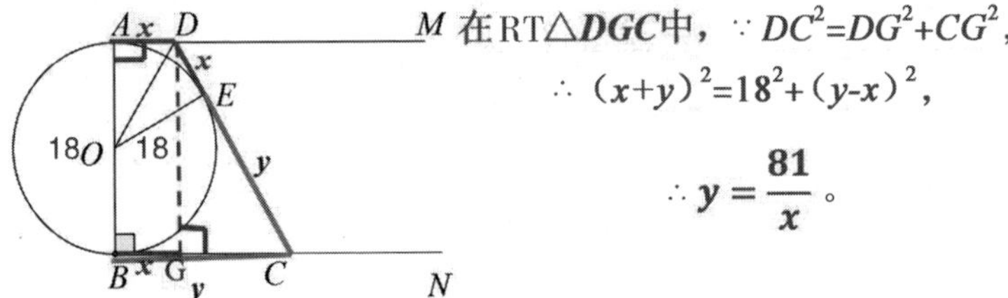

图 7-11

解法二　寻找相似三角形中的“K”型相似，利用相似三角形的性质列方程(图 7-12)。

24.（本小题 9 分）射线 AM∥射线 BN，$AB=18$，$AB\perp BN$，以 O 为圆心，AB 为直径画⊙O，点 E 是⊙O 右半圆上的动点，点 D 是射线 AM 上的一动点，线段 DE 的延长线交射线 BN 于点 C。

（1）当 OD 平分 $\angle AOE$ 时，求证：DC 是⊙O 的切线；

（2）在（1）的条件下，设 $AD=x$，$BC=y$，求 y 关于 x 的函数解析式，写出自变量的取值范围；

（3）当 $\angle AOE=120°$，$EC=6$ 时，求 AD 的长。

∵ $\triangle ADO\backsim \triangle BOC$，

∴ $\frac{AD}{BO}=\frac{AO}{BC}$，

∴ $\frac{x}{9}=\frac{9}{y}$，

∴ $y=\frac{81}{x}$。

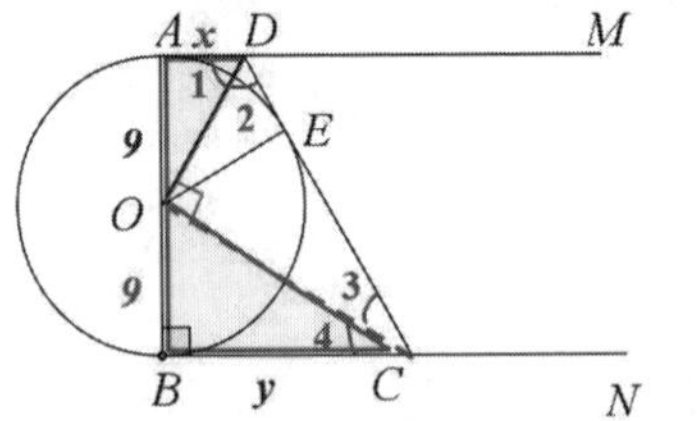

图 7-12

解法三 寻找相似三角形中的“双垂直”相似(射影定理)，利用相似三角形的性质列方程(图 7-13)。

24.（本小题9分）射线 AM∥射线 BN，$AB=18$，$AB\perp BN$，以 O 为圆心，AB 为直径画⊙O，点 E 是⊙O 右半圆上的动点，点 D 是射线 AM 上的一动点，线段 DE 的延长线交射线 BN 于点 C。

（1）当 OD 平分∠AOE 时，求证：DC 是⊙O 的切线；

（2）在（1）的条件下，设 $AD=x$，$BC=y$，求 y 关于 x 的函数解析式，写出自变量的取值范围；

（3）当∠AOE=120°，EC=6 时，求 AD 的长。

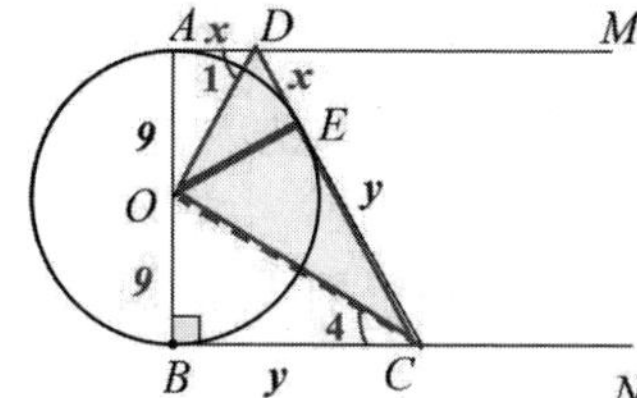

解 由（1）知：

$OE\perp CD$，$OE=9$，

又由题意 $\angle DOC=90°$，

$DE=AD=x$，

$CE=BC=y$，

易证$\triangle ODE\backsim COE$，

$\therefore \dfrac{OE}{CE}=\dfrac{DE}{OE}$，

$\therefore \dfrac{9}{y}=\dfrac{x}{9}$，

$\therefore y=\dfrac{81}{x}$，

图 7-13

【设计意图】学生交流不同解法，进而培养分析问题、解决问题的能力，拓展思维；学生交流了三种解题方法，互相学习，提高自信心。

活动四：压轴题第三问，学生思考聆听，老师分析讲解(图 7-14)。

24.（本小题9分）射线 AM∥射线 BN，$AB=18$，$AB\perp BN$，以 O 为圆心，AB 为直径画⊙O，点 E 是⊙O 右半圆上的动点，点 D 是射线 AM 上的一动点，线段 DE 的延长线交射线 BN 于点 C。

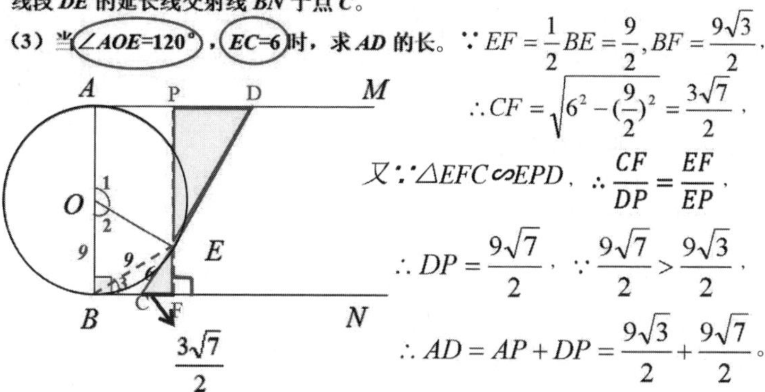

$\because EF=\dfrac{1}{2}BE=\dfrac{9}{2}, BF=\dfrac{9\sqrt{3}}{2}$，

$\therefore CF=\sqrt{6^2-(\dfrac{9}{2})^2}=\dfrac{3\sqrt{7}}{2}$，

又$\because \triangle EFC\backsim EPD$，$\therefore \dfrac{CF}{DP}=\dfrac{EF}{EP}$，

$\therefore DP=\dfrac{9\sqrt{7}}{2}$，$\because \dfrac{9\sqrt{7}}{2}>\dfrac{9\sqrt{3}}{2}$，

$\therefore AD=AP+DP=\dfrac{9\sqrt{3}}{2}+\dfrac{9\sqrt{7}}{2}$。

图 7-14

【设计意图】在研究探究性试题的最后一问时，学生思维易受阻，无法入手，教师引导学生再次审题，从已知条件中找到入手点，构造熟悉的解题模型，寻求解题方法，培养学生分析问题、解决问题的能力。

活动五：小组讨论交流，代表发言，教师总结补充。

思考1：几何中求线段有关问题的一般步骤是什么？常用的方法有哪些？

勾股定理、相似三角形、锐角三角函数、等面积法等。

思考2：相似三角形的基本模型有哪些？解决本题我们用到了哪几种相似模型？

“A”型、“X”型、“K”型、“双垂直”型(射影定理)等。

思考3：研究本题时，涉及哪些数学思想？

数形结合、分类讨论、方程思想、转化思想等。

【设计意图】通过小组合作学习，讨论交流，学生之间可以相互学习，加深对知识的理解；总结归纳、提炼解题方法和解题模型，体会数学思想方法，落实数学学科核心素养。

活动六：掌握方法，举一反三。

学生独立完成，投影展示。教师倾听和评价学生完成情况。

变式1：如图7-15，已知 AB 是⊙O 的直径，AM 和 BN 是⊙O 的两条切线，E 是⊙O 的半圆弧上一动点(不与 A，B 重合)，过点 E 的直线分别交射线 AM，BN 于 D，C 两点，且 $CB=CE$。

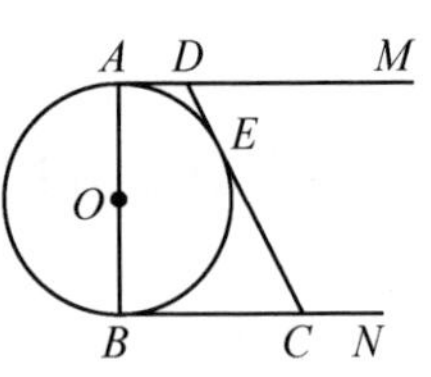

图 7-15

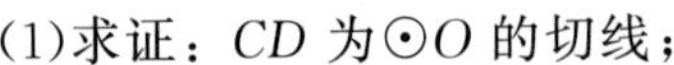
(1)求证：CD 为⊙O 的切线；

(2)求证：$AB^2=4AD\cdot BC$。

变式2：如图7-16，AB 为⊙O 的直径，且 $AB=12$ cm，AM 和 BN 是⊙O 的两条切线，DC 切⊙O 于点 E，交 AM 于点 D，交 BN 于点 C，设 $AD=x$，$BC=y$。

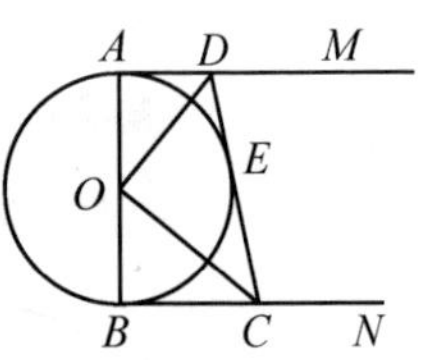

图 7-16

(1)求证：$\angle DOC=90°$；

(2)求 y 与 x 的函数关系式；

(3)若 x，y 是方程 $t^2-13t+m=0$ 的两个根，求 x，y 的值。

变式3：如图7-17，AB，BC，CD 分别于⊙O 相切于 E、F、G，且 $AB\parallel CD$，连接 OB、OC，延长 CO 交⊙O 于点 M，过点 M 作 $MN\parallel OB$ 交 CD 于点 N。

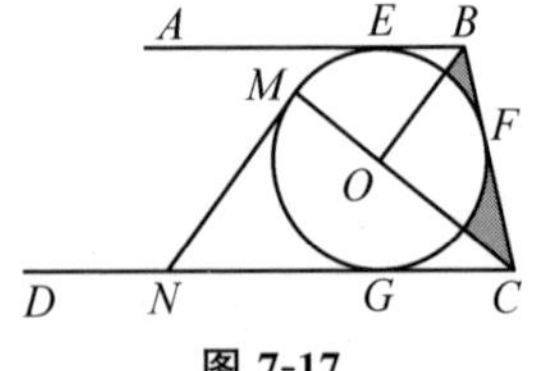

图 7-17

(1)求证：MN 是⊙O 的切线；

(2)当 $OB=6$，$OC=8$ 时，求⊙O 的半径及图中阴影部分的面积。

【设计意图】通过三题变式训练，及时巩固本节课所学知识与方法，力争让学生在以后学习过程中遇到这一类题都能有方法，有思路。

(四)课堂小结

对自己说，你有什么收获？

对同学说，你有什么温馨提示？

对老师说，你还有什么困惑？

老师赠语：拼出你的实力，品尝成功喜悦！祝同学们金榜题名！

【设计意图】教师鼓励学生结合本节课的学习，谈自己的收获与感想，让学生对本节课进行一个回顾与总结，并在同学之间进行交流。学生的问题是学生思考后的结晶，教师应给出解答并适当地给予鼓励，培养学生的语言表达能力、概括能力及归纳能力，使学生养成良好的学习习惯。

八、作业布置设计

1. 总结、整理、内化本节课所探讨的问题。

2. 如图 7-18，半圆 O 的直径 $AB=10$ cm，射线 AM 和 BN 是半圆 O 的两条切线，点 D 在射线 AM 上运动，点 E 在 $\overset{\frown}{AB}$ 上，且 $DE=AD$，延长 DE 交射线 BN 于点 C。

(1)求证：$EC=BC$；

(2)设 $AD=x$ cm，$BC=y$ cm。

①求出 y 与 x 之间的函数关系式；

②当 $CD=10$ cm 时，求阴影部分的面积。

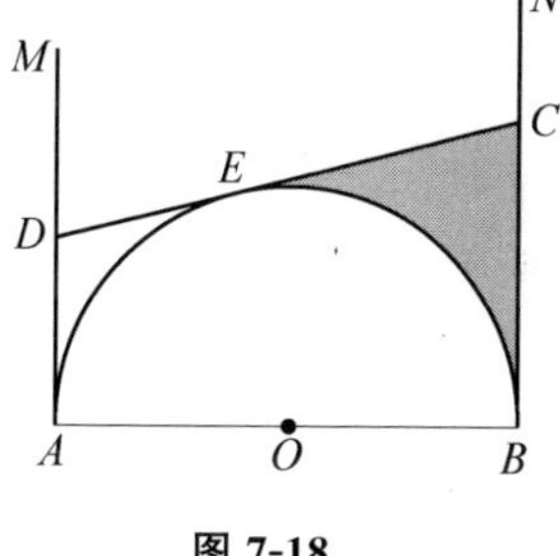

图 7-18

【设计意图】及时巩固所学知识，用本节课所探究的方法解答类似的几何综合题，并养成总结归纳、纠错的习惯。

九、目标检测设计

如图 7-19，AB 是半圆 O 的直径，射线 AM，BN 分别与半圆 O 相切于点 A，B，点 E 在半圆上，点 D 在射线 AM 上，连接 DE 并延长交射线 BN 于

点 C，连接 AE 并延长交射线 BN 于点 G。

(1)若点 C 为 BG 的中点，求证：CD 与⊙O 相切；

(2)在满足(1)的条件下，若 $AB=12$，$AD=x$，$BC=y$。

①求 y 与 x 的函数关系式(不要求写出自变量的取值范围)；

②当 x 为何值时，四边形 $OBCE$ 为正方形？请说明理由。

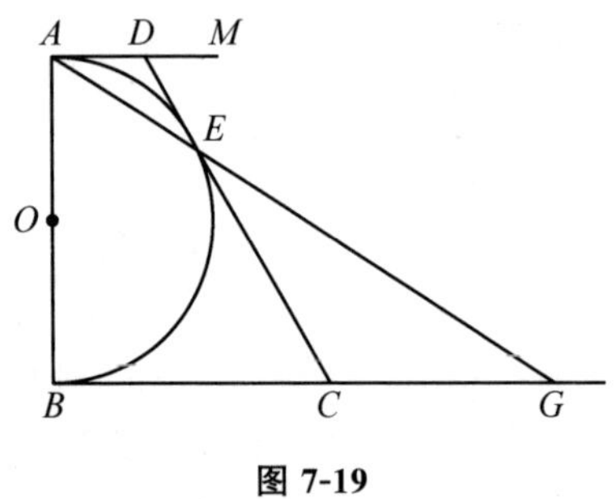

图 7-19

【设计意图】此题是和圆有关的题目，综合性较强，能较好地检验和巩固本节课中学生掌握方法一的情况。

案例三　2022 年九年级上学期数学期中考试卷讲评课

（王学先名师工作室　赵　婉）

一、教学内容和内容解析

（一）内容

考试后对数据分析呈现的问题进行集中解决及拓展。

（二）内容解析

本节课是九年级上学期数学期中考试卷讲评课，考试内容为人教版《义务教科书·数学　九年级　上册》，包括一元二次方程、二次函数、旋转、圆、概率五个章节。本节课对考试后呈现出的数据进行分析，针对学生掌握知识点的情况及考后数据不佳的 3 道题集中进行讲解，分享一题多解，规范答题格式。

基于以上分析，本节课的**教学重点**是：解决学生考试中未能掌握的知识盲点，使学生掌握解决此类题型的方法。

二、教学目标设置

（一）目标

(1)学生了解自己未掌握的知识点，并且通过教师的展示及讲解，归纳并掌握此类题型的解题方法，实现举一反三解决变式问题。

(2)学生能够灵活掌握知识点，懂一题知一类，学会一题多解。

（二）目标解析

达成目标(1)的标志：学生经历教师的讲解后，能够举一反三解决变式问题。

达成目标(2)的标志：学生通过答题分享和教师总结，能够利用一题多解的方式解决变式问题。

三、学生学情分析

人教版《义务教育教科书·数学 九年级 上册》中涉及的知识点综合性非常强，并且在历年中考中所占比重非常大。在学生对知识点的掌握不太熟练的基础上，灵活解题是非常困难的。故教师需要在考试呈现的数据下，对学生的答题情况及失分点进行充分的分析，找到能帮助学生解决问题的最佳途径。鼓励答对的同学积极分享其做法，利用一题多解的方式打开学生的思路，并且通过变式题的训练让学生熟练掌握其做法，尽可能地做到懂一题知一类。

基于以上分析，本节课的**教学难点**是：学生在变式题型上能够灵活运用，做到懂一题知一类。

四、教学策略分析

本节课依托考试中呈现的数据，在学生层面，对进步较大的学生给予表扬，对退步明显的学生给予一定的提示，对波动较大的学生进行集中分析。在知识掌握层面，教师针对本次考试数据不佳的题型集中进行讲评及总结，并通过变式训练的方式，评测本节课学生掌握的程度，做到心中有数。

五、教学支持条件分析

教法：探究式教学法。

学法：学生展示解题方法，教师通过问题串方式引导得到结论，并进行总结归纳。

教学媒体：课堂任务单、多媒体课件等。

教学环境：在多媒体设备的支持下，实现师生互动、生生互动。

六、教学设计基本流程

教学设计基本流程如图 7-20 所示。

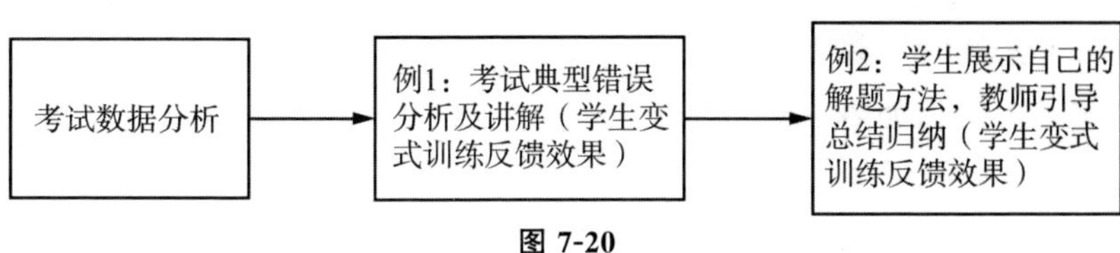

图 7-20

七、教学设计过程

(一)考试数据分析

考试数据分析如图 7-21 所示。

范围	考试人数	平均分/满分	最高/最低分	优秀率	良好率	及格率
年级	174人	67.35 / 120分	120 / 7分	17%	37%	50%
班级	43人	73.05 / 120分	120 / 7分	30%	47%	58%

图 7-21

【设计意图】本部分数据分析主要呈现本班考试的总体情况。

(二)学生成绩变化情况分析

学生成绩变化情况分析如图 7-22 所示。

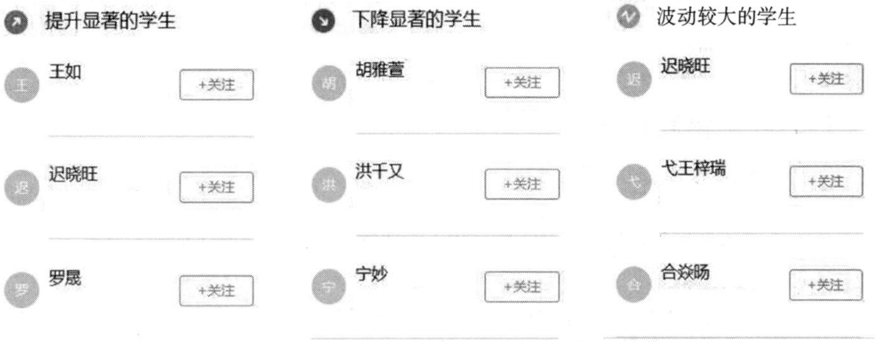

提升显著的学生	下降显著的学生	波动较大的学生
王如 +关注	胡雅萱 +关注	迟晓旺 +关注
迟晓旺 +关注	洪千又 +关注	弋王梓瑞 +关注
罗晟 +关注	宁妙 +关注	合焱旸 +关注

图 7-22

【设计意图】本部分数据分析主要呈现学生成绩变化情况。教师及时对有进步的学生进行适当的鼓励，增强其学习的信心。同时也对成绩下降及波动大的同学给予一定的提醒和关注，引起学生的重视。

(三)答题情况数据呈现

答题情况数据如图 7-23 所示。

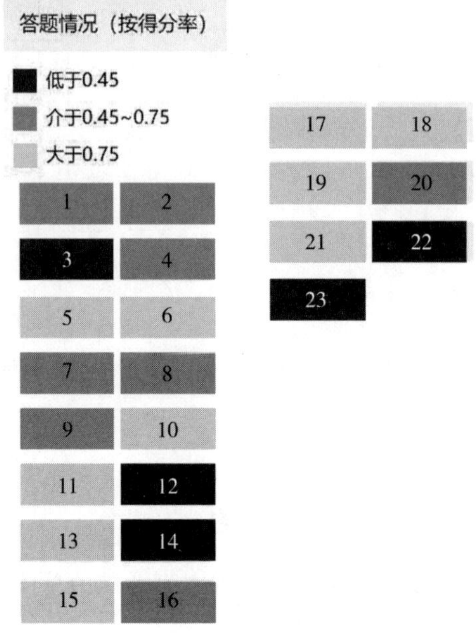

图 7-23

【设计意图】学生通过试卷数据比对及好分数学生端查询到的自己答题情况，了解到自己在知识点掌握上的不足，更有针对性地做好之后的错题整理及变式训练。

(四)典例错题讲解

例 1　试卷第 3 题(图 7-24)。

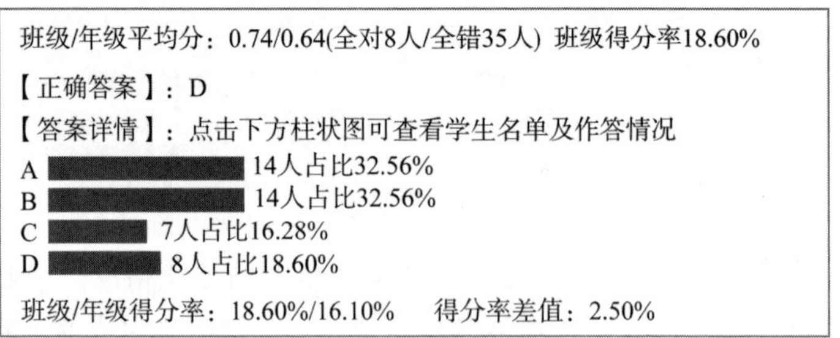

图 7-24

3. 下列关于圆的说法中，正确的是(　　)。

A. 等圆中，相等的弦所对的弧也相等

B. 过圆心且平分弦的直线一定垂直于这条弦

C. 经过半径的端点且垂直于这条半径的直线是圆的切线

D. 三角形的内心一定在三角形内部，且到三条边的距离相等

【设计意图】第 3 题是选择题中学生答题情况最不佳的一道题，是一个文字叙述的问题探究，讲解此题的目的是教会学生分析文字叙述的每一个关键词，找到错因。此题的讲解让学生更加重视概念的准确叙述。

例 2　试卷第 19 题(图 7-25)。

19.（7分）如图，AB为$\odot O$的直径，C，D为圆上的两点，$OC \parallel BD$，OC交AD于点E。

（1）求证：$AC=CD$；

（2）若$CE=2$，$AD=8$，求$\odot O$的半径。

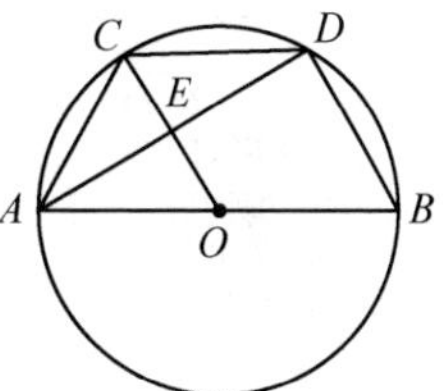

班级/年级平均分：3.53/2.95(全对14人/全错13人) 班级得分率50.50%

【优秀答案】：查看优秀答案

【答案详情】：点击下方柱状图可查看学生名单及作答情况

7分　14人占比32.56%

6分　2人占比4.65%

5分　2人占比4.65%

4分　5人占比11.63%

3分　2人占比4.65%

2分　1人占比2.33%

1分　4人占比9.30%

0分　13人占比30.23%

班级/年级得分率：50.50%/42.20%　　得分率差值：8.30%

图 7-25

优秀答题情况展示(图 7-26)。

出示学生答题情况，并且让学生上讲台分享自己的解法。教师再总结归纳，这些解题方法都属于构造三角形全等得到边相等，故得到解法一(图 7-26)。

出示学生答题情况，并且让学生上讲台分享自己的解法。教师再总结归纳，这些解题方法都属于利用等角对等边得到边相等，故得到解法二(图 7-27)。

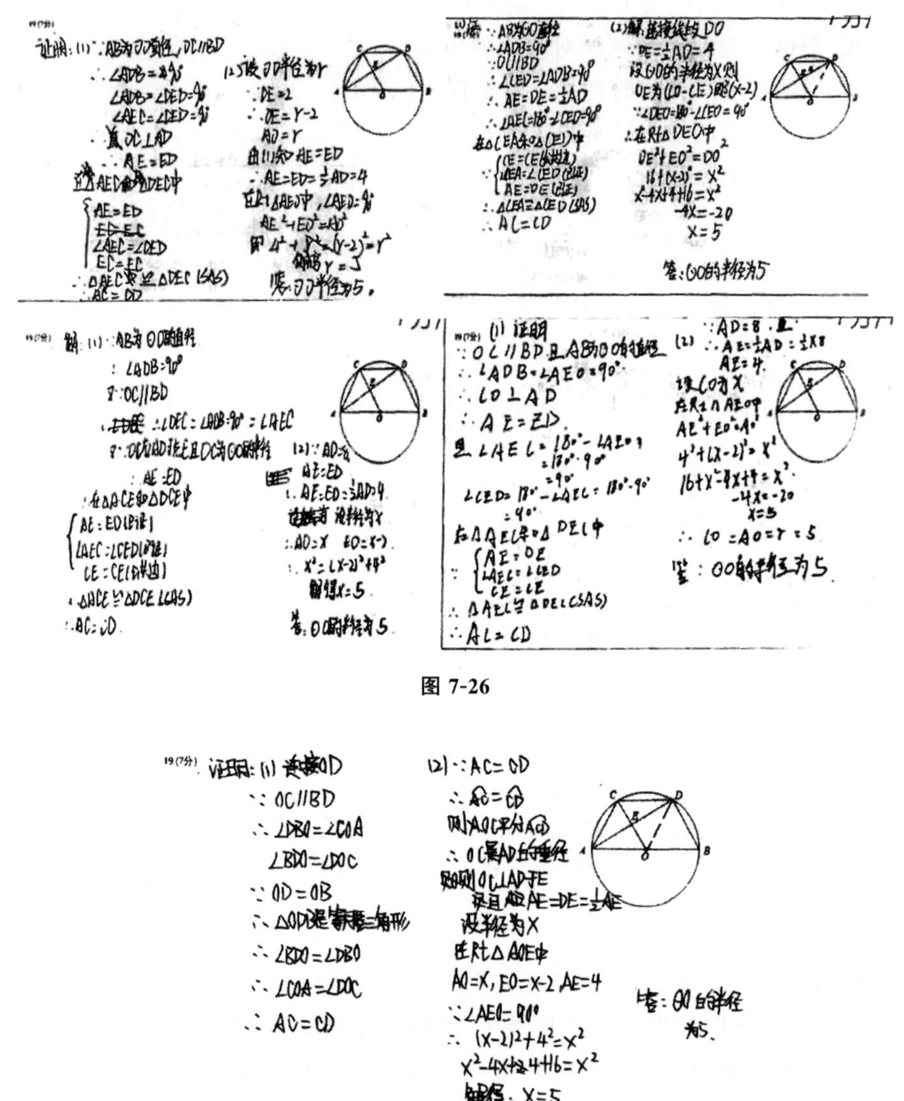

图 7-26

图 7-27

出示学生答题情况，并且让学生上讲台分享自己的解法。教师再总结归纳，这些解题方法都属于利用同圆或等圆中相等的圆心角所对的弦相等，故得到解法三(图 7-28)。

19(7分). (1)证明：连接OD
∵OC∥BD
∴∠1=∠3，∠2=∠4
∵OD=OB
∴∠3=∠4
∴∠1=∠2
∴AC=CD
(2) ∵∠1=∠2
∴$\overset{\frown}{AC}=\overset{\frown}{CD}$
∵CO过圆心O
∴AE=ED，CO⊥AD
∴AE=4
设⊙O的半径为x.
在Rt△AEO中
$x^2=4^2+(x-2)^2$
解得 x=5　答：⊙O的半径为5.

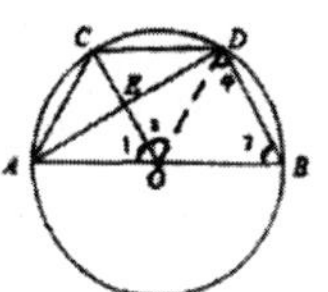

图 7-28

此时教师提出问题：

(1)圆中弦、弧、圆心角、圆周角的关系是什么？

(2)教师提示：此题可用圆心角相等得到弦相等，那么还可以用什么方法证得最终结论？(通过提示，学生最终通过圆周角相等或弧相等的方式得到结论)

(3)教师总结在圆中证明线段相等的5种常用方法：

①全等。

②等角对等边。

③在同圆或等圆中，要证明的线段所对的圆心角相等。

④在同圆或等圆中，要证明的线段所对的圆周角相等。

⑤在同圆或等圆中，要证明的线段所对的弧相等。

【设计意图】通过提示，学生自主探究另外的解题方法，利用同圆或等圆中相等的圆周角所对的弧相等从而得到所对的弦相等，故得到解法四和解法五。

八、作业布置设计

1. 下列有关圆的一些结论：

①任意三点可以确定一个圆；

②相等的圆心角所对的弧相等；

③平分弦的直径垂直于弦，并且平分弦所对的弧；

④圆内接四边形对角互补；

⑤三角形的外心到三角形三个顶点的距离都相等。

正确的个数是(　　)。

A. 1　　B. 2　　C. 3　　D. 4

2. 下列说法：

①弧长相等的弧是等弧；②三点确定一个圆；③相等的圆心角所对的弧相等；④垂直于半径的直线是圆的切线；⑤三角形的外心到三角形三个顶点的距离相等。其中不正确的有________。

A. 1 个　　B. 2 个　　C. 3 个　　D. 4 个

3. 如图 7-29，AB 是$\odot O$ 的直径，点 C，D 是$\odot O$ 上的点，且 $OD \parallel BC$，AC 分别与 BD，OD 相交于点 E，F。

(1)求证：点 D 为 $\overset{\frown}{AC}$ 的中点；(至少用两种方法证明)

(2)若 $DF=4$，$AC=16$，求$\odot O$ 的直径。

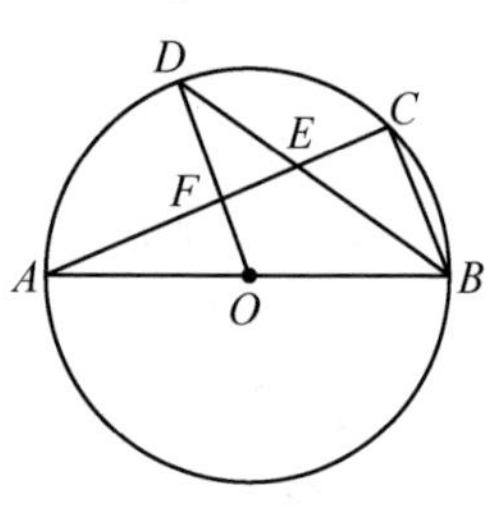

图 7-29

九、目标检测设计

如图 7-30，已知 AB 为$\odot O$ 的直径，CD 是弦，且 $AB \perp CD$ 于点 E，连接 AC，OC，BC。

(1)求证：$\angle ACO=\angle BCD$；

(2)若 $AE=9BE$，$CD=6$，求$\odot O$ 的直径。

【设计意图】通过反馈训练，学生能够触类旁通地得到在圆中证明角相等的方法。

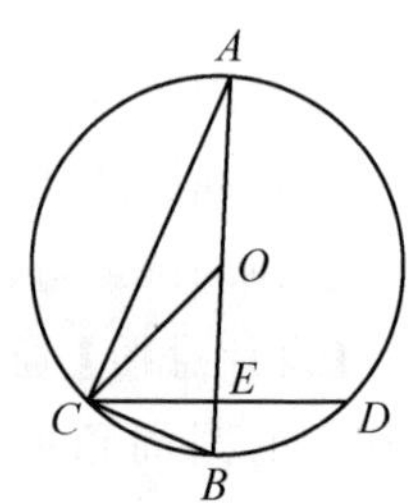

图 7-30

第八章　小题实战训练课案例展示

案例一　小题实战训练课(一)

（王学先名师工作室　黄刚云）

一、教学内容和内容解析

(一)内容

中考数学中的选择题、填空题，仿真训练及试题的讲、练、评。

(二)内容解析

“小题实战训练课”实质上是一堂练习课，练习的范围为中考数学中的选择题和填空题。在中考数学中，选择题和填空题既容易得分，也容易失分。同时，由于选择题和填空题处于整张试卷的前半部分，对于选择题和填空题的处理，学生不但要提高得分率，还要兼顾做题速度，任舍其一，都将直接影响整张试卷的结果。为了提高学生处理选择题和填空题的得分率及速度，适当的练习必不可少。“小题实战训练课”的意图就是通过合作学习，把课堂还给学生，激发学生的内驱力，使习题课不枯燥，让复习课焕发出新的魅力。

基于以上分析，本节课的**教学重点**是：提高选择题、填空题的做题速度和得分率。

二、教学目标设置

(一)目标

(1)提高选择题、填空题的做题速度和得分率，通过自主总结和反思，探寻符合个体的应试方法。

(2)学生在训练中发现问题，在同学间寻求互助，在互助中体验快乐，在快乐中学会学习。

(3)收集错题，主动进行课后“自查自纠”，让错题集成为学生复习中的宝贵资源。

(二)目标解析

达成目标(1)的标志：学生对训练题进行批改、统计和反馈，自主反思与总结，形成应试方法和技巧。

达成目标(2)的标志：学生完成每组训练题并进行互批、互评、互助、解决问题，交流与分享成果。

三、学生学情分析

从知识起点上看，学生已经掌握了相关的基础知识，并且积累了一定的解题方法和解题经验。

从行为上看，同学之间开展互批、互评、互助等丰富的教学活动，加强学生之间的合作意识，充分发挥同伴教育的优势。

从情感上看，僵化死板的复习方式会削弱学生的求知欲和好奇心，降低复习课的有效性。而处在青春期的九年级学生，特别在意他人的评价，更加信任同伴教育。教师通过贴心的引导，满足他们在情感上的需求，从而激发学生主动获取知识的动力，使之获得学习数学的参与感和成就感。

基于以上分析，本节课的**教学难点**是：引导学生主动探寻符合个体的解题方法。

四、教学策略分析

本节课的教学遵循考前放松—考中限时—考后及时批改、及时评价、及时总结反思的原则而设计。本节课突出“学”，淡化“教”，着力于互批、互评、互助、分享等环节的设置，让学生充分合作、充分交流，培养学生合作学习的能力，力图打造一节“生本课堂”。课后作业以学生设计自查自纠方案的方式进行，目的是让这节课的效果延伸至课后，引导学生主动探寻适合自己的数学学习方法。

五、教学支持条件分析

教法：训练反馈教学法。

学法：合作交流学习法、总结反思学习法。

教学媒体：多媒体课件、教具、课堂任务单等。

教学环境：在多媒体设备的支持下，实现师生互动、生生互动。

六、教学设计基本流程

教学设计基本流程如图 8-1 所示。

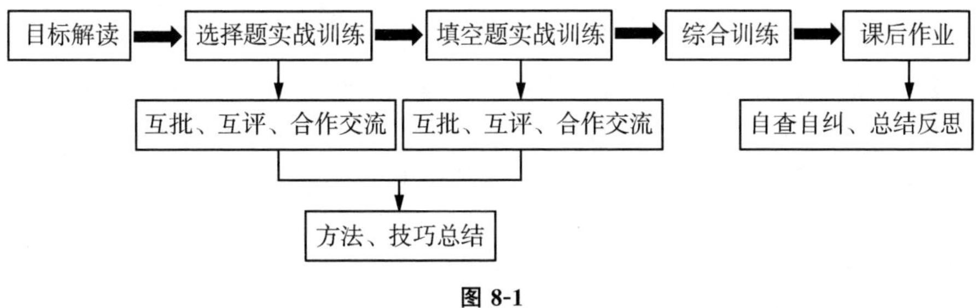

图 8-1

七、教学设计过程

环节一：课前放松。

师生活动：教师出示提前准备好的游戏素材，积极鼓励学生大胆参与，及时进行表扬和奖励。

【设计意图】缓解学生的紧张情绪，激发学生的思维活跃性，同时拉近教师与学生之间的距离。

环节二：解读学习目标。

【师生活动】教师通过幻灯片出示本节课的学习目标，并带领学生进行解读。

(1)提高选择题、填空题的做题速度和得分率，通过总结和反思，探寻符合自己的解题方法。

(2)在训练中发现问题，在同学间寻求互助，在互助中分享成果，在分享中学会学习。

(3)通过收集错题，主动进行训练后的“自查自纠”，让错题集成为复习中的宝贵资源。

【设计意图】明确本节课的学习任务。

环节三：完成小题实战训练一。

(1)限时训练：限时 5 分钟完成下面 8 道选择题，每题 4 分，共 32 分，并把答案填在对应的答题框内(表 8-1)。

(注：得 32 分、28 分为“优”；得 24 分、20 分为“良”；得 16 分、12 分为“中”；12 分以下为“待提高”)

表 8-1

题号	1	2	3	4	5	6	7	8	得分	评价
选项										

【师生活动】教师让学生完成课堂任务单上的小题实战训练一，并明确时间要求，通过幻灯片进行 5 分钟倒计时。

【设计意图】本组训练题在题量与分值上和中考题是一致的，但在难度上有所降低，更注重精选题目，规定做题时间，意在训练学生的做题技巧和速度。

1. 2020 年 6 月 23 日，北斗三号最后一颗全球组网卫星从西昌卫星发射中心发射升空，6 月 30 日成功定点于距离地球 36 000 千米的地球同步轨道。将 36 000 用科学记数法表示应为(　　)。

A. 0.36×10^5　　B. 36×10^3

C. 3.6×10^4　　D. 3.6×10^5

2. 当 $m=-1$ 时，代数式 $2m+3$ 的值是(　　)。

A. 1　　B. 0　　C. -1　　D. 2

3. 分式方程 $\frac{1}{x+2}=1$ 的解是(　　)。

A. $x=1$　　B. $x=-1$　　C. $x=2$　　D. $x=-2$

4. 若点 $A(-1,\ y_1)$，$B(2,\ y_2)$，$C(3,\ y_3)$在反比例函数 $y=-\frac{6}{x}$ 的图象上，则 y_1，y_2，y_3 的大小关系是(　　)。

A. $y_1>y_2>y_3$　　B. $y_2>y_3>y_1$

C. $y_1>y_3>y_2$　　D. $y_3>y_2>y_1$

5. 如图 8-2，AB 是 $\odot O$ 的直径，AC，BC 是 $\odot O$ 的弦，若 $\angle A=20^\circ$，则 $\angle B$ 的度数为(　　)。

A. 60°　　B. 90°

C. 40°　　D. 70°

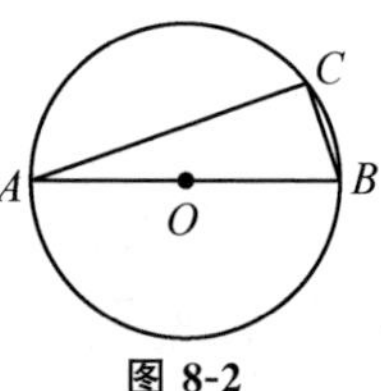

图 8-2

6. 按一定规律排列的单项式：a^2，$4a^3$，$9a^4$，$16a^5$，$25a^6$，…，第 n 个单项式是(　　)。

A. n^2a^{n+1}　　B. n^2a^{n-1}　　C. n^na^{n+1}　　D. $(n+1)^2a^n$

7. 如图 8-3，在$\triangle ABC$ 中，$\angle C=90°$，$AC>BC$，若以 AC 为底面圆半径，BC 为高的圆锥的侧面积为 S_1，以 BC 为底面圆半径，AC 为高的圆锥的侧面积为 S_2，则(　　)。

A. $S_1=S_2$　　B. $S_1>S_2$

C. $S_1<S_2$　　D. S_1，S_2 的大小关系不确定

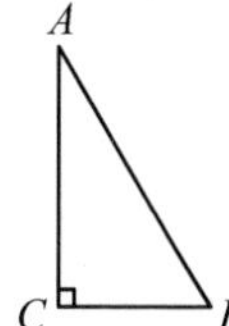

图 8-3

8. 关于抛物线 $y=x^2-4x+4$，下列说法错误的是(　　)。

A. 开口向上　　B. 与 x 轴的交点为(2，0)

C. 对称轴是直线 $x=2$　　D. 当 $x>0$ 时，y 随 x 的增大而增大

(2)互批、互评。

【师生活动】训练结束，教师出示答案。同桌之间交换课堂任务单，进行批改。同桌按照要求打分，给出评价。教师将统计结果展示在黑板上，并进行总体评价。

【设计意图】学生互批、互评，教师及时反馈训练结果。

(3)小组合作交流。

【师生活动】教师出示要求：①小组合作解决不会做的题。②讲一讲这道题我是怎么做的。学生前后 4 人为一组，首先解决训练中存在的问题，小组内能解决的小组内解决，小组内不能解决的班级内解决，都解决不了的和教师合作解决。然后总结做题方法和经验，并鼓励一至两名学生在班级内展示分享。

【设计意图】通过设置互批、互评、互助、解决问题、交流、分享等环节，培养学生的合作意识，提高学习效率。

(4)总结归纳。

【师生活动】教师在肯定学生交流结果的基础上，补充一些和训练题相关的做题方法。学生大胆补充和质疑，形成合作成果。

【设计意图】在合作中达成目标。

环节四：完成小题实战训练二。

(1)限时训练：限时 5 分钟完成下面 6 道填空题，每题 3 分，共 18 分，并把答案填在对应的答题框内(表 8-2)。

(注：得 18 分、15 分为“优”；得 12 分为“良”；得 9 分为“中”；9 分以下为“待提高”)

表 8-2

题号	9	10	11	12	13	14	得分	评价
答案								

【师生活动】教师让学生完成课堂任务单上的小题实战训练二，同样明确时间要求，通过幻灯片进行 5 分钟倒计时。

【设计意图】本组训练题在题量与分值上和中考题是一致的，但在难度上有所降低，更注重精选题目，规定做题时间，意在训练学生的做题技巧和速度。

9. 已知反比例函数 $y=\frac{k}{x}$(k 为常数，$k\neq0$)的图象经过点 $P(-2, 3)$，则函数的解析式为________。

10. 已知 $x+2y=3$，则 $1+2x+4y=$________。

11. 函数 $y=\frac{1}{2-3x}$的自变量 x 的取值范围是________。

12. 如图 8-4，在$\triangle ABC$ 中，DE 是 AC 的垂直平分线。若 $AE=3$，$\triangle ABD$ 的周长为 13，则$\triangle ABC$ 的周长为________。

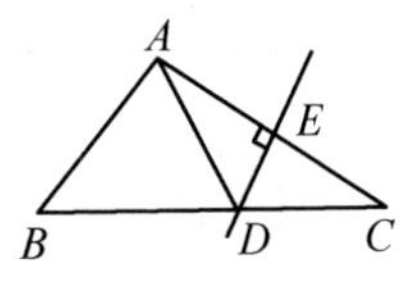

图 8-4

13. 在半径为 5 的⊙O 中，若弦 AB 为 $5\sqrt{2}$，则弦 AB 所对的圆周角的度数为________。

14. 把抛物线 $y=12x^2-1$ 先向右平移 1 个单位，再向下平移 2 个单位，得到的抛物线的解析式为________。

(2)互批、互评。

【师生活动】训练结束，教师出示答案。同桌之间交换课堂任务单，进行批改。同桌按照要求打分，给出评价。教师将统计结果展示在黑板上，并进行总体评价。

【设计意图】学生互批、互评，教师及时反馈训练结果。

(3)小组合作交流。

【师生活动】教师出示要求：①小组合作解决不会做的题。②讲一讲这道题我是怎么做的。学生前后 4 人为一组，首先解决训练中存在的问题，小组内能解决的小组内解决，小组内不能解决的班级内解决，都解决不了的和教师合作解决。然后总结做题方法和经验，并鼓励一至两名学生在班级内展示分享。

【设计意图】通过设置互批、互评、互助、解决问题、交流、分享等环节，培养学生的合作意识，提高学习效率。

(4)总结归纳。

【师生活动】教师在肯定学生交流结果的基础上，补充一些和训练题相关的做题方法。学生大胆补充和质疑，形成合作成果。

【设计意图】在合作中达成目标。

环节五：小题实战的方法经验总结。

【师生活动】教师出示选择题、填空题答题策略：①先易后难，分批推进；②仔细审题，稳中求快；③注意陷阱，不要入“坑”；④书写清晰，卷面整洁；⑤遇“生”莫气馁，遇“熟”莫欢喜；⑥图形添线，必有规律；⑦步步为营，仔细复查。学生进行交流、提炼和补充。

【设计意图】在合作中，就解决选择题、填空题的方法达成共识。

环节六：完成小题实战训练三。

1. 选择题(共 5 小题，每小题只有一个正确选项，每小题 4 分，共 20 分)。

(1)下列图形中，既是轴对称图形又是中心对称图形的是(　　)。

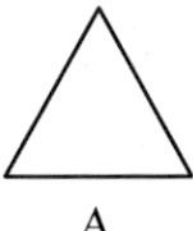
A

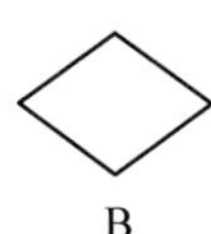
B

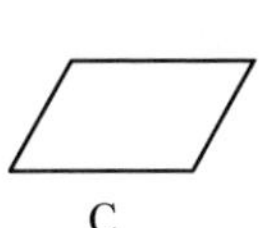
C

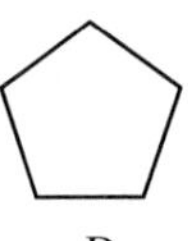
D

(2)已知抛物线 $y=ax^2+bx+c$ 的图象如图 8-5 所示，则 a，b，c 的符号为(　　)。

A. $a>0$，$b>0$，$c>0$

B. $a>0$，$b>0$，$c=0$

C. $a>0$，$b<0$，$c=0$

D. $a>0$，$b<0$，$c<0$

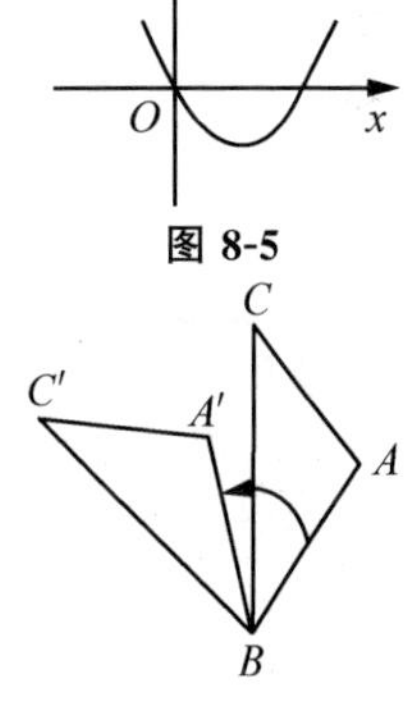

图 8-5

图 8-6

(3)如图 8-6，将△ABC 绕着点 B 逆时针旋转 45°后得到△$A'BC'$，若∠A = 120°，∠C = 35°，则∠$A'BC$ 的度数为(　　)。

A. 20°　　B. 25°

C. 30°　　D. 35°

(4)抛物线 $y=ax^2+bx+c\ (a\neq 0)$ 与 x 轴的交点是 (1，0)，(−3，0)，则这条抛物线的对称轴是(　　)。

A. $x=1$　　B. $x=-1$　　C. $x=2$　　D. $x=-3$

(5)如图 8-7，点 P 是⊙O 外一点，射线 PA，PB 分别切⊙O 于点 A，B，CD 切⊙O 于点 E，分别交 PA，PB 于点 D，C，若 $PB=4$，则△PCD 的周长为(　　)。

A. 4　　　　B. 6

C. 8　　　　D. 10

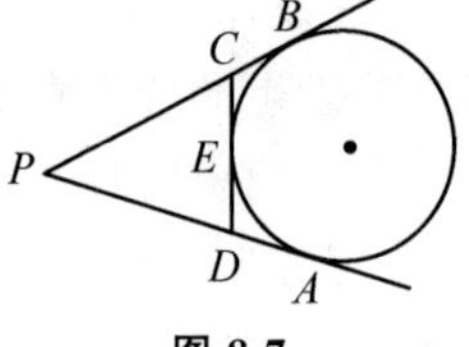

图 8-7

2. 填空题(本大题共 5 小题，每小题 3 分，共 15 分)。

(1)方程 $3x^2+1=8x$ 的一次项系数是________。

(2)二次函数 $y=\frac{1}{2}(x-1)^2-1$ 的顶点坐标是________。

(3)已知方程 $x^2-3x+2=0$ 的两根分别为 x_1，x_2，则 $x_1 \cdot x_2$ 的值等于________。

(4)如图 8-8，飞镖游戏板由大小相等的小正方形格子构成，小东向游戏板随机投掷一枚飞镖，击中白色区域的概率是________。

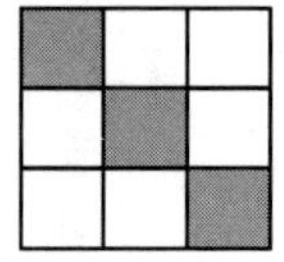

图 8-8

(5)用一根长为 24 cm 的绳子围成一个矩形，则围成矩形的最大面积是________ cm^2。

【师生活动】本环节视课堂时间而定，时间允许则当堂完成，时间不允许则课后完成。

【设计意图】练习巩固。

八、作业布置设计

1. 整理完成小题实战答题策略。

2. 结合图 8-9，独立设计考后“自查自纠”方案，并坚持做下去。

错题序号： 错因分析： 正确解题： 具有共同易错点的习题整理：

图 8-9

【设计意图】通过收集错题，主动进行课后“自查自纠”，让错题集成为复习中的宝贵资源。

九、目标检测设计

(一)选择题

1. 春节期间，某景点接待海内外游客共 688 000 人次，688 000 这个数用科学记数法表示为(　　)。

A. 68.8×10^4　　B. 0.688×10^6　　C. 6.88×10^5　　D. 6.88×10^6

2. 某地区 2022 年元旦的最高气温为 9℃，最低气温为−2℃，那么该地区这天的最低气温比最高气温低(　　)。

A. 7℃　　B. −7℃　　C. 11℃　　D. −11℃

3. 如图 8-10，直线 c 与直线 a，b 都相交，若 $a/\!/b$，$\angle1=55^\circ$，则$\angle2=$(　　)。

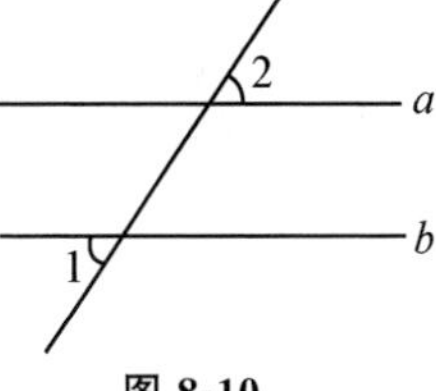

图 8-10

A. 60°　　B. 55°

C. 50°　　D. 45°

4. 反比例函数 $y=\dfrac{6}{x}$的图象分别位于(　　)。

A. 第一、第三象限　　B. 第一、第四象限

C. 第二、第三象限　　D. 第二、第四象限

5. 在$\triangle ABC$ 中，$\angle ABC=90^\circ$，若 $AC=100$，$\sin A=\dfrac{3}{5}$，则 AB 的长是(　　)。

A. $\dfrac{500}{3}$　　B. $\dfrac{503}{5}$　　C. 60　　D. 80

6. 下列说法正确的是(　　)。

A. 为了解三名学生的视力情况，采用抽样调查

B. 任意画一个三角形，其内角和是 360°是必然事件

C. 甲、乙两名射击运动员 10 次射击成绩(单位：环)的平均数分别为 $\bar{x}_{甲}$，$\bar{x}_{乙}$，方差分别为 $s^2_{甲}$，$s^2_{乙}$，若 $\bar{x}_{甲}=\bar{x}_{乙}$，$s^2_{甲}=0.4$，$s^2_{乙}=2$，则甲的成绩比乙的稳定

D. 一个抽奖活动中，中奖概率为$\dfrac{1}{20}$，表示抽奖 20 次就有 1 次中奖

7. 下列几何体中，主视图是长方形的是(　　)。

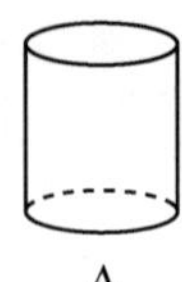
A
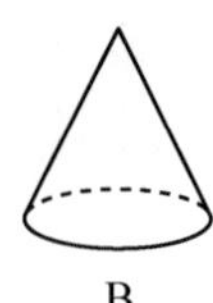
B
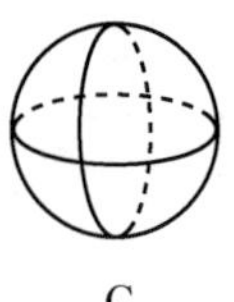
C
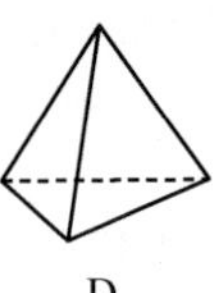
D

8. 按一定规律排列的多项式：$x-y$，x^2-y^3，x^3-y^5，x^4-x^7，x^5-y^9，…，第 n 个多项式是(　　)。

A. x^n+y^{2n+1}　　B. x^n-y^{2n-1}　　C. $x^{n+1}+y^{2n-1}$　　D. $x^{n+1}-y^{2n+1}$

9. 如图 8-11，已知 AB 是⊙O 的直径，CD 是⊙O 的弦，$AB\perp CD$，垂足为 E，若 $AB=26$，$CD=24$，则 $\angle OCE$ 的余弦值为(　　)。

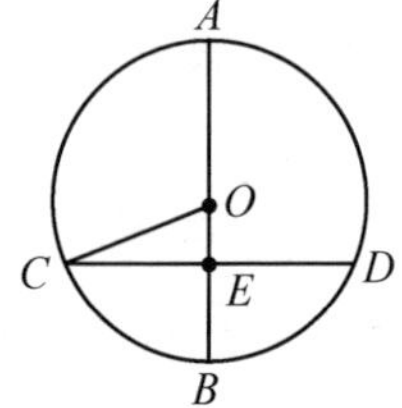

图 8-11

A. 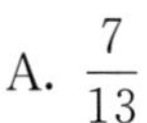 $\frac{7}{13}$　　B. 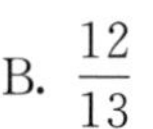 $\frac{12}{13}$

C. $\frac{7}{12}$　　D. $\frac{13}{12}$

10. 下列运算正确的是(　　)。

A. $\sqrt{4}=\pm 2$　　B. $\left(\frac{1}{2}\right)^{-1}=-2$

C. $(-3a)^3=-9a^3$　　D. $a^6\div a^3=a^3(a\neq 0)$

11. 如图 8-12，平行四边形 $ABCD$ 的对角线 AC，BD 相交于点 O，E 是 CD 的中点，则△DEO 与△BCD 的面积的比等于(　　)。

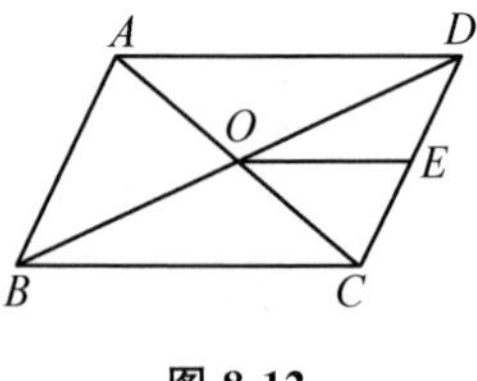

图 8-12

A. 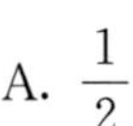 $\frac{1}{2}$　　B. $\frac{1}{4}$

C. 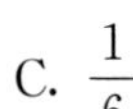 $\frac{1}{6}$　　D. $\frac{1}{8}$

12. 某地开展建设绿色家园活动，活动期间，计划每天种植相同数量的树木。该活动开始后，实际每天比原计划多植树 50 棵，实际植树 400 棵所需时间与原计划植树 300 棵所需时间相同。设实际每天植树 x 棵，则下列方程正确的是(　　)。

A. $\frac{400}{x-50}=\frac{300}{x}$　　B. $\frac{300}{x-50}=\frac{400}{x}$

C. $\frac{400}{x+50}=\frac{300}{x}$　　D. $\frac{300}{x+50}=\frac{400}{x}$

(二)填空题

13. 要使$\sqrt{x-2}$有意义，则 x 的取值范围是________。

14. 点 $A(-5,3)$关于原点的对称点为点 B，则点 B 的坐标为________。

15. 分解因式：$x^2-16=$________。

16. 若关于 x 的一元二次方程 $x^2+2x+c=0$ 有两个相等的实数根，则实数 c 的值为________。

17. 一个十边形的内角和等于________。

18. 已知$\triangle ABC$ 是等腰三角形，若$\angle A=40°$，则$\triangle ABC$ 的顶角度数是 ________。

案例二　小题实战训练课(二)

(王学先名师工作室　刘朝伟)

一、教学内容和内容解析

(一)内容

中考数学中的选择题、填空题仿真模拟训练及试题的讲、练、评。

(二)内容解析

本节课是针对中考第三轮复习而设计的一种复习课型，主要以中考数学中的选择题、填空题题量和题型为范本，设计的实战模拟训练，让学生通过模拟训练发现自己的易错题型，薄弱知识，引导学生合作交流，解决问题的同时，优化学生完成选择题、填空题答题时的答题策略和方法技巧，从而提升学生中考时的答题速度和答题正确率。

本节课主要以小题仿真模拟训练为主导，以学生互批、互评、互助为主线，达到学生自查、自评的目的。学生在合作交流中发现问题、分析问题、解决问题，寻求适合自己的，有效的复习方法和答题策略。

基于以上解析，本节课的**教学重点**是：帮助学生寻找易混、易错点和知识薄弱点，并加以解决。

二、教学目标设置

(一)目标

(1)学生通过小题仿真模拟训练，互批，发现自己存在的问题。

(2)学生通过互评、互助，合作交流，解决存在问题，从而提升分析问题、解决问题的能力，使薄弱知识点得以巩固。

(3)学生通过答题分享、交流总结，优化自己的复习方法和答题策略，提升选择题、填空题的答题速度和正确率。

(二)目标解析

达成目标(1)的标志：学生能及时批改与统计，完成分析并记录。

达成目标(2)的标志：学生能完成互评、互助，并在教师的帮扶下，解决存在的问题。

达成目标(3)的标志：学生能根据分享交流答题时出现的易混、易错点，答题技巧和答题策略，选择适合自己的复习方法和答题策略，提升做题速度和正确率。

三、学生学情分析

学生在平时训练中，已掌握基础知识，并积累了一些答题方法和解题经验，但综合性较高，难度稍大的选择题和填空题，大部分学生找不到解题突破口，正确率不高。

常规的复习课不能再激发学生的学习欲望，通过小题实战训练的方法引起学生的重视，让学生在交流与分享中引起共鸣，优化自我复习的方法和效率。

基于以上分析，本节课的**教学难点**是：优化学生复习方法和答题策略，提升学生综合素养。

四、教学策略分析

教师通过研究中考数学试题，结合学生实际，调整复习方法，提升复习效率。教师要精选例题，认真设计，让学生在实战训练中，主动参与，交流与分享，强化合作意识，提升分析问题、解决问题的能力，达到优化学生的复习方法和答题策略的目的。

五、教学支持的条件分析

教法：问题引导教学法、合作探究教学法。

学法：自主探究学习法、合作交流学习法。

教学媒体：电子笔、多媒体课件、课堂任务单等。

教学环境：在多媒体设备的支持下，实现师生互动、生生互动。

六、教学设计基本流程

教学设计基本流程如图 8-13 所示。

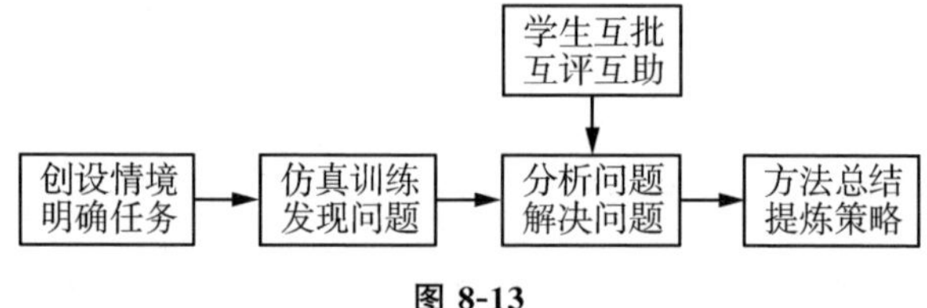

图 8-13

七、教学设计过程

(一)创设情境，明确任务

环节一：分享中考数学中的选择题、填空题分值占比、难易度。

【设计意图】引起学生对选择题、填空题的重视，激发学生的学习欲望。

环节二：明确本节课学习任务。

任务一：限时完成选择题、填空题仿真模拟训练。

任务二：互批、互评、互助，发现问题、分析问题、解决问题。

任务三：整理错题，查缺补漏，总结方法，提炼解题策略。

任务四：完成达标检测，检验学习效果。

【设计意图】学生熟悉本节课学习任务，明确学习目标。

(二)小题实战训练一

环节三：完成选择题实战训练。

限时训练：限时 12 分钟完成下面 12 道选择题，每题 4 分，共 48 分，并把答案填在对应的答题框内(表 8-3)，多媒体显示剩余时间。

表 8-3

题号	1	2	3	4	5	6	7	8	9	10	11	12	得分	建议
选项														

【设计意图】学生独立思考，在规定时间内完成选择题的解答，提升做题效率。

1. 在实数 0，π，$|-2|$，-1 中，最小的数是(　　)。

A. $|-2|$　　B. 0　　C. -1　　D. π

2. 如图 8-14，$AB\parallel CD$，$CE\perp AD$，垂足为 E，若 $\angle A=40°$，则 $\angle C$ 的度数为(　　)。

A. 40°　　B. 50°

C. 60°　　D. 90°

3. 下列运算正确的是(　　)。

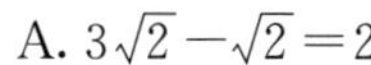

A. $3\sqrt{2}-\sqrt{2}=2$　　B. $(a+b)^2=a^2+b^2$

C. $(-3)^{-2}=\frac{1}{9}$　　D. $(-3a^3b)^2=6a^6b^2$

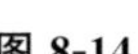

图 8-14

4. 一个圆柱体如图 8-15 所示，下面关于它的左视图的说法正确的是(　　)。

A. 既是轴对称图形，又是中心对称图形

B. 既不是轴对称图形，又不是中心对称图形

C. 是轴对称图形，但不是中心对称图形

D. 是中心对称图形，但不是轴对称图形

图 8-15

5. 如图 8-16，已知 AB，CD 是 $\odot O$ 的两条直径，$\angle ABC=28°$，那么 $\angle BAD=$(　　)。

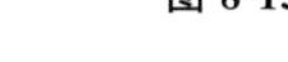

A. 62°　　B. 56°

C. 42°　　D. 28°

6. 要使分式$\frac{x-3}{x}$有意义，则 x 的取值范围为(　　)。

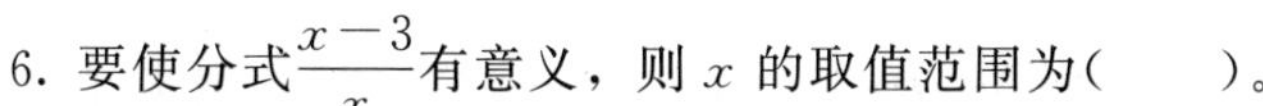

图 8-16

A. $x\geqslant 3$　　B. $x\neq 3$

C. $x>0$　　D. $x\neq 0$

7. 新定义运算：$m*n=mn^2-2n-1$，则方程 $-1*x=0$ 的根的情况是(　　)。

A. 有两个不相等的实数根　　B. 有两个相等的实数根

C. 没有实数根　　D. 无法判断

8. 下列说法错误的是(　　)。

A. 在“双减”政策下，某校为了解八年级 500 名学生的睡眠时间，随机选择了该年级 200 名学生进行调查，则样本容量是 200

B. 画一个正六边形，它的外角和是 360°属于必然事件

C. 调查江苏卫视大型科学竞技真人秀《最强大脑》节目的收视率，应采用全面调查

D. 在一个不透明的袋子里装有红球、黄球共20个，这些球除颜色外都相同。小明通过多次试验发现，摸出红球的概率稳定在0.25左右，则袋子中红球的个数可能是5个

9. 观察下列等式：$1=1^2$，$1+3=2^2$，$1+3+5=3^2$，$1+3+5+7=4^2$，…，则$1+3+5+7+9+\cdots+2021=$(　　)。

A. 1010^2　　B. 1011^2　　C. 1012^2　　D. 2021^2

10. 如图8-17，在Rt△ABC中，$\angle ACB=90°$，按以下步骤作图：①以点B为圆心，任意长为半径作弧，分别交BA，BC于M，N两点；②分别以M，N为圆心，以大于$\frac{1}{2}MN$的长为半径作弧，两弧相交于点P；③作射线BP，交边AC于D点。若$AB=10$，$BC=6$，则线段CD的长为(　　)。

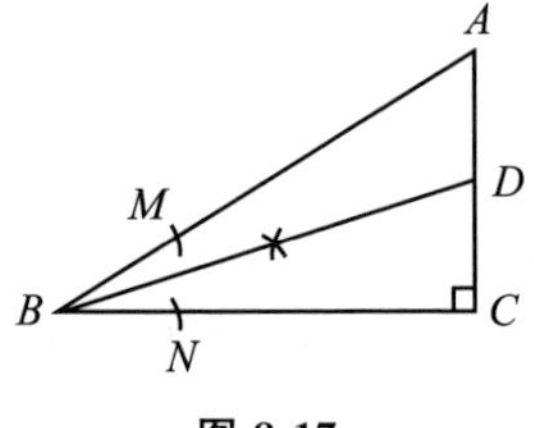

图8-17

A. 3　　B. $\frac{10}{3}$　　C. $\frac{8}{3}$　　D. $\frac{16}{5}$

11. 如果关于x的不等式组$\begin{cases}3x-2>4(x-1),\\x-2a<0\end{cases}$的解集为$x<2$，那么$a$的取值范围是(　　)。

A. $a=1$　　B. $a>1$　　C. $a<1$　　D. $a\geqslant1$

12. 在锐角△ABC中，$\angle A$，$\angle B$，$\angle C$所对的边分别为a，b，c，有以下结论：$\frac{a}{\sin A}=\frac{b}{\sin B}=\frac{c}{\sin C}=2R$（其中$R$为△$ABC$的外接圆半径）成立。在△$ABC$中，若$\angle A=75°$，$\angle B=45°$，$c=4$，则△$ABC$的外接圆面积为(　　)。

A. $\frac{16\pi}{3}$　　B. $\frac{64\pi}{3}$　　C. 16π　　D. 64π

环节四：互批、互评。

教师出示选择题标准答案，学生交换批改，并针对同学的错题给出解题方法，交换试卷，再结合同学给的解题方法寻找错因，查缺补漏，并整理记录。

【设计意图】学生互批、互评，在给同学提出解题方法，分析错因的过程中得以查缺补漏、相互提高，明确复习方向。

环节五：互帮互助。

(1)同学之间相互交流，交换解题思想和方法。

(2)较难的题目，教师设置合理的问题串进行引导，帮助学生解决问题。

【设计意图】搭建师生、生生互动平台，实现师帮生，生帮生，生带生的目的，强化学生的合作意识。

环节六：分享总结。

(1)学生交流，分享彼此的解题方法和技巧。

(2)教师引导，补充完善。

【设计意图】教师引导，学生分享交流，找到适合自己的做选择题的方法，形成符合自己的做选择题的解题思维和策略。

(三)小题实战训练二

环节七：完成填空题实战训练。

限时训练：限时 6 分钟完成下面 6 道选择题，每题 4 分，共 24 分，并把答案填在对应的答题框内(表 8-4)，多媒体显示剩余时间。

表 8-4

题号	1	2	3	4	5	6	得分	建议
答案								

1. $\frac{9}{25}$的平方根是________。

2. 化简：$\frac{x^2}{x-2}+\frac{4}{2-x}=$________。

3. 正比例函数 $y=k_1x(k_1\neq0)$与反比例函数 $y=\frac{k_2}{x}(k_2\neq0)$的图象交于 A，B 两点，若点 A 坐标为$A(\sqrt{3}，-2\sqrt{3})$，则 $k_1+k_2=$________。

4. 如图 8-18，小明把一顶底面半径为 10 cm 圆锥形小丑纸帽沿一条母线剪开并展平，得到一个圆心角为 120°的扇形纸片，那么扇形纸片的半径为________ cm。

5. 如图 8-19，在$\triangle ABC$ 中，$AC=4$ cm，$\angle A=60°$，$\angle B=45°$，BC 边的垂直平分线 DE 交 AB 于点 D，连接 CD，则 AB 的长为________。

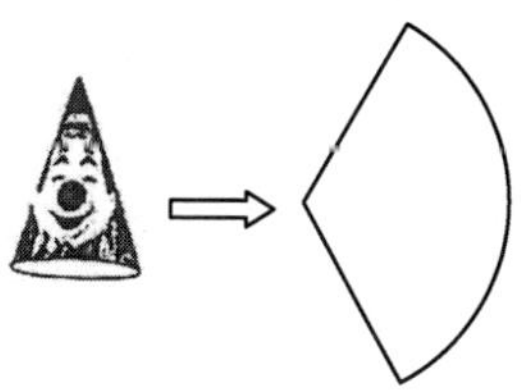

图 8-18

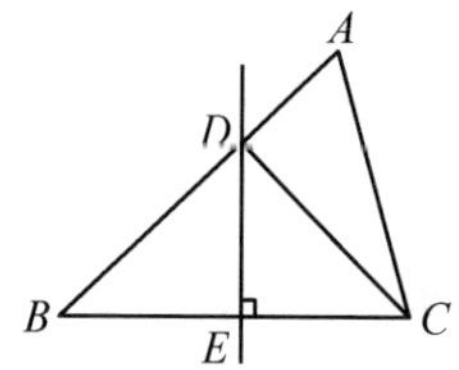

图 8-19

6. 如图 8-20，在 $\triangle ABC$ 中，$AC=3$，$BC=4$，$AB=5$，四边形 $ABEF$ 是正方形，点 D 是直线 BC 上一点，且 $CD=1$，P 是线段 DE 上一点，且 $PD=\frac{2}{3}DE$。过 P 点作直线 l 与 BC 平行，分别交 AB，AD 于点 G，H，则 GH 的长是________。

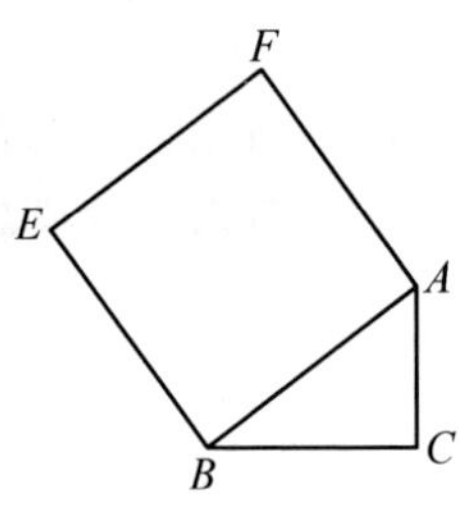

图 8-20

环节八：互批、互评。

教师出示标准答案，学生交换批改，并针对同学的错题给出解题方法，交换试卷，再结合同学给的解题方法，寻找错因，查缺补漏，并整理记录。

【设计意图】学生互批、互评，在给同学提出解题方法，分析错因的过程中，得以查缺补漏，相互提高，明确复习方向。

环节九：互帮互助。

(1)同学之间相互交流，交换解题思想和方法。

(2)教师进行适当的引导。

【设计意图】学生在相互交流和分享过程中，解决彼此存在的问题，凸显学生主体地位。

环节十：分享总结。

(1)学生交流，分享彼此的解题方法和技巧。

(2)教师引导，补充完善。

【设计意图】教师引导，学生交流分享，找到适合自己做填空题的方法，形成符合自己的做填空题的解题思维和策略。

(四)总结方法，提炼策略

总结归纳完成选择题、填空题的方法技巧和解题策略(表 8-5)。

表 8-5

完成选择题、填空题存在的问题	
选择题解题方法	
填空题解题方法	
提分策略和复习建议	

【设计意图】学生通过本节课学习，明确："知其然，也知其所以然。"

八、作业布置设计

(一)选择题

1. 如图 8-21，由六个棱长为 1 的小正方体搭成的几何体，其俯视图的面积为(　　)。

A. 3　　B. 4

C. 5　　D. 6

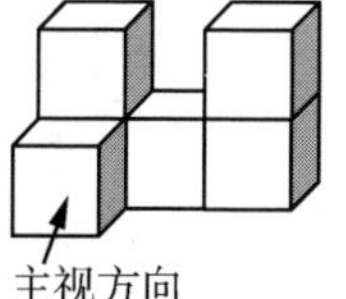

图 8-21

2. 关于 x 的一元二次方程 $ax^2-2x+1=0$ 有两个不相等的实数根，则 a 的取值范围是(　　)。

A. $a\leqslant 1$　　B. $a<1$

C. $a\leqslant 1$ 且 $a\neq 0$　　D. $a<1$ 且 $a\neq 0$

3. 下列运算正确的是(　　)。

A. $(x^m)^2=x^{m+2}$　　B. $(-2x^2y)^3=-8x^5y^3$

C. $x^6\div x^3=x^2$　　D. $x^3\cdot x^2=x^5$

4. 如图 8-22，若干全等正五边形排成环状。图中所示的是前 3 个五边形，要完成这一圆环还需(　　)个五边形。

图 8-22

A. 6　　B. 7　　C. 8　　D. 9

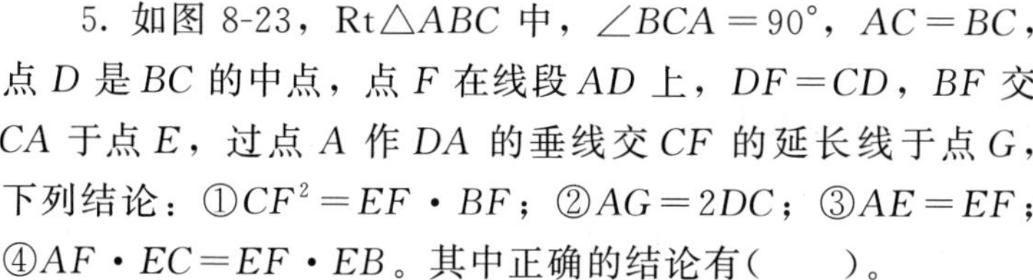

5. 如图 8-23，Rt$\triangle ABC$ 中，$\angle BCA=90^\circ$，$AC=BC$，点 D 是 BC 的中点，点 F 在线段 AD 上，$DF=CD$，BF 交 CA 于点 E，过点 A 作 DA 的垂线交 CF 的延长线于点 G，下列结论：①$CF^2=EF\cdot BF$；②$AG=2DC$；③$AE=EF$；④$AF\cdot EC=EF\cdot EB$。其中正确的结论有(　　)。

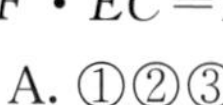

A. ①②③　　B. ①②④

C. ①③④　　D. ②③④

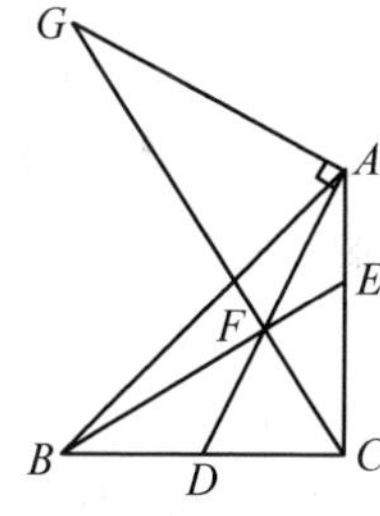

图 8-23

(二)填空题

1. 若关于 x 的一元二次方程 $x^2+2x+c=0$ 有两个相等的实数根，则实数 c 的值为________。

2. 如图 8-24，在一张扇形纸片 OAB 中，半径 OA 为 2，点 C 是 $\overset{\frown}{AB}$ 的中点，现将这张扇形纸片沿着弦 AB 折叠，点 C 恰好与圆心 O 重合，则图中阴影部分的面积为________。

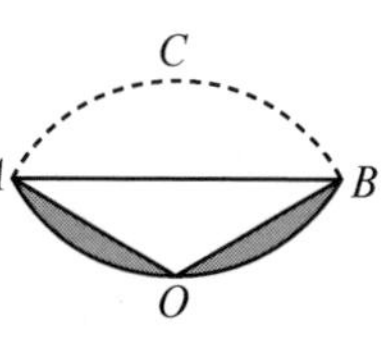

图 8-24

3. 已知四边形 $ABCD$ 是矩形，点 E 是矩形 $ABCD$ 边上的点，且 $EA=EC$。若 $AB=6$，$AC=2\sqrt{10}$，则 DE 的长是________。

4. 如图 8-25，在 $\triangle ABC$ 中，$\angle C=90°$，$AC=BC=1$，P 为 $\triangle ABC$ 内的一个动点，$\angle PAB=\angle PBC$，则 CP 的最小值为________。

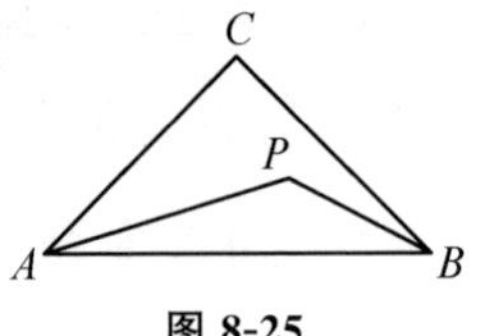

图 8-25

(三)整理错题集，分析错因，完成正确解答。

【设计意图】学生通过本节课的学习，总结方法，分析策略，检测学习效果，看学习目标是否达成。

九、目标检测设计

(一)选择题

1. 数 4 的算术平方根是(　　)。

A. 2　　B. -2　　C. ± 2　　D. $\sqrt{2}$

2. 下列运算正确的是(　　)。

A. $-3(a-1)=3a+1$　　B. $6\sqrt{3}-2\sqrt{3}=4$

C. $5y^3\cdot 3y^2=15y^6$　　D. $\pi^0+\sqrt{16}+\left(\frac{1}{2}\right)^{-1}=7$

3. 下列说法：

(1)一组数据 2，2，3，4 的中位数是 2；

(2)一组数据的-2，4，1，4，2 众数是 4；

(3)若甲、乙两组数据的平均数相同，$S^2_{甲}=0.1$，$S^2_{乙}=0.04$，则乙组数据较稳定；

(4)小明的三次数学检测成绩 106 分，110 分，116 分，这三次成绩的平均数是 111 分。其中正确的是(　　)。

A. ①②　　B. ②③　　C. ②④　　D. ③④

4. 若一个多边形的内角和是 900°，则这个多边形的边数是(　　)。

A. 5　　B. 6　　C. 7　　D. 8

5. 一把直尺和一块含 30°角的直角三角板 ABC，如图 8-26 摆放，直尺一边与三角板的两直角边分别交于点 D 和点 E，另一边与三角板的两直角边分别交于点 F 和点 A，且 $\angle CED=35°$，那么 $\angle BAF$ 的

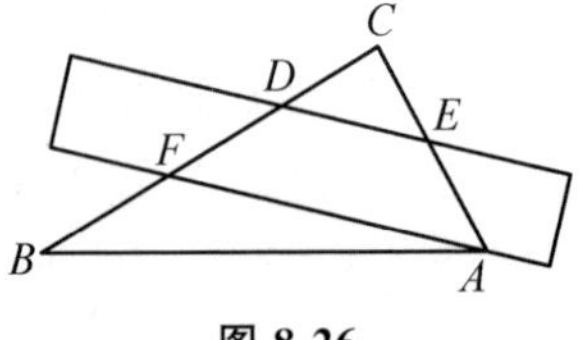

图 8-26

大小为(　　)。

A. 5°　　B. 15°　　C. 25°　　D. 35°

6. 观察下面算式，用你所发现的规律得出 2^{2022} 的末位数字是(　　)。

$2^1=2$，$2^2=4$，$2^3=8$，$2^4=16$，$2^5=32$，$2^6=64$，$2^7=128$，$2^8=256$，…

A. 2　　B. 4　　C. 6　　D. 8

7. 如果双曲线 $y=\dfrac{a}{x}$ 在第二、四象限，那么关于 x 的方程 $ax^2+2x+1=0$ 的根的情况为(　　)。

A. 有两个不相等的实数根　　B. 有两个相等的实数根

C. 只有一个实数根　　D. 无实数根

8. 如图 8-27，在△ABC 中，$\angle ACB=90^\circ$，分别以点 A，B 为圆心，大于 $\dfrac{1}{2}AB$ 长为半径作弧，两弧交于点 M，N，作直线 MN 分别交 AB，AC 于点 D，E，连接 CD，BE，下列结论错误的是(　　)。

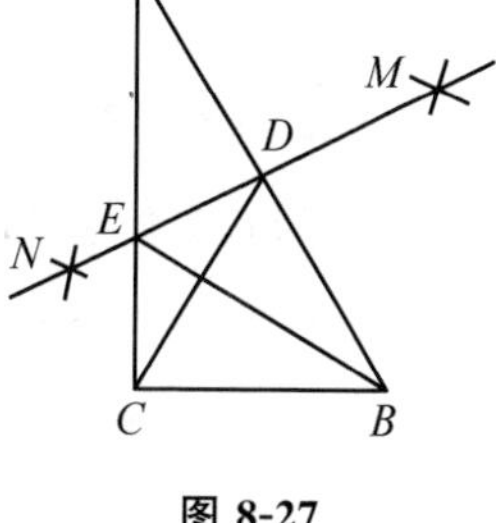

图 8-27

A. $AD=CD$　　B. $BE>CD$

C. $\angle BEC=\angle BDC$　　D. BE 平分 $\angle CBD$

9. 如图 8-28，在△ABC 中，D，E 分别是 AB 和 AC 的中点，$S_{\text{四边形}BCED}=15$，则 $S_{\triangle ABC}=$(　　)。

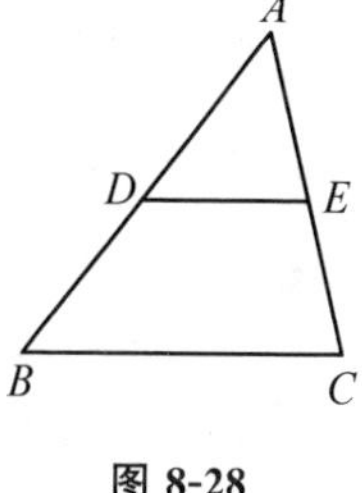

图 8-28

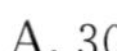
A. 30　　B. 25

C. 22.5　　D. 20

10. 在创建文明城市的进程中，我市为美化城市环境，计划种植树木 30 万棵，由于志愿者的加入，实际每天植树比原计划多 20%，结果提前 5 天完成任务，设原计划每天种植 x 万棵，可列方程式为(　　)。

A. $\dfrac{30}{20\%x}+5=\dfrac{30}{x}$　　B. $\dfrac{30}{x}-\dfrac{30}{20\%x}=5$

C. $\dfrac{30}{x}-\dfrac{30}{(1+20\%)x}=5$　　D. $\dfrac{30}{(1+20\%)x}-\dfrac{30}{x}=5$

11. 构建几何图形解决代数问题是“数形结合”思想的重要应用，在计算 tan 15°时，如图 8-29。在 Rt △ACB 中，$\angle C=90^\circ$，$\angle ABC=30^\circ$，延长 CB 使 $BD=AB$，连接

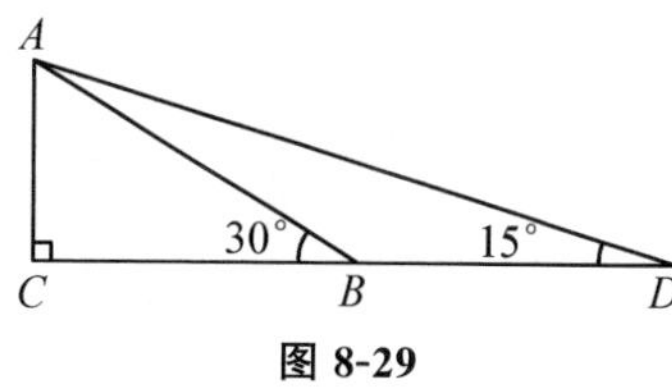

图 8-29

AD，得$\angle D=15°$，所以 $\tan 15°=\dfrac{AC}{CD}=\dfrac{1}{2+\sqrt{3}}=\dfrac{2-\sqrt{3}}{(2+\sqrt{3})(2-\sqrt{3})}=2-\sqrt{3}$。类比这种方法，计算 $\tan 22.5°$的值为(　　)。

A. $\sqrt{2}+1$　　　B. $\sqrt{2}-1$　　　C. $\sqrt{2}$　　　D. $\dfrac{1}{2}$

12. 如图 8-30，在扇形 BOC 中，$\angle BOC=60°$，OD 平分$\angle BOC$ 交 BC 于点 D，点 E 为半径 OB 上一动点。若 $OB=2$，则阴影部分周长的最小值为(　　)。

A. $\dfrac{6\sqrt{2}+\pi}{2}$　　　B. $\dfrac{2\sqrt{2}+\pi}{3}$

C. $\dfrac{6\sqrt{2}+\pi}{3}$　　　D. $\dfrac{\sqrt{2}+2\pi}{3}$

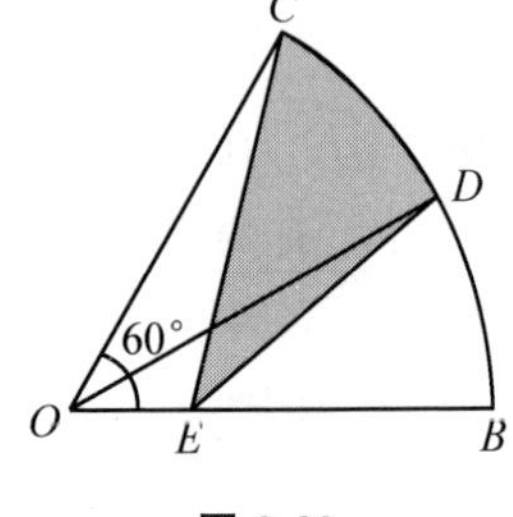

图 8-30

(二)填空题

1. 因式分解：$2a^3-8a=$________。

2. 已知$|x+2y|+(x-4)^2=0$，则 $x^y=$________。

3. 不等式组$\begin{cases}2x-1\leqslant 3,\\ 2-x<1\end{cases}$的解集为________。

4. 如图 8-31，在平面直角坐标系中，O 是坐标原点，在$\triangle OAB$ 中，$AO=AB$，$AC\perp OB$ 于点C，点 A 在反比例函数 $y=\dfrac{k}{x}(k>0)$的图象上，若 $OB=4$，$AC=3$，则 k 的值为________。

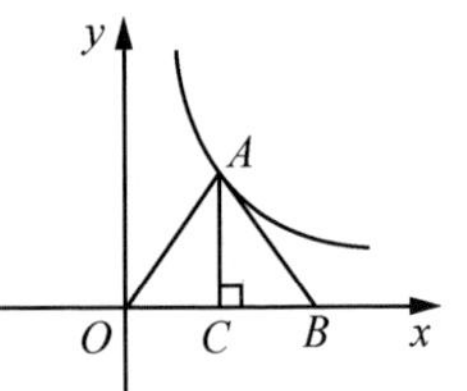

图 8-31

5. 如图 8-32，$\triangle ACB$ 内接于$\odot O$，$\angle BAC=60°$，$BC=6$，则阴影部分的面积为 ________。

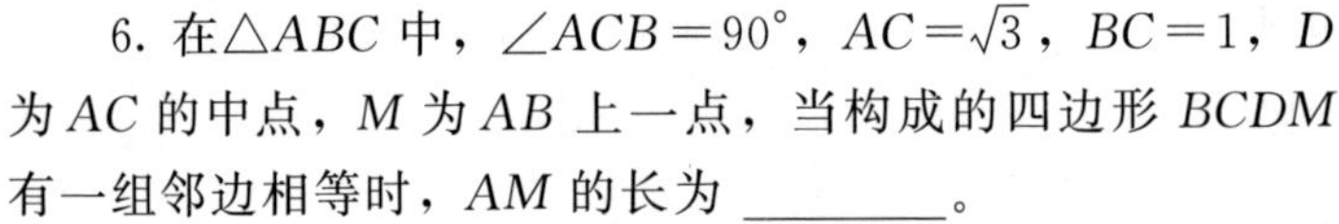

6. 在$\triangle ABC$ 中，$\angle ACB=90°$，$AC=\sqrt{3}$，$BC=1$，D 为 AC 的中点，M 为 AB 上一点，当构成的四边形 $BCDM$ 有一组邻边相等时，AM 的长为 ________。

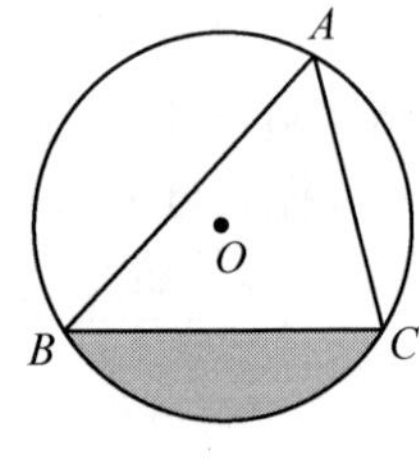

图 8-32

第九章　衍生课案例展示

案例一　“三角形单元”复习课

（王学先名师工作室　吴禹杰）

一、教学内容和内容解析

（一）内容

本节课选自人教版教科书中的第十一章第二节《三角形》，第十二章《全等三角形》，第十七章《勾股定理》，第二十七章第二节《相似三角形》，第二十八章《锐角三角函数》的内容，是一节初中总复习中的单元复习课。

（二）内容解析

三角形是《义务教育数学课程标准（2022年版）》中“图形与几何”的学习内容，主要包括三角形的概念与性质、全等三角形、等腰三角形、直角三角形、勾股定理、相似三角形、解直角三角形。三角形是整个平面几何的重点学习内容，也是四边形与圆的有关学习的重要基础。本节课主要是对三角形的知识进行整合归纳，引导学生回顾三角形的有关性质，并利用这些知识点，以相似三角形的基本模型为基础灵活地进行解题，体会平面几何中利用相似和三角函数解题的重要方法，为解析几何的复习打好坚实基础。

基于以上分析，本节课的**教学重点**是：对三角形相关知识点的整合与解题方法的凝练。

二、教学目标设置

（一）目标

（1）进一步了解三角形单元知识点之间的联系，并能对知识点进行整合，形成知识链。

（2）掌握相似三角形的基本模型，能灵活运用三角形的知识与基本模型进行解题。体会数形结合、转化与化归思想在解题中的运用。

(3)通过对知识、模型、解法的衍生学习，体会自主建构知识的乐趣，并发展数学建模的素养。

(二)目标解析

达成目标(1)的标志：学生能够独立完成三角形的有关知识点回顾，并结合知识点之间的联系，自行设计思维导图、知识树、知识链等，最终实现知识整合。

达成目标(2)的标志：学生能理解全等与相似的异同，能用化归的思想深刻理解相似的有关重要模型，最终学会解相似三角形的有关题目。

达成目标(3)的标志：学生会自主构建思维导图，并互帮互助，经历从问题解决到掌握方法的过程，提升数学学习能力，并增强成就感。

三、学生学情分析

学生在八年级上学期，学习了三角形和全等三角形，在八年级下学期学习了勾股定理，在九年级下学期学习了相似三角形和锐角三角形，已经具备了相关基础知识，对一些单一问题的解决有一定的经验，但在进行单元整合复习之前的学习是零散的，分割开来的，没有形成相关知识的逻辑体系，对整体的知识把握还有所欠缺。因此学生通过完成课堂任务单，建构知识网络体系，熟悉常见的相似模型，真正体会解三角形的一般方法，最终提升数学思维能力。

基于以上分析，本节课的**教学难点**是：学生能够综合运用三角形有关知识解决相关的综合问题。

四、教学策略分析

本节课以问题引导教学的方式设置问题串及单元架构下的子任务，将知识、方法、模型有效地串联起来。首先，知识衍生环节，由学生自主完成；其次，模型衍生环节，由教师引导完成；最后，解法衍生环节，由小组合作完成，并由学生对不同解法进行分享，真正做到温故而知新，从而提升学生的学科素养。

五、教学支持条件分析

教法：问题引导教学法、探究式教学法。

学法：自主学习法、探究学习法。

教学媒体：教具、课堂任务单、几何画板、多媒体课件等。

教学环境：在多媒体设备的支持下，实现师生互动、生生互动。

六、教学设计基本流程

教学设计基本流程如图 9-1 所示。

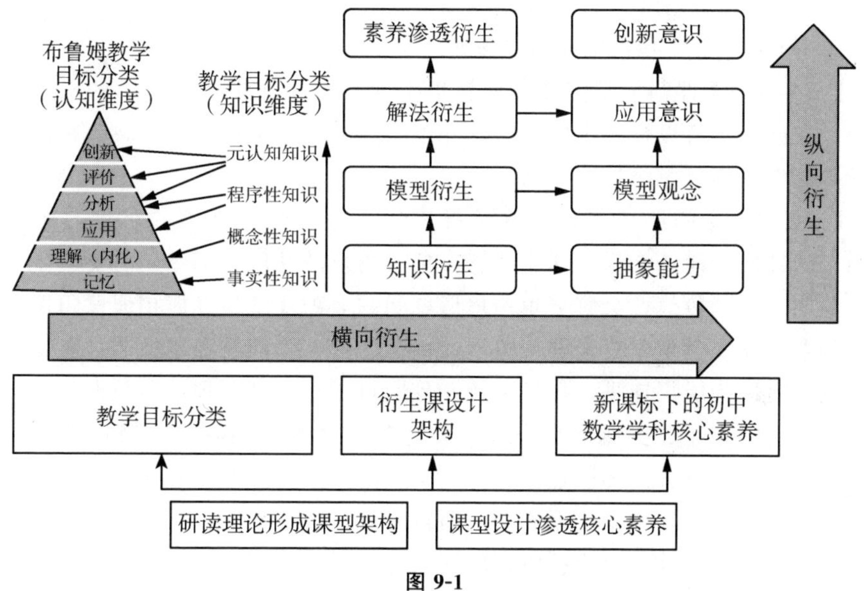

图 9-1

七、教学设计过程

环节一：知识衍生，回顾与记忆。

问题 1：已知三角形的两条边为 3 和 6，那么第三条边可以取哪些值？

思考 1：任意一个三角形有怎样的三边关系？

问题 2：已知一个等腰三角形两条边分别为 3 和 6，那么第三条边是多少？

思考：等腰三角形有哪些性质？

问题 3：已知一个直角三角形的两条边分别为 3 和 6，那么第三条边是多少？

思考 3：直角三角形有哪些性质与定理？

问题 4：已知一个直角三角形，如果其中一个锐角为 30°，其中一条直角边为 6，那么斜边是多少？

思考 4：特殊角的三角函数值有哪些？如何解直角三角形？

问题 5：已知两个相似三角形的对应边分别为 3 和 6，那么这两个相似三角形的面积比为多少？

思考 5：相似三角形的性质有哪些？

问题 6：已知一个三角形，其中一个锐角为 30°，这个锐角的对边为 4，邻边为 6，你可以画出唯一的三角形吗？

思考 6：全等三角形的判定有哪些？

【师生活动】课前同学们通过回答以上题目，将知识块按自己的思路进行组合，在课上自行设计知识网络图，并以小组为单位进行展示。教师在课上展示学生制作的优秀思维导图作品。

【设计意图】问题 1 需要学生掌握三边关系，问题 2 需要学生熟悉等腰三角形的性质，问题 3 需要学生熟悉直角三角形的性质，问题 4 需要学生掌握特殊角的三角函数值，会解直角三角形，问题 5 需要学生掌握相似三角形的性质，问题 6 需要学生掌握全等三角形的判定。这 6 个问题在题型的设置上，较为相似，实则为层层递进，环环相扣，且题目相对基础，预计多数学生可以独立完成。同时在完成问题之后设计了相应的思考题，通过以点带面的形式进一步复习与问题有关的知识点。教师从学生的完成情况来了解学生对三角形知识的掌握情况，引导学生根据 6 个问题自行设计思维导图。学生在温故的同时进一步自主创新设计，也为接下来的深入探究做好相应的铺垫。

环节二：模型衍生，理解与建构。

思考 1：如图 9-2，已知在 $\triangle ABC$ 和 $\triangle DBE$ 中，$\angle ACB=\angle DBC=90°$，$AB\perp DE$，$AB=DE$。

求证：$\triangle ABC\cong\triangle DBE$。

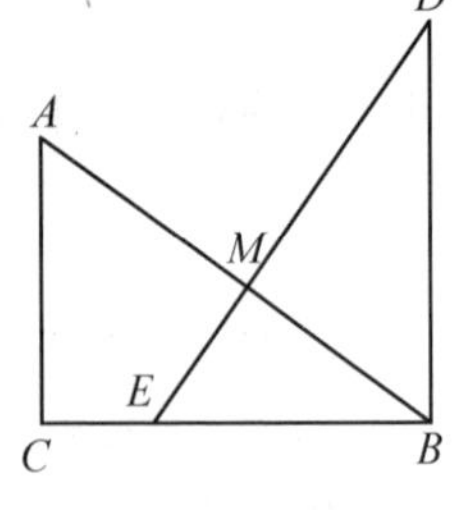

图 9-2

【师生活动】教师引导学生概括解题思路，并由教师讲解解题步骤和策略。

【设计意图】考查直角三角形的性质以及全等三角形

的证明，深化学生对全等三角形知识的理解。

思考 2：如图 9-3，已知在$\triangle ABC$和$\triangle DBE$中，$\angle ACB=\angle DBC=90°$，$AB\perp DE$，$AB=DE$。

请你说说有哪些相似三角形？

追问：经过平移变换，还有哪些三角形是相似的？

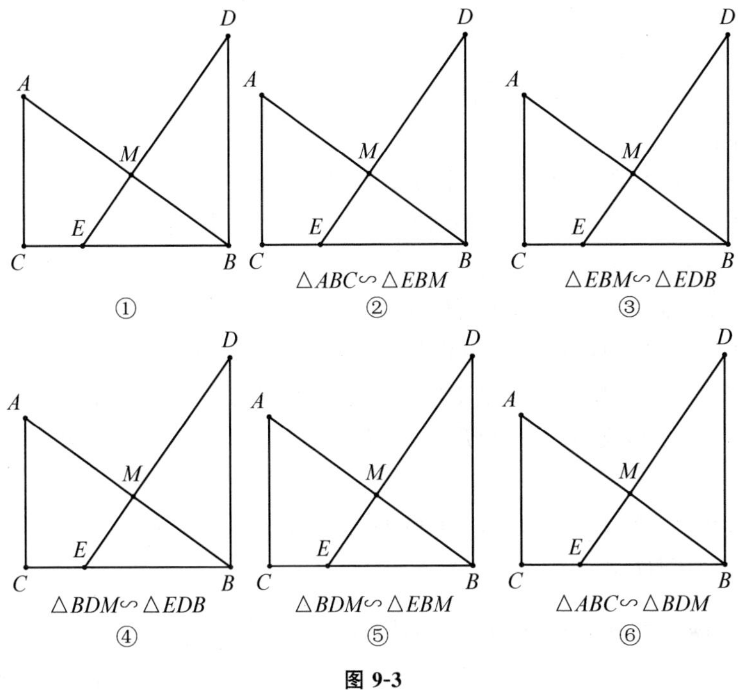

图 9-3

【师生活动】教师引导学生举手示意并展示自己的答案，并讲解本题解题步骤。学生总结本题的解题策略。

【设计意图】在思考 1 条件不变的情况下，学生思考并寻找相似三角形，意在让学生在会找相似三角形的同时发现相似与全等的区别。

思考 3：经过这样的变换，$\triangle ABC$与$\triangle DBF$还相似吗？（图 9-4）

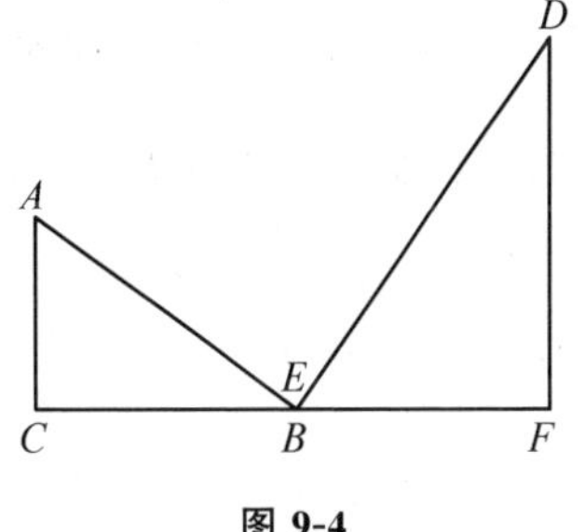

图 9-4

【师生活动】教师引导学生概括解题思路，并由教师讲授解题步骤和策略。

【设计意图】通过对图形的变换，学生可以总结在几何图形的变换过程中，哪些等量关系发生了变化，哪些仍然不变，从中体会全等和相似的本质特征，达到模型的衍生，真正做到举一反三。

【学以致用】如图 9-5，在矩形 $ABCD$ 中，$AB=5$，$AD=3$，点 E 在 DC 上，将矩形 $ABCD$ 沿 AE 折叠，点 D 恰好落在 BC 边上的点 F 处，那么 $\sin\angle EFC$ 为________。

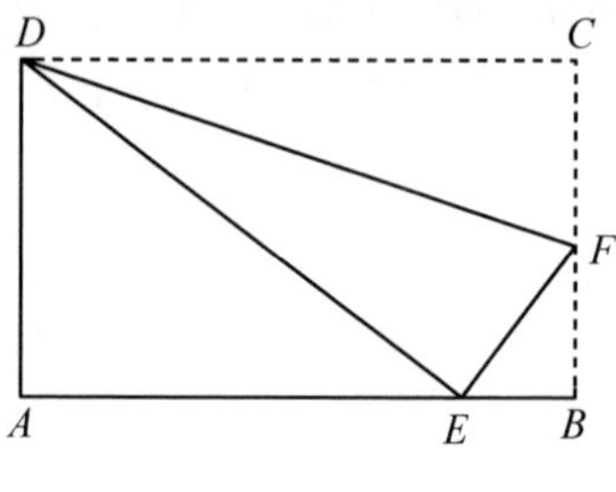

图 9-5

【师生活动】学生在课堂中自行完成，教师巡视学生，观察学生的解题方法，并由教师讲授解题步骤和策略。

【设计意图】意在将全等、相似、锐角三角函数综合起来评价学生是否已经掌握知识与模型，同时也为下一阶段的解法衍生做好相应的铺垫。

环节三：解法衍生，应用与展示。

(2021·广东)如图 9-6，在边长为 1 的正方形 $ABCD$ 中，点 E 为 AD 的中点。连接 BE，将$\triangle ABE$ 沿 BE 折叠得到$\triangle FBE$，BF 交 AC 于点 G，求 CG 的长。

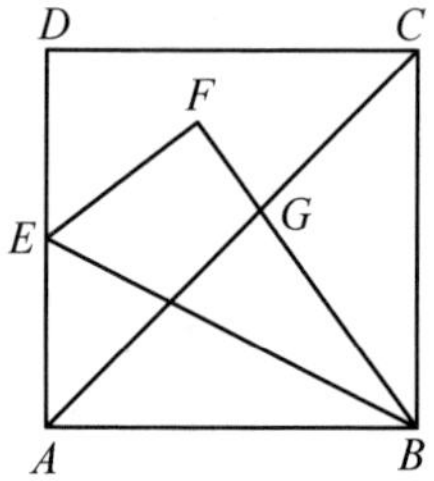

图 9-6

解法一

如图 9-7，延长 BF 交 CD 于点 H，连接 HE，易证$\triangle DHE\cong\triangle FHE$，

则$\angle HEB=90^\circ$，$\triangle DHE\backsim\triangle AEB$，$\dfrac{DH}{AE}=\dfrac{DE}{AB}=\dfrac{1}{2}$，

$DH=\dfrac{1}{4}$，$CH=\dfrac{3}{4}$，

又$\triangle CHG\backsim\triangle ABG$，可得：$CG=\dfrac{3\sqrt{2}}{7}$。

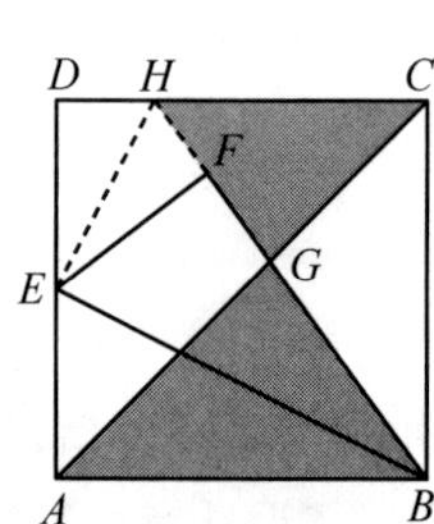

图 9-7

解法二

如图 9-8，将$\triangle ABE$ 旋转至$\triangle CBH$ 处，延长 BF 交 CD 于点 I，设 $CI=x$，$IH=x+\dfrac{1}{2}$，

易证 $\angle IHB=\angle IBH$，$IB=IH$，在 $\mathrm{Rt}\triangle BCI$ 中 $IC^2+BC^2=BI^2$，

解得：$x=\dfrac{3}{4}$。又$\triangle CGI\backsim\triangle AGB$，可得：

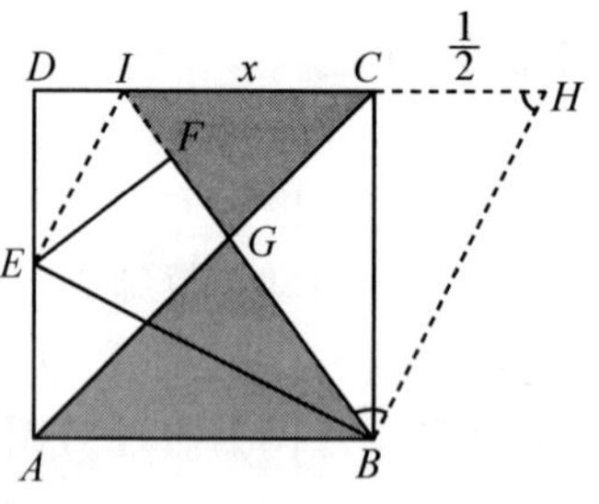

图 9-8

$CG=\frac{3\sqrt{2}}{7}$。

解法三

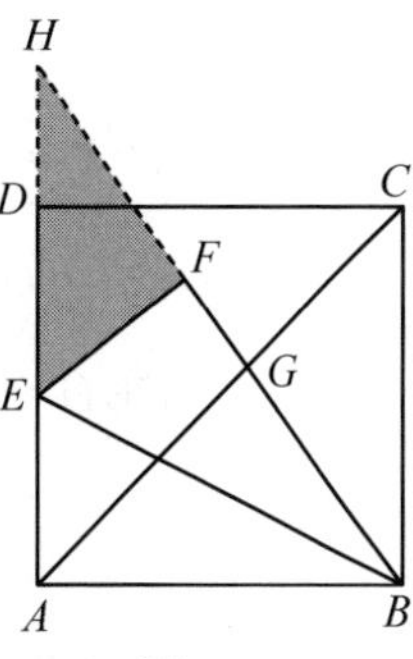

图 9-9

如图 9-9，延长 AD，BF 交于点 H，$\triangle EFH \backsim \triangle BAH$。

设 $EH=x$，则 $BH=2x$，$HF=2x-1$，

在 Rt$\triangle EFH$ 中，$EH^2=EF^2+HF^2$，$(2x-1)^2+\frac{1}{4}=x^2$，解得：$x=\frac{5}{6}$，

$\triangle AGH \backsim \triangle CGB$，$\frac{AH}{BC}=\frac{AG}{CG}=\frac{4}{3}$，可得：$CG=\frac{3\sqrt{2}}{7}$。

解法四

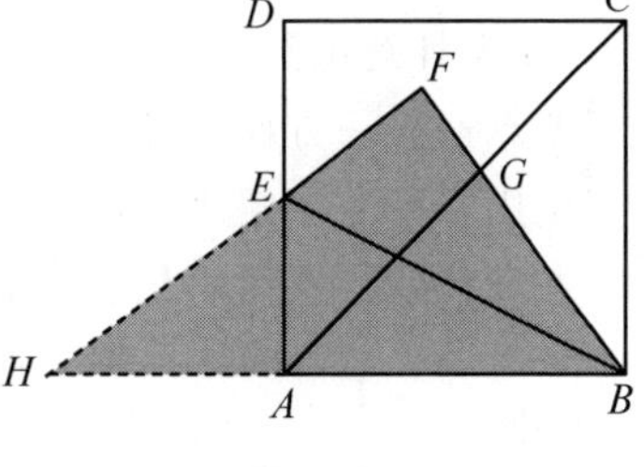

图 9-10

如图 9-10，延长 FE，BA 交于点 H，$\triangle HAE \backsim \triangle HFB$，

$\frac{EA}{BF}=\frac{EH}{BH}=\frac{1}{2}$，设 $EH=x$，则 $BH=2x$，$HA=2x-1$，

在 Rt$\triangle EAH$ 中，$EH^2=HA^2+EA^2$，解得：$x=\frac{5}{6}$，$\tan\angle GBA=\frac{4}{3}$，

在$\triangle BGC$ 中，$\angle GCB=45°$，可得：$CG=\frac{3\sqrt{2}}{7}$。

解法五

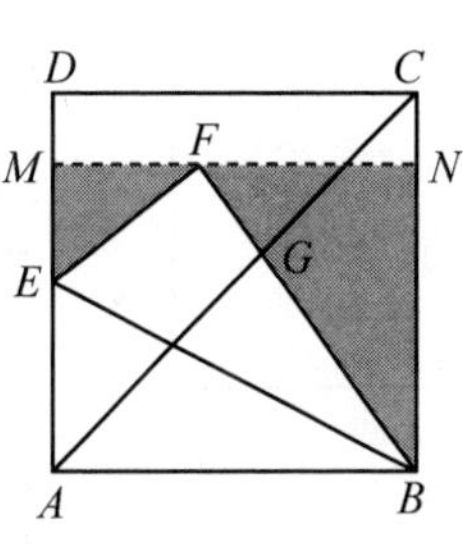

图 9-11

如图 9-11，过点 F 作 $MN \parallel CD$，$\triangle EFM \backsim \triangle FBN$，

$\frac{EF}{FB}=\frac{1}{2}$，设 $EM=x$，则 $FN=2x$，$BN=x+\frac{1}{2}$，$MF=\frac{1}{4}+\frac{x}{2}$，$MF+FN=1$，

解得：$x=\frac{3}{10}$，$\tan\angle CBG=\frac{4}{3}$，

在$\triangle BGC$ 中，$\angle GCB=45°$，可得：$CG=\frac{3\sqrt{2}}{7}$。

解法六

如图 9-12，延长 EF，BC 交于点 H，

设 $CH=x$，则 $BH=x+1$，

由 $\angle HEB=\angle HBE$ 知，故 $FH=x+\frac{1}{2}$，

在 $\text{Rt}\triangle BFH$ 中，$BH^2=BF^2+FH^2$，解得：$x=\frac{1}{4}$，$\tan\angle FBH=\frac{3}{4}$，

在 $\triangle BGC$ 中，$\angle GCB=45°$，可得：$CG=\frac{3\sqrt{2}}{7}$。

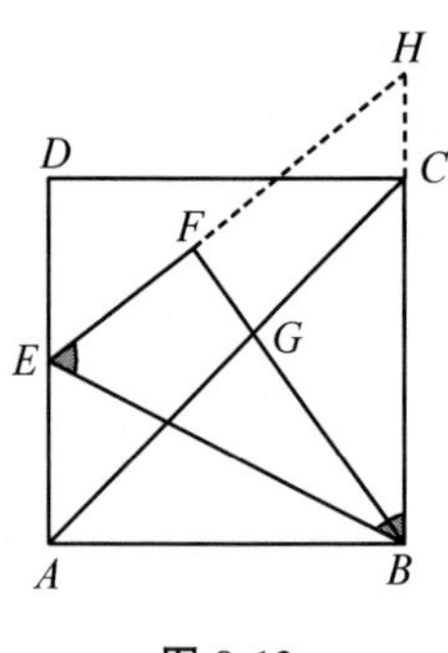

图 9-12

【师生活动】教师引导学生利用实物展台概括解题思路，并呈现解题步骤和策略。

【设计意图】本题为中考数学真题，一方面让学生感受中考数学试题，直击考点；另一方面本题可以一题多解，引导学生从不同的角度分析问题，培养学生用多种方法解决问题的能力。

环节四：课后小结，分析与反思(图 9-13)。

课后小结

知识为土
模型为根
解法为叶
扎根生长
繁衍不断
生生不息

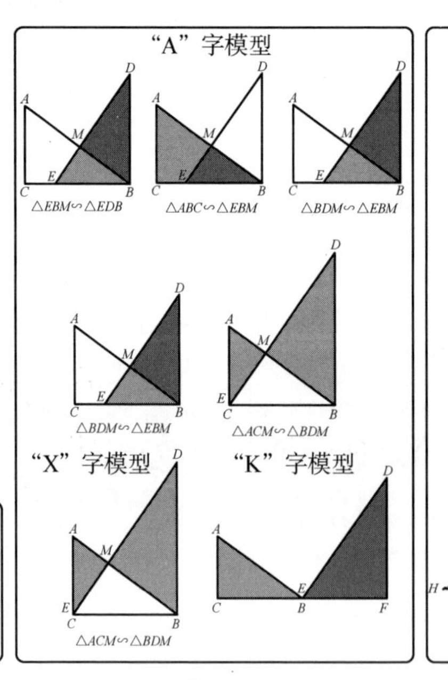

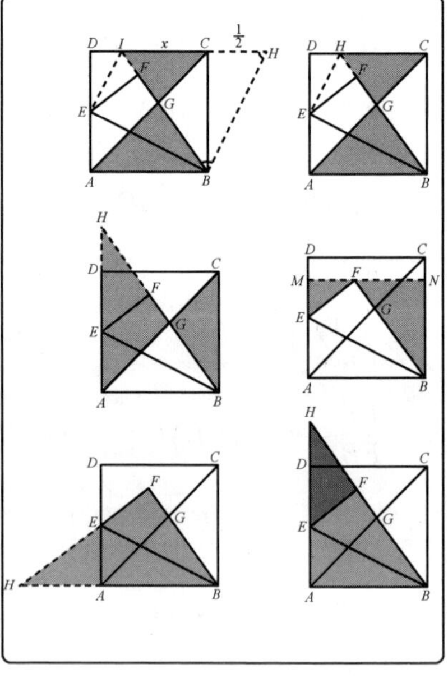

知识衍生 → 模型衍生 → 解法衍生

图 9-13

【师生活动】学生回顾本节课的教学内容，并将本节课的内容进行梳理。

【设计意图】回顾本节课的学习历程，再次总结知识衍生、模型衍生、解法衍生 3 大环节的联系，强化学生利用所学知识来解决问题的能力。

八、作业布置设计

1.(2018·云南)在 $Rt\triangle ABC$ 中，$\angle C=90^\circ$，若 $AC=1$，$BC=3$，则 $\angle A$ 的正切值为(　　)。

A. 3　　B. $\frac{1}{3}$　　C. $\frac{\sqrt{10}}{10}$　　D. $\frac{3\sqrt{10}}{10}$

2.(2021·云南)在 $\triangle ABC$ 中，$\angle ABC=90^\circ$。若 $AC=100$，$\sin A=\frac{3}{5}$，则 AB 的长是(　　)。

A. $\frac{500}{3}$　　B. $\frac{503}{5}$　　C. 60　　D. 80

3.(2020·云南)如图 9-14，平行四边形 $ABCD$ 的对角线 AC，BD 相交于点 O，点 E 是 CD 的中点。则 $\triangle DEO$ 与 $\triangle BCD$ 的面积的比等于(　　)。

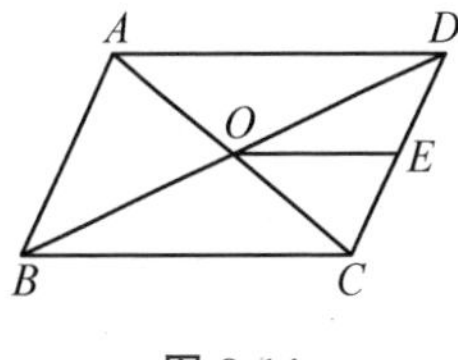

图 9-14

A. $\frac{1}{2}$ 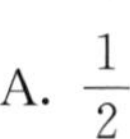　　B. $\frac{1}{4}$

C. $\frac{1}{6}$　　D. $\frac{1}{8}$

【设计意图】结合本节课的复习内容，有针对性地选取云南省本土化的中考真题，进一步提高学生对运用数学知识的感悟。

九、目标检测设计

1.(2018·曲靖)如图 9-15，在正方形 $ABCD$ 中，连接 AC，以点 A 为圆心，适当长为半径画弧，交 AB，AC 于点 M，N，分别以 M，N 为圆心，大于 MN 长的一半为半径画弧，两弧交于点 H，连接 AH 并延长交 BC 于点 E，再分别以 A，E 为圆心，以大于 AE 长的一半为半径画弧，两弧交于点 P，Q，作直线 PQ，分别交 CD，AC，AB 于

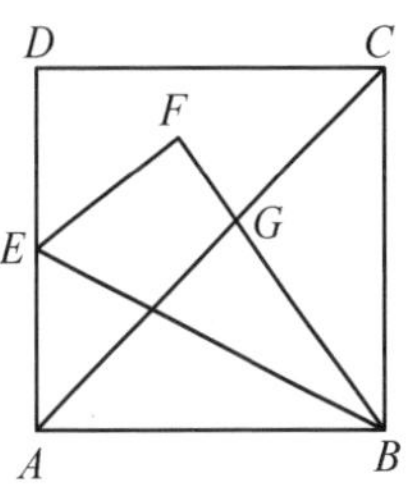

图 9-15

点 F，G，L，交 CB 的延长线于点 K，连接 GE，下列结论：

①$\angle LKB=22.5°$，

②$GE /\!/ AB$，

③$\tan\angle CGF=\dfrac{KB}{LB}$，

④$S_{\triangle CGE}:S_{\triangle CAB}=1:4$。其中正确的是（　　）。

A. ①②③　　B. ②③④　　C. ①③④　　D. ①②④

2.（2021·广东）如图 9-16，边长为 1 的正方形 $ABCD$ 中，点 E 为 AD 的中点，连接 BE，将$\triangle ABE$ 沿 BE 折叠得到$\triangle FBE$，BF 交 AC 于点 G，求 CG 的长。

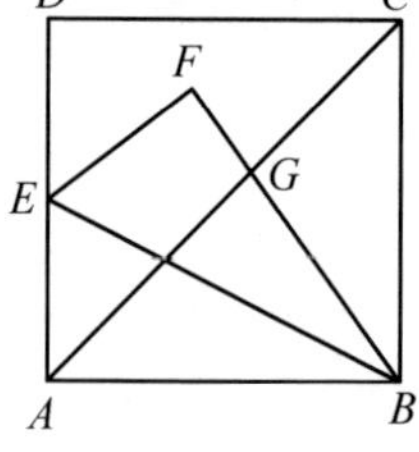

图 9-16

【设计意图】通过对中考题进行“一题多变”的设计，强化学生对几何题考点本质的理解，真正做到举一反三。

案例二　“四边形问题”复习课

（昆明市教育科学研究院　张静元）

一、教学内容和内容解析

（一）内容

本节课是九年级四边形综合问题复习课。

（二）内容解析

平行四边形、菱形、梯形、矩形、正方形是平面几何知识的重要组成部分，这些特殊四边形的判定和性质是教学重点。学生利用四边形的性质解决一些几何问题，并归纳问题模型。

基于以上分析，本节课的**教学重点**是：探究特殊四边形的性质，并应用特殊四边形的性质解决一些几何问题。

二、教学目标设置

（一）教学目标

(1)理解几种特殊四边形的联系与区别。

(2)掌握几种特殊四边形的判定与性质。

(3)会利用几种特殊四边形的判定与性质解决综合问题。

（二）目标解析

达成目标(1)的标志：学生能根据平行四边形的定义判断一个四边形为平行四边形，并且在平行四边形的基础上，能判断一个四边形为菱形、矩形、正方形。学生能辨析几个特殊四边形的联系和区别。

达成目标(2)的标志：在目标(1)的基础上，学生会归纳总结四种特殊四边形的判定和性质，构建知识网络。

达成目标(3)的标志：学生会用几个特殊四边形的性质解决综合问题，能从复杂的图形中抽象四边形。学生能结合中位线定理和四边形的性质，解决一些平面几何的综合问题。

三、学生学情分析

学生在学习了几个特殊四边形后，对四边形的判定定理的巩固尤为重要。学生可能会对单独一个四边形的判定熟悉，但对他们之间的关系，构成特殊四边形的条件联系不熟悉，在问题情境中更难分辨，所以本节课设计了三个环节，分别达成三个目标。

基于以上分析，本节课的**教学难点**是：构建知识网络解决四边形的综合问题。

四、教学策略分析

问题引入，让学生巩固平行四边形、菱形、矩形、正方形的定义特征，并在问题情境中初步判定，落实目标(1)；

通过问题探究，落实四个特殊四边形之间的区别和联系，落实目标(2)；

通过初步应用、综合应用、探究应用，落实目标(3)。

五、教学支持条件分析

教法：探究式教学法。

学法：问题探究学习法、合作学习法。

教学媒体：几何画板、课堂任务单、多媒体课件等。

教学环境：在多媒体设备的支持下，实现师生互动，生生互动。

六、教学设计基本流程

教学设计基本流程如图 9-17 所示。

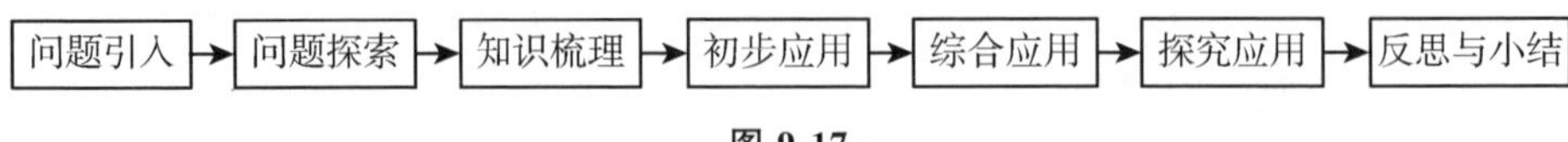

图 9-17

七、教学设计过程

(一)问题引入

如图 9-18，在四边形 $ABCD$ 中，E，F，G，H 分别是 AB，BC，CD，DA 的中点。

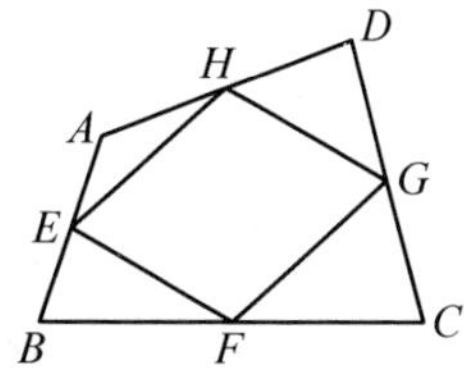

图 9-18

问题 1：证明四边形 $EFGH$ 是平行四边形。

问题 2：问题中的条件如何改变，才能分别得到一个菱形、矩形、正方形？

分析问题 1：如图 9-19，连接四边形 $ABCD$ 的一条对角线 AC，可利用三角形中位线定理得到四边形 $EFGH$ 的一组对边平行且相等；再利用平行四边形判定定理证明四边形 $EFGH$ 是平行四边形。

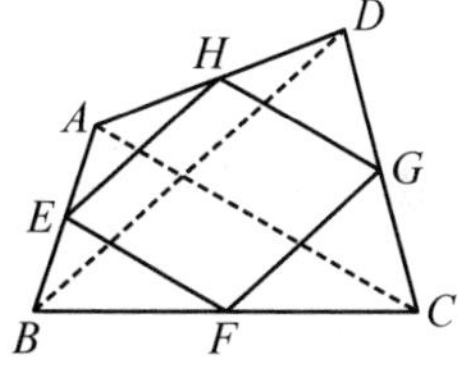

图 9-19

在同一个问题中综合运用两个定理证明，能顺利达成目标(1)(2)。

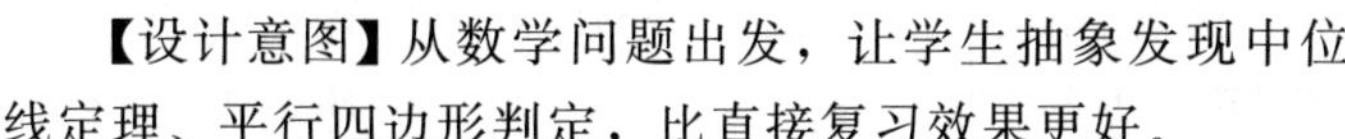

【设计意图】从数学问题出发，让学生抽象发现中位线定理、平行四边形判定，比直接复习效果更好。

分析问题 2：是一个开放型问题，是中点四边形问题，其关键点是原四边形的对角线的关系决定中点四边形的形状，可设计一个问题来达成目标(3)。

连接另一条对角线 BD，如图 9-20，当 $AC=BD$，四边形 $EFGH$ 为菱形；如图 9-21，当 $AC\perp BD$，四边形 $EFGH$ 为矩形；当 $AC=BD$ 且 $AC\perp BD$ 时，四边形 $EFGH$ 为正方形，如图 9-22。

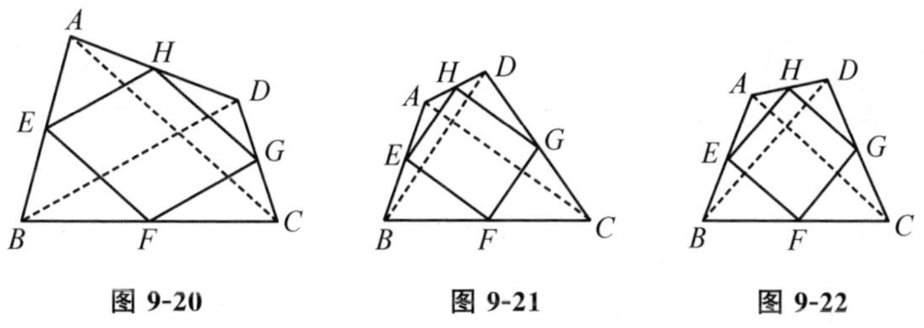

图 9-20　　图 9-21　　图 9-22

【设计意图】四边形各边中点构成的四边形一定是平行四边形，其形状与原四边形的两条对角线有关：当对角线相等，中点四边形为菱形；当对角线垂直，中点四边形为矩形；当对角线垂直且相等，中点四边形为正方形。

(二)问题探究

如图 9-23，在△ABC 中，点 D，E 分别是 AB，AC 的中点，O 是△ABC 内任意一点，连接 OB，OC，设 OB，OC 的中点分别是 F，G。

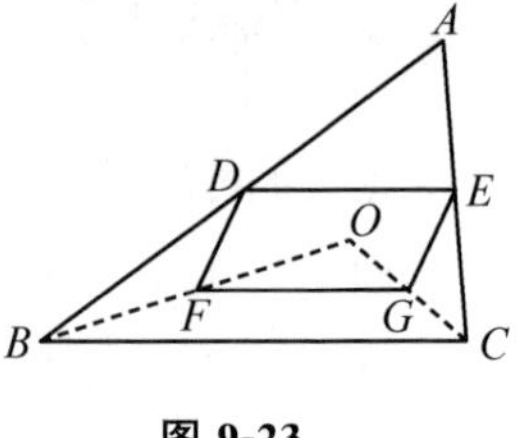

图 9-23

(1)四边形 DFGE 是平行四边形吗？证明你的结论。

(2)当点 O 在三角形外部，结论还成立吗？请你说明。

(3)若四边形 DFGE 是矩形，点 O 应在什么位置？

(4)若四边形 DFGE 是菱形，点 O 应在什么位置？

(5)若四边形 DFGE 是正方形，点 O 应在什么位置？

【探索过程】(1)综合应用中位线定理、平行四边形判定定理可以判定四边形 DFGE 是平行四边形。

(2)当点 O 在△ABC 外时，如图 9-24，结论成立。

通过以上两个问题的探索，初步达成目标(1)。

(3)要四边形 DFGE 是矩形，即平行四边形变为矩形，从情境中提出问题，有一个角为直角的平行四边形是矩形，揭示矩形的判定定理；如图 9-25，DE//BC，DF//AO，要 DE⊥DF，即要 AO⊥BC，故点 O 在 BC 的高所在的直线上。

特例：如图 9-26，当点 O 在过 A 点且平行于 BC 的直线上时，D，F，G，E 四点共线，此时不能成为平行四边形。

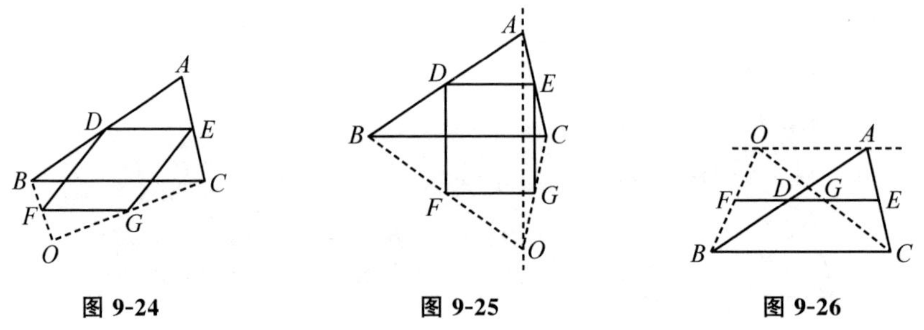

图 9-24　　图 9-25　　图 9-26

(4)要四边形 DFGE 是菱形，即要 AO=BC，所以 O 点应在以点 A 为圆心，BC 为半径的⊙A 上，如图 9-27。

(5)如图 9-28，要四边形 DFGE 是正方形，即是菱形，又是矩形的四边形，故 O 点同时满足条件：AO⊥BC，AO=BC，所以点 O 是 BC 的高所在的直线与圆 A 的交点。

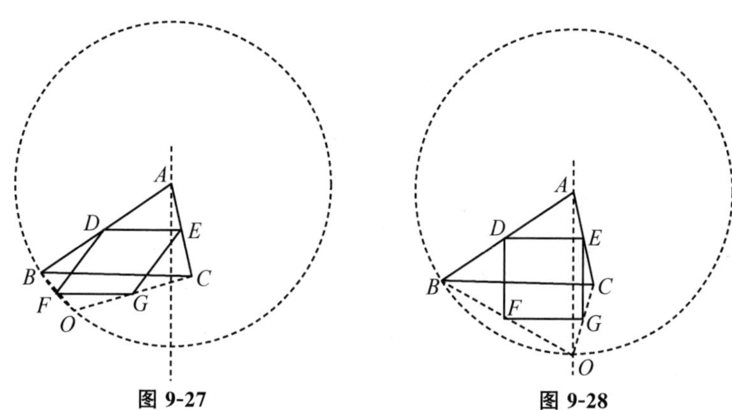

图 9-27　　　　图 9-28

【设计意图】从三角形内任意一点出发，构建一个模型，突出中位线定理、平行四边形判定定理，从内到外，抓住模型，让学生达成初步目标。

平行四边形转化为菱形、矩形、正方形，要抓住核心 $DE \parallel BC$，$DF \parallel AO$，最终落实到 AO 与 BC 的关系上。点 O 在运动，决定了四边形的形状，而形状与 AO，BC 的位置、大小关系密切相关。当 $AO=BC$，四边形 $DFGE$ 为菱形；当 $AO \perp BC$，四边形 $DFGE$ 为矩形；当 $AO \perp BC$，$AO=BC$ 同时成立，四边形 $DFGE$ 为正方形。

问题的探究揭示了特殊四边形之间相互转化的条件，让学生形成知识网络，从而掌握几种特殊四边形的判定与性质。

(三)知识梳理

(1)四边形知识结构(图 9-29)。

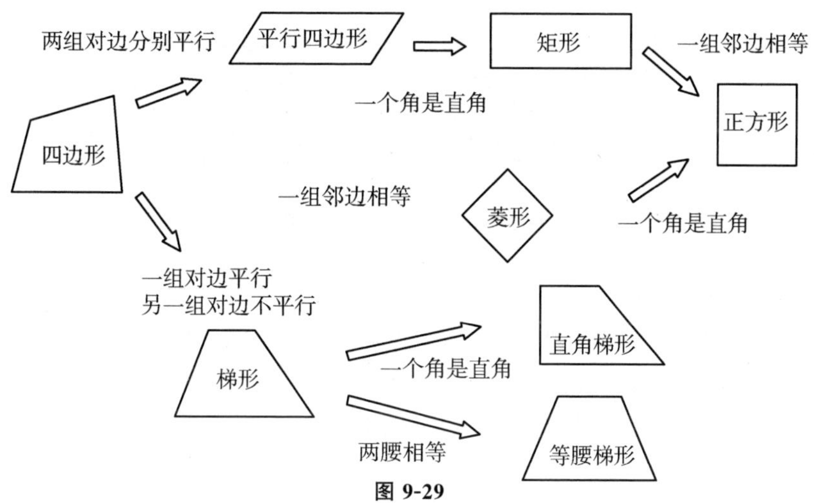

图 9-29

(2)四边形的包含关系(图 9-30)。

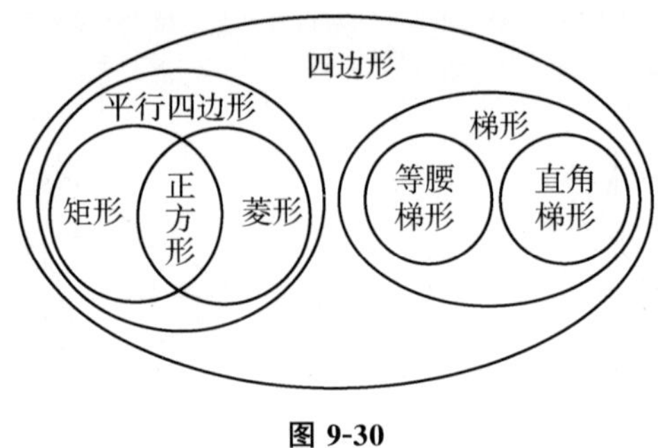

图 9-30

【设计意图】从数学问题中提炼出数学模型，回归到几个特殊四边形的判定与性质，特殊四边形之间的不同与联系，抓对角线特征，回归本真。

平行四边形⇒对角线互相平分(图 9-31)，$AO=OC$，$BO=BD$。

菱形⇒对角线互相垂直平分(图 9-32)，$AC\perp BD$。

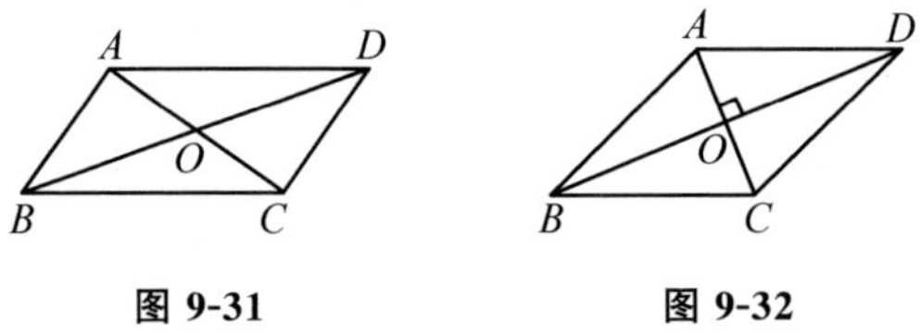

图 9-31　　图 9-32

矩形⇒对角线相等且互相平分(图 9-33)，$AC=BD$。

正方形⇒对角线相等且互相垂直平分(图 9-34)，$AC=BD$，$AC\perp BD$。

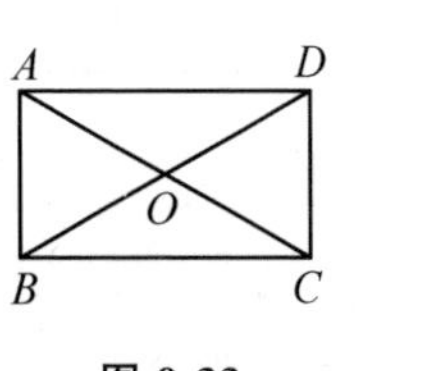

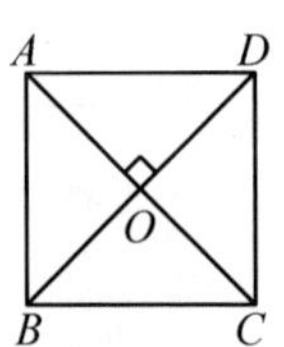

图 9-33　　图 9-34

(四)初步应用

例 1　如图 9-35，已知 AC，BD 是菱形 $ABCD$ 的两条对角线，过点 C 作 $CE\perp AC$ 交 AB 的延长线于点 E。证明：四边形 $BECD$ 是平行四边形。

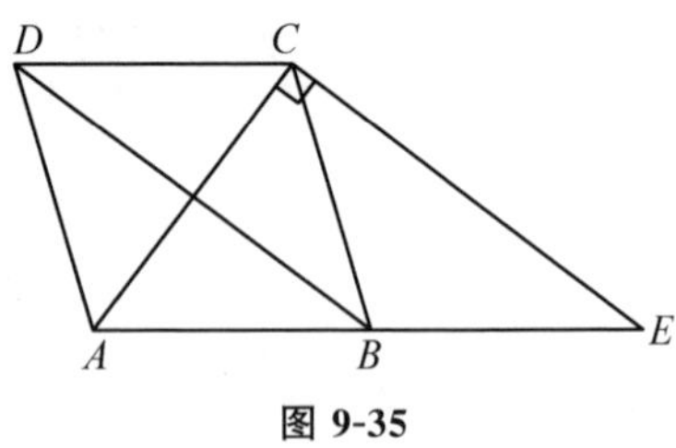

图 9-35

【设计意图】考查菱形对角线垂直的特征及平行四边形的判定，从而落实目标(3)。

核心：$ABCD$ 是菱形$\Rightarrow AC\perp BD\Rightarrow DB/\!/CE$。

例 2　如图 9-36，在矩形 $ABCD$ 中，延长 AB 至点 F，使 $BF=AC$，连接 DF，已知 $\angle 1=36°$，则 $\angle 2=$________。

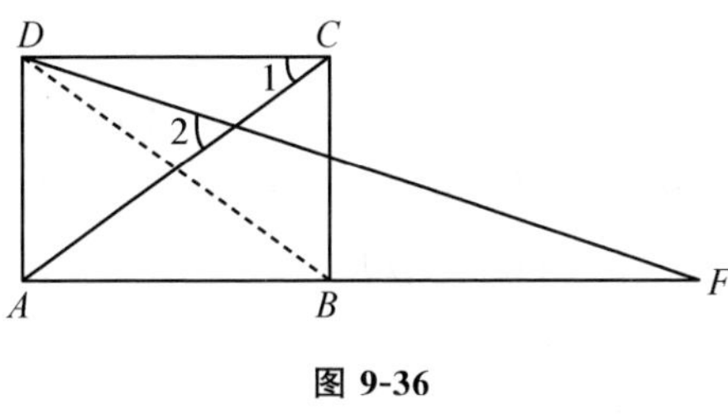

图 9-36

【设计意图】考查矩形对角线相等的特征及等腰三角形的特征，从而落实目标(3)。

核心：$AC=BD=BF\Rightarrow\angle BDF=\angle BFD$，$\Rightarrow\angle BDF=\angle CDF=\frac{\angle 1}{2}$，从而$\angle 2=\angle 1+\frac{\angle 1}{2}=36°+18°=54°$。

(五)综合应用

例 3　如图 9-37，在正方形纸片 $ABCD$ 中，对角线 AC，BD 交于点 O，折叠 $ABCD$，使 AD 落在 BD 上，点 A 恰好与 BD 上的点 F 重合，展开后折痕 DE 分别交 AB，AC 于点 E，G，连接 GF。

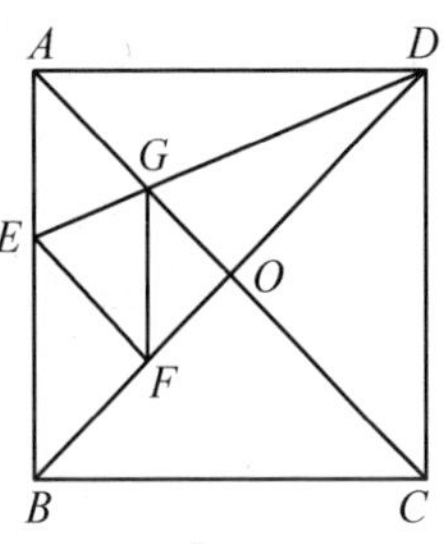

图 9-37

(1)证明四边形 $AEFG$ 是菱形。

(2)若 $GO=2$，求 AB 的长。

【设计意图】平行四边形、矩形、菱形、正方形的综合应用，检测目标(1)、目标(2)的综合运用效果，从而落实目标(3)。

(1)考虑折叠的对称性，可知$\triangle AGE\cong\triangle FEG$。

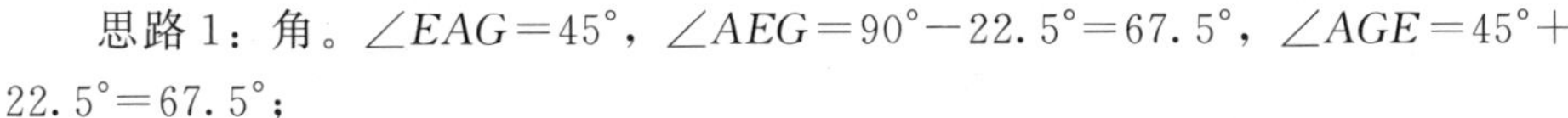
思路 1：角。$\angle EAG=45°$，$\angle AEG=90°-22.5°=67.5°$，$\angle AGE=45°+22.5°=67.5°$；

思路 2：平行。$EF\perp BD$，$AO\perp BD$，所以 $AG/\!/EF$，同理可证 $GF/\!/AE$；

思路 3：对角线。由折叠的对称性知对角线平分对角。

【设计意图】从折叠的对称性、正方形的对角线、角的特征几个方面深度挖掘判定菱形的条件，培养学生的数学素养。

(2)思路 1：$GO=2$，则 $AG=GF=2\sqrt{2}$，所以 $AO=2+2\sqrt{2}$，故

$AB=\sqrt{2}AO=4+2\sqrt{2}$；

思路 2：$GO=2$，则 $AE=GF=EF=2\sqrt{2}$，$\triangle EFB$ 为等腰三角形，则 $EB=\sqrt{2}EF=4$，故 $AB=AE+EB=4+2\sqrt{2}$；

思路 3：设 $AB=2x$，则 $OD=\sqrt{2}x$，因为 $AB=AD=DF=OF+OD$，所以 $2x=2+\sqrt{2}x$，解得：$x=2+\sqrt{2}$，所以 $AB=4+2\sqrt{2}$。

【设计意图】从正方形、菱形的性质出发，充分利用全等、相似、方程思想构建知识体系，寻找线段的等量关系。

（六）探究应用

例 4　如图 9-38，在菱形 $ABCD$ 和正三角形 BEF 中，$\angle ABC=60°$，P 是 DE 的中点，连接 PF，PC。

(1)当点 E 在 AB 的延长线上时，证明 $PF:PC=\sqrt{3}$。

(2)当点 E 在 CB 的延长线上时，猜想 $PF:PC=?$

(3)当点 E 为任意一点时，探究 $PF:PC=?$

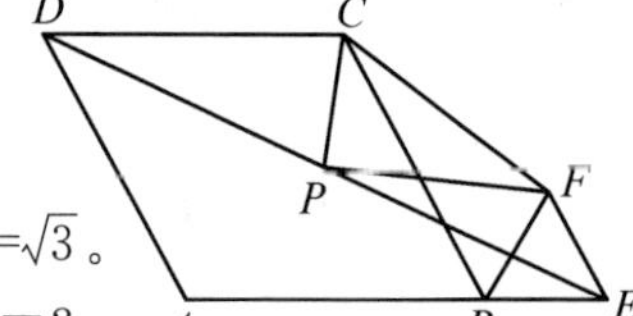

图 9-38

分析　要证明 $PF:PC=\sqrt{3}$，只要证明 $\triangle FPC$ 为直角三角形，且 $\angle FPC=60°$。

(1)延长 FP 与 AD 交于点 G，使 $FP=PG$，连接 CG，DG，如图 9-39，由已知 P 是 DE，GF 的中点，可证明 $\triangle PEF\cong\triangle PDG$，从而再证明 $\triangle CBF\cong\triangle CDG$，于是由 $CG=CF$，可证明 $CP\perp GF$，由 $\angle DCG=\angle BCF$，$\angle ABC=60°$，可得 $\angle FPC=60°$。

(2)(3)如图 9-40，当点 E 为任意一点时，仍然不改变 $\triangle PEF\cong\triangle PDG$ 的条件，所以同理可证 $\triangle CBF\cong\triangle CDG$，从而 $CP\perp GF$，由 $\angle DCG=\angle BCF$，$\angle ABC=60°$，可得 $\angle FPC=60°$，于是结论仍然成立，即 $PF:PC=\sqrt{3}$。

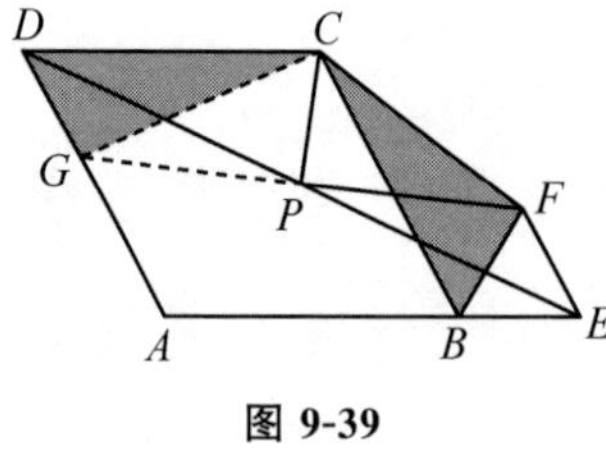

图 9-39

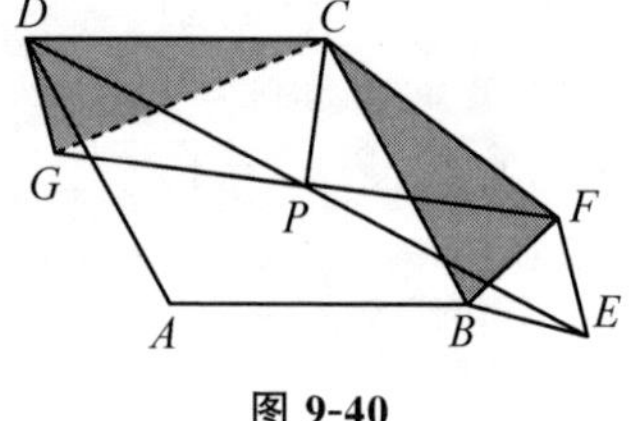

图 9-40

【设计意图】通过两次证明三角形全等，得到一个 60°的直角三角形，再综合利用菱形性质，解决问题，达成目标(3)。

（七）反思与小结

(1)由任意四边形各边中点组成的中点四边形是平行四边形，当四边形对角线满足相等或垂直时，可得到不同的特殊四边形；

(2)在数学情境中，探究由一个特殊四边形到另一个特殊四边形之间条件的区别与联系，从而巩固几种四边形的判定，达成目标(1)；

(3)对特殊四边形，我们可以通过对角线的平分、相等、垂直的情况来判断四边形为平行四边形、菱形、矩形、正方形等，达成目标(2)；

(4)通过初步应用、综合应用、探究应用，达成目标(3)。

八、作业布置设计

1. 如图 9-41，O 为四边形 $ABCD$ 内任意一点，分别取 OA，OB，OC，OD 的中点 E，F，G，H。若四边形 $EFGH$ 分别为平行四边形、菱形、矩形、正方形，则四边形 $ABCD$ 应满足什么条件？

2. 如图 9-42，AC 是正方形 $ABCD$ 的一条对角线，延长 CA 至 E，连接 BE，使 $\angle ABE=15°$，证明：$BE=AC$。

3. 如图 9-43，$ABCD$ 是矩形，点 E，F，G，H 分别是 DA，AG，BC，CE 的中点。则四边形 $EFGH$ 是________。

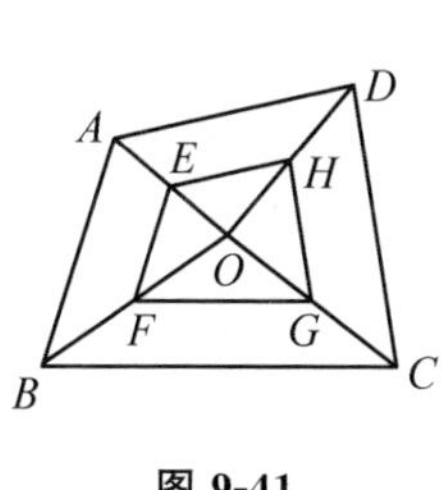

图 9-41

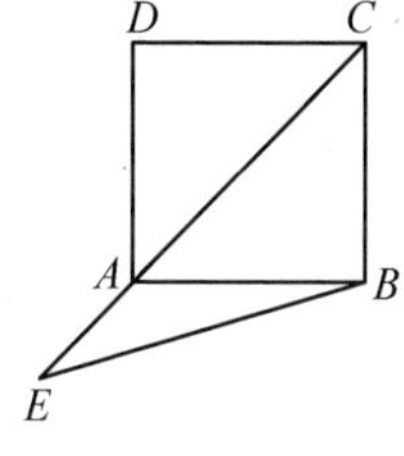

图 9-42

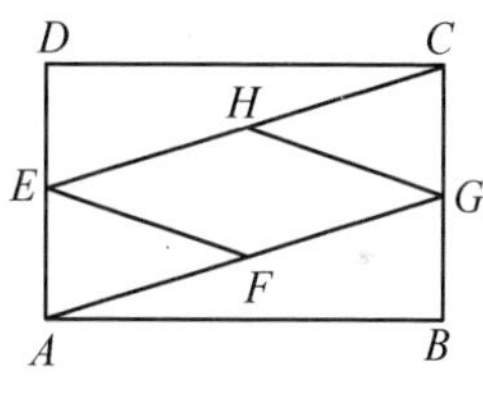

图 9-43

九、目标检测设计

1. 图 9-44 中有多少个矩形？

【设计意图】检测分类的方法，按形状分类、按顺序分类、按位置分类、按确定矩形的两邻边分类等；评价不同分类的特点，体会分类的原则，归纳分类的优解。

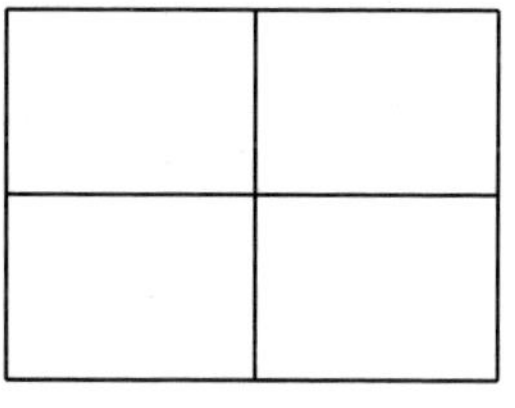
图 9-44

2. 请根据你研究图 9-44 的方法，推广研究图 9-45 中有多少个矩形。

【设计意图】通过图 9-45 的研究，形成解决问题分类的策略和方法。

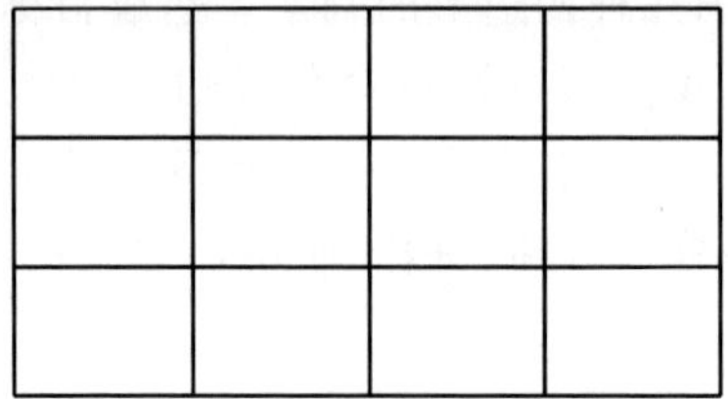

图 9-45

案例三　“抓住核心三角形解决球的截面问题”复习课

（昆明市教育科学研究院　陈　晨）

一、教学内容和内容解析

（一）内容

解决球的截面相关问题。

（二）内容解析

直观想象素养是高中数学六大核心素养中的一大素养，普通高等学校招生全国统一考试（简称高考）对直观想象素养的考查往往借助一些基本的几何体（如正方体、长方体、正四面体、球体等）或组合体来进行。球作为一种重要的几何体，一直是高考考查的重点。高考考查与球有关的问题主要有以下三个特点：①考查题型多以选择题、填空题为主，考查方式灵活多变，难度以中档题为主。②多次考查与球有关的基本概念、基本公式、基本性质，如球的截面问题、体积、表面积问题等。③以考查球与其他多面体切接问题为重点，深层次考查学生直观想象素养。以球这一常见的几何体为载体考查学生，体现了“用最朴素的素材，考查最基本的方法”的命题思想，但由于此类问题几何元素较为复杂，代数关系隐藏较深，从而构成了学习的一个难点。如何在复习课中教授好球的相关问题，就要抓住球的问题最核心的特征——截面。由于球问题中直观图不好画，解题的关键是作出既过球心又包含其他基本量的“特征截面”，分析截面图形抓住核心三角形，并获取相应的代数关系，因此寻找“截面”，解决截面问题便成为解决球相关问题的起始。

基于以上分析，本节课的**教学重点**是：利用核心三角形解决球的截面相关问题。

二、教学目标设置

（一）目标

（1）找到球心与截面的核心三角形，并利用三角形解决相关问题。

(2)能利用球的截面问题解决实际生活中的问题。

(二)目标解析

达成目标(1)的标志：学生能准确找到核心三角形，并找到其中单个或多个代数关系。

达成目标(2)的标志：学生通过阅读 FAST 相关资料，获取数据，利用所学内容算出实际 FAST 球冠的高。

三、学生学情分析

球的相关问题一直是较难的问题，因其对学生空间想象能力要求较高，一直以来成为学生学习的难点问题。球的相关问题在教材里没有以专门章节的形式呈现，但在教材后面的习题和高考中常常出现，学生在处理相关问题时，往往会出现解题思路不明，解题方法及计算不到位等问题。在学习球的相关问题时，学生对其没有整体认识，知识体系较为零散，对球的相关问题的来龙去脉认识不够清晰，抓不住此部分知识最核心本质的特征。

《中国高考评价体系》中提出要让数学问题以情境为载体，但多数学生缺乏在数学情境或实际情境中处理问题的能力，数学建模素养较为薄弱。

基于以上分析，本节课的**教学难点**是：在实际情境中根据材料数据计算出 FAST 球冠的高。

四、教学策略分析

本节课是学习球的相关问题的初始课，教师要关注球的截面本质，从向球形玻璃容器注水这个数学情境出发，让学生经历单个截面、两个平行截面、两个相交截面，从简单到复杂的情境，体会解决问题的关键是找到核心三角形，建立核心代数关系，再通过 FAST 这个真实情境应用所学知识。整个课堂依托情境，反复强化核心三角形，引导学生关注问题的核心本质，建立形与数的联系，培养学生直观想象这方面的核心素养。

因为此块内容难度较高，所以教师创设由简单到复杂的情境，采用问题启发式的教学策略，旨在让学生体会球的截面问题的核心本质。

五、教学支持条件分析

教法：创设情境教学法、问题启发式教学法、总结归纳式教学法。

学法：学生在变化的情境中找到不变的核心本质。

教学媒体：教具、学案、多媒体课件等。

教学环境：在多媒体设备的支持下，实现师生互动、生生互动。

六、教学设计基本流程

教学设计基本流程如图 9-46 所示。

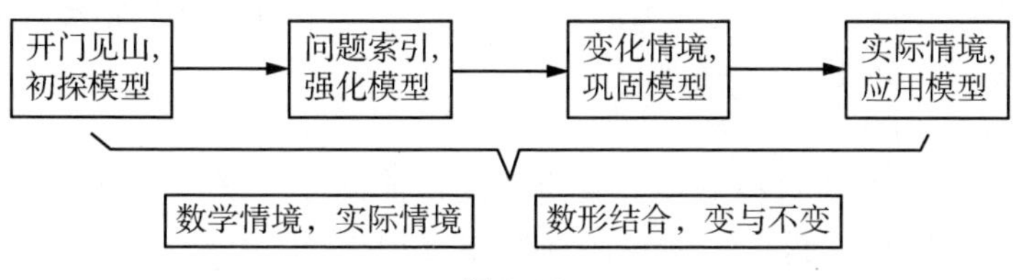

图 9-46

七、教学设计过程

（一）开门见山，初探模型

环节一：独立思考，初探模型。

引例：如图 9-47，向一个半径为 5 的球形透明玻璃容器内注水，如果水面圆的半径为 4，求水面高度。

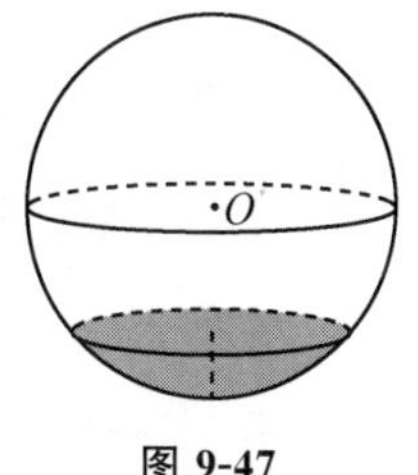

图 9-47

教师提问：在水面变化过程中，哪些条件发生变化，哪些条件没发生变化？

【设计意图】教师通过几何画板动态演示水面变化过程，问题引导，让学生体会不同平面截球过程中变与不变的东西，变化的是截面圆的半径、球心到截面的距离，不变的是球的半径、截面的形状、球的半径与球的截面半径和球心到截面的距离关系。引导学生关注变与不变，让学生抓住处理相关问题的核心。学生通过解决引例中的问题，直观感受平面截球模型，初步探索球的截面问题的解决方法，即寻找核心三角形，找寻球的半径 R，球的截面半径 r，球心到截面的距离 d 的关系。同时，提醒学生水面高度是否唯一，让学生感受到上下两个对称的平面的半径相等，体会球的截面的对称性。

环节二：回顾旧知，寻找依据。

在学生解决引例问题的基础上，教师提问：平面截球的性质有哪些？

球的截面性质主要有两个：①任意一个平面截球得到的截面是圆面。②球心与截面圆圆心的连线(垂径)与截面垂直。

【设计意图】教师通过提问，让学生在解决引例问题的基础上，回溯模型解决的依据，学生通过回顾旧知，了解核心三角形成立的依据，即解决问题方法的本源是什么。教师通过板书，将截面性质书写在黑板上，让学生认识到这是本节课的重点内容。

环节三：总结归纳，生成模型。

学生小结：球的半径 R，球的截面半径 r，球心到截面的距离 d 的关系。

几何关系：如图 9-48 所示。

代数关系：$R^2=r^2+d^2$。

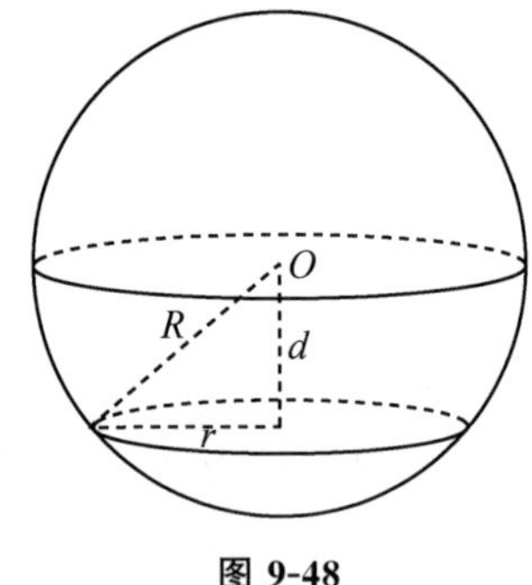

图 9-48

【设计意图】在注水模型中，解决球的截面问题的核心是抓住核心三角形。从解决问题出发引发学生思考，激活平面截球相关的知识，最后对解决问题的核心进行总结。此时通过小结，帮助学生理顺知识，形成知识结构，促进知识内化。

在此过程中，学生通过注水情境，回顾旧知，总结归纳，逐步得出解决球的截面问题是抓住核心三角形。

(二)问题索引，强化模型

思考 1：已知球 O 内接圆柱底面半径 r 与高 h，如何求球 O 的半径？

几何关系：如图 9-49 所示。

代数关系：$R^2=r^2+\left(\frac{h}{2}\right)^2$。

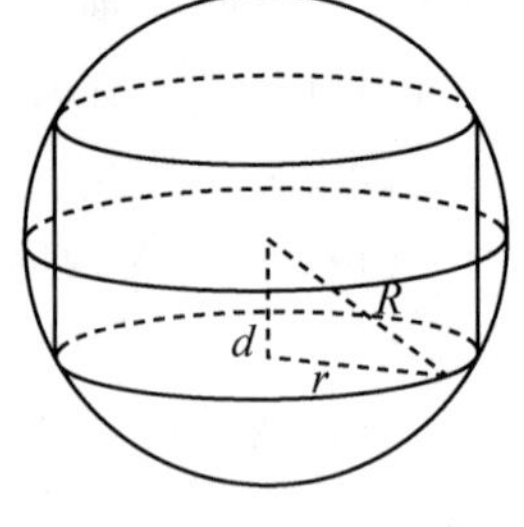

图 9-49

思考 2：在圆柱上下底面分别取对应的三个点，连接组成了三棱柱。已知三棱柱上底面外接圆的半径 r 与三棱锥的高 h，如何求球 O 的半径？

几何关系：如图 9-50 所示。

代数关系：$R^2=r^2+\left(\frac{h}{2}\right)^2$。

思考 3：如果将圆柱一个截面缩小为一个点，几何体就变成圆锥了。已知圆锥的底面半径 r 与高 h，如何求球 O 的半径？

几何关系：如图 9-51 所示。

代数关系：$R^2=r^2+(h-R)^2$ 或 $R^2=r^2+(R-h)^2$。

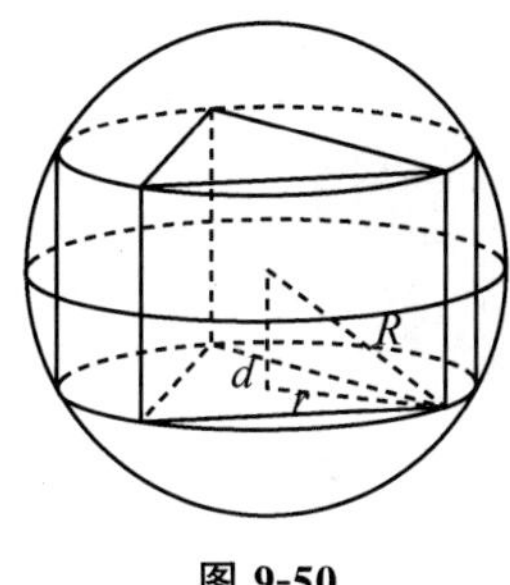

图 9-50

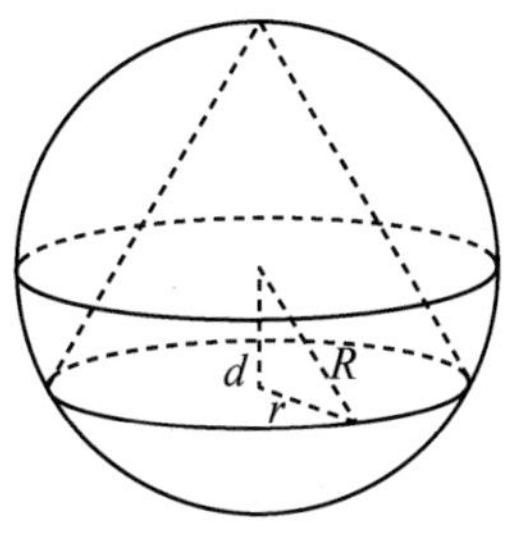

图 9-51

思考 4：在圆锥底面分别取三个点，连接组成了三棱锥。已知三棱锥底面外接圆的半径 r 与三棱锥的高 h，如何求球 O 的半径？

几何关系：如图 9-52 所示。

代数关系：$R^2=r^2+(h-R)^2$ 或 $R^2=r^2+(R-h)^2$。

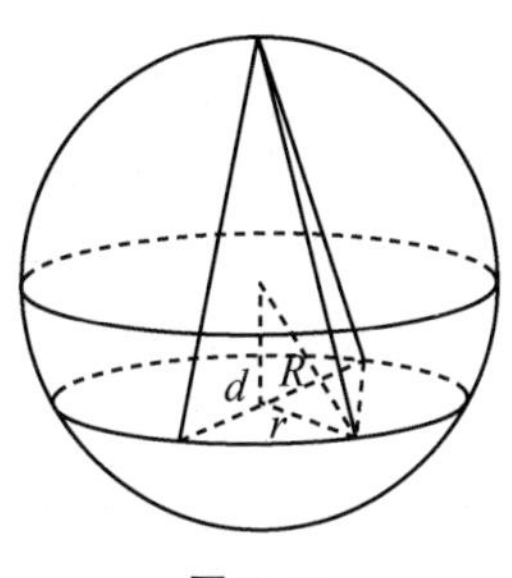

图 9-52

【设计意图】从球的内接圆柱出发，从圆柱中得到棱柱，圆柱经过变形，得到圆锥，从圆锥中得到棱锥，强化解决几何体外接球问题的关键是抓住核心三角形，在变化的情境中强化不变的模型，凸显解决问题的关键，强化学生对模型的理解，加深学生对方法的记忆。同时，让学生在此过程中深化数形结合的数学思想方法。同时揭示了为什么要研究球的截面，即球的内接几何体问题本质上是球的截面问题。

(三)变化情境，巩固模型

例 1　如图 9-53，已知 A，B，C 是球 O 的球面上的三个点，$\odot O_1$ 是 $\triangle ABC$ 的外接圆。若 $AB=BC=AC=OO_1=3$，则球 O 的半径为________。

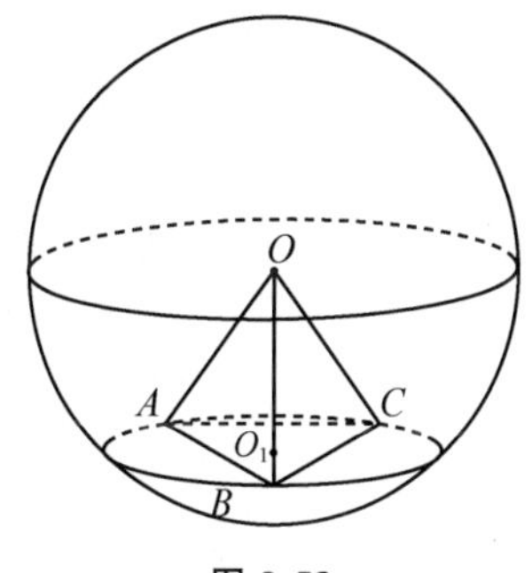

图 9-53

【设计意图】本题由 2020 年高考数学全国Ⅰ卷理科第 10 题改编，直接考查单个截面问题。学生只要抓住核心三角形，找到截面外接圆的半径 r、三棱锥的高 h、球 O 的半径 R 之间的关系，即可解决问题。本题是对前面两个环节的简单应用，检验学生对知识的掌握程度。

例 2　一个球体被两个平行平面所截，夹在两平行平面间的部分叫作“球台”，两平行平面间的距离叫作球台的高。如图 9-54 左图，西晋越窑的某个“卧足杯”的外形可近似看作球台，其直观图如图 9-54 右图，已知杯底的直径为 $2\sqrt{5}$ cm，杯口直径为 $4\sqrt{5}$ cm，杯的深度为$\sqrt{5}$ cm，则该卧足杯侧面所在球面的半径是(　　)。

A. 5 cm

B. $2\sqrt{6}$ cm

C. $\frac{25}{4}$ cm

D. $\frac{13}{2}$ cm

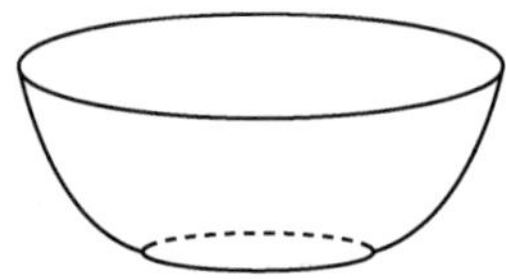

图 9-54

【设计意图】球的内接圆柱的上下底面关于大圆面对称平行，若改变其中一个截面的位置，就可得到一个球台。本题从前面研究单个截面变成研究两个平行截面，但解题关键仍然是抓住核心三角形，找截面外接圆的半径 r、球心到截面的距离 d、球 O 的半径 R 之间关系，只是在此题中变成了两次应用。同时，以“卧足杯”为背景，让学生感受数学文化，体会民族自豪感，也让学生感受球的截面问题的实际应用(图 9-55)。

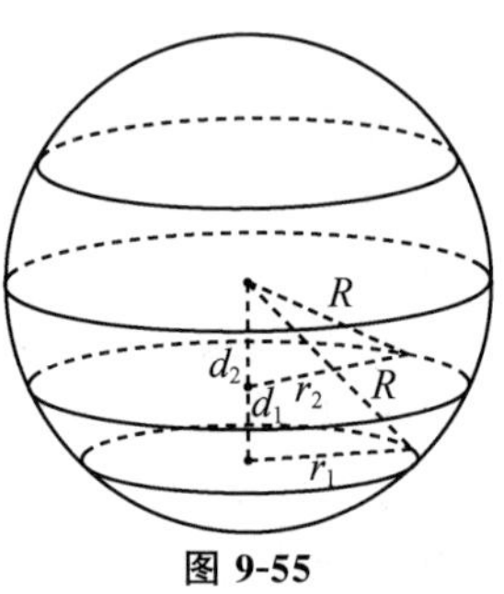

图 9-55

例 3　如图 9-56，$\triangle ABC$ 和$\triangle ABD$ 都是边长为 3 的等边三角形，平面 $ABC\perp$平面 ABD，若 A，B，C，D 是球 O 的球面上的四个点，则球 O 的半径为________。

【设计意图】上述情境都是涉及一个平行截面或两个平行截面，若是两个不平行的截面，我们又该如何处理呢？教师可用几何画板演示，让学生感受核心三角形是否发生变化。本题从研究两个平行截面变成研究两个相交截面，变化的是截面位置，不变的是解决问题的方法策略(图 9-57)。

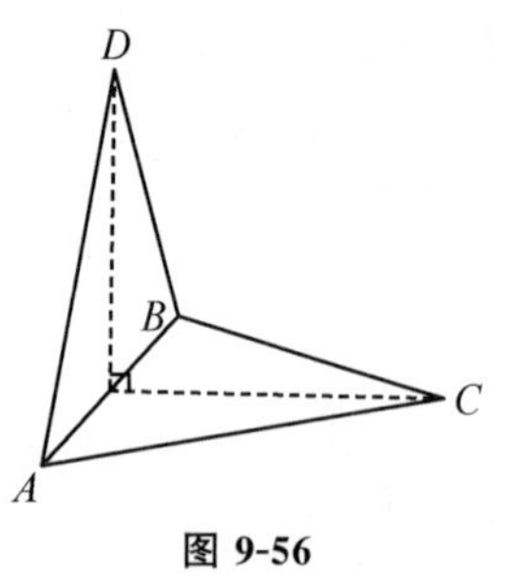

图 9-56

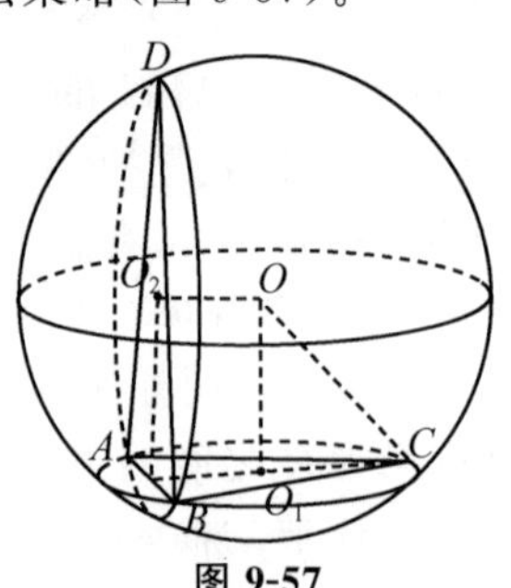

图 9-57

【设计意图】三道例题从单个截面到两个平行截面，再到相交截面，从简单情境逐步到复杂情境，关键是抓住核心三角形，找到截面外接圆的半径 r、球心到截面的距离 d、球 O 的半径 R 之间的关系。在此过程中，给学生渗透“变与不变”的数学思想方法，让学生透过现象看本质，根据局部把握全局，做到触类旁通，举一反三。

（四）实际情境，应用模型

实际应用：探究 FAST 的高。

500 米口径球面射电望远镜(Five-hundred-meter Aperture Spherical radio Telescope)英文简称刚好是 FAST，是世界已经建成的最大射电望远镜，借助天然圆形熔岩坑建造(图 9-58)。FAST 的反射镜边框是 1500 米长的环形钢梁，而钢索则依托钢梁，悬垂交错，呈现出球形网状结构。FAST 的反射面总面积约 25 万平方米，用于汇聚无线电波，供馈源接收机接收。2016 年 9 月 25 日，500 米口径球面射电望远镜落成启用。2017 年 10 月 10 日 FAST 发现 6 颗脉冲星，12 月又发现 3 颗脉冲星。2020 年 1 月 11 日，FAST 通过国家验收并正式开放运行。截至 2020 年 3 月 23 日，已发现并认证的脉冲星达到 114 颗。

图 9-58

设 FAST 球冠面积为 S，小球冠底面半径为 r(250 m)，探究球冠的高？($S_{球冠表}=2\pi Rh$)

问题 1：用 h 和 r 表示球的半径 R；

问题 2：用 S 和 r 表示高 h。

【设计意图】以中国人引以为傲的球面射电望远镜为情境，让学生领略中华民族的智慧和数学研究成果，进一步树立民族自信心和自豪感，培育爱国主义情感，激发学生学习兴趣。学生从材料中获取信息，培养获取数据的能力。

八、作业布置设计

1.(2017 全国卷Ⅲ，理 8)已知圆柱的高为 1，它的两个底面的圆周在直径为 2 的同一个球的球面上，则该圆柱的体积为________。

2.（2021 全国甲卷，理 11）已知 A，B，C 是半径为 1 的球 O 的球面上的三个点，且 $AC \perp BC$，$AC=BC=1$，则三棱锥 $O\text{-}ABC$ 的体积为________。

3.（2020 全国卷Ⅱ，理 10）已知△ABC 是面积为 $\frac{9\sqrt{3}}{4}$ 的等边三角形，且其顶点都在球 O 的球面上，若球 O 的表面积为 16π，则 O 到平面△ABC 的距离为________。

【设计意图】以上三道题都是高考中考查截面的相关问题，1 以球的内接圆柱为情境，2 以截面圆上的 3 个点与球心为情境，3 逆向考查，解决问题的关键还是抓住核心三角形特征。

九、目标检测设计

1.（2013 全国新课标卷Ⅰ，文 15）已知 H 是球 O 的直径 AB 上一点，$AH:HB=1:2$，$AB \perp$ 平面 α，H 为垂足，α 截球 O 所得的截面的面积为 π，则球 O 的表面积为________。

【设计意图】使用此题检验学生是否会找到球心与截面的核心三角形，并利用三角形解决相关问题。

2.（2013 全国新课标卷Ⅰ，理 6）如图 9-59，有一个水平放置的透明无盖正方体容器，容器高 8 cm，将一个球放在容器口，再向容器内注水，当球面恰好接触到水面时测得水深为 6 cm，如不计容器的厚度，则球的体积为________。

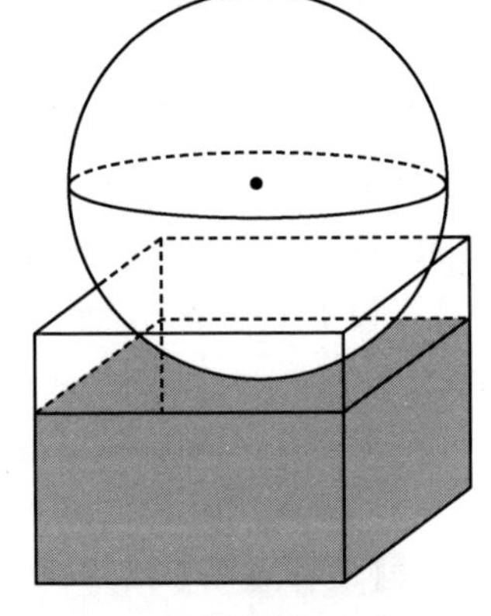
图 9-59

【设计意图】检验学生能否利用球的截面问题解决实际生活中的问题。

案例四 “向量数量积”复习课

（昆明市教育科学研究院 陈 晨）

一、教学内容和内容解析

（一）内容

向量数量积。

（二）内容解析

向量是既有大小又有方向的量，大小决定了向量的代数属性，故利用向量可以解决一些不等式、函数问题，方向决定了向量的几何属性，利用向量可以解决一些平面几何的位置关系（角度、平行、垂直等）问题，因其兼具几何与代数属性，利用向量可以解决一些解析几何、三角函数等问题，因其丰富的属性，故向量成为解决代数几何问题的有力工具。平面向量的数量积是体现向量兼具几何与代数属性的典型代表，故其成为向量章节的重要知识点及考点。通过对近5年的高考试题研究发现，平面向量的数量积考查方式基本以客观题为主，解法上注重通性通法，淡化解题技巧，常与函数构造、不等式、解析几何与平面几何、三角函数等主干知识进行综合考查，体现其工具性和应用性。因向量的数量积有丰富的内涵，故其相关试题解法多样，归纳来看，主要有定义法、平面向量基本定理法、坐标法、投影法、极化恒等式等方法。在不同的试题情境中，如何根据条件优选方法，是复习相关内容重要的一步。

基于以上分析，本节课的**教学重点**是：归纳向量数量积的方法并根据不同的条件优选方法。

二、教学目标设置

（一）目标

（1）归纳向量数量积的常用方法。

（2）根据题设条件优选解决数量积的方法。

（二）目标解析

达成目标（1）的标志：学生能归纳出解决数量积的常用方法有定义法、平面向量基本定理法、坐标法、投影法。学生了解极化恒等式，并可用极化恒等式解决向量数量积问题。

达成目标(2)的标志：学生能根据题目不同的条件选择适宜的方法。若存在两个向量位置明确，则采用平面向量基本定理法；各个点的位置关系确定，采用坐标法；几何特征明显，采用投影法。

三、学生学情分析

向量的数量积因其多变的解法，丰富的情境内涵，一直是教学难点。在代数方面，不同于实数与实数的乘法，实数与向量的乘法，向量的数量积的意义内涵、运算法则较为抽象，学生理解不够深入，向量数量积的公式变形学生掌握不够灵活。在几何方面，数量积的运算结果是数量，它的几何意义的发现有一定的难度，课标中要求通过几何直观，了解平面向量投影的概念以及投影向量的意义。学生发现投影向量，了解投影的作用，探究数量积的几何意义，得到投影向量的表示都有难度。从解题方法上看，学生处理向量数量积问题思维较为混乱，处理方式单一，故需要在归纳解题方法的基础上，提高解题效率。

基于以上分析，本节课的**教学难点**是：根据题设条件优选解决数量积的方法。

四、教学策略分析

本节课是向量数量积的复习课，学生在之前的学习中，已经初步掌握了向量数量积公式、平面向量基本定理、坐标运算法则、数量积的几何意义等，但各个知识点是较为零散、孤立的，知识体系建立还不完备。本节课设计引例，学生可以独立解题，在课堂上交流不同解法，在教师的引导下归纳数量积的求解方法种类。在具备方法之后，设计不同的条件情境，让学生比较在不同的条件情境中，各个方法的优劣，应用所学方法，最后小结得出结论，反思升华。

在教学过程中，教师根据教学环节设计了功能不同的例题，将启发式和互动式的教学方法相融合，从学生简单的情境出发，归纳方法，优选方法，在复杂的情境中应用方法，最后小结升华。

五、教学支持条件分析

教法：探究式教学法、总结归纳式教学法。

学法：自主探究学习法、合作交流学习法。

教学媒体：教具、学案、多媒体课件等。

教学环境：在多媒体设备的支持下，实现师生互动、生生互动。

六、教学设计基本流程

教学设计基本流程如图 9-60 所示。

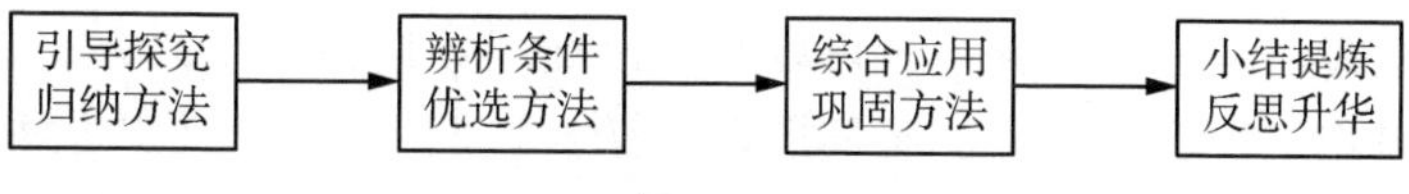

图 9-60

七、教学设计过程

(一)引导探究，归纳方法

引例：如图 9-61 所示，已知 AB 是圆 O 的弦，且 $|AB|=2$，求 $\overrightarrow{AB}\cdot\overrightarrow{AO}$ 的值。

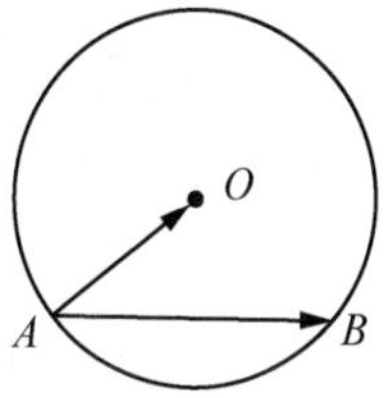

图 9-61

学生独立思考，小组讨论后在班上交流方法。若学生的方法单一，教师可以从五个方面启发学生去思考。

思考 1　向量数量积的定义：$\overrightarrow{AB}\cdot\overrightarrow{AO}=|\overrightarrow{AB}||\overrightarrow{AO}|\cdot\cos\angle OAB$，过 O 点作线段 AB 的垂线，垂足为 D，故 $\cos\angle OAB=\dfrac{|AD|}{|AO|}$，

所以 $\overrightarrow{AB}\cdot\overrightarrow{AO}=|\overrightarrow{AB}||\overrightarrow{AO}|\cos\angle OAB=|\overrightarrow{AB}||\overrightarrow{AO}|\cdot\dfrac{|AD|}{|AO|}=2$。

思考 2　平面向量基本定理：过 O 点作线段 AB 的垂线，垂足为 D，以 $\{\overrightarrow{AD},\overrightarrow{DO}\}$ 为基底，则 $\overrightarrow{AB}=2\overrightarrow{AD}$，$\overrightarrow{AO}=\overrightarrow{AD}+\overrightarrow{DO}$，如图 9-62 所示。

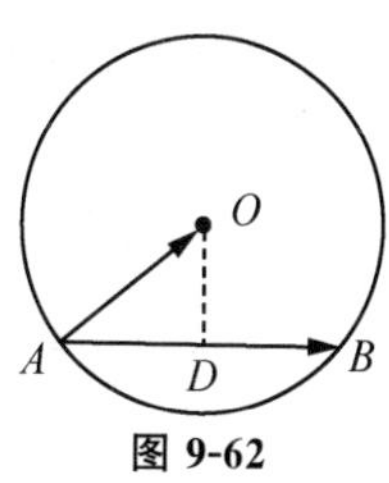

图 9-62

所以，$\overrightarrow{AB}\cdot\overrightarrow{AO}=2\overrightarrow{AD}\cdot(\overrightarrow{AD}+\overrightarrow{DO})=2\overrightarrow{AD}^2+\overrightarrow{AD}\cdot\overrightarrow{DO}=2$。

思考 3　坐标法：过点 O 作线段 AB 的垂线，垂足为 D，以 DB 为 x 轴，DO 为 y 轴建立平面直角坐标系，设 $|DO|=m$，故 $A(-1,\ 0)$，$B(1,\ 0)$，$O(0,\ m)$，所以 $\overrightarrow{AB}=(2,\ 0)$，$\overrightarrow{AO}=(1,\ m)$。即 $\overrightarrow{AB}\cdot\overrightarrow{AO}=(2,\ 0)\cdot(1,\ m)=2$(图 9-63)。

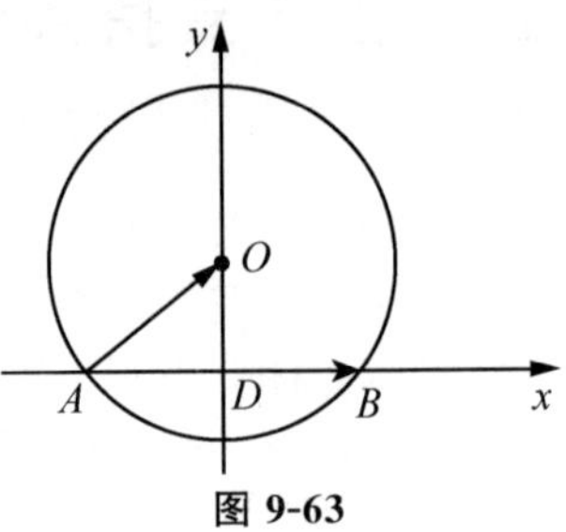

图 9-63

思考 4　向量投影：过点 O 作线段 AB 的垂线，垂足为 D，$\overrightarrow{AO}$ 在 $\overrightarrow{AB}$ 上的投影为 $\overrightarrow{AD}$，故 $\overrightarrow{AB}\cdot\overrightarrow{AO}=\overrightarrow{AB}\cdot\overrightarrow{AD}=2$。

思考 5　特殊位置：当弦 AB 经过点 O，则点 O 为 AB 的中点，故 $\overrightarrow{AB}\cdot\overrightarrow{AO}=2$。

【设计意图】引例情境简单灵活，解法多样，学生入手角度多，难度低，学生先独立思考，再交流分享，可以归纳出处理数量积常用的方法有定义法、平面向量基本定理、坐标法、向量投影。若学生不能完全归纳出方法，教师可以根据向量数量积的代数以及几何特性引导学生思考，最终得出常用的几种方法。通过本题，学生将之前学习的零散的关于向量数量积的知识点加以整合，使该知识点的知识体系逐步完备。同时，在课堂上让学生交流方法，开放的课堂有利于提高学生学习兴趣，提升课堂学习氛围，也体现以学生为本的教学理念。

(二)辨析条件，优选方法

教师：处理向量数量积的常用方法有以上四种，在具体的试题情境中，我们该如何选择方法呢？

例 1　如图 9-64，在平行四边形 $ABCD$ 中，$AB=AD=2$，$\angle DAB=\dfrac{2\pi}{3}$，点 E，F 分别为边 BC，DC 的中点，求 $\overrightarrow{AE}\cdot\overrightarrow{AF}$ 的值。

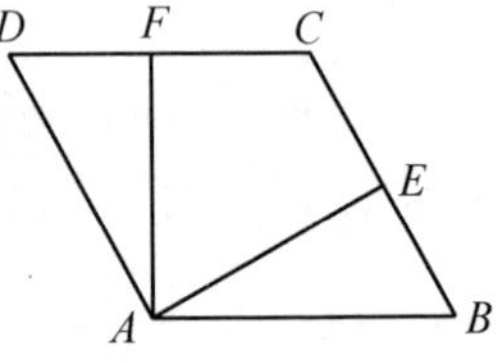

图 9-64

解　取 $\{\overrightarrow{AB},\ \overrightarrow{AD}\}$ 为一组基底，

则 $\overrightarrow{AE}=\dfrac{1}{2}(\overrightarrow{AC}+\overrightarrow{AB})=\dfrac{1}{2}(\overrightarrow{AB}+\overrightarrow{AC}+\overrightarrow{AB})=\overrightarrow{AB}+\dfrac{1}{2}\overrightarrow{AC}$，

同理，$\overrightarrow{AF}=\dfrac{1}{2}\overrightarrow{AB}+\overrightarrow{AC}$，

$\overrightarrow{AE}\cdot\overrightarrow{AF}=\left(\frac{1}{2}\overrightarrow{AB}+\overrightarrow{AC}\right)\left(\overrightarrow{AB}+\frac{1}{2}\overrightarrow{AC}\right)=\frac{3}{2}$。

【设计意图】本题从方法上来看，几种常用的方法都可以解题。分析题目条件，四边形边角条件确定，点 E，F 分别为边 BC，DC 的中点，根据向量的意义，很容易用$\{\overrightarrow{AB},\ \overrightarrow{AD}\}$作为基底表示 $\overrightarrow{AE}$，$\overrightarrow{AF}$。在基底长度、角度关系确定，所求向量用基底表示难度较小的情况下，优选基底法。运用基底法求解平面向量数量积，实现从未知到已知的转化，体现转化与化归思想。

变式 1：如图 9-65，在平行四边形 $ABCD$ 中，$AB=AD=2$，$\angle DAB=\frac{2\pi}{3}$，点 P 是 $ABCD$ 内的一点，求 $\overrightarrow{AP}\cdot\overrightarrow{AB}$ 的取值范围。

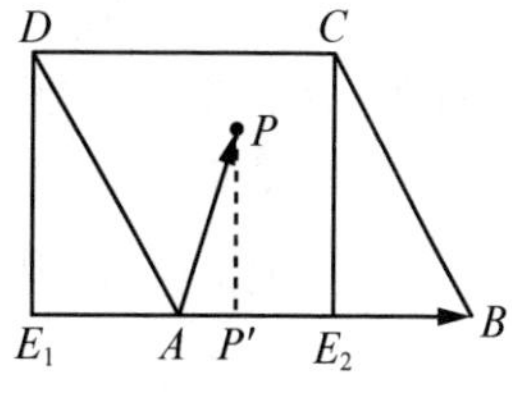

图 9-65

解　如图 9-65，过点 P 作线段 AB 的垂线，垂足 P'在线段 E_1B_2 上，故 $\overrightarrow{AP}\cdot\overrightarrow{AB}$ 的取值范围为$[-2,\ 2]$。

【设计意图】本题因点 P 的位置不固定，所以用定义法、基底法、坐标法相对比较困难，分析条件，$\overrightarrow{AP}$，$\overrightarrow{AB}$ 两个向量一动一静，不妨将 $\overrightarrow{AP}$ 投影到 $\overrightarrow{AB}$ 上，求范围问题就会简化很多。在采用投影向量法求解数量积时，要特别注意投影向量的方向是相同还是相反，从而确定数量积的最大值与最小值。在所求两个向量一动一静，或两个都动，或向量几何特征比较明显的条件下，优选向量投影法。

变式 2：如图 9-66，在矩形 $ABCD$ 中，已知 $AB=AD=2$，点 E 为边 BC 的中点，点 F 在边 CD 上，$\overrightarrow{AB}\cdot\overrightarrow{AF}=1$，求 $\overrightarrow{AE}\cdot\overrightarrow{AF}$ 的值。

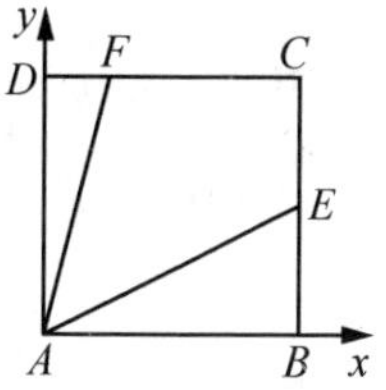

解　建立如图 9-66 所示的平面直角坐标系，则 $A(0,\ 0)$，$B(2,\ 0)$，$E(2,\ 1)$，

设 $F(m,\ 2)$，故 $\overrightarrow{AB}=(2,\ 0)$，$\overrightarrow{AF}=(m,\ 2)$，因为 $\overrightarrow{AB}\cdot\overrightarrow{AF}=1$，

图 9-66

所以 $m=\frac{1}{2}$，故 $\overrightarrow{AE}\cdot\overrightarrow{AF}=3$。

【设计意图】本题难点在于已知数量积求数量积，关键条件特点是有直角，建系简单，故利用坐标法解题较为快速直接。坐标法将向量的问题转化为点的问题，只要点的位置关系确定，就可快速解题。坐标法求解向量数量积问题，可以使几何问题直观化、符号化和数量化，从而把定性问题转化为定量问题。值得注意的是，运用坐标法求解我们要注意建系的选择以及学生运算求解能力的培养。

小结：请同学们总结如何根据条件优选方法。

【设计意图】例 2 及其两个变式从同一个平行四边形出发，通过改变条件，创造 3 个不同的情境，在 3 个情境当中，所有方法都可以求解，但是不同的条件下，不同方法的解题效率是截然不同的，通过此环节，让学生体会审时度势、因题择宜的思维方式。在教学过程中，要引导学生体会定义法是其他的本源，其他方法都可以转化为定义法求解。引例与例 1 及其变式教学，重点并不在于解题本身，而在于让学生体会一道题从不同角度分析有不同的解题思路，不同试题有相同求解思路，根据条件优选解题思路，逐步培养学生分析问题、解决问题的能力，发展学生数学核心素养。

(三)综合应用，巩固方法

例 2　已知平行四边形 $ABCD$，点 P 在线段 BD 上且 $AP\perp BD$，若 $|AP|=3$，求 $\overrightarrow{AP}\cdot\overrightarrow{AC}$ 的值。

学生独立解决问题，课堂交流，教师反馈，引导学生从不同角度解决问题。

思考 1　向量数量积的定义：设 AC 与 BD 的交点为 O，故 $\cos\angle PAO=\frac{|AP|}{|AO|}$，则 $\overrightarrow{AP}\cdot\overrightarrow{AC}=|\overrightarrow{AP}||\overrightarrow{AC}|\cos\angle PAO=|\overrightarrow{AP}||\overrightarrow{AC}|\times\frac{|AP|}{|AO|}=2|\overrightarrow{AP}|^2=18$。

思考 2　平面向量基本定理：如图 9-67，取 $\{\overrightarrow{AP},\overrightarrow{PO}\}$ 为一组基底，故 $\overrightarrow{AO}=\overrightarrow{AP}+\overrightarrow{PO}=\frac{1}{2}\overrightarrow{AC}$，所以

$\overrightarrow{AP}\cdot\overrightarrow{AC}=\overrightarrow{AP}\cdot(2\overrightarrow{AP}+2\overrightarrow{PO})=2\overrightarrow{AP}^2=18$。

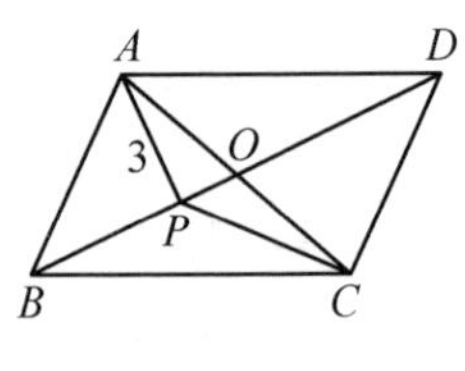

图 9-67

思考 3　坐标法：如图 9-68，过点 O 作垂线，以该垂线为 y 轴，BD 为 x 轴建立平面直角坐标系，设 $|OP|=m$，

则 $P(-m,0)$，$A(-m,3)$，$C(m,-3)$，故 $\overrightarrow{AP}=(0,-3)$，$\overrightarrow{AC}=(2m,-6)$，所以 $\overrightarrow{AP}\cdot\overrightarrow{AC}=3$。

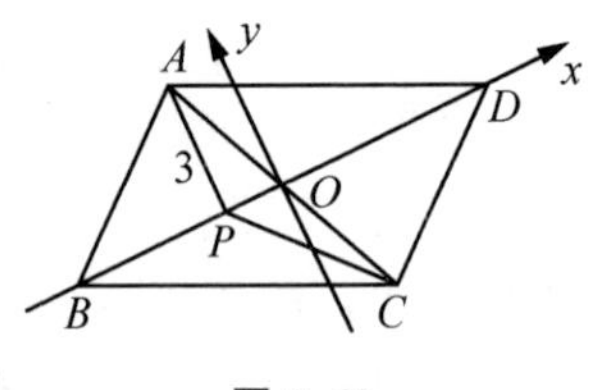

图 9-68

思考 4　向量投影：过点 C 作 AP 延长线的垂线，垂足为 E，

故 $\triangle AOP\backsim\triangle ACE$，$\frac{|AO|}{|AC|}=\frac{|AP|}{|AE|}$，所以

$|AE|=6$，

于是 $\overrightarrow{AP}\cdot\overrightarrow{AC}=|AP||AE|=18$。

思考 5　特殊位置：如图 9-69，若 $ABCD$ 为菱形，则 P 为 BD 的中点，

故 $\overrightarrow{AP}\cdot\overrightarrow{AC}=|\overrightarrow{AP}||\overrightarrow{AC}|=18$。

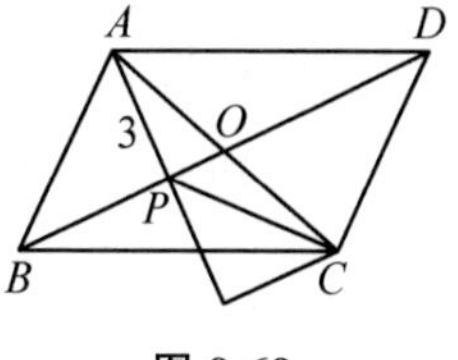

图 9-69

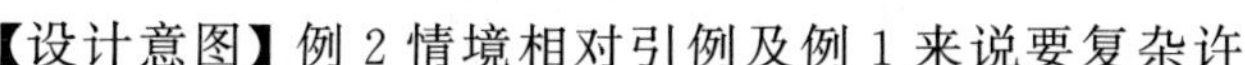
【设计意图】例 2 情境相对引例及例 1 来说要复杂许多，是一道相对综合的问题，利用例 2 检验学生对求解向量数量积的掌握程度，同时也锻炼学生处理复杂情境的能力。在此题中，除常规方法之外，还可以给学生利用特殊位置讲解一些答题技术，开阔学生解题思维。

拓展：已知向量 $\boldsymbol{a}$，$\boldsymbol{b}$，可由 $(\boldsymbol{a}+\boldsymbol{b})^2=\boldsymbol{a}^2+\boldsymbol{b}^2+2\boldsymbol{a}\cdot\boldsymbol{b}$，$(\boldsymbol{a}-\boldsymbol{b})^2=\boldsymbol{a}^2+\boldsymbol{b}^2-2\boldsymbol{a}\cdot\boldsymbol{b}$，这两个恒等式相减整理得：$\boldsymbol{a}\cdot\boldsymbol{b}=\frac{1}{4}[(\boldsymbol{a}+\boldsymbol{b})^2-(\boldsymbol{a}-\boldsymbol{b})^2]$，我们把这个公式叫作极化恒等式。

(1)在平行四边形 $ABCD$ 中，设 $\overrightarrow{AB}=\boldsymbol{a}$，$\overrightarrow{AD}=\boldsymbol{b}$，说出 $\boldsymbol{a}+\boldsymbol{b}$，$\boldsymbol{a}-\boldsymbol{b}$ 表示的向量；

若 $|\overrightarrow{AC}|=3$，$|\overrightarrow{BD}|=\sqrt{5}$，求 $\overrightarrow{AB}\cdot\overrightarrow{AD}$；

(2)在△ABC 中，E 为 BC 的中点，证明：$\overrightarrow{AB}\cdot\overrightarrow{AC}=\overrightarrow{AE}^2-\frac{1}{4}\overrightarrow{CB}^2$；

(3)已知 M，N，P 三点在半径为 2 的⊙O 上，若 $MN=2\sqrt{3}$，求 $\overrightarrow{PO}\cdot(\overrightarrow{PM}+\overrightarrow{PN})$的取值范围。

解　(1)在平行四边形 $ABCD$ 中，$\boldsymbol{a}+\boldsymbol{b}$，$\boldsymbol{a}-\boldsymbol{b}$ 分别表示 $\overrightarrow{AC}$，$\overrightarrow{DB}$。

$\overrightarrow{AB}\cdot\overrightarrow{AD}=\frac{1}{4}[(\overrightarrow{AC})^2-(\overrightarrow{DB})^2]=\frac{1}{4}(9-5)=1$。

(2)证明：由极化恒等式得：$\overrightarrow{AB}\cdot\overrightarrow{AC}=\frac{1}{4}[(\overrightarrow{AB}+\overrightarrow{AC})^2-(\overrightarrow{AB}-\overrightarrow{AC})^2]$，

因为 E 为 BC 的中点，所以 $\overrightarrow{AB}+\overrightarrow{AC}=2\overrightarrow{AE}$，又 $\overrightarrow{AB}-\overrightarrow{AC}=\overrightarrow{CB}$，所以

$\overrightarrow{AB}\cdot\overrightarrow{AC}=\frac{1}{4}[(\overrightarrow{AB}+\overrightarrow{AC})^2-(\overrightarrow{AB}-\overrightarrow{AC})^2]=\overrightarrow{AE}^2-\frac{1}{4}\overrightarrow{CB}^2$。

(3)如图 9-70，设 MN 的中点为 F，则 $\overrightarrow{PM}+\overrightarrow{PN}=2\overrightarrow{PF}$，所以 $\overrightarrow{PO}\cdot(\overrightarrow{PM}+\overrightarrow{PN})=2\overrightarrow{PO}\cdot\overrightarrow{PF}$，

设 OF 的中点为 G，由(2)知 $\overrightarrow{PO}\cdot\overrightarrow{PF}=\overrightarrow{PG}^2-\frac{1}{4}\overrightarrow{OF}^2$。

因为⊙O 的半径为 2，$MN=2\sqrt{3}$，

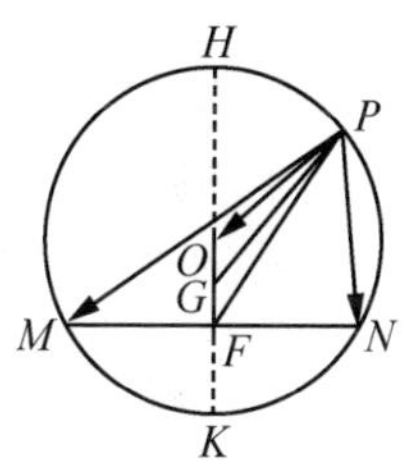

图 9-70

所以 $PO=2$，$OF=1$，$OG=\frac{1}{2}$，

而 $|PO-OG|\leqslant|\overrightarrow{PG}|\leqslant|PO+OG|$，

所以 $\frac{3}{2}\leqslant|\overrightarrow{PG}|\leqslant\frac{5}{2}$，故 $2\leqslant\overrightarrow{PO}\cdot\overrightarrow{PF}\leqslant6$。

作过 O，F 点的直径 HK，当 P 与 H 重合，$\overrightarrow{PO}\cdot\overrightarrow{PF}=6$，

当 P 与 K 重合，$\overrightarrow{PO}\cdot\overrightarrow{PF}=2$，

所以 $\overrightarrow{PO}\cdot(\overrightarrow{PM}+\overrightarrow{PN})\in[4,\ 12]$。

【设计意图】极化恒等式也是求解向量数量积的有利方法，本道拓展题从介绍什么是极化恒等式，到恒等式的简单应用、变式应用再到综合应用，学生可在做题的过程中学习极化恒等式的相关知识。在教学过程中，教师可以引导学生应用极化恒等式的重要特征(中点)，用此题给求解向量数量积方法做一点补充。

(四)总结提炼，反思升华

问题：本节课我们研究了哪些内容？在学习过程中有哪些收获？

【师生活动】教师引导学生归纳求解向量数量积的方法，如何根据条件优选解题方法，并对本节课的学习进行总结。

【设计意图】师生共同总结，可以从所学内容、研究问题的方法、蕴含的思想方法等多角度进行总结，巩固深化本节课所学内容，同时引导学生用数学眼光观察世界，用数学思维思考世界，用数学语言表达世界。

八、作业布置设计

1. 在边长为6的等边三角形 ABC 中，$\overrightarrow{BD}=\frac{2}{3}\overrightarrow{BC}$，则 $\overrightarrow{AB}\cdot\overrightarrow{AD}=$________。

2. 已知在平行四边形 $OABC$ 中，O 为坐标原点，$A(2,\ 2)$，$C(1,\ -2)$，则 $\overrightarrow{OB}\cdot\overrightarrow{AC}=$(　　)。

A. -6　　B. -3　　C. 3　　D. 6

3. 如图 9-71，正方形 $ABCD$ 的边长为 2，E 是以 CD 为直径的半圆弧上一点，则 $\overrightarrow{AD}\cdot\overrightarrow{AE}$ 的最大值为________。

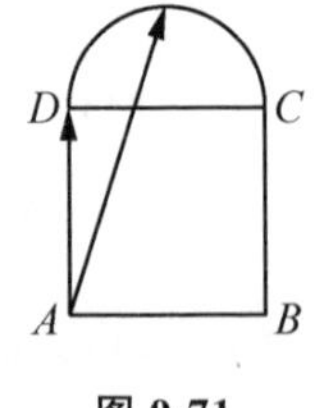

图 9-71

4. 如图 9-72，在四边形 $ABCD$ 中，$\angle B=60°$，$AB=3$，$BC=6$，且 $\overrightarrow{AD}=\lambda\overrightarrow{BC}$，$\overrightarrow{AD}\cdot\overrightarrow{AB}=-\frac{3}{2}$，则实数 λ 的值为

________，若 M，N 是线段 BC 上的动点，且 $|\overrightarrow{MN}|=1$，则 $\overrightarrow{DM}\cdot\overrightarrow{DN}$ 的最小值为________。

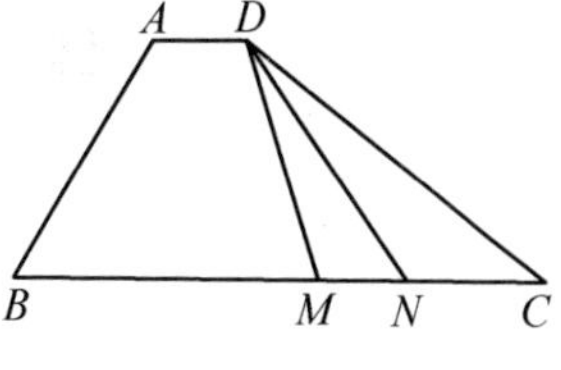

图 9-72

【设计意图】4 道题都是考查求解向量数量积相关问题，练习 1 优选基底法，练习 2 优选坐标法，练习 3 优选向量投影法，练习 4 情境综合，能较好检验和巩固本节课学生学习情况。

九、目标检测设计

1. 在四边形 $ABCD$ 中，$AD/\!/BC$，$AB=2\sqrt{3}$，$AD=5$，$\angle A=30°$，点 E 在线段 CB 的延长线上，且 $AE=BE$，则 $\overrightarrow{BD}\cdot\overrightarrow{AE}=$________。

【设计意图】本题检验学生是否掌握了向量数量积的常用方法，判断学生是否达成目标(1)。

2. 已知 P 是边长为 2 的正六边形 $ABCDEF$ 内的一点，则 $\overrightarrow{AP}\cdot\overrightarrow{AB}$ 的取值范围是(　　)。

A. $(-2,\ 6)$　　B. $(-6,\ 2)$　　C. $(-2,\ 4)$　　D. $(-4,\ 6)$

【设计意图】本题检验学生是否能根据题设条件优选解决数量积的方法，判断学生是否达成目标(2)。

案例五 “函数专题”复习课

（王学先名师工作室　邓印升）

一、教学内容和内容解析

（一）内容

本节课内容是“一次函数”“二次函数”“反比例函数”并融入三角形的面积，是初中总复习中 轮复习的函数专题复习课。

（二）内容解析

函数是在探索具体问题中数量关系和变化规律的基础上抽象出来的数学概念，是研究事物变化规律的重要内容和数学模型。初中阶段学习了三种函数关系，即一次函数、反比例函数、二次函数，这在初中数学中占有极其重要的地位，不仅是初中代数内容的延伸，也是为高中学习函数、一元二次不等式等内容打下坚实基础。把初中三类函数放在一起进行专题复习，类比三类函数的共性与个性，将三类函数知识进行整合，构建函数专题知识体系；再以函数为载体，数形结合为主线，围绕三角形面积(变化三角形的一边与坐标轴的位置关系，放在不同函数中来求面积)来展开，让学生感受此类问题的变与不变，抓住此类问题的本质来求解，同时引导学生从不同角度去思考问题并让学生体会最优解法。本节课以经过点 $A(1,\ 4)$和点 $B(-4,\ -1)$的一次函数、反比例函数和二次函数为线索，插入求三角形面积来衍生贯穿始终。

基于以上分析，本节课的**教学重点**是：三类函数性质的共性与个性，会灵活选择合适的方法去解决函数中的三角形的面积问题。

二、教学目标设置

（一）目标

(1)掌握三类函数的性质，并能对知识进行整合，归纳出三类函数性质的共性与个性。

(2)掌握在函数中求三角形面积的三种基本类型，能从不同的角度思考问题，优化解决问题的方法。

(3)经历用切割法求三角形面积的过程，进一步体会数形结合、函数建模的思想。

(二)目标解析

达成目标(1)的标志：学生能够独立地完成三类函数的有关知识点回顾，并结合知识点的联系，能自行设计思维导图、知识树、知识链等来体会三类函数性质的共性与个性。

达成目标(2)的标志：学生能够清楚地知道三类函数的特征，灵活地根据不同的类型选择合适的方法对三角形面积进行求解。

达成目标(3)的标志：学生能感受到“以图示数，以数解形”，并结合图形发现问题、分析问题、解决问题；学生能体会函数建模的思想，能发现三角形的一个点运动导致三角形面积也随之改变，并根据此变化规律联想用函数模型的方法来解决问题，感受函数模型应用价值。

三、学生学情分析

学生在八年级下学期学习一次函数，在九年级上学期学习二次函数，在九年级下学期学习反比例函数，已经具备了相关知识的基础，对一些单一问题的解决有一定的经验。但在进行单元整合复习之前的知识是零散的、分割开来的，一部分学生还没有形成相关知识体系，对整体知识的把握还有所欠缺。因此本节课将三类函数放在一起复习，有利于建构知识网络体系，熟悉常见的三角形面积在函数中的模型，体会解决此类问题的通法和最优方法；在解决动点与三角形面积最值问题时，需要学生熟练掌握函数基础知识，灵活运用切割的思想和数学建模的思想构造出新的二次函数来解决此类问题，在这个过程中需要学生具备较高的数学素养。

基于以上分析，本节课的**教学难点**是：函数背景下的三角形面积最值问题。

四、教学策略分析

本节课主要采用引导式的教学方法，以学生为主体，用衔接紧密的问题串推动教学。基础知识衍生环节，主要以开放式的问题来引起学生思考，归纳出三类函数的个性与共性，巩固函数的基础知识，形成系统的知识结构体系；载体及模型衍生环节，采用教师引导的方式，让学生感受不同的模型，为下一个环节做铺垫；解法思路衍生环节，通过合作交流的形式，让学生分享不同的解题方法，拓展学生的解题思路，从而发展学生的核心素养。

五、教学支持条件分析

教法：问题引导教学法、合作探究教学法。

学法：自主探究学习法、合作交流学习法。

教学媒体：课堂任务单、几何画板、多媒体课件等。

教学环境：在多媒体设备的支持下，实现师生互动，生生互动。

六、教学设计基本流程

教学设计基本流程如图 9-73 所示。

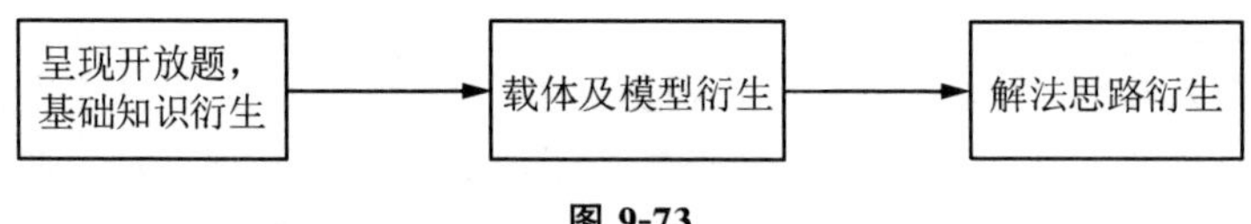

图 9-73

七、教学设计过程

环节一：呈现开放题，基础知识衍生。

问题 1：如图 9-74，点 $A(1,4)$能确定一个函数图象吗？为什么？

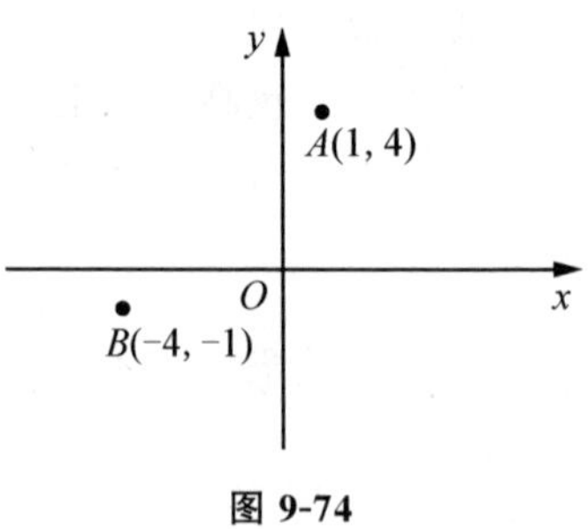

图 9-74

【设计意图】不再以呈现基础知识的方式来复习函数，而是以开放题的形式来引导学生对函数基础知识进行回顾与衍生，引出正比例函数和反比例函数。

学生：可以，正比例函数 $y=4x$ 和反比例

函数 $y=\frac{4}{x}$。

问题 2：再增加一个点 $B(-4,\ -1)$，能确定哪些函数图象？并写出函数解析式。

【设计意图】开放性题目让学生充分思考，经过点 $A(1,\ 4)$和点 $B(-4,\ -1)$的函数可以是一次函数、二次函数，由此衍生出一次函数和二次函数，但是需要注意的是一般情况两个点不一定能确定一条二次函数图象，于是给出了问题 3。

学生：可以，一次函数 $y=x+3$……

【师生活动】教师根据学生回答的情况进行引导，有学生认为两个点就可以确定一条抛物线，也有的学生认为需要三个点才可以确定一条抛物线，这时候可以让持这两种观点的学生进行说明。

问题 3：什么情况下这两个点能确定一条抛物线？

学生：以点 A 为顶点，则二次函数解析式为：$y=-\frac{1}{5}(x-1)^2+4$。

学生：以点 B 为顶点，则二次函数解析式为：$y=\frac{1}{5}(x+4)^2-1$。

【师生活动】教师引导学生总结不重合的两个点可以确定特殊的抛物线(以其中一个点为顶点)；有些情况下互不重合的三个点可以确定一条抛物线[如加点 $C(6,\ -1)$等，教师用几何画板演示]，但有些情况不能确定[如加点 $C(1,\ 0)$等]。

问题 4：请大家回顾，之前我们是如何研究这些函数的。

【设计意图】引导学生回顾上新课时我们是怎样去研究函数的，研究函数的哪些方面，用什么方法研究？这样做除了可以复习基础知识，构建知识体系外，还有另外一个作用，就是提示学生在遇到陌生的函数时，应该类比学习课本上函数的方法去探究陌生的函数。

学生：都是通过解析式画出函数图象来研究性质。

问题 5：那你们是用什么方法来画函数图象的，函数又有什么性质呢？

学生：通过描点法(列表、描点、连线)画图象，图象的性质有：位置、对称性、增减性。

教师：非常好！同学们对这三类函数的性质都清楚吗？请完成表 9-1。

表 9-1

<table>
<tr><th>函数名称</th><th colspan="3">位置</th><th>对称性</th><th>增减性</th></tr>
<tr><td rowspan="4">一次函数
$y=kx+b(k\neq 0)$</td><td rowspan="2">$k>0$</td><td>$b>0$</td><td>第一、第二、第三象限</td><td rowspan="4"></td><td rowspan="2">y 随 x 的增大而增大</td></tr>
<tr><td>$b<0$</td><td>第一、第三、第四象限</td></tr>
<tr><td rowspan="2">$k<0$</td><td>$b>0$</td><td>第一、第二、第四象限</td><td rowspan="2">y 随 x 的增大而减小</td></tr>
<tr><td>$b<0$</td><td>第二、第三、第四象限</td></tr>
<tr><td rowspan="2">反比例函数
$y=\frac{k}{x}(k\neq 0)$</td><td>$k>0$</td><td colspan="2">第一、第三象限</td><td rowspan="2">轴对称、中心对称图形</td><td>每个象限内 y 随 x 的增大而减小</td></tr>
<tr><td>$k<0$</td><td colspan="2">第二、第四象限</td><td>每个象限内 y 随 x 的增大而增大</td></tr>
<tr><td rowspan="2">二次函数
$y=ax^2+bx+c$
$(a\neq 0)$</td><td>$a>0$</td><td>开口向上</td><td rowspan="2">顶点坐标：
$\left(-\frac{b}{2a},\ \frac{4ac-b^2}{4a}\right)$</td><td rowspan="2">轴对称图形</td><td>当 $x\leqslant -\frac{b}{2a}$ 时，y 随 x 的增大而减小；
当 $x\geqslant -\frac{b}{2a}$ 时，y 随 x 的增大而增大；
当 $x=-\frac{b}{2a}$ 时，$y_{最小}=\frac{4ac-b^2}{4a}$</td></tr>
<tr><td>$a<0$</td><td>开口向下</td><td>当 $x\leqslant -\frac{b}{2a}$ 时，y 随 x 的增大而增大；
当 $x\geqslant -\frac{b}{2a}$ 时，y 随 x 的增大而减小；
当 $x=-\frac{b}{2a}$ 时，$y_{最大}=\frac{4ac-b^2}{4a}$</td></tr>
</table>

【师生活动】对照表 9-1，引导学生一起寻找三类函数的共性与个性，并进行板书。

【设计意图】将初中三类函数的性质做一个横向的对比，得出三类函数性质的共性和个性，有利于形成更高层次的知识体系。

教师：我们梳理了函数基础知识以后，再重点讨论三角形面积在函数中常见的问题。

环节二：载体及模型衍生。

1. 以一次函数为背景，三角形一边与坐标轴垂直的模型(图 3)。

问题 6：如图 9-75，你能提出什么数学问题？

学生：求点 B 的坐标。

学生：求△AOB 的面积。

教师：这两个问题也可以看作一个问题，求点 B 的坐标可以为求三角形面积做准备。此种模型是以一次函数为背景来考查三角形的面积。

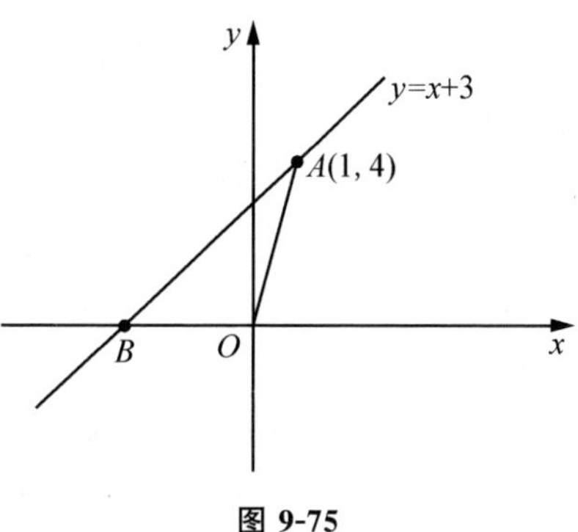

图 9-75

【设计意图】这是比较简单的一类以某一种函数为背景求三角形面积的题型，三角形摆放的位置比较特殊，三角形有一条边垂直于坐标轴，这种情况可将平行与坐标轴的一边看作三角形的底边，直接求解比较方便。也是函数中一类比较简单的三角形面积求解问题，意在引起学生对该类问题的相关知识点的回忆。

问题 7：我们常见的求三角形的面积还可以以什么函数为背景来出题？

学生：反比例函数、二次函数为背景来考查三角形面积。

【师生活动】给出反比例函数与一次函数，综合来求三角形面积。

2. 以反比例函数及一次函数为背景，三角形三边都不与坐标轴垂直的模型(图 9-76)。

【设计意图】本环节只展示模型，该模型与上一种模型有两点不同：一是以一次函数和反比例函数为背景求三角形面积；二是所求三角形的三条边都不和坐标轴垂直，比上一种模型难度要大，意在引导学生从不同的角度去思考这类问题。

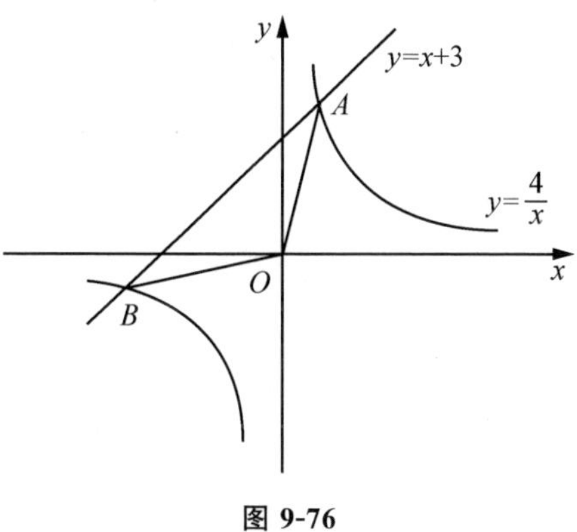

图 9-76

3. 以二次例函数及一次函数为背景，三角形有一个动点的模型(图 9-77)。

【师生活动】教师给出二次函数与一次函数综合问题来求三角形面积。

【设计意图】以二次函数和一次函数为背景来考查三角形面积，此种类型重在讲解动点与三角形面积最值之间的关系。

以三种不同的函数为载体，呈现了三种不同模型(有一边与坐标轴垂直，三边都不和坐标轴垂直，动点三角形)。学生进一步清晰在函数中求三角形面积的三类基本情况，做到“心中有数”。

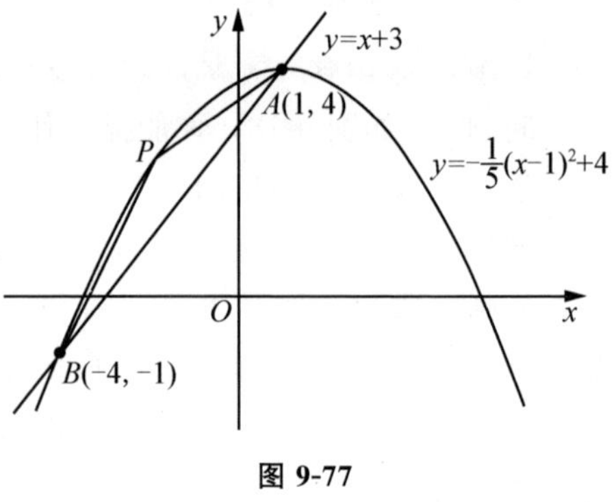

图 9-77

环节三：解法思路衍生。

1. *以一次函数为背景，三角形一边与坐标轴垂直的模型解法思路衍生。*

问题 8：以一次函数为背景求三角形面积，你有几种方法？

解法一　直接求解。

解　如图 9-78，过点 A（1，4）作 $AD\perp BD$ 于点 D，可知 $AD=4$，令 $y=0$，即 $x+3=0$，得：$x=-3$。

$\therefore OB=3$，

$\therefore S_{\triangle ABO}=\frac{1}{2}OB\cdot AD=6$。

解法二　割的方法。

解　如图 9-79，过点 A(1，4)作 $AD\perp OD$ 于点 D，可知 $AD=1$，令 $x=0$，得 $y=3$。

$\therefore OC=3$。

令 $y=0$，即 $x+3=0$，得：$x=-3$，

$\therefore OB=3$，

$$\begin{aligned}\therefore S_{\triangle AOB}&=S_{\triangle COB}+S_{\triangle AOC}\\&=\frac{1}{2}OB\cdot OC+\frac{1}{2}OC\cdot AD\\&=\frac{1}{2}OC(OB+AD)=6。\end{aligned}$$

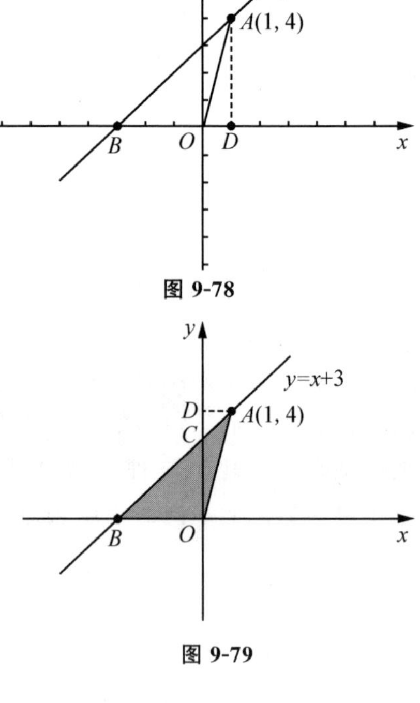

图 9-78

图 9-79

解法三　补的方法。

解　如图 9-80，过点 B 作 $BC\perp x$ 轴，过点 A 作 $AD\perp x$ 轴于点 D，作 $AC\perp BC$ 于点 C，

由上述方法可得：$AD=BD=4$，

∴四边形 $ACBD$ 是正方形，

∴$S_{\triangle AOB}=S_{正方形}-S_{\triangle ABC}-S_{\triangle AOD}=6$。

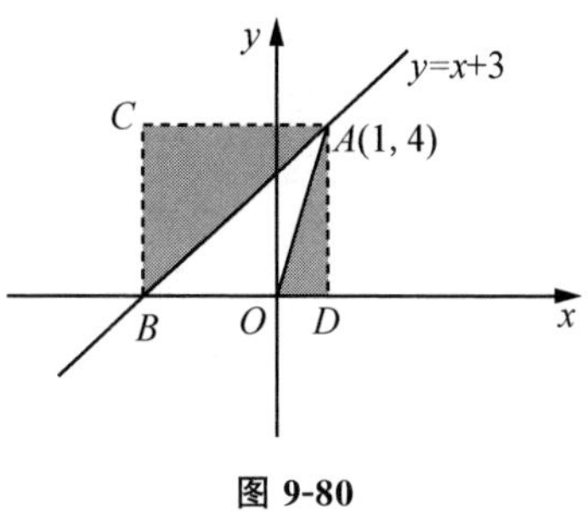

图 9-80

【设计意图】探讨不同的解法，启发学生的发散思维，同时让学生感知最优解法。

2. 以反比例函数及一次函数为背景，三角形三边都不与坐标轴垂直的模型解法思路衍生。

思考：类比上述方法一，本题直接求$\triangle ABO$ 的面积好求吗？为什么？

学生：不好求，因为该三角形的三条边都不与坐标轴垂直，三角形的底或高不容易计算。

问题 9：若将 AB 看作底，如何来求三角形面积(图 9-81)？

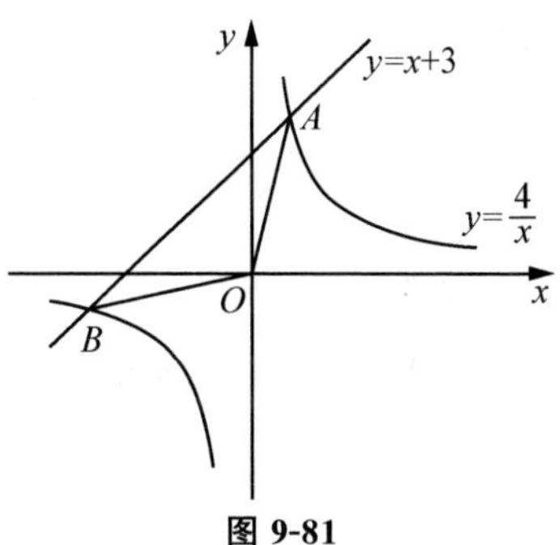

图 9-81

【师生活动】小组讨论一分钟，根据学生讨论情况，教师适当进行追问。

追问 1：AB 的长度怎么求，AB 边上的高怎么求？

追问 2：一次函数与两坐标的截距有什么特征(可适当说明什么是截距)？

解法一

解　如图 9-82，以 AB 为斜边构造直角三角形 ABC，作 $OD\perp AB$ 于点 D。

可得$\triangle ABC$ 和$\triangle EOD$ 是等腰直角三角形，

即 $AB=\sqrt{2}AC$，$OD=\frac{\sqrt{2}}{2}OE$，

$$S_{\triangle ABO}=\frac{1}{2}AB\cdot OD=\frac{1}{2}OE\cdot AC。$$

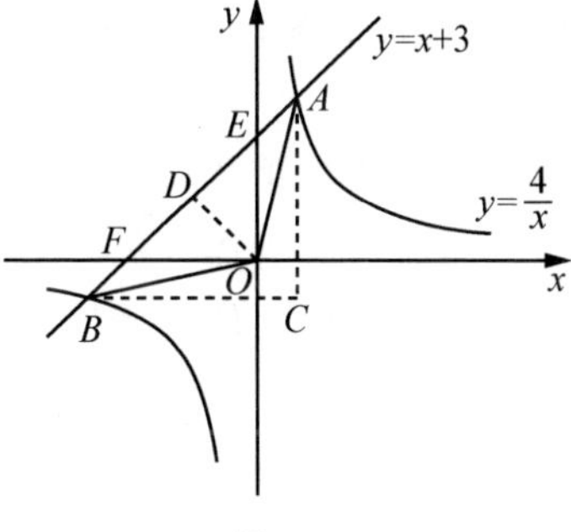

图 9-82

解法二

解　如图 9-83，过点 A 作 $AD\perp x$ 轴于点 D，过点 B 作 $BE\perp x$ 轴于点 E。

$$
\begin{aligned}
S_{\triangle ABO} &= S_{\triangle CBO} + S_{\triangle ACO} \\
&= \frac{1}{2}OC \cdot BE + \frac{1}{2}OC \cdot AD \\
&= \frac{1}{2}OC \cdot (BE + AD) \\
&= \frac{1}{2}\mid x_C \mid \cdot (y_A - y_B)。
\end{aligned}
$$

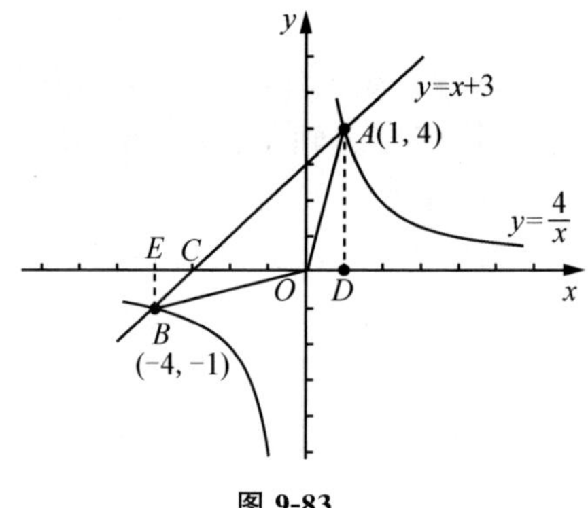

图 9-83

解法三

解　如图 9-84，用大正方形面积减去四个涂有颜色的图形面积。

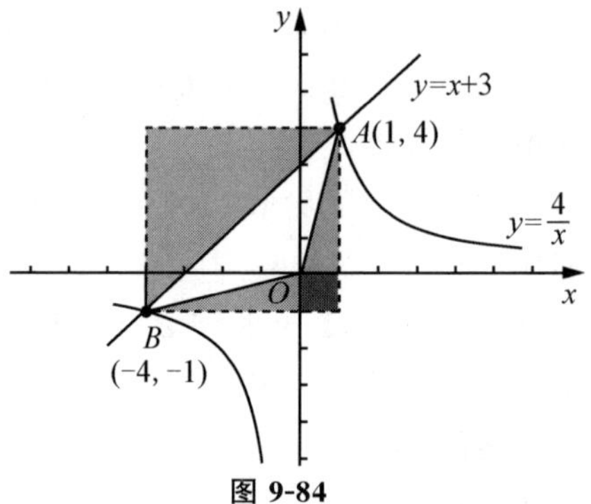

图 9-84

【设计意图】以反比例函数及一次函数为背景，变化三角形摆放位置(三角形三边都不与坐标轴垂直)，类比上一题的解题方法让学生寻找不同的解题方法，发散学生的思维，意在让学生感知此类三角形与上一题三角形的不同之处，比较不同方法的优劣，找到解决此类问题的最优解法。

阶段性小结：

(1)什么情况下适合直接求解三角形面积？

(2)如何取舍这三种方法进行求解？

(3)有通法求解吗？

【设计意图】适当进行小结，形成系统的知识体系，让学生进一步清楚此类问题。

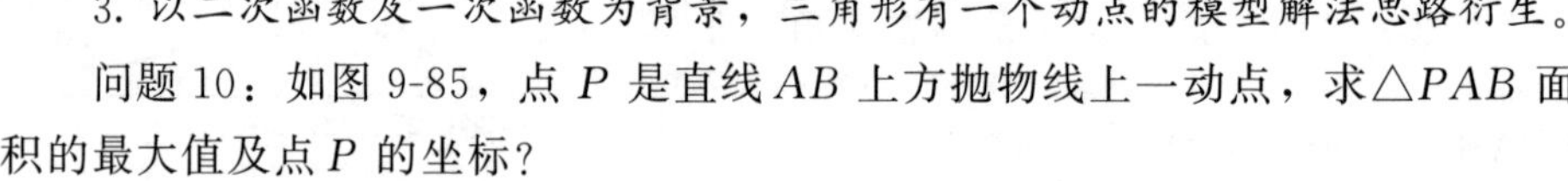

3. 以二次函数及一次函数为背景，三角形有一个动点的模型解法思路衍生。

问题 10：如图 9-85，点 P 是直线 AB 上方抛物线上一动点，求$\triangle PAB$ 面积的最大值及点 P 的坐标？

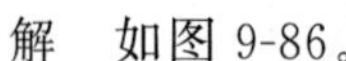

解　如图 9-86。

$$
\begin{aligned}
S_{\triangle ABP} &= S_{\triangle DBP} + S_{\triangle ADP} \\
&= \frac{1}{2}PD \cdot BE + \frac{1}{2}PD \cdot AF \\
&= \frac{1}{2}PD \cdot (BE + AF)
\end{aligned}
$$

$=\frac{1}{2}(y_P-y_D)\cdot(x_A-x_B)$。

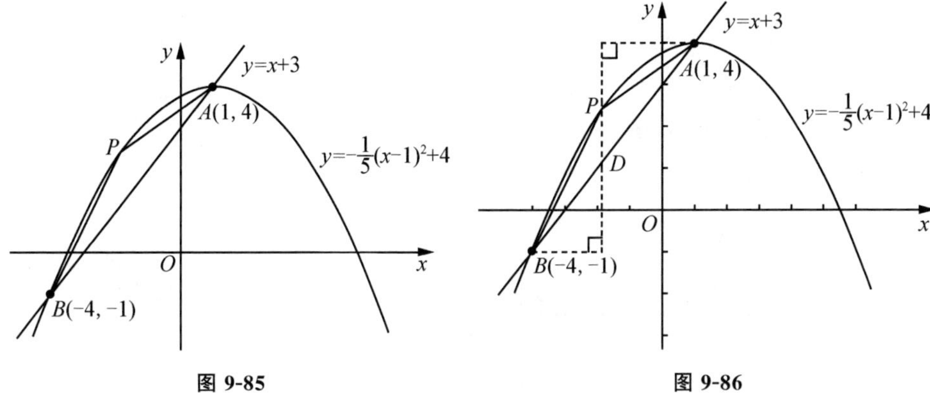

图 9-85　　　　图 9-86

几何意义剖析(图 9-87)。

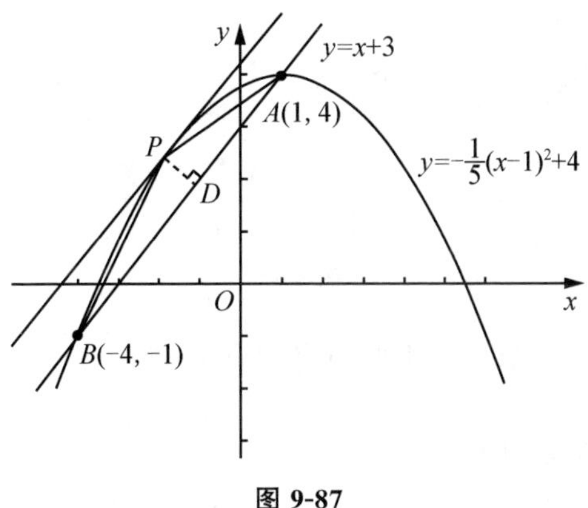

图 9-87

分析　平移直线 AB 与抛物线相切时，切点即为三角形面积最大时的点 P。

【设计意图】重点探究动点与三角形面积之间的关系，以二次函数为载体，建立二次函数模型来解决此类问题，体会数学建模的思想。

【跟踪训练】(2021・内江)如图 9-88，抛物线 $y=ax^2+bx+c$ 与 x 轴交于 $A(-2, 0)$，$B(6, 0)$ 两点，与 y 轴交于点 C。直线 l 与抛物线交于 A，D 两点，与 y 轴交于点 E，点 D 的坐标为(4, 3)。

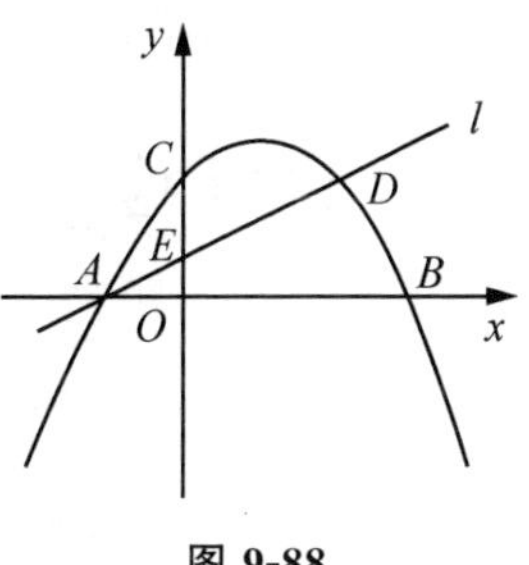

图 9-88

(1)求抛物线的解析式与直线 l 的解析式；

(2)若点 P 是抛物线上的点且在直线 l 上方，连接 PA，PD，求当 $\triangle PAD$ 面积最大时点 P 的坐标及该面积的最大值。

【设计意图】本题为中考真题，一方面让学生感受中考，直击考点，另一方面让学生选择适当的方法求解，巩固本节课的知识点及数学思想。

环节四：课堂小结(图 9-89)。

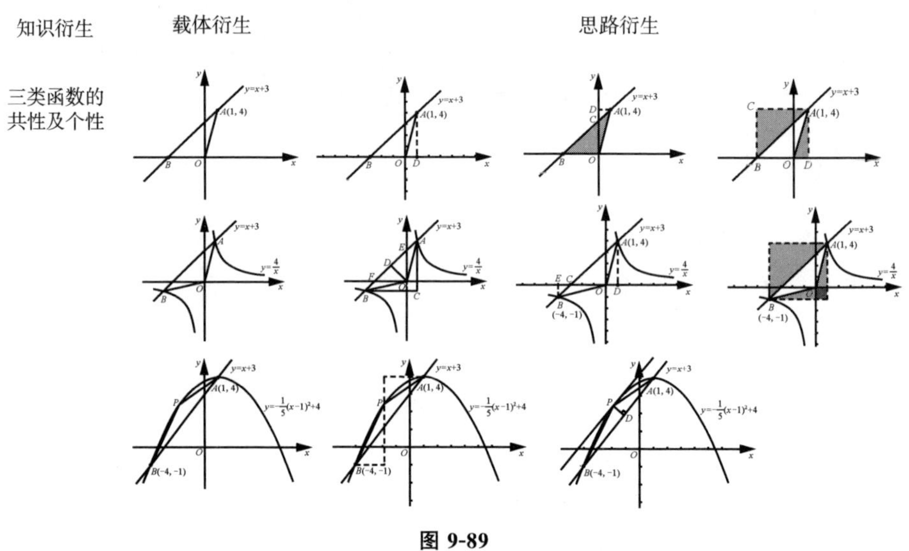

图 9-89

【设计意图】总结本节课的主要内容和思想方法。

八、作业布置设计

1. 梳理本节课所复习的知识点。

2. 根据自己的实际情况，尝试编一道以函数为背景的大题，要求能体现本节课的主要思想。

九、目标检测设计

1. 如图 9-90，一次函数 $y_1=kx+b(k\neq0)$ 的图象与反比例函数 $y_2=\dfrac{m}{x}(m\neq0)$ 的图象交于 $A(-1,\ n)$，$B(3,\ -2)$两点。

(1)求一次函数和反比例函数的解析式；

(2)点 P 在 x 轴上，且满足 $\triangle ABP$ 的面积等于 4，请直接写出点 P 的坐标。

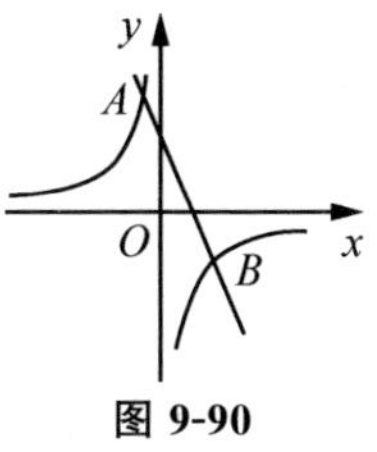

图 9-90

【设计意图】本题以一次函数及反比例函数为背景，考查(第 2 问)三角形面积问题。学生通过本节课的学习，选择一种较为简单的方法去解决这个问题。

2. 如图 9-91，在平面直角坐标系中，二次函数 $y=x^2+bx+c$ 的图象与 x 轴交于点 $A(-1, 0)$，$B(3, 0)$，与 y 轴交于点 C。

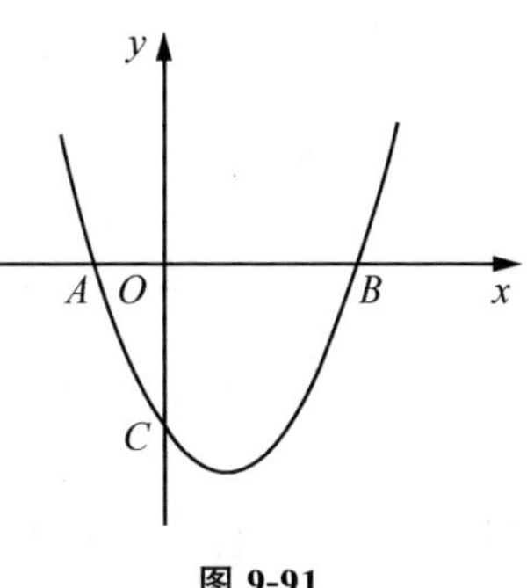

图 9-91

(1)$b=$________，$c=$________；

(2)若点 D 在该二次函数的图象上，且 $S_{\triangle ABD}=2S_{\triangle ABC}$，求点 D 的坐标；

(3)若点 P 是该二次函数图象上位于 x 轴上方的一点，且 $S_{\triangle APC}=S_{\triangle APB}$，直接写出点 P 的坐标。

【设计意图】本题是一道以二次函数为背景，考查三角形面积的问题，让学生选择适当的方法求解，检测本节课的知识点及数学思想。

案例六 “平行四边形”复习课

（王学先名师工作室　赵艳仙）

一、教学内容和内容解析

（一）内容

平行四边形、矩形、菱形、正方形的相关知识。

（二）内容解析

平行四边形、矩形、菱形和正方形的原型广泛存在于现实生活中。平行四边形到矩形、菱形，再到正方形，是通过边或角的特殊化得到的。因此，矩形和菱形具有平行四边形的所有性质。除此之外，它们还有一般平行四边形不具有的性质。正方形既是特殊的矩形又是特殊的菱形，它兼有矩形和菱形的所有性质。

对这些平行四边形的研究，我们都是先给出几何对象的定义，再探究其性质和判定的研究思路，再从图形性质定理的逆命题出发，探索图形判定条件的方法。在平行四边形的性质和判定的探究中，体现了用三角形及全等三角形的有关知识研究平行四边形的方法；三角形中位线定理的探究和直角三角形斜边上的中线性质的发现，体现了用平行四边形和矩形的有关知识研究三角形性质的方法。

这些知识、研究思路及研究方法构成了本章的主要内容。一方面，整理这些知识和思想方法，从整体上把握知识体系，深化对相关知识和数学思想方法的理解，这是复习课的主要目的；另一方面，通过选择适当的知识进行推理计算，并解决问题，发展逻辑推理能力和解决问题的能力，这也是复习课的主要目的。

基于以上分析，本节课的**教学重点**是：整体梳理平行四边形的知识结构体系，根据具体问题情境，选择适当的知识进行推理计算并解决问题。

二、教学目标设置

（一）目标

(1)进一步理解平行四边形、矩形、菱形、正方形的概念及其相互联系。

(2)掌握平行四边形、矩形、菱形、正方形的性质和判定。

(3)会把各种平行四边形的相关知识进行结构化整理。

(二)目标解析

达成目标(1)的标志：学生能说出各种平行四边形之间的区别与联系，并能画出关系图。

达成目标(2)的标志：学生能从边、角、对角线三个角度说出各种平行四边形的性质与判定，并比较它们的异同；能根据问题的特点，选择适当的定义、定理进行推理和计算，能把相关知识应用到新的情境中。

达成目标(3)的标志：学生能在独立回顾平行四边形相关知识的基础上，把知识整理成适当的结构体系，并能有条理地叙述出本章的核心知识。

三、学生学情分析

复习是一种特殊的学习活动，具有重复性、系统性、综合性和反思性。复习的主要目的是加强知识联系、深化知识理解、优化知识结构，体会数学思想方法，发展数学认知。复习课中的核心认知活动是知识体系的重组和选择性应用。由于学生独立整理知识的经验不多，综合能力有限，难以整理出系统、简约的知识结构。复习中需要根据问题情境，选择适当的知识解决问题。

基于以上分析，本节课的**教学难点**是：知识体系的结构化整理和选择性应用。

四、教学策略分析

复习平行四边形专题，首先要掌握平行四边形、矩形、菱形、正方形的概念、性质及判定方法。其次是通过精选典型命题，引导一题多解，一题多变和把陌生题转化为熟悉题型来解，发现学生在学习过程中的问题和疑惑。一方面巩固基础知识，另一方面帮助学生厘清知识网络，从多角度思考和解决问题。从中掌握知识并获取解证明题的方法和技巧，提高数学思维能力，获得推理的数学素养，达到本节课的目的。

五、教学支持条件

教法：问题引导教学法、合作探究教学法。

学法：自主探究学习法、合作交流学习法。

教学媒体：教具、学案、多媒体课件等。

教学环境：在多媒体设备的支持下，实现师生互动、生生互动。

六、教学设计基本流程

教学设计基本流程如图 9-92 所示。

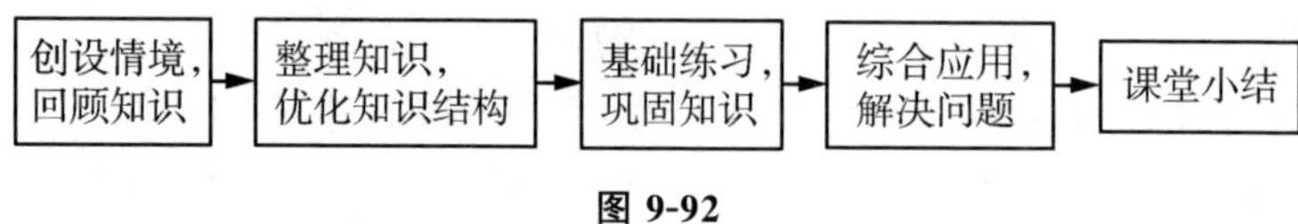

图 9-92

七、教学设计过程

(一)创设情境，回顾知识

问题 1：本章学习了哪些特殊的四边形？我们是按照什么次序学习的？请说说这些四边形之间的关系。

【师生活动】学生回顾研究次序“平行四边形—矩形—菱形—正方形”，交流对各种平行四边形关系的理解(图 9-93)。学生可能从以下几个角度理解：(1)概念内涵关系，如图 9-94；(2)概念外延关系，可能有相当多学生语言描述不完整。因此，教师要进行适当的引导。

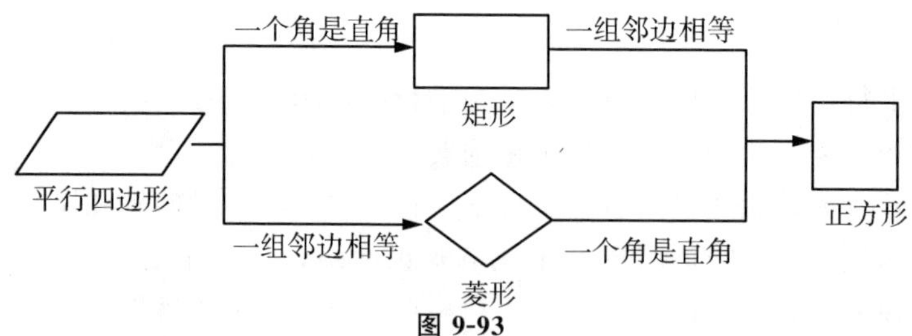

图 9-93

【设计意图】引导学生有条理地回顾概念，并建立概念之间的联系。

问题 2：各种平行四边形中，它们各自的研究内容、研究步骤、研究方法有什么共同点？能列表说明吗？

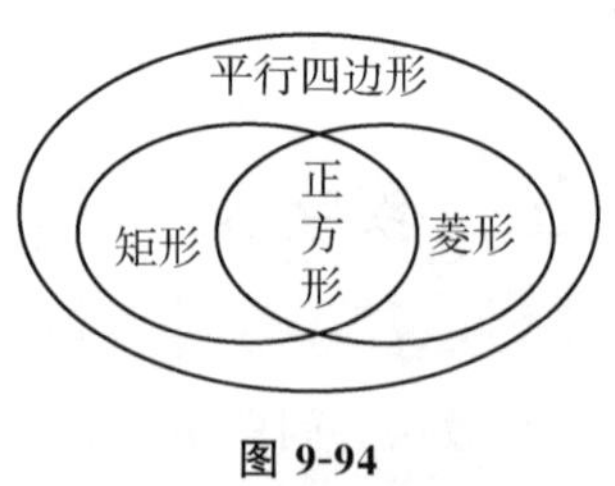

图 9-94

【师生活动】教师引导学生列表格进行说明(表 9-2)。

表 9-2

类型	研究内容	研究步骤	研究方法
平行四边形	边、角、对角线的特征	下定义—探性质—研判定	观察、猜想、证明；把平行四边形转化为三角形；从性质定理的逆命题出发研究判定定理
矩形	边、角、对角线的特征	下定义—探性质—研判定	一般到特殊的方法，类比平行四边形
菱形	边、角、对角线的特征	下定义—探性质—研判定	一般到特殊的方法，类比平行四边形和矩形
正方形	边、角、对角线的特征	下定义—探性质—研判定	一般到特殊的方法，类比矩形和菱形

由此归纳得出以下内容。

研究内容：各种平行四边形的边、角、对角线的特征。

研究步骤：下定义—探性质—研判定。

研究方法：观察、猜想、证明，把四边形问题转化为三角形问题，从性质定理的逆命题出发研究判定定理，类比，特殊化。

在此基础上，教师指出，这些经验具有一般性，它是研究图形的一般思路。

【设计意图】通过对各种平行四边形的研究内容、研究步骤和研究方法的回顾，归纳几何问题研究的一般步骤和方法。

问题 3：你能说说平行四边形、矩形、菱形和正方形的性质和判定吗?

【师生活动】学生独立思考、分组交流、集中展示(每个小组展示一类平行四边形的性质和判定)。

(二)整理知识，优化知识结构

问题 4：你能把各种平行四边形的性质和判定整理成容易记住的知识结构图吗？试一试！

【师生活动】学生先各自进行知识整理，教师进行知识整理方法的个别指导。在此基础上，学生对知识整理结果进行交流，优化知识结构。教师可在最后展示自己的知识整理结果供学生参考。各种平行四边形的判定和性质如图 9-95，从边、角、对角线三方面考虑。

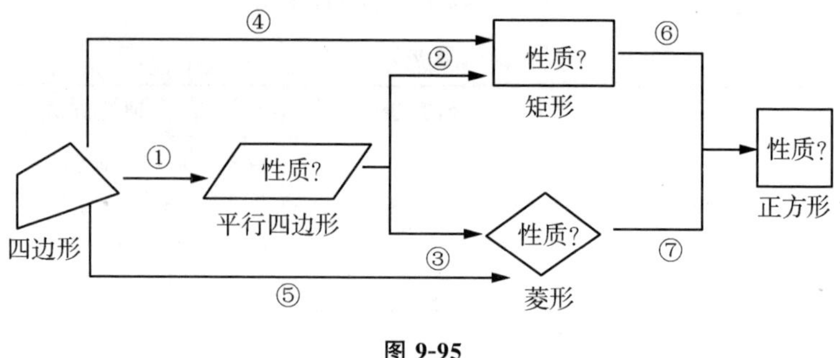

图 9-95

【设计意图】开展独立的知识整理活动并相互交流，提高知识组织能力。

(三)基础练习

(1)结合图 9-95，在下面标号后写出所有的判定定理：

①____；

②____；

③____。

(2)平行四边形的一个内角为 $40°$，一组邻边为 3 和 4，求它的各边长和各内角度数。

(3)如果矩形的对角线长为 13，一边长为 5，则该矩形的周长是________。

(4)依次连接菱形各边中点得到的四边形是哪一种特殊的四边形？请说出你的理由。

【设计意图】应用各种平行四边形的性质和判定进行推理和计算，巩固知识。

(四)综合应用，解决问题

例 1　如图 9-96，$\square ABCD$ 的对角线 AC，BD 相交于点 O，过点 B 作 $BP/\!/AC$，过点 C 作 $CP/\!/BD$，BP 与 CP 相交于点 P。试判断四边形 $BPCO$ 的形状，并说明理由。

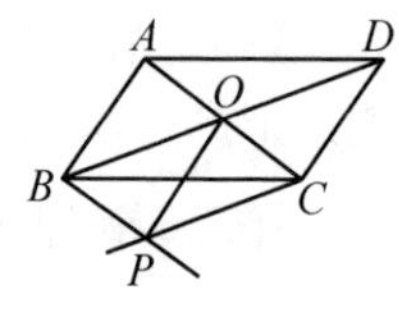

图 9-96

【师生活动】教师引导学生在读题的基础上先判断形状，再说明理由。(得到的是平行四边形，理由是两组对边分别平行的四边形是平行四边形)

追问 1：若连接 OP 得四边形 $ABPO$，它是什么四边形？

【师生活动】学生在原图基础上连接 OP，作出判断，然后说明理由。(得到的也是平行四边形，理由是一组对边平行且相等的四边形是平行四边形)

追问 2：若将$\square ABCD$ 改为矩形 $ABCD$，其他条件不变，四边形 $BPCO$

是什么四边形？

【师生活动】教师引导学生重新画一个图形，将平行四边形改为矩形，判断四边形的形状，并说明理由。(得到的是菱形，有一组邻边相等的平行四边形是菱形)

追问 3：若得到的四边形 $BPCO$ 是矩形，应将▱$ABCD$ 改为什么四边形？

【师生活动】教师引导学生得出：将▱$ABCD$ 改为菱形。

追问 4：能否得到正方形 $BPCO$ 呢？此时四边形 $ABCD$ 是什么四边形？

【师生活动】师生一起探究：想得到正方形，▱$ABCD$ 的对角线既要相等，又要互相垂直，应该是正方形。

【设计意图】通过改变条件或结论，学生对平行四边形、矩形、菱形和正方形的性质、判定以及它们之间的关系有了进一步的理解；学生能灵活运用平行四边形、矩形、菱形和正方形的性质、判定解决有关问题；在分析过程中渗透类比思想，培养学生从多角度思考问题的习惯。

(五)小结

教师引导学生参照下面问题，回顾本节课所学的主要内容，并相互交流。

(1)各种平行四边形的研究次序是怎样的？

(2)各种平行四边形的研究内容、研究步骤和研究方法是怎样的？

(3)平行四边形的性质和判定有哪些？它们之间有什么关系？

(4)平行四边形、矩形、菱形和正方形之间有什么关系？矩形、菱形和正方形有哪些特殊性质？怎样判定？

(5)在各种平行四边形的研究中还有哪些重要的结论？

【师生活动】教师和学生一起回顾本节课所复习的主要内容，让学生自己梳理本节课的基础知识及本节课的主要思想方法。

【设计意图】通过小结，学生梳理本节课所学内容，掌握本节课的核心——各种平行四边形的性质、判定以及它们的联系与区别。

八、作业布置设计

1. 如图 9-97，E，F 分别是菱形 $ABCD$ 的边 AB，AD 的中点。$AB=5$，$AC=6$。

(1)△OEF 是什么三角形？证明你的结论。

(2)求线段 EF 的长。

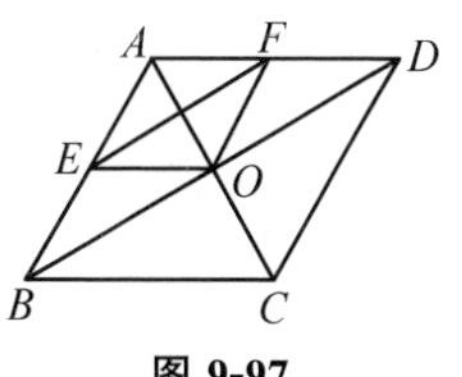

图 9-97

2. 如图 9-98，在菱形 $ABCD$ 中，$\angle ABC$ 与 $\angle BAD$ 的度数比为 $1:2$，周长是 48。求：

(1)两条对角线的长度；

(2)菱形的面积。

【设计意图】考查矩形、菱形的性质。

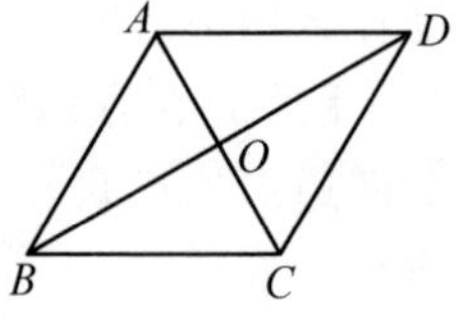

图 9-98

九、目标检测设计

1. 在 $\square ABCD$ 中，$\angle A=50°$，$AB=30$，则 $\angle B=$ ________，$DC=$ ________。

【设计意图】考查平行四边形的性质。

2. 下列命题中，是真命题的是(　　)。

A. 有两边相等的平行四边形是菱形

B. 有一个角是直角的四边形是矩形

C. 四个角相等的菱形是正方形

D. 两条对角线互相垂直且相等的四边形是正方形

【设计意图】综合考查矩形、菱形和正方形的判定。

3. E 是正方形 $ABCD$ 的对角线 BD 上的一点，$EF\perp BC$，$EG\perp CD$，垂足分别是 F，G(图 9-99)。求证：$AE=FG$。

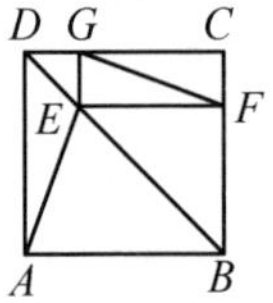

图 9-99

【设计意图】综合考查矩形的性质、判定以及正方形的性质。

4. 如图 9-100，点 A，F，C，D 在同一条直线上，点 B，E 分别在直线 AD 的两侧，且 $AB=DE$，$\angle A=\angle D$，$AF=DC$。

(1)求证：四边形 $BFEC$ 是平行四边形；

(2)若 $\angle ABC=90°$，$AB=4$，$BC=3$，当 AF 值为多少时，四边形 $BCEF$ 是菱形？

【设计意图】综合考查平行四边形的判定，菱形的性质和判定。

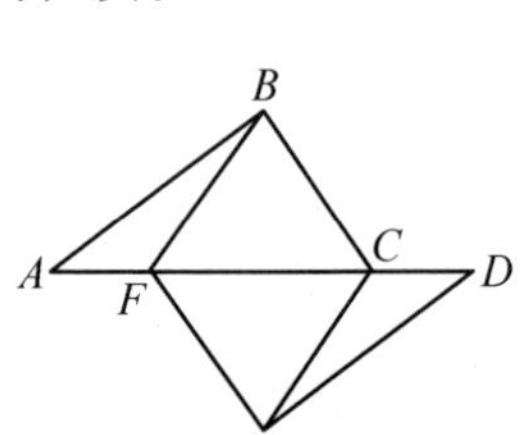

图 9-100

第十章　达标练评讲测课案例展示

"相似三角形的性质"复习课

（王学先名师工作室　杨兴建）

一、教学内容和内容解析

（一）内容

复习相似三角形的性质：相似三角形对应线段的比等于相似比，面积的比等于相似比的平方。提炼相似三角形的基本模型：A 字型、8 字型和一线三等角型等。

（二）内容解析

本节课内容选自人教版《义务教育教科书·数学　九年级　下册》（以下统称"教材"）第 27 章 27.2.2 相似三角形的性质。相似三角形的性质是相似三角形研究的重要内容，与全等三角形一样，相似三角形的性质主要研究相似三角形几何量之间的关系。由相似三角形的定义可知，相似三角形的对应角相等，对应边成比例；由相似三角形的性质可知，相似三角形对应线段的比等于相似比，面积的比等于相似比的平方。本节课通过达标练评讲测的教学方式对相似三角形的性质进行复习，在训练中使所学知识得到应用，在点评中使学生问题得到指出，在讲解中使学生特色得到展示，在检测中使学习情况得到反馈。教学过程中，需要学生以小组合作的形式，自己、小组、班级和教师按层级互帮互助，进行学习，在教师的引导下，学生在巩固相似三角形性质的同时，提炼出相似三角形的基本模型，为后续几何的学习奠定基础。

基于以上分析，本节课的**教学重点**是：会利用相似三角形的性质解决数学问题。

二、教学目标设置

(一)目标

(1)会利用相似三角形的性质解决数学问题。

(2)能从数学问题中提炼出相似三角形的基本模型，并借助基本模型的特点解决数学问题。

(二)目标解析

达成目标(1)的标志：学生能掌握相似三角形的性质，并能正确求出线段长和三角形面积。

达成目标(2)的标志：学生能从数学问题中提炼出所涉及的相似三角形的基本模型，并能借助模型的特点解决问题。

三、学生学情分析

由相似三角形的性质可知，相似三角形对应线段的比等于相似比，面积的比等于相似比的平方。但考查相似三角形性质类的题目很多，运用相似三角形的性质解决数学问题时，提炼数学模型是十分关键的一步，同时也是十分困难的一步。提炼数学模型的过程，是把错综复杂的数学问题简化并抽象为合理的数学结构的过程。这就需要深厚扎实的数学基础，敏锐的洞察力和想象力，对数学的浓厚兴趣和广博的知识。

基于以上分析，本节课的**教学难点**是：能从数学问题中提炼出相似三角形的基本模型，并借助基本模型的特点解决数学问题。

四、教学策略分析

课前学生用 40 分钟做了一张关于相似三角形性质的课堂检测卷，试卷完成质量高，知识点掌握总体情况较好，学生积极主动。基于学情，做了如下设计。

课堂检测卷中的题目源于精挑细选，涵盖了相似三角形性质中的所有内容。试卷的完成，不仅可以全面检测学生对本部分知识的掌握情况，让学生清晰地知道自己的优势和不足，还有利于教师对学生情况的掌握，在教学中聚焦问题，及时调整教学。

五、教学支持条件分析

教法：问题引导教学法、探究式教学法。

学法：自主学习法、探究学习法。

教学媒体：教具、课堂任务单、多媒体课件、几何画板等。

教学环境：在多媒体设备的支持下，实现师生互动、生生互动。

六、教学设计基本流程

教学设计基本流程如图 10-1 所示。

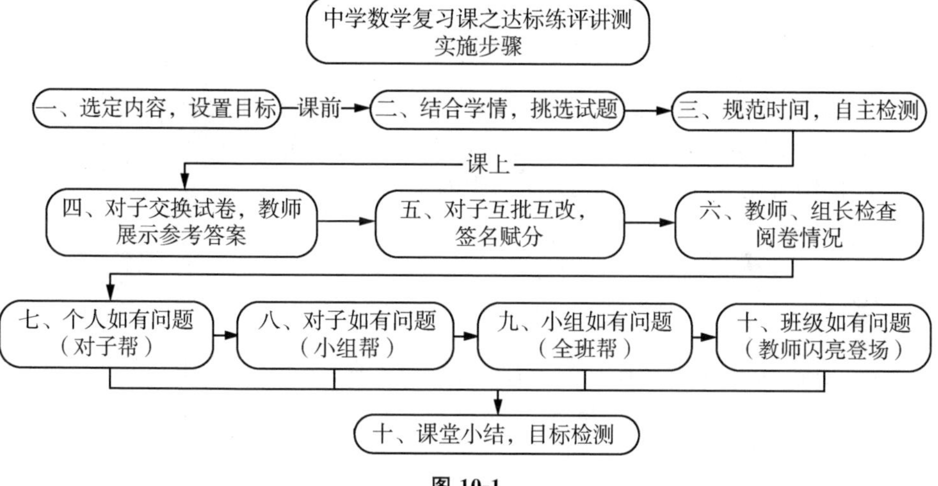

图 10-1

七、教学设计过程

练（一）对子交换试卷，教师展示参考答案，对子互批互改和签名赋分

相似三角形的性质(检测单)

(全卷共 16 道题，时间：40 分钟，满分：100 分)

(一)选择题(本大题共 8 小题，每小题 5 分，共 40 分)

1. $\triangle ABC\backsim\triangle A'B'C'$，若 $AB:A'B'=3:4$，则 $S_{\triangle ABC}:S_{\triangle A'B'C'}=$(D)。

A. $\frac{3}{4}$　　B. $\frac{4}{3}$　　C. $\frac{16}{9}$　　D. $\frac{9}{16}$

2. 若$\triangle ABC\backsim\triangle DEF$，且$\triangle ABC$ 与$\triangle DEF$ 的面积比是$\frac{9}{4}$，则$\triangle ABC$ 与$\triangle DEF$ 对应角平分线的比为(B)。

A. $\frac{2}{3}$　　B. $\frac{3}{2}$　　C. $\frac{9}{4}$　　D. $\frac{81}{16}$

3. 已知$\triangle ABC$ 与$\triangle A'B'C'$相似，点 A 与 A'对应，点 B 与 B'对应，若 $\frac{C_{\triangle ABC}}{C_{\triangle A'B'C'}}=\frac{1}{4}$，且$\triangle ABC$ 的中线 AD 的长为 5，则 AD 的对应中线 $A'D'$的长为(B)。

A. 10　　B. 20　　C. 80　　D. $\frac{5}{4}$

4. 如图 10-2，电灯 P 在横杆 AB 的正上方，AB 在灯光下的影子为 CD，$AB/\!/CD$，$AB=2$ m，$CD=6$ m，横杆 AB 与 CD 的距离是 3 m，则 P 到 AB 的距离是(C)。

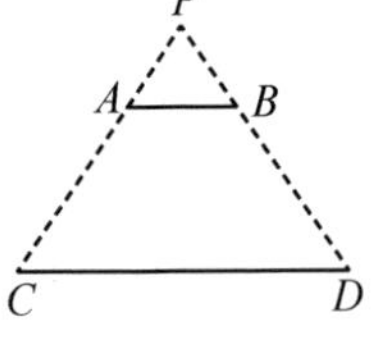

图 10-2

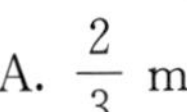

A. $\frac{2}{3}$ m　　B. 1 m

C. $\frac{3}{2}$ m　　D. 3 m

5. 如图 10-3，$\triangle OAB\backsim\triangle OCD$，$OA:OC=3:2$，$\triangle OAB$ 与$\triangle OCD$ 的面积分别是 S_1 与 S_2，周长分别是 C_1 与 C_2，则下列说法正确的是(D)。

图 10-3

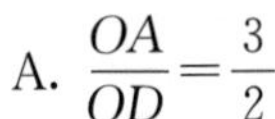

A. $\frac{OA}{OD}=\frac{3}{2}$　　B. $\frac{S_1}{S_2}=\frac{3}{2}$

C. $\frac{OB}{CD}=\frac{3}{2}$　　D. $\frac{C_1}{C_2}=\frac{3}{2}$

6. 如图 10-4，在$\triangle ABC$ 中，E 是线段 AC 上一点，且 $AE:CE=1:2$，过点 C 作 $CD/\!/AB$，交 BE 的延长线于点 D. 若$\triangle BCE$ 的面积等于 4，则$\triangle CDE$ 的面积等于(A)。

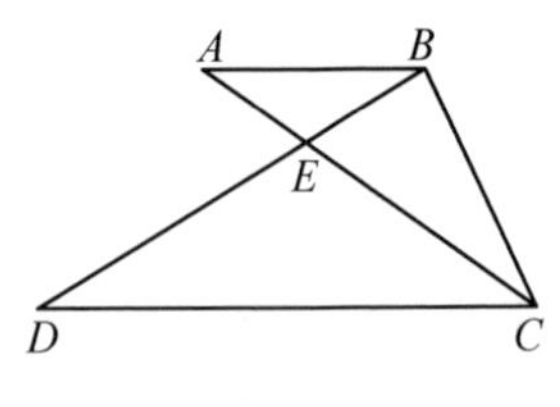

图 10-4

A. 8　　　　　　B. 16

C. 24　　　　　D. 32

7. 如图 10-5，在等边△ABC 中，点 D，E 分别在边 BC，AC 上，且 $\angle ADE=60°$，$BD=1$，$CE=\frac{2}{3}$，则△ABC 的边长为(A)。

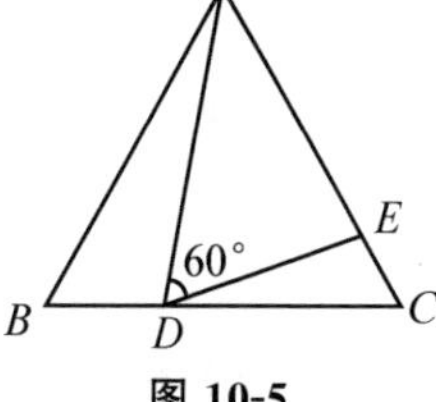

图 10-5

A. 3　　　　　　B. 4

C. 5　　　　　　D. 6

8. 如图 10-6，在▱$ABCD$ 中，如果点 E 是边 AD 的中点，且 $AB=EC$，那么下列结论不正确的是(C)。

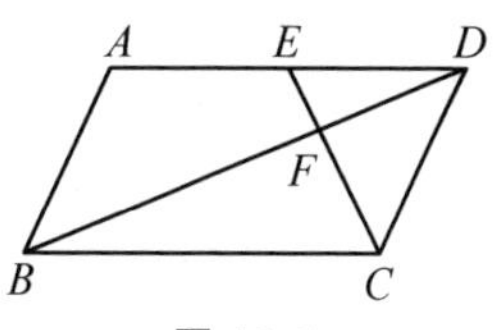

图 10-6

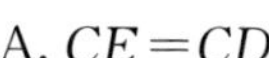

A. $CE=CD$　　　　B. $BF=2DF$

C. $AB=\frac{5}{2}EF$　　　D. $S_{四边形ABFE}=5S_{\triangle DEF}$

(二)填空题(本大题共 6 小题，每小题 5 分，共 30 分)

9. 如图 10-7，若△ABC∽△ADE，$BC=2DE$，则 $\frac{S_{\triangle ADE}}{S_{四边形BCDE}}$的值为 <u>1∶3</u>。

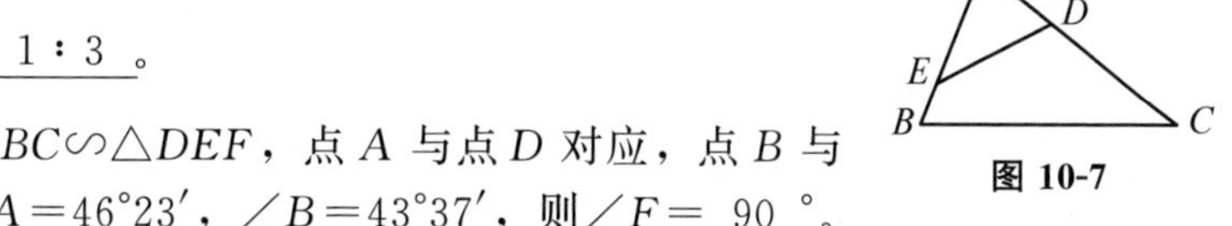

图 10-7

10. 已知△ABC∽△DEF，点 A 与点 D 对应，点 B 与点 E 对应，若 $\angle A=46°23'$，$\angle B=43°37'$，则 $\angle F=$ <u>90</u> °。

11. 如图 10-8，某小区车库出入口的栏杆短臂 OA 长 1 m，长臂 OB 长 8 m，当短臂外端 A 下降 0.5 m 时，长臂外端 B 升高 <u>4</u> m。

12. 如图 10-9，已知 $AB \parallel CD$，AD 与 BC 相交于点 O，若 $\frac{OB}{OC}=\frac{2}{3}$，$AD=15$，则 $DO=$ <u>9</u> 。

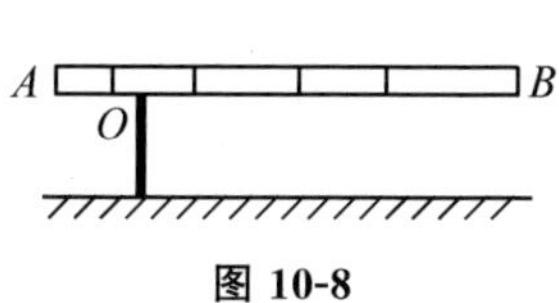

图 10-8

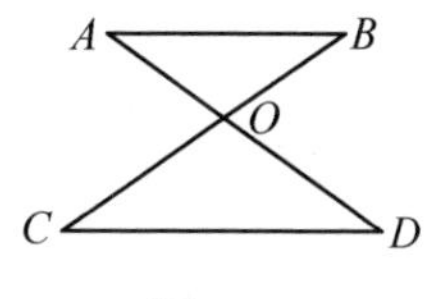

图 10-9

13. 如图 10-10，小树 AB 在路灯 O 的照射下形成投影 BC。若树高 $AB=2$ m，树影 $BC=3$ m，树与路灯的水平距离 $BP=4$ m。则路灯的高度 OP 为

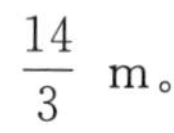

$\frac{14}{3}$ m。

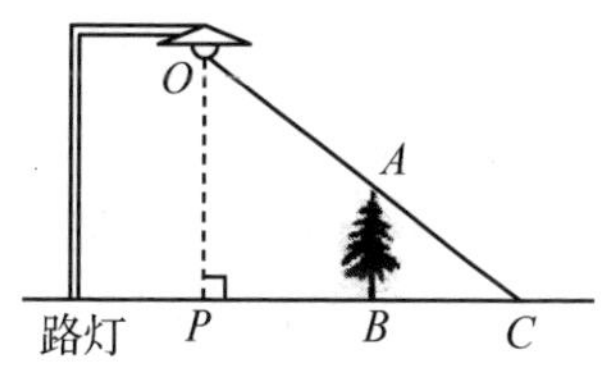

图 10-10

14. 如图 10-11，AB，CD 都是 BD 的垂线，$AB=4$，$CD=6$，$BD=14$，P 是 BD 上一点，连接 AP，CP，所得两个三角形相似，则 BP 的长是 <u>2 或 12 或 $\frac{28}{5}$</u>。

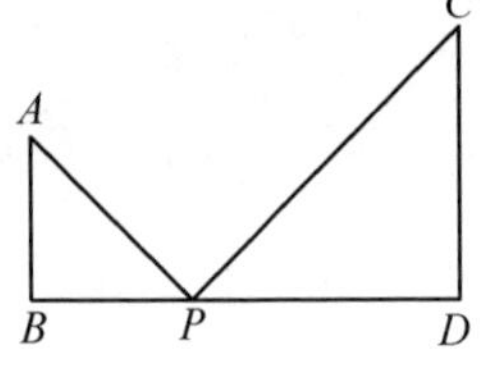

图 10-11

(三)解答题(本大题共 2 小题，共 30 分)

15.(10 分)已知：如图 10-12，$\triangle ABC\backsim\triangle ACD$，$CD$ 平分$\angle ACB$，$AD=2$，$BD=3$，求 AC，DC 的长。

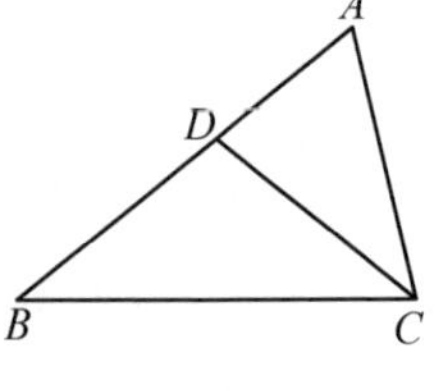

图 10-12

解 $\because\triangle ABC\backsim\triangle ACD$，

$\therefore\angle ACD=\angle B$，……………………………… 1 分

$\frac{AB}{AC}=\frac{AC}{AD}$，……………………………… 1 分

$\because AD=2$，$BD=3$，

$\therefore AB=5$，……………………………… 1 分

$\therefore\frac{5}{AC}=\frac{AC}{2}$，

解得：$AC=\sqrt{10}$，……………………………… 3 分

$\because CD$ 平分$\angle ACB$，

$\therefore\angle ACD=\angle BCD$，……………………………… 1 分

$\therefore\angle BCD=\angle B$，

$\therefore DC=BD$，……………………………… 2 分

$\because BD=3$，

$\therefore DC=3$。……………………………… 1 分

16.(20 分)如图 10-13，在$\triangle ABC$ 中，$BC=3$，AD 是 BC 边上的高且 $AD=2$。P，N 分别是 AB，AC 边上的点，Q，M 是 BC 边上的点，连接 PQ，MN，PN 交 AD 于点 E。求：

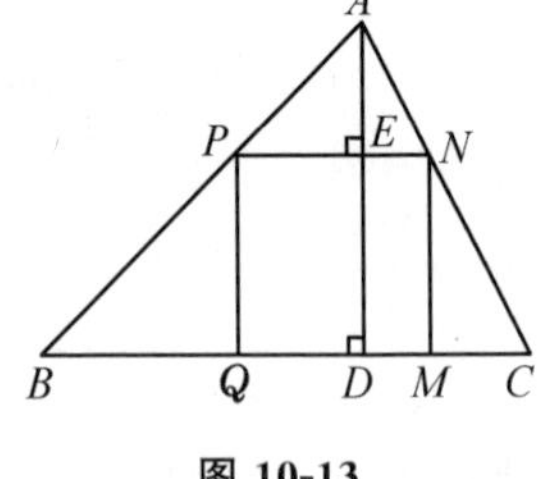

图 10-13

(1)若四边形 $PQMN$ 是正方形，求 PQ 的长；

(2)若四边形 $PQMN$ 是矩形，且 $PQ:PN=1:2$，求 PQ，PN 的长(图 10-14)；

(3)若四边形 $PQMN$ 是矩形，当矩形 $PQMN$ 面积最大时，求最大面积和 PQ，PN 的长(图 10-14)；

(4)若四边形 $PQMN$ 是矩形，连接 PM，求对角线 PM 长的最小值(图 10-15)。

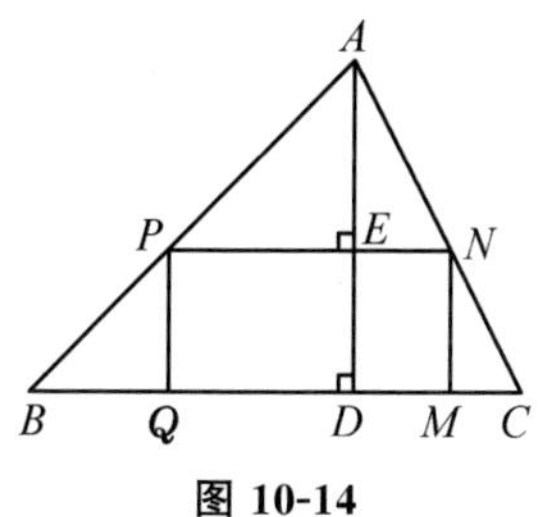

图 10-14

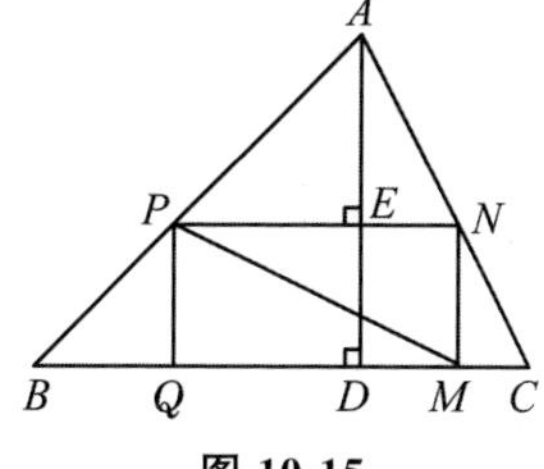

图 10-15

解　(1)设正方形的边长为 x， ………………………………………………… 1 分

∵四边形 $PQMN$ 为正方形，

∴$PN/\!/QM$，

∴$\triangle APN\backsim\triangle ABC$， ………………………………………………… 1 分

∵AD 是 BC 边上的高，

∴$\angle ADB=90°$，

∴四边形 $PQDE$ 是矩形，$\angle AEP=90°$， ……………………………… 1 分

∴$\frac{PN}{BC}=\frac{AE}{AD}$，即$\frac{x}{3}=\frac{2-x}{2}$， ……………………………………… 1 分

解得：$x=1.2$，

∴正方形的边长是 1.2； ………………………………………………………… 1 分

(2)设 $PQ=y$ 则 $PN=2y$，由(1)得$\triangle APN\backsim\triangle ABC$，

∴$\frac{PN}{BC}=\frac{AE}{AD}$，即$\frac{2y}{3}=\frac{2-y}{2}$， ……………………………………… 1 分

解得：$y=\frac{6}{7}$， ………………………………………………………………… 1 分

∴$PQ=\frac{6}{7}$，$PN=\frac{12}{7}$； ………………………………………………… 2 分

(3)∵四边形 $PQMN$ 是矩形，

∴$PN/\!/BC$，$\angle PQM=90°$，$\angle QPN=90°$，

∴$\triangle APN\backsim\triangle ABC$，

∵AD 是高，

∴$\angle ADB=90°$，

∴四边形 $PQDE$ 是矩形，$\angle AEP=90°$，

∴$\frac{AE}{AD}=\frac{PN}{BC}$，$PQ=DE$，

解法一

设 $AE=x$，矩形 $PQMN$ 的面积为 S，

则$\frac{x}{2}=\frac{PN}{3}$，$DE=2-x$，

$\therefore PN=\frac{3}{2}x$，$PQ=2-x$，……………………………………………… 1 分

$\therefore S=\frac{3}{2}x(2-x)=-\frac{3}{2}(x-1)^2+\frac{3}{2}$，…………………………………… 2 分

$\therefore$当 $x=1$ 时，S 的最大值为$\frac{3}{2}$，

$\therefore$当 $AE=1$ 时，矩形 $PQMN$ 的面积最大，最大面积是$\frac{3}{2}$，……… 1 分

此时 $PQ=1$，$PN=\frac{3}{2}$；……………………………………………… 2 分

解法二

设 $PQ=DE=x$，矩形 $PQMN$ 的面积为 S，则 $AE=2-x$，

$\therefore \frac{2-x}{2}=\frac{PN}{3}$，

$\therefore PN=\frac{3}{2}(2-x)$，……………………………………………………… 1 分

$\therefore S=\frac{3}{2}x(2-x)=-\frac{3}{2}(x-1)^2+\frac{3}{2}$，…………………………………… 2 分

$\therefore$当 $x=1$ 时，S 的最大值为$\frac{3}{2}$，

$\therefore$当 $AE=1$ 时，矩形 $PQMN$ 的面积最大，最大面积是$\frac{3}{2}$，……… 1 分

此时 $PQ=1$，$PN=\frac{3}{2}$；……………………………………………… 2 分

(4)解法一

由(3)知，$PN=\frac{3}{2}x$，$PQ=2-x$，

$\therefore QM=\frac{3}{2}x$，

在 Rt$\triangle PQM$ 中，$\angle PQM=90°$，

根据勾股定理得：

$\therefore PM^2=PQ^2+QM^2=(2-x)^2+\frac{9}{4}x^2=\frac{13}{4}x^2-4x+4=\frac{13}{4}\left(x-\frac{8}{13}\right)^2+\frac{36}{13}$，……………………………………………………………………… 3 分

$\therefore$当 $x=\frac{8}{13}$时，PM 取得最小值，最小值为$\frac{6\sqrt{13}}{13}$。…………………… 2 分

解法二

由(3)知，$PN=\frac{3}{2}(2-x)$，$PQ=x$，

$\therefore QM=\frac{3}{2}(2-x)$，

在 Rt$\triangle PQM$ 中，$\angle PQM=90°$，

根据勾股定理得：

$\therefore PM^2=PQ^2+QM^2=x^2+\frac{9}{4}(2-x)^2=\frac{13}{4}x^2-9x+9=\frac{13}{4}\left(x-\frac{18}{13}\right)^2+\frac{36}{13}$，…………………………………………………………………… 3 分

$\therefore$当 $x=\frac{18}{13}$时，PM 取得最小值，最小值为$\frac{6\sqrt{13}}{13}$。…………………… 2 分

【设计意图】课堂检测卷中的题目源于精挑细选，几乎涵盖了相似三角形性质中的所有内容。试卷的完成，不仅可以全面检测学生对本块知识的掌握情况，让学生清晰地知道自己的优势和不足，还有利于教师对学生情况的掌握，在教学中聚焦问题，及时调整教学。第 4、第 9、第 13、第 16 题考查了相似三角形的基本模型 A 字型，第 7、第 14 题考查了相似三角形的基本模型一线三等角型，第 5、第 6、第 8、第 12 题考查了相似三角形的基本模型 8 字型。全卷 16 道题可归纳为三类模型，目的是让学生达到会一题就会一类的效果。

评(二)组长检查阅卷情况，教师抽查阅卷情况和组长统计成绩

组长逐一检查小组的阅卷情况，教师抽查班级的阅卷情况，并对阅卷情况进行点评。组长统计本小组的最高分、最低分和平均分，完成后，上台填写“达标练评讲测统计表”，教师把统计表中的信息录入 Excel 表格中(表 10-1)，借助条形统计图把数据直观地展示出来。

表 10-1

组号	最高分	最低分	平均分	小组排名	问题序号
1					
2					
3					
4					
5					

【师生活动】教师对本次测试班级成绩的整体情况进行点评。教师请学优生上台分享学习方法、审题技巧和解题策略，请学困生上台说出自己学习上的问题，以便在今后的学习中能有针对性地解决问题。

【设计意图】检查阅卷情况的目的在于监督互批互改的认真程度和更好地了解学生答题的情况。借助 Excel 表格进行成绩统计和数据分析，用条形统计图展示成绩，让学生直观地感受个体、小组和班级的成绩情况，从而调整学习方式。教师根据成绩情况，调整教学策略，进而提高学习的实效性和教学的针对性。

讲(三)对子帮、小组帮、全班帮、教师闪亮登场

【师生活动】根据测试的情况，学生个体先进行自我订正，如遇自己解决不了的问题，小组共同解决；如遇小组解决不了的问题，班级共同解决；如遇班级解决不了的问题，教师帮助解决。

【设计意图】“自己、小组、班级合作”的学习方式体现了学生的主体地位，发挥了教师的主导作用，两者相辅相成，相得益彰。在教学中，通过生教生生互助，师教生师生共进的合作学习模式，形成了师生、生生之间的全方位、多层次、多角度的交流方式。小组中每个人都有机会发表自己的观点与看法，也乐于倾听他人的意见，让学生感受到学习是一件愉快的事情，从而满足了学生的心理需要，促进学生各方面的和谐发展，达到让学生爱学、会学、乐学的目的，进而有效地提高教学质量。

【师生活动】结合学情，第 16 题在教学设计时预设为需要班级共同解决的题目，在实际教学中，第 3 小组和第 5 小组提出了第 16 题的第(4)问需要进行讲解。问题提出后，掌握正确解法的学生积极踊跃地上台进行讲解，学生们的问题得到解决。教师借助几何画板，现场演示相似三角形几何量之间的变化关系。

第(1)问展示(图 10-16)

$\frac{PQ}{PN}=1$，$PQ=1.2$。

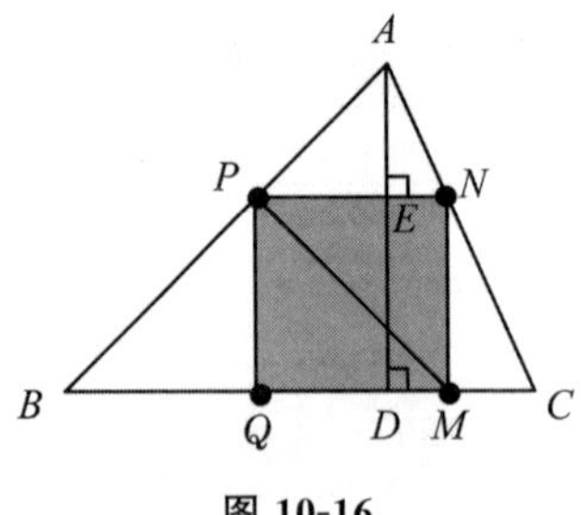

图 10-16

第(2)问展示(图 10-17)

$\frac{PQ}{PN}=\frac{1}{2}$，$PQ=\frac{6}{7}$，$PN=\frac{12}{7}$。

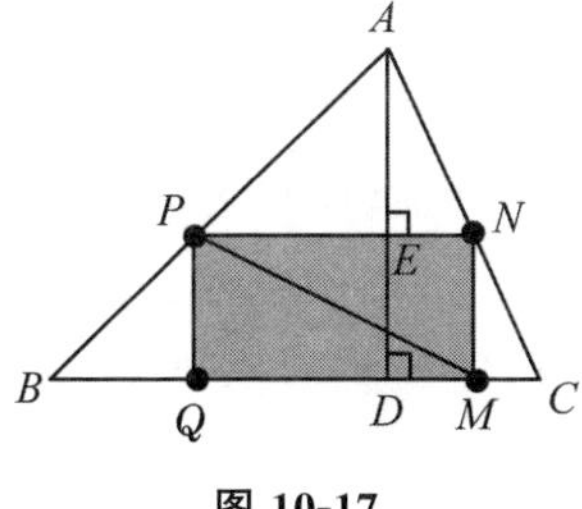

图 10-17

第(3)问展示(图 10-18)

$PQ=1$，$PN=\frac{3}{2}$，四边形 $PQMN$ 的面积$=\frac{3}{2}$。

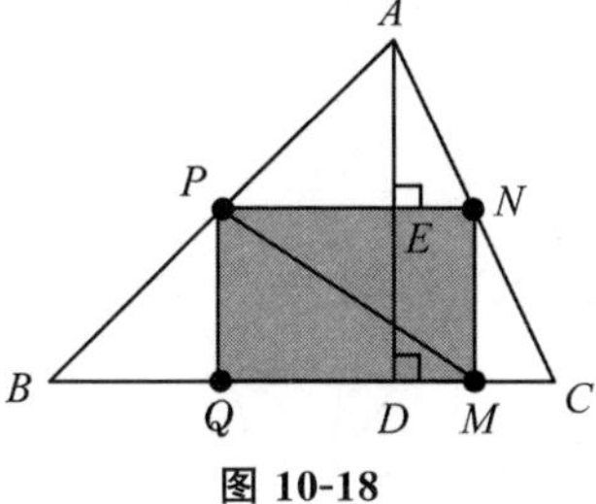

图 10-18

第(4)问展示(图 10-19)

$PQ=\frac{18}{13}$，$PN=\frac{12}{13}$，$PM=\frac{6\sqrt{13}}{13}$。

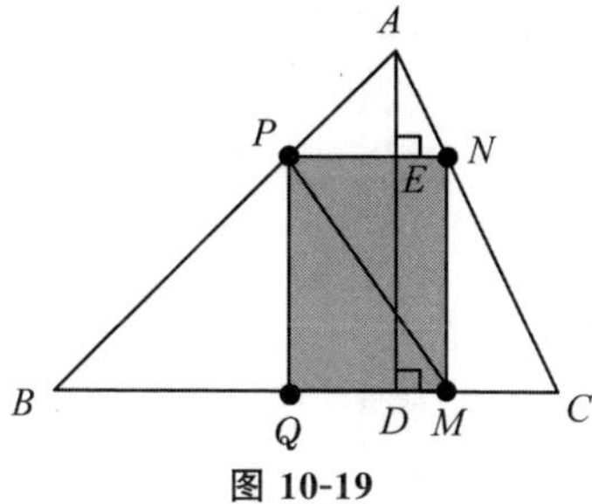

图 10-19

【设计意图】“班级帮”的小组活动，让分享解题方法的学生走上讲台展示自己，不仅增强了分享学生的自信心，还能在班级中树立榜样，给班级营造互相学习、互相借鉴的学习氛围。用几何画板软件验证“用相似三角形的性质在变化类试题中求有关线段的长和三角形的面积”，让学生更直观地感受相似三角形几何量间的关系。

(四)知识迁移，思考提炼

思考：如图10-20，在直径为 AB 的半圆内，画出一个三角形区域，使三角形的一边为 AB，顶点 C 在半圆周上，其他两边分别为6 m和8 m，现要建造一个内接于$\triangle ABC$的矩形建筑物 $DEFN$，其中 DE 在 AB 上，设计方案是使 $AC=8$ m，$BC=6$ m。

(1)求$\triangle ABC$中 AB 边上的高 h；

(2)设 $DN-x$，当 x 取何值时，建筑物 $DEFN$ 所占区域的面积最大？

(3)实际施工时，发现在 AB 边上距 B 点1.85 m的 K 处有一处文物，问：这处文物是否位于最大建筑物的边上？如果是，为保护文物，请设计出你的方案，使满足条件的内接三角形中欲建的最大矩形建筑物能避开文物。

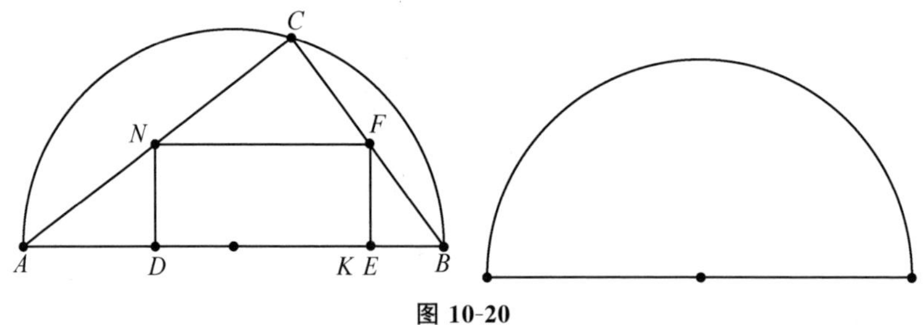

图 10-20

【设计意图】“知识迁移，思考提炼”的设计是基于学生的学习情况做了相应的处理，根据学生的学情设置了这道题目，本环节的设计体现出了数学源于生活又服务于生活，是理论到实践的过程。问题的解决，运用的是本节课所学知识相似三角形的性质和A字型模型，是学以致用的过程，培养学生运用知识解决问题的意识。所以，在进行教学设计时，教师一定要根据学生的学情进行设计。

(五)课堂小结，总结提高

通过今天的学习，你有什么收获？

【设计意图】小结设计以开放的形式出现，给学生提供一个交流和倾听的机会，让学生对本节课学到的内容进行总结，实现自我的反馈，从而构建起自己的知识经验，形成自己的见解。

八、作业布置设计

以小组为单位将这节课的内容用思维导图的形式进行总结，下周数学课上交思维导图，并进行展示分享。

【设计意图】以思维导图的方式布置作业，不仅能使本节课教学内容清晰明了，还能提升学生的逻辑思维和知识整理能力，对学生的数学学习会有很多帮助。

九、目标检测设计

(一)选择题(每小题5分，共15分)

1. 两相似三角形的周长之比为1∶3，那么它们对应边上的高之比是(　　)。

A. 1∶3　　B. 1∶9

C. 2∶1　　D. 9∶1

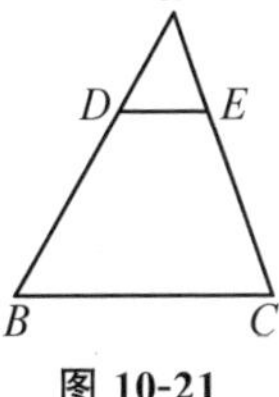

图10-21

2. 如图10-21，在△ABC中，$DE/\!/BC$，$\frac{AD}{AB}=\frac{1}{3}$，则下列结论中正确的是(　　)。

A. $\frac{AE}{BC}=\frac{1}{3}$　　B. $\frac{DE}{BC}=\frac{1}{2}$

C. $\frac{C_{\triangle ADE}}{C_{\triangle ABC}}=\frac{1}{3}$　　D. $\frac{S_{\triangle ADE}}{S_{\triangle ABC}}=\frac{1}{3}$

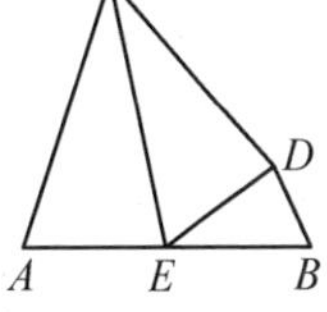

图10-22

3. 如图10-22，点E是AB的中点，$AC=4.5$，$BD=2$，若$\angle A=\angle CED=\angle B$，则$AB$的长是(　　)。

A. 2　　B. 4　　C. 6　　D. 8

(二)填空题(每小题5分，共15分)

4. 如图10-23，点E是▱$ABCD$的边AD上的一点，且$\frac{DE}{AE}=\frac{1}{2}$，连接$BE$并延长交$CD$的延长线于点$F$，若$DE=3$，$DF=4$，则▱$ABCD$的周长为________。

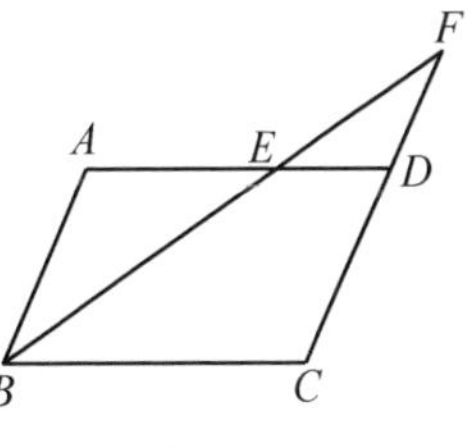

图10-23

5. 如图 10-24，正方形 $DEFG$ 的边 EF 在 $\triangle ABC$ 的边 BC 上，顶点 D，G 分别在边 AB，AC 上，已知 $BC=6$，正方形 $DEFG$ 的面积为 9，那么 $\triangle ABC$ 的面积为________。

6. 两个相似三角形面积比是 4∶9，其中一个三角形的周长为 18，则另一个三角形的周长是________。

图 10-24

（三）解答题（共 20 分）

7. 一块直角三角形木板，直角边 AB 的长为 1.5 米，三角形的面积为 1.5 平方米，工人师傅要用它截取一个面积最大的正方形桌面，请甲、乙两个同学设计加工方案，甲同学的设计方案如图 10-25，乙同学的设计方案如图 10-26，你认为哪个同学设计的正方形面积大？请说明理由。

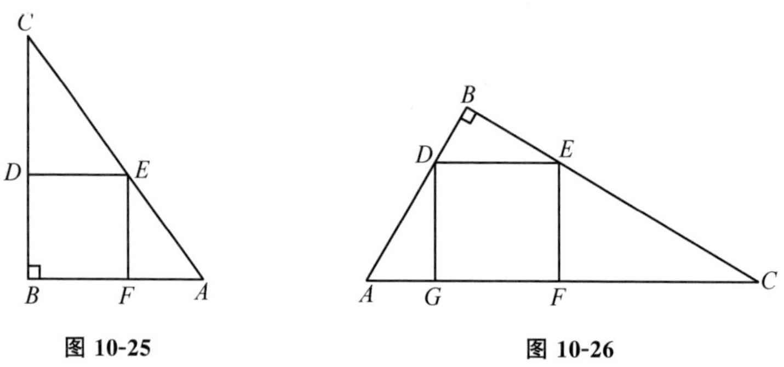

图 10-25　　图 10-26

【设计意图】1～7 题考查了相似三角形的性质：相似三角形对应线段的比等于相似比，面积的比等于相似比的平方，考查学生对相似三角形的掌握情况。其中，第 2、第 5、第 7 题考查了相似三角形的基本模型 A 字型，第 3 题考查了相似三角形的基本模型一线三等角型，第 4 题考查了相似三角形的基本模型 8 字型。达标检测和评价反馈的目的在于教师教学前的思考，预测学生可能出现的问题，在教学中根据学情，运用现代教育信息技术进行诊断，明确学生对该部分知识的掌握情况，在现有试题的基础上，挑选出适合学生能力提升的试题，从而达到预定的教学目的。

第十一章　数学运算素养提升课案例展示

案例一　运算素养提升课(一)

（王学先名师工作室　杨　磊）

一、教学内容和内容解析

(一)内容

《分式的运算》是人教版《义务教育教科书·数学　八年级　上册》第十五章的内容，主要复习分式运算中的化简运算、综合代数运算。

(二)内容解析

《分式的运算》是在有理数运算、开方运算、整式的乘法与因式分解的基础上，对前面所学知识的综合应用。以分式化简运算为例先探索出分式运算的常规运算步骤，厘清运算的思路，查找运算出错的原因。先用“一题多解”探索出运算中已知和问题间的相互转化方法，从而选择合理简洁的运算策略。“求倒变换”和“降次变换”将运算综合性进行提升，既是对常规运算的检验，又是对前面运算转化方法的强化，让学生明白运算的题目可以不同，但运算的方法和规律是相通的。

本节课主要以分式的综合运算为例，以题带点，将五个目标任务串联起来。

基于以上分析，本节课的**教学重点**是：厘清分式运算的思路。

二、教学目标设置

(一)目标

(1)通过分式运算的复习，寻找学生运算能力薄弱的原因；

(2)通过“一题多解”“求倒变换”“降次变换”等多种运算方式的探索，寻求分式运算的简捷方法，总结归纳分式运算的规律。

(二)目标解析

达成目标(1)的标志：通过分析一个典型例题，学生学会查找运算错误的方法和步骤，分析运算出错的原因，及时纠错。

达成目标(2)的标志：学生在目标(1)的基础上，清理运算步骤，弄清算理的基础上，学会分析，寻找算法，选择最优方法。

达成目标(3)的标志：在目标(1)和目标(2)的基础上，学生学会归纳总结运算的一般规律，尝试找到运算的通法，从而解决较为复杂的运算问题，提高学生的运算能力和运算技巧。

三、学生学情分析

学生在数学运算的活动中，不明概念，机械地套用运算公式，运算目标不明确，运算过程中缺乏选择合理简便的运算途径的意识。运算过程烦琐，错误率高。很多学生缺乏科学性、系统性、规律性的运算，常常将运算过程中的错误归结到“马虎”“不认真”等非认知因素上，只是单一的看重解题过程中的方式和思路，没有从运算的根本上寻找问题，这是长期困扰大家的一个难点，也是影响考试成绩的一个重要因素。

基于以上分析，本节课的**教学难点**是：总结归纳分式运算的规律。

四、教学策略分析

本节课从题目出发，回顾题目所涉及的一个或多个知识点，是为了明确算理，以算理为依据，寻求正确的、快捷的算法，从而得出正确的运算结果(图 11-1)。

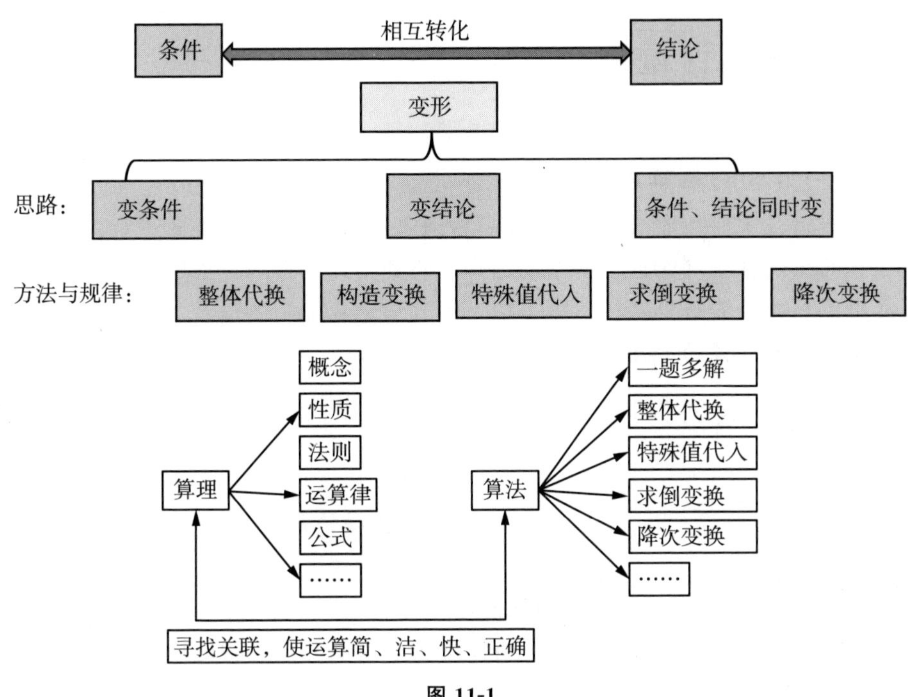

图 11-1

五、教学支持条件分析

教法：探究式教学法、练习教学法。

学法：自主学习法、合作学习法。

教学媒体：学案、多媒体课件等。

教学环境：在多媒体设备的支持下，实现师生互动、生生互动。

六、教学设计基本流程

教学设计基本流程如图 11-2 所示。

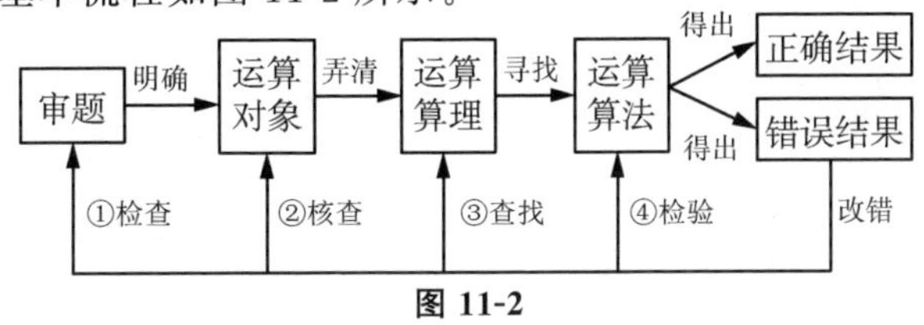

图 11-2

七、教学设计过程

(一)分式的基本运算

基本运算主要按照“审题—概念—算理—算法—检验”的方式进行，能够确保运算的正确性，同时这种基本的运算思路和模式的形成，能够为后面的各种运算提供参考。养成良好的运算习惯，有利于运算能力的提升。

阅读下列分式的运算过程，厘清运算的思路。

$\frac{1}{3x+1}-\frac{6x}{9x^2-1}$

$=\frac{3x-1}{(3x+1)(3x-1)}-\frac{6x}{9x^2-1}$

$=3x-1-6x$

$=-3x-1$。

(1)该同学在计算中，第一步

运算的依据是：__________；

运算的方法是：__________。

(2)上述计算过程是从第______步开始出现错误，

错误的原因是：__________。

(3)请你直接写出该分式正确的结果：__________。

【设置意图】本题围绕审题—概念—算理—算法—检验几个步骤进行设置，目的是引导学生得出常规运算的基本方法。学生在运算中能够感受常规运算的步骤，运算出错的原因，纠错的方法。此题出错的原因是运算对象的概念认知错误，不能认为是“计算出错”“粗心”等不明原因。分式与等式(分式方程)是两个不同的概念，运算的依据(算理)是不同的：分式依据的是分式的基本性质进行分式加减运算；等式(方程)依据的是等式的基本性质去分母。

(二)分式的综合运算

例1　已知$\frac{1}{a}+\frac{1}{b}=3$，则$\frac{5a-7ab+5b}{a+6ab+b}=$______。

(1)已知和问题之间相互转化(图11-3)。

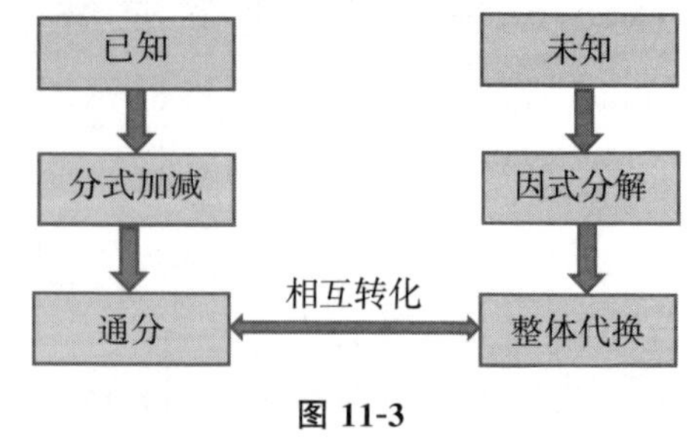

图 11-3

解法一

$\frac{1}{a}+\frac{1}{b}=\frac{a+b}{ab}=3$，

$a+b=3ab$，

$\frac{5a-7ab+5b}{a+6ab+b}=\frac{5(a+b)-7ab}{(a+b)+6ab}$

$$=\frac{8ab}{9ab}=\frac{8}{9}。$$

(2)由问题向已知转化(图 11-4)。

解法二

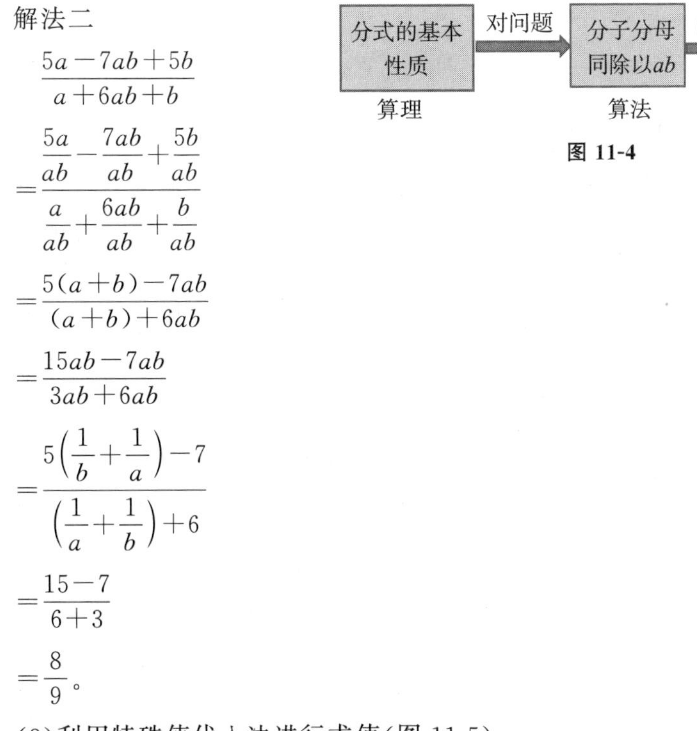

图 11-4

$$\frac{5a-7ab+5b}{a+6ab+b}$$

$$=\frac{\frac{5a}{ab}-\frac{7ab}{ab}+\frac{5b}{ab}}{\frac{a}{ab}+\frac{6ab}{ab}+\frac{b}{ab}}$$

$$=\frac{5(a+b)-7ab}{(a+b)+6ab}$$

$$=\frac{15ab-7ab}{3ab+6ab}$$

$$=\frac{5\left(\frac{1}{b}+\frac{1}{a}\right)-7}{\left(\frac{1}{a}+\frac{1}{b}\right)+6}$$

$$=\frac{15-7}{6+3}$$

$$=\frac{8}{9}。$$

(3)利用特殊值代入法进行求值(图 11-5)。

解法三

$\because \frac{1}{a}+\frac{1}{b}=3$，$\therefore$设 $a=1$，$b=\frac{1}{2}$。

$$\therefore 原式=\frac{5\times1-7\times1\times\frac{1}{2}+5\times\frac{1}{2}}{1+6\times1\times\frac{1}{2}+\frac{1}{2}}=\frac{4}{\frac{9}{2}}=\frac{8}{9}。$$

图 11-5

【设置意图】在理解了概念，并且掌握了常规运算步骤的基础上，设置本题是为了让学生通过一题多解明确运算的核心：已知和问题间的相互转化，转化的方式有多种。

解法一　已知和问题同时变形，依据分式的基本性质和加减法法则(算理)对已知进行通分(算法)运算，再利用等式的性质(算理)进行去分母(算法)变换。对问题进行因式分解，构造整体，利用整体代换(算律)方式建立已知和问题的转换关系。

解法二　由问题向已知转化，利用分式基本性质(算理)对问题同时除以ab(算法)，构造$\frac{1}{a}$和$\frac{1}{b}$的这种形式(算律)，实现问题向已知转化。

解法三　利用特殊值代入法进行求值，赋予满足条件的未知数一个特殊值，带入所求式子，将式的运算通过特殊值带入向数的运算进行转化，实现一般到特殊的运算规律。

上述三种解法的设置是为了告诉学生运算是有规律可循的，有方法可依的，但不是只有这三种方法。比如可以由已知向问题转化；再比如可以由特殊到一般的运算规律。

练习：若$\frac{1}{x}+\frac{1}{y}=2$，则$\frac{xy+3x+3y}{xy}$的值是(　　)。

A. $\frac{1}{7}$　　B. 5　　C. $\frac{3}{5}$　　D. 7

【设置意图】本练习题是为了检验学生对以上三种运算方法的学习和掌握情况。

(4)求倒变换。

例2　已知$\frac{xy}{xy+3x+3y}=\frac{1}{7}$，求代数式$\frac{xy}{x+y}=$________。

解　$\because \frac{xy+3x+3y}{xy}=7$，

$\therefore 1+\frac{3}{y}+\frac{3}{x}=7$，

$\therefore 3\left(\frac{1}{x}+\frac{1}{y}\right)=6$，

$\therefore \frac{1}{x}+\frac{1}{y}=2$，

$\therefore \frac{xy}{x+y}=\frac{1}{\frac{1}{x}+\frac{1}{y}}=\frac{1}{2}$。

【设置意图】此题说明运算条件和问题可以相互交换，属于等量变换。但同时又进行了分子、分母的交换变形，得出解决此类问题的运算规律：求倒变换。运算的式子可以千变万化，运算的方法可以多种多样，要善于从运算中总结方法，发现规律。综合运算的核心就是算理和算法之间的相互转化，万变不离其宗。

(5)利用分式基本性质(算理)实现降次变换。

例 3　已知 $x^2-3x+1=0$，求代数式$\frac{x^4+32x^2+1}{x^3+3x^2+x}$的值。

解　$\because x^2-3x+1=0$，$x\neq0$，

$\therefore x+\frac{1}{x}=3$，

$\therefore \left(x+\frac{1}{x}\right)^2=9$，

$\therefore x^2+\frac{1}{x^2}=9-2=7$，

$\therefore \frac{x^4+32x^2+1}{x^3+3x^2+x}=\frac{x^2+32+\frac{1}{x^2}}{x+3+\frac{1}{x}}=\frac{7+32}{3+3}=\frac{13}{2}$。

【设置意图】这是本节课综合性较高的一道题，是对整堂课的一个归纳和升华。看上去它是独立的一种方法运算，实际上是已知和问题的相互转化，利用分式的基本性质作为运算的算理，利用已知和问题同时变换作为算法。对问题进行降次的依据仍然是分式的基本性质，也用到了整体代换、构造变换等。

八、作业布置设计

1. 已知：$\frac{x}{x^2-4x-1}=7$，则$\frac{x}{x^2-x-1}=$(　　)。

A. $\frac{7}{29}$　　B. 2　　C. $\frac{7}{22}$　　D. $\frac{1}{2}$

2. 先化简再求值：$\left(\frac{m-n}{m^2-2mn+n^2}-\frac{mn+n^2}{m^2-n^2}\right)\times\frac{mn}{n-1}$，其中 $m=\frac{1}{\sqrt{3}-1}$，$n=\frac{1}{\sqrt{3}+2}$。

【设置意图】两道题能针对性地把这节课学习内容涵盖其中，是对本节课的一次学习检验。学生可以通过本节课的学习，尝试用总结出来的运算规律进

行计算，获得运算推理的成就感和自豪感。第 2 题重点考查代值运算时如何对式子进行转化运算。

九、目标检测设计

（2023 · 苏州模拟）已知 $\frac{xy}{x+y}=\frac{1}{3}$，$\frac{yz}{y+z}=\frac{1}{5}$，$\frac{zx}{z+x}=\frac{1}{6}$，求 $\frac{xyz}{xy+yz+zx}$ 的值。

【设置意图】这是一道求倒变换的检验题，既用到分式基本性质，又对已知和问题进行转化构造，将运算的算理—算法—算律贯穿于其中。我们设置的每一道题都是一个目标任务，将这些题(点)串起来形成一条运算的主线。

案例二　运算素养提升课(二)

(王学先名师工作室　吴禹杰)

一、教学内容和内容解析

(一)内容

本节课主要选取数与代数中有关数学运算的内容来进行设计。

(二)内容解析

《义务教育数学课程标准(2022年版)》中提到的“运算能力主要是指根据法则和运算律进行正确运算的能力。能够明晰运算的对象和意义，理解算法与算理之间的关系；能够理解运算的问题，选择合理简洁的运算策略解决问题；能够通过运算促进数学推理能力的发展”。其中在中学的数学学习中，数学运算包括对数字的计算，估值和近似计算，以及对式子的组合变形与分解变形、对几何图形和几何量的计算求解等。本节课将着力围绕数学运算中的算理、算法两个方面选取部分经典的中考题来提升学生的数学运算能力。

本节课复习的主要内容是与数学运算有关的中考题，引导学生明晰数学算理，发现一些算理中的理解误区，并逐一进行解决。对于一些典型题探究不同角度和思路的运算方法，并对其解法加以归纳与反思，提高运算速度。

基于以上分析，本节课的**教学重点**是：理解算理，提高学生运算的正确率。

二、教学目标设置

(一)目标

(1)进一步明晰运算对象的表征和意义，理解算理，提高学生运算的正确率。

(2)掌握并灵活运用运算法则，从不同角度和思路出发探究运算方法，并对不同解法进行归纳与反思，提高运算能力。

(3)归纳与总结算理、算法，让学生体会算理与算法之间的关系，实现提升学生数学运算能力的目的。

(二)目标解析

达成目标(1)的标志：教师从数与式、方程与不等式、函数3个方面对运算对象的表征和意义进行分析，加强学生对算理的理解，避免常见误区，从而提升数学运算正确率。

达成目标(2)的标志：学生在运算的过程中可以灵活运用整体思想、数形结合的思想，以及归纳总结常用的二级公式，从而在数学运算过程中真正地做到提高解题速度。

达成目标(3)的标志：学生通过一道函数题，体会“知法明理”，明白算理是算法的理论依据，算法是算理的提炼和概括，两者相辅相成，最终实现解法的优化和正确率的提高。

三、学生学情分析

数学运算能力是学生在数学学习中不可或缺的一项基本技能，具有举足轻重的地位，学生在运算过程中经常会出现以下常见的问题：基本概念、性质、法则掌握不牢靠；一些概念和性质在记忆时出现混淆；在运算时无法灵活运用公式来进行运算；无法选择最优路径进行运算，从而导致运算时速度过慢等情况，因此本节课将对平时教学中的一些典型问题进行整合，目的是通过本节课培养学生良好的运算习惯，加深学生对算理算法的理解，采取多种措施提高学生的运算速度。

基于以上分析，本节课的**教学难点**是：体会算理与算法之间的关系，并达到提升学生数学运算能力的目的。

四、教学策略分析

本节课通过创设“改错”情境，引发学生发现问题，并分析错因，通过对因学习算理的不理解、算法的混淆导致的错误进行分析，设计有针对性的习题进行讲解。再结合初中数与式、方程与不等式、函数这一学习主线，针对不同板块的运算典型题逐一解决，从而加强学生对算理的理解，算法的优化，算律的强化。

五、教学支持条件分析

教法：问题引导教学法、探究式教学法。

学法：自主学习法、探究学习法。

教学媒体：教具、课堂任务单、多媒体课件等。

教学环境：在多媒体设备的支持下，实现师生互动、生生互动。

六、教学设计基本流程

教学设计基本流程如图 11-6 所示。

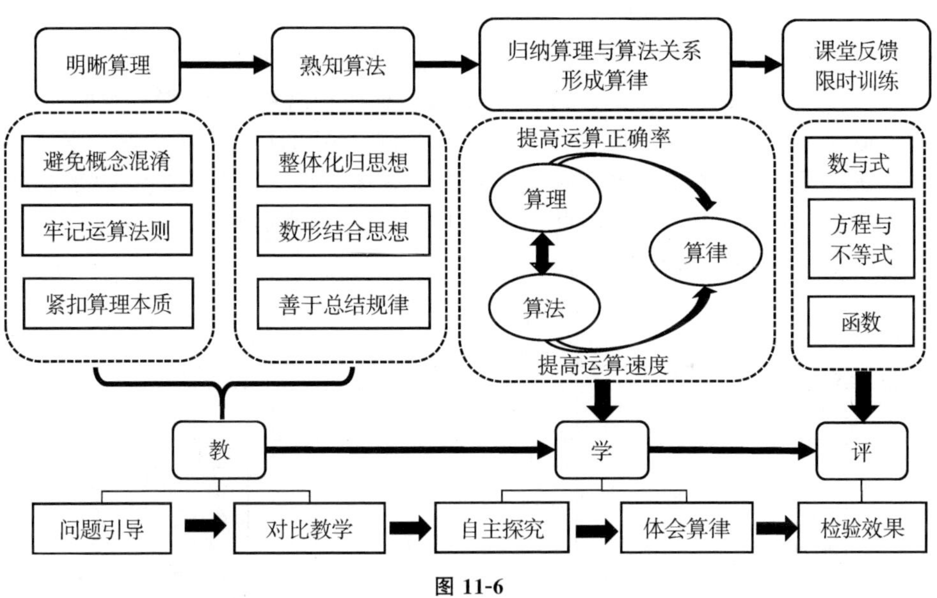

图 11-6

七、教学设计过程

问题情境：大家在运算的过程中最容易出现哪些问题，导致自己无法得到正确的运算结果。

接下来我们一起来看看下面这道中考题，你能发现运算过程中的错误吗？

(2022・泰州)按要求填空：小王计算$\frac{2x}{x^2-4}-\frac{1}{x+2}$的过程如下。

解　$\frac{2x}{x^2-4}-\frac{1}{x+2}$

$=\frac{2x}{(x+2)(x-2)}-\frac{1}{x+2}$……第一步

$=\frac{2x}{(x+2)(x-2)}-\frac{x-2}{(x+2)(x-2)}$……第二步

$=\frac{2x-x-2}{(x+2)(x-2)}$……第三步

$=\frac{x-2}{(x+2)(x-2)}$……第四步

$=\frac{1}{x+2}$。……第五步

问题 1：小王计算的第一步是“整式乘法”或“因式分解”。

问题 2：计算过程的第几步出现了错误？你能写出正确的计算结果吗？

追问：在数与式这一板块中我们还会有哪些运算的误区需要大家注意呢？

在运算过程中熟悉算理，明确算法尤为重要，今天就让我们一起来总结一下大家在运算中容易出错的点，并及时避免它，提高运算能力。

类型一：数与式(图 11-7)。

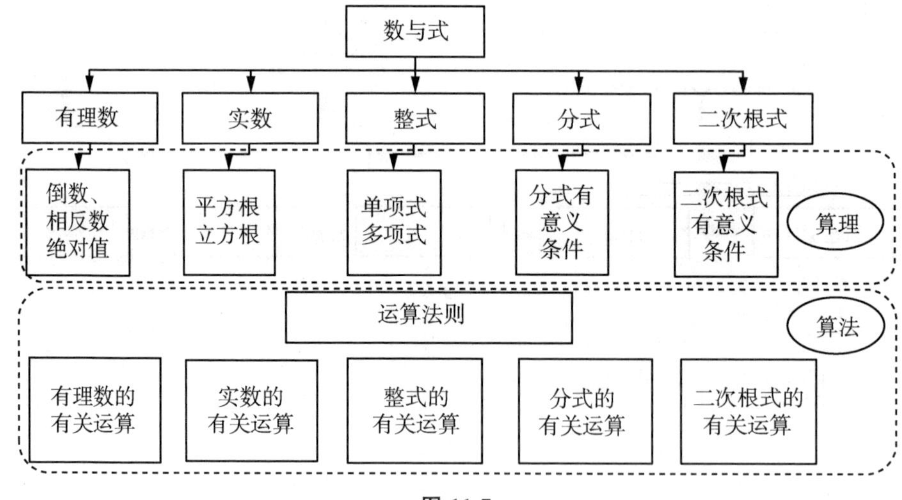

图 11-7

常见错误点 1：运算律记忆混淆，导致运算出错。

典型例题 1：先化简$\left(1-\frac{1}{x-1}\right)\div\frac{x^2-4x+4}{x^2-1}$，然后从 1，2，0，−1 中选取一个你认为合适的数作为 x 的值代入求代数式的值。

解　$\left(1-\frac{1}{x-1}\right)\div\frac{x^2-4x+4}{x^2-1}$

$=\left(\frac{x-1}{x-1}-\frac{1}{x-1}\right)\div\frac{(x-2)^2}{(x+1)(x-1)}$……第一步

$=\frac{x-2}{x-1}\cdot\frac{(x+1)(x-1)}{(x-2)^2}$……第二步

$=\frac{x+1}{x-2}$。……第三步

问题：整式的除法有没有分配律？

常见错误点 2：核心概念混淆，导致运算出错。

典型例题 2：(2022 · 广州)代数式$\frac{1}{\sqrt{x+1}}$有意义时，x 应满足的条件为(　　)。

A. $x\neq-1$　　B. $x>-1$　　C. $x<-1$　　D. $x\leqslant-1$

追问：归纳一下常见的代数式有意义时，求取值范围的知识点有哪些？

常见错误点 3：重要算理理解不透彻，导致运算出错。

典型例题 3：先阅读，后探究相关的问题。

【阅读】$|5-2|$表示 5 与 2 差的绝对值，也可理解为 5 与 2 两数在数轴上所对应的两点之间的距离；$|5+2|$可以看作$|5-(-2)|$，表示 5 与 −2 的差的绝对值，也可理解为 5 与 −2 两数在数轴上所对应的两点之间的距离。

(1)如图 11-8，先在数轴上画出表示点 2.5 的相反数的点 B，再把点 A 向左移动 1.5 个单位，得到点 C，则点 B 和点 C 表示的数分别为________和________，B，C 两点间的距离是________；

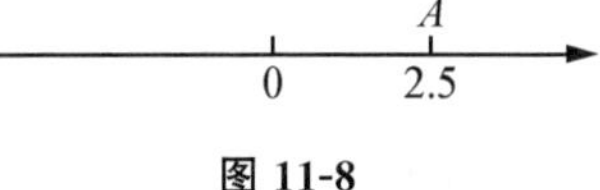

图 11-8

(2)数轴上表示 x 和 −1 的两点 A 和 B 之间的距离表示为________；如果$|AB|=3$，那么 x 为________；

(3)若点 A 表示的整数为 x，则当 x 为________时，$|x+4|$与$|x-2|$的值相等；

(4)要使代数式$|x+5|+|x-2|$取最小值，相应的 x 的取值范围是________。

【设计意图】教师从代数式有意义的条件，绝对值的概念，分式的化简求值三个角度来对常见的错误点进行讲解，要求学生注意在运算过程中明晰算理，厘清概念，熟悉法则的前提下，提高自身的运算正确率。

类型二：方程与不等式(图 11-9)。

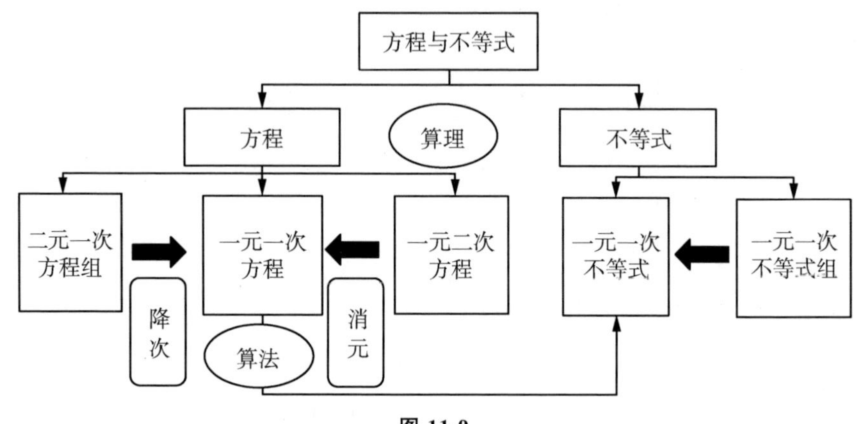

图 11-9

在平时的运算过程中，会出现很多的解法，因此在面对不同的解法时，如何选取最优的解法，也是我们重点去学习的，接下来我们学习以下几类比较典型的简化运算策略，提高解题速度。

简化运算策略 1：熟悉等式性质优化算法。

典型例题 4：(2018・云南改编)已知 $x^2+x-1=0$，则 $x^2+\frac{1}{x^2}=$(　　)。

A. -3　　B. -1　　C. 1　　D. 3

解　把 $x^2+x-1=0$ 每项都同时除以 x，可得：$x-\frac{1}{x}=-1$，

再把 $x-\frac{1}{x}=-1$ 两边平方得：$\left(x-\frac{1}{x}\right)^2=x^2+\frac{1}{x^2}-2=1$，

则 $x^2+\frac{1}{x^2}=3$，故选：D。

简化运算策略 2：运用整体思想优化算法。

典型例题 5：已知 $m^2+m-1=0$，则代数式 m^3+2m^2-2023 的值是________。

【学生活动】学生独立寻找最优解法，强调整体思想在解题中的运用。

解　由 $m^2+m-1=0$，$m^2=1-m$，$m^2+m=1$，$m^2-1=-m$，m^3+

$m^2=m$。

解法一

m^3+2m^2-2023
$=m\cdot m^2+2m^2-2023$
$=m(1-m)+2m^2-2023$
$=m+m^2-2023$
$=1-2023$
$=-2022$。

解法二

m^3+2m^2-2023
$=m^3+m^2+m^2-2023$
$=m(m^2+m)+m^2-2023$
$=m^2+m-2023$
$=-2022$。

解法三

m^3+2m^2-2023
$=m^3+m^2+m^2-1-2022$
$=m(m^2+m)+(m^2-1)-2022$
$=m-m-2022$
$=-2022$。

解法四

m^3+2m^2-2023
$=(m^3+m^2)+m^2-2023$
$=(m+m^2)-2023$
$=1-2023$
$=-2022$。

解法五

m^3+2m^2-2023
$=m^3+2m^2-2-2021$
$=m^3+2(m^2-1)-2021$
$=m^3-2m-2021$
$=m(m^2-2)-2021$
$=m(m^2-1-1)-2021$
$=m(-m-1)-2021$
$=-(m^2+m)-2021$
$=-2022$。

【设计意图】通过该题的解题思路，优化算法，强化整体思想的应用，做到一题多解，培养学生的发散思维。

类型三：函数。

简化运算策略3：运用数形结合思想优化算法。

典型例题6：已知抛物线 $y=x^2+x-1$ 与 x 轴交于 A，B 两点，设 t 是抛物线 $y=x^2+x-1$ 与 x 轴交点的横坐标，

(1)设点 $M(m, y_1)$，$N(1, y_2)$ 在该抛物线上，若 $y_1>y_2$，直接写出 m 的取值范围；

(2)求$\dfrac{t^4}{5t^8+9t^6-2t^4+9t^2+5}$的值。

【学生活动】由学生独立完成并对比最优解法。

解 (1)由点$M(m, y_1)$，$N(1, y_2)$在抛物线$y=x^2+x-1$上可得：

$y_1=m^2+m-1$，$y_2=1^2+1-1=1$，

若$y_1>y_2$，则有$m^2+m-1>1$，即$m^2+m-2>0$。

(2)$t^2+t-1=0$，

$\therefore t+1-\dfrac{1}{t}=0$，$\therefore t-\dfrac{1}{t}=-1$，

$\therefore \left(t-\dfrac{1}{t}\right)^2=1$，$\therefore t^2+\dfrac{1}{t^2}=3$，

$\therefore \left(t^2+\dfrac{1}{t^2}\right)^2=9$，$\therefore t^4+\dfrac{1}{t^4}=7$，

$$\therefore \frac{t^4}{5t^8+9t^6-2t^4+9t^2+5}=\frac{1}{5t^4+9t^2-2+\dfrac{9}{t^2}+\dfrac{5}{t^4}}$$

$$=\frac{1}{9\left(t^2+\dfrac{1}{t^2}\right)+5\left(t^4+\dfrac{1}{t^4}\right)-2}=\frac{1}{9\times3+5\times7-2}=\frac{1}{60}。$$

【设计意图】本题是一道与函数的性质有关的综合应用题，既考查学生对解法的优化，也考查学生对数形结合思想的应用，在对算理和算法的理解的基础上，不断锻炼自己的推理运算能力，能轻松解决较为复杂的问题，形成良好的推理运算能力。

【师生活动】交流本堂课的学习收获，回答以下问题。

问题1：在运算时，我们应避免哪些运算误区，提高正确率？

问题2：在运算时，有哪些方法可以帮我们提高运算速度？

问题3：在运算时，我们应该如何总结运算规律，最终形成算律？

【设计意图】回顾本节课的学习历程，再次总结明晰算理，熟知算法，并强化学生利用所学知识来解决问题的能力。

八、作业布置设计

【限时题组训练一】

1.(2022·绥化)若式子$\sqrt{x+1}+x^{-2}$在实数范围内有意义，则x的取值

范围是(　　)。

A. $x>-1$　　B. $x<-1$

C. $x<-1$ 且 $x\neq0$　　D. $x\leqslant-1$ 且 $x\neq0$

2.(2022・黔东南州)在解决数学实际问题时，常常用到数形结合思想，比如：$|x+1|$ 的几何意义是数轴上表示数 x 的点与表示数 -1 的点的距离，$|x-2|$ 的几何意义是数轴上表示数 x 的点与表示数 2 的点的距离。当 $|x+1|+|x-2|$ 取得最小值时，x 的取值范围是(　　)。

A. $x<-1$　　B. $x<-1$ 或 $x>2$

C. $-1<x<2$　　D. $x>2$

3.(2022・江西)图 11-10 是某同学化简分式 $\left(\frac{x+1}{x^2-4}-\frac{1}{x+2}\right)\div\frac{3}{x-2}$ 的部分运算过程。

解　原式 $=\left[\frac{x+1}{(x+2)(x-2)}-\frac{1}{x+2}\right]\times\frac{x-2}{3}$ ① $=\left[\frac{x+1}{(x+2)(x-2)}-\frac{x-2}{(x+2)(x-2)}\right]\times\frac{x-2}{3}$ ② $=\frac{x+1-x-2}{(x+2)(x-2)}\times\frac{x-2}{3}$ ③ …	解

图 11-10

(1)上面的运算过程中第________步出现了错误；

(2)请你写出完整的解答过程。

【设计意图】熟知环节一中的 4 种不同类型算理，检测学生对应注意的知识的掌握情况以及达成目标的情况。

【限时题组训练二】

1.(2022・岳阳)已知 $a^2-2a+1=0$，求代数式 $a(a-4)+(a+1)(a-1)+1$ 的值。

2.(2022・聊城)关于 x，y 的方程组 $\begin{cases}2x-y=2k-3,\\x-2y=k\end{cases}$ 的解中 x 与 y 的和不小于 5，则 k 的取值范围为(　　)。

A. $k\geqslant8$　　B. $k>8$　　C. $k\leqslant8$　　D. $k<8$

3.(2022・长春)已知二次函数 $y=-x^2-2x+3$，当 $a\leqslant x\leqslant\frac{1}{2}$ 时，函数值 y 的最小值为 1，则 a 的值为________。

【设计意图】通过限时训练题组的形式，强化学生对算理的理解，进一步加深学生对代数推理的理解。

【限时题组训练三】

1.(2022·云南改编)已知抛物线 $y=-x^2-\sqrt{3}x+2$ 与 x 轴交于 A，B 两点，设 k 是抛物线 $y=-x^2-\sqrt{3}x+c$ 与 x 轴交点的横坐标，求代数式 $\dfrac{k^4}{k^8+k^6+2k^4+4k^2+16}$ 的值。

2. 已知抛物线 $y=ax^2+2ax+3a^2-4(a\neq 0)$。

(1)该抛物线的对称轴为________；

(2)若该抛物线的顶点在 x 轴上，求抛物线的解析式；

(3)设点 $M(m，y_1)$，$N(2，y_2)$在该抛物线上，若 $y_1>y_2$，求 m 的取值范围。

【设计意图】通过以上练习，学生对公式进行归纳总结，应用整体思想以及数形结合思想，检测环节3中的3种不同类型算理应注意的知识掌握情况以及达成目标的情况。

九、目标检测设计

1.(2022·齐齐哈尔)圆锥的母线长为5 cm，高为4 cm，则该圆锥侧面展开图扇形的圆心角为________°。

2. 若关于 x，y 的方程组 $\begin{cases}x+2y=-4k,\\2x+y=k+6\end{cases}$ 满足 $x+y>3$，则 k 的取值范围是(　　)。

A. $k<-1$　　B. $k>1$　　C. $k<0$　　D. $k>2$

3. 已知二次函数 $y=-x^2-2x+4$，当 $a\leqslant x\leqslant a+1$ 时，函数值的最小值为1，则 a 的值为________。

【设计意图】通过以上三题，学生对公式进行归纳总结，应用整体思想以及数形结合思想，检测学生对环节二中的3种不同类型算理应注意的知识的掌握情况以及达成目标的情况。